한번에 적용하는 분석

jamovi와 패널 데이터를 활용한 기관 연구 보고서 및 학술논문 작성 방법

히든그레이스 데이터분석팀 지음

지은이 히든그레이스 데이터분석팀

"저희는 데이터 분석 기술을 활용하여 사람과 사회를 연결하고 싶습니다."

- 2013년 1월 설립 : **사회적 기업 인증**(2017년 11월)
- 상시 근로자 16명(2021년 7월 기준) : 취약계층 비율 **약 54%**
- 10,000여 건의 연구 논문과 200개 대학 연구 용역 진행
- 500여 건의 데이터 분석 & 머신러닝 강의와 프로젝트 진행
- 2019년 모범납세법인(국세청장상)

논문통계   데이터분석   머신러닝   히든스쿨

카카오톡 히든그레이스
전화번호 02-598-8121
대표메일 admin@hiddenjgrace.com
회사주소 서울시 서초구 효령로 47길 27, 3층 (서초동)

한번에 적용하는 분석
jamovi와 패널 데이터를 활용한 기관 연구 보고서 및 학술논문 작성 방법

초판발행 2021년 10월 8일

지은이 히든그레이스 데이터분석팀 / **펴낸이** 전태호
펴낸곳 한빛아카데미(주) / **주소** 서울시 서대문구 연희로2길 62 한빛아카데미(주) 2층
전화 02-336-7112 / **팩스** 02-336-7199
등록 2013년 1월 14일 제2017-000063호 / **ISBN** 979-11-5664-566-5 03310

책임편집 고지연 / **기획** 김평화 / **편집** 박정수
디자인 김나나, 박정화 / **전산편집** 이소연 / **일러스트** (주)히든그레이스 우영희 / **제작** 박성우, 김정우
영업 이윤형, 길진철, 김태진, 김성삼, 이성훈, 이정훈, 임현기, 김주성 / **영업기획** 김호철, 주희

이 책에 대한 의견이나 오탈자 및 잘못된 내용에 대한 수정 정보는 아래 이메일로 알려주십시오.
잘못된 책은 구입하신 서점에서 교환해 드립니다. 책값은 뒤표지에 표시되어 있습니다.
홈페이지 www.hanbit.co.kr / **이메일** question@hanbit.co.kr

Published by HANBIT Academy, Inc. Printed in Korea
Copyright © 2021 (주)히든그레이스 & HANBIT Academy, Inc.
이 책의 저작권은 (주)히든그레이스와 한빛아카데미(주)에 있습니다.
저작권법에 의해 보호를 받는 저작물이므로 무단 복제 및 무단 전재를 금합니다.

지금 하지 않으면 할 수 없는 일이 있습니다.
책으로 펴내고 싶은 아이디어나 원고를 메일(writer@hanbit.co.kr)로 보내주세요.
한빛아카데미(주)는 여러분의 소중한 경험과 지식을 기다리고 있습니다.

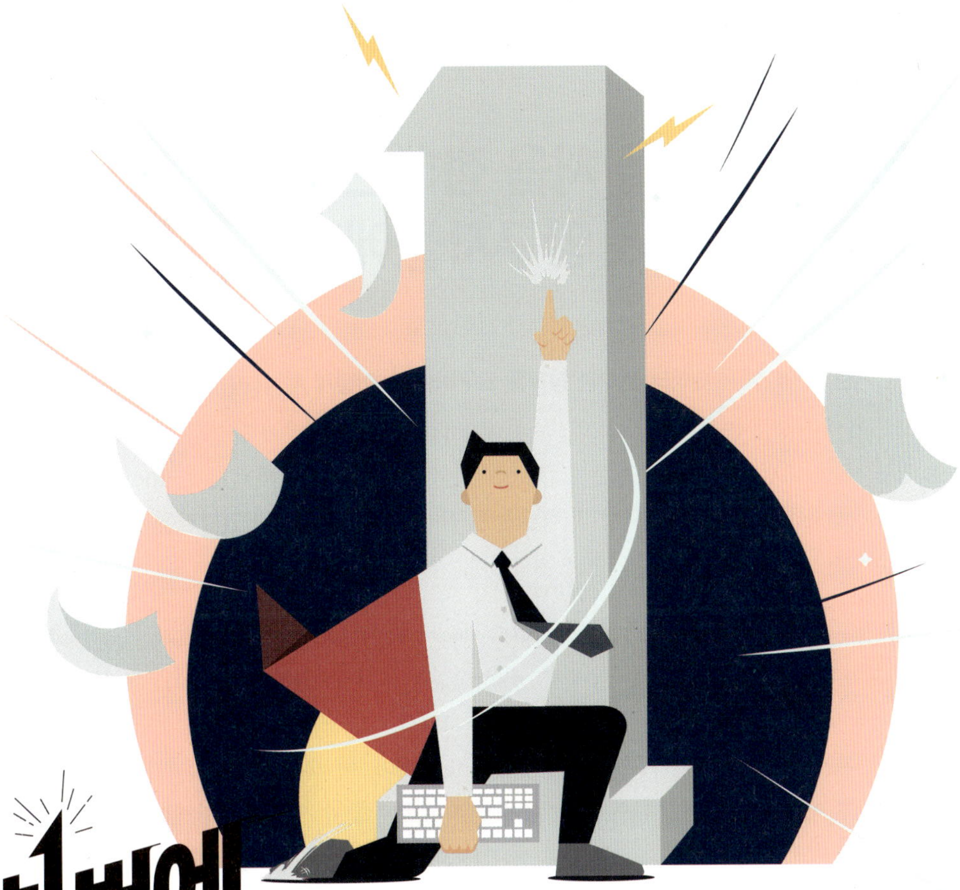

한번에 적용하는 분석

jamovi와 패널 데이터를 활용한 기관 연구 보고서 및 학술논문 작성 방법

히든그레이스
데이터분석팀
지음

한빛아카데미
Hanbit Academy, Inc.

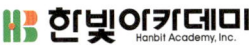

데이터 분석을 처음 접하는 기관 담당자 & 연구자들에게

Q1 기관과 학교에서 데이터 분석과 통계를 요구하는데, 어떻게 시작해야 하나요?

'한번에 통과하는 논문' 시리즈로 연구자들에게 많은 사랑을 받은 이유는 처음 논문을 접하는 연구자들의 고민을 반영했기 때문이라고 생각합니다. 이번에 출간하게 된 《jamovi와 패널 데이터를 활용한 기관 연구 보고서 및 학술논문 작성 방법》 역시 기관 담당자들과 연구 보고서를 작성하는 현업 담당자들의 고충을 해결하려고 노력하였습니다.

그동안 가장 많이 받은 질문 중 하나는 "요즘 데이터 분석과 통계가 중요해지고, 기관 데이터들은 쌓여가며, 상위 직책자들은 합리적인 의사결정과 보고를 위해 정량 분석을 요구하고 있는데 어떻게 해야 하는가?"라는 질문이었습니다. 그래서 저희가 처음 데이터 분석을 접하고 시행착오를 겪으면서 쌓아온 노하우들을 공유하려고 합니다. 이 책을 통해 많은 기관 담당자들의 고민이 줄어들고, 데이터 분석으로 의사결정을 자유롭게 할 수 있기를 소망해봅니다.

Q2 설문조사를 진행하거나 유료 통계 프로그램을 사용하면 비용이 많이 발생하는데, 비용을 절약하면서도 분석 보고서나 학술논문을 작성할 수 있는 방법은 없나요?

전 세계적인 코로나19 유행과 개인화가 가속화되어 가는 사회적 분위기 속에서 대면이나 전화, 온라인으로 설문조사를 진행하는 방식의 한계를 느끼는 기관 담당자 및 연구자들도 많았습니다. 또한 SPSS나 Stata, Rex 등의 통계 프로그램은 유료라서 사용 비용이 발생하여 부담을 느끼기도 합니다. 무료 통계 프로그램도 있으나 기능이 제한적이거나 복잡한 명령문 코드로 되어 있어 어려움을 겪는 분들도 많았습니다. 최근에는 공공 데이터나 패널 데이터 등 국가나 기관이 제공하는 데이터들을 활용하려는 움직임도 많은데, 어떤 변수를 사용하여 데이터 핸들링을 해야 할지 물어보는 분들도 많았습니다.

Q3 저는 고등학교 선생님입니다. 아이들과 함께 데이터 분석을 활용하여 R & E 보고서를 작성하고 싶은데 어떻게 해야 할까요?

마지막으로, 중고등학교 선생님들에게서 R & E 보고서 작성과 관련한 많은 요청이 있었습니다. 선생님들은 항상 사례 조사나 질적 연구를 진행하는 편인데, 양적 연구 방법론과 데이터 분석을 활용한 R & E 보고서를 쓰고 싶어 하셨고, 그 방법을 익히고 싶어 하셨습니다.

A1 통계와 데이터 분석을 처음 접하는 연구자들에게 좋은 입문서가 되길 꿈꿉니다.

그래서 이 책은 현업에서 데이터 분석을 적용하려고 할 때 필요한 내용만 넣으려고 노력했습니다. 데이터 분석 방법은 많지만, 그 결과를 설명하고 현업에 적용하려면 변수에 대한 이해와 더불어 '왜 그 분석 방법을 사용하는가'에 대한 가설 설정이 필요합니다. 쉽게 분석 목표를 세우고, 기관의 의사결정을 돕는 가이드가 되겠습니다.

A2 무료 통계 프로그램과 2차 데이터 활용을 통해 분석 및 연구 보고서, 학술논문, 청소년 R & E 보고서를 작성할 수 있도록 도움을 드립니다.

jamovi라는 프로그램은 R을 기반으로 한 무료 통계 프로그램입니다. SPSS처럼 GUI(Graphic User Interface) 방식으로 되어 있어 사용자는 명령문을 치지 않고, 쉽게 클릭 & 적용하여 분석을 진행할 수 있습니다. 또한 정부와 기관에서 제공하는 패널 데이터를 활용함으로써 각 기관과 연구의 특성에 맞는 분석을 진행할 수 있도록 도움을 드리겠습니다.

Writer. 히든그레이스 데이터분석팀

김성은 / 대표
이민욱 / 학술 & 연구 논문 컨설턴트
신동혁 / 데이터 분석가
김과현 / 데이터 핸들러
이승훈 / AI 모델러
도주연 / 측정 도구 개발자
우영희 / 디자이너

Thank to. 도움을 준 사람들

한빛출판네트워크, 한빛아카데미, 한국청소년정책연구원, jamovi project team

Contact & Collaboration. 문의 & 협업

현상의 문제를 데이터 분석을 통해 검증하고 해결하는 것은 정말 멋진 일입니다. 기관과 교육기관, 기업 등에서 데이터 분석을 진행하며 어려운 점이나 불편한 점이 발생하면 언제든지 히든그레이스 데이터분석팀이나 김성은 대표에게 연락해주세요. 최선을 다해 답변해드리겠습니다. 감사합니다.

히든그레이스 데이터분석팀(data@hiddenjgrace.com)
히든그레이스 대표 김성은(ksej3a@hjgrace.com)

미리보기

다양한 시각 자료

본문의 핵심 개념과 사례, 통계 자료 등을 보기 쉽고 이해하기 쉬운 일러스트와 사진 이미지 등으로 제시하여 독자의 이해도와 흥미도를 높입니다.

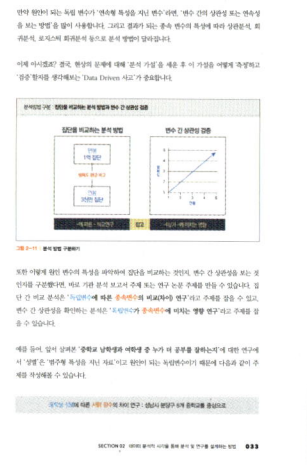

보기 쉽고 따라 하기 쉬운 STEP 구성

PART 02의 SECTION 07~17에서는 각 분석 방법별로 jamovi를 활용한 분석 설계부터 보고서 작성까지 전 과정을 실습해 봅니다. 각 과정을 'STEP'으로 구성하여 흐름을 쉽게 파악하고 따라 할 수 있도록 하였습니다.

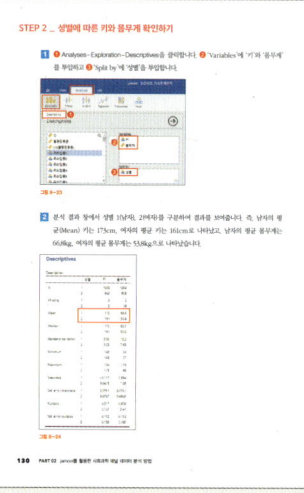
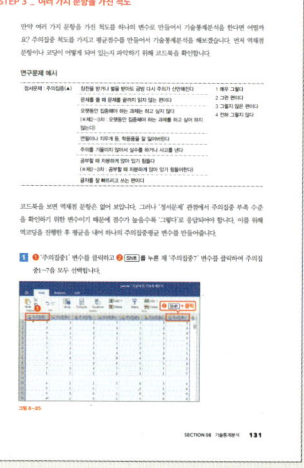

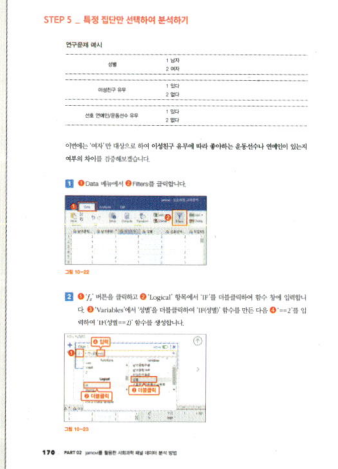
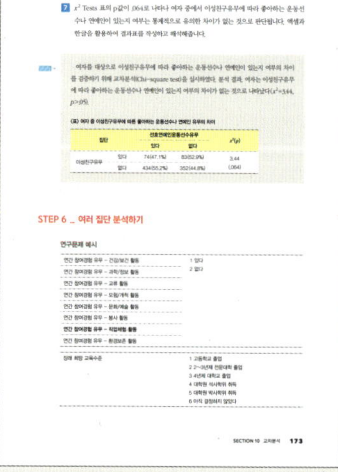

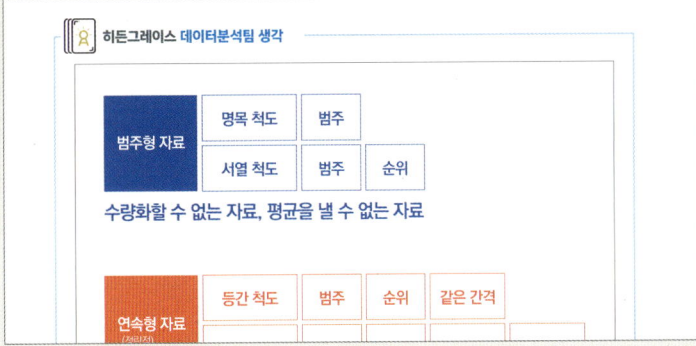

히든그레이스 데이터분석팀 생각 / 여기서 잠깐

데이터 분석에 대한 분석팀의 생각 혹은 데이터 분석을 진행하면서 얻은 비법을 소개합니다.

아무도 가르쳐주지 않는 Tip

해당 본문과 관련된 실질적인 분석 팁이나 보충 설명, 기억해야 할 점 등을 알려줍니다.

아무도 가르쳐주지 않는 Tip

R^2에서 2와 같은 위첨자는 글자 모양에서 설정할 수 있습니다. 한글 창 상단의 **서식** 메뉴에서 **글자 모양**을 클릭한 다음, '속성' 항목의 오른쪽 끝에서 세 번째 위치에 있는 위첨자를 클릭하고 **설정**을 누른 다음 2를 입력합니다. 또는 먼저 2를 입력하여 선택한 다음 서식 메뉴 중 '가' 글자가 사각형 오른쪽 위에 있는 아이콘을 찾아 클릭해도 됩니다.

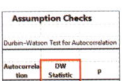 Assumption Checks 표에서 DW Statistic값을 수정된 R^2값 다음에 'Durbin–Watson=' 형식으로 입력합니다.

아무도 가르쳐주지 않는 Tip

크기를 조절할 칸에 커서를 두고 F5를 눌러 셀 커서로 바꾼 뒤, Ctrl을 누른 채 방향키를 누르면 칸 크기를 조절할 수 있습니다.

STEP 3 _ 분석 결과표 해석하기

다중회귀분석 결과는 단순회귀분석과 마찬가지로 먼저 모형적합도를 확인합니다. 모형적합도에서는 F값의 p값이 유의한지와 Adjusted R^2(설명력) 수준, Durbin–Watson값에 더하여 VIF값을 확인합니다.

이 책의 실습에서 사용되는 준비파일은 다음 주소에서 다운로드할 수 있습니다.
http://www.hanbit.co.kr/src/4566

목차

지은이 머리말   004
미리보기   006

프롤로그_ 히든그레이스 데이터분석팀의 존재 이유   014

PART 01 | 패널 데이터를 활용한 분석 보고서 & 연구 논문 설계 방법

SECTION 01
꼭 설문조사를 진행해야 하는가? : 패널 데이터의 이해와 활용   020

SECTION 02
데이터 분석적 시각을 통해 분석 및 연구를 설계하는 방법   024

SECTION 03
사회현상과 패널 데이터를 활용한 분석 방법   036

01_ 카이검증(교차분석)   036
02_ t-test(T검증)   040
03_ ANOVA(분산분석)   042
04_ 상관분석   044
05_ 회귀분석   046
06_ 로지스틱 회귀분석   047
07_ 패널 데이터를 활용한 분석 설계   051
08_ jamovi 통계 프로그램을 활용하여 분석 보고서를 작성하는 이유   058

PART 02 | jamovi를 활용한 사회과학 패널 데이터 분석 방법

SECTION 04
jamovi 프로그램의 설치와 이해   062

01_ jamovi 프로그램 설치하기   062
02_ 데이터 입력하기   066

SECTION 05
사회과학 패널 데이터 활용과 다운로드 방법   070

01_ 패널 데이터란?   070
02_ 패널 데이터 다운로드하기   071

SECTION 06
변수 추출과 분석 전 처리 : 데이터 핸들링   075

01_ 변수 추출 작업   075
02_ 데이터 분석 전 처리 작업   083

SECTION 07
빈도분석   103

STEP 1_ 따라하기   103
STEP 2_ 출력 결과 해석하기   109
STEP 3_ 분석 결과표 작성하기   109

SECTION 08

기술통계분석   121

STEP 1 _ 따라하기   121

STEP 2 _ 성별에 따른 키와 몸무게 확인하기   130

STEP 3 _ 여러 가지 문항을 가진 척도   131

STEP 4 _ 분석 결과표 작성하기   137

STEP 5 _ 분석 결과표 해석하기   141

SECTION 09

신뢰도 분석   142

STEP 1 _ 따라하기   143

STEP 2 _ 분석 결과표 작성하기   146

STEP 3 _ 신뢰도 계수 보정하기   150

STEP 4 _ 보정한 변수로 신뢰도 분석하기   154

STEP 5 _ 분석 결과표 작성하기   156

STEP 6 _ 분석 결과표 해석하기   158

SECTION 10

교차분석   159

STEP 1 _ 따라하기   160

STEP 2 _ 분석 결과표 작성하기   163

STEP 3 _ 분석 결과표 해석하기   167

STEP 4 _ 실습하기   168

STEP 5 _ 특정 집단만 선택하여 분석하기   170

STEP 6 _ 여러 집단 분석하기   173

SECTION 11
독립표본 t-test 177

STEP 1_ 따라하기 178
STEP 2_ 분석 결과표 작성하기 182
STEP 3_ 분석 결과표 해석하기 185
STEP 4_ 실습하기 1 186
STEP 5_ 실습하기 2 191
STEP 6_ 실습하기 3 195
STEP 7_ 동일한 변수에 대한 여러 집단의 차이 199

SECTION 12
대응표본 t-test 215

STEP 1_ 따라하기 215
STEP 2_ 분석 결과표 작성하기 218
STEP 3_ 분석 결과표 해석하기 222
STEP 4_ 실습하기 222

SECTION 13
분산분석(ANOVA) 228

STEP 1_ 따라하기 229
STEP 2_ 분석 결과표 작성하기 233
STEP 3_ 분석 결과표 해석하기 238
STEP 4_ 실습하기 239

SECTION 14
상관관계 분석 — 246

- STEP 1 _ 따라하기 — 247
- STEP 2 _ 분석 결과표 작성하기 — 250
- STEP 3 _ 분석 결과표 해석하기 — 253
- STEP 4 _ 실습하기 — 254

SECTION 15
단순회귀분석 — 260

- STEP 1 _ 따라하기 — 261
- STEP 2 _ 분석 결과표 작성하기 — 266
- STEP 3 _ 분석 결과표 해석하기 — 272
- STEP 4 _ 실습하기 — 273
- STEP 5 _ 분석 결과표 작성하기 — 277

SECTION 16
다중회귀분석 — 284

- STEP 1 _ 따라하기 — 285
- STEP 2 _ 분석 결과표 작성하기 — 291
- STEP 3 _ 분석 결과표 해석하기 — 297
- STEP 4 _ 실습하기 — 299

SECTION 17
로지스틱 회귀분석 — 309

- STEP 1 _ 따라하기 — 310
- STEP 2 _ 분석 결과표 작성하기 — 318
- STEP 3 _ 분석 결과표 해석하기 — 324
- STEP 4 _ 실습하기 — 326

PART 03 | 패널 데이터와 jamovi를 활용한 분석 보고서 & 학술논문 활용 사례

SECTION 18
고등학교 R & E 연구 보고서 : 고등학생도 할 수 있다! 336

SECTION 19
데이터 분석 보고서 작업 : 우리 기업의 현황과 방향성을 스스로 분석한다! 339

01_ A병원 : 환자 안전 만족도 분석 339
02_ B대학 : 학교 교육 만족도 & 취업 실효성 분석 341
03_ C기업 : 조직 문화 진단 분석 342
04_ D지방자치단체 : 프로그램 효과성 분석 343

SECTION 20
데이터 분석 & 머신러닝 프로젝트 : 사회에 도움이 되는 의미 있는 분석을 한다! 345

01_ E비영리기관 : 다문화지원센터 요구도 분석 345
02_ F의료기관 : 취약계층 건강돌봄 시범사업 성과 분석 346
03_ G비영리재단 : 이주 노동자 성희롱 실태 분석 347
04_ 히든그레이스 데이터분석팀 : 장애 유형에 맞는 직무 예측 분석 348

SECTION 21
패널 데이터를 활용한 사회과학 연구 : 돈을 들이지 않고 다양한 분석을 할 수 있다! 352

01_ 장애인고용패널 352
02_ 고령화연구패널 354
03_ 노인실태조사 데이터 355

참고문헌 356

프롤로그

히든그레이스 데이터분석팀의 존재 이유

'한번에 통과하는 논문' 시리즈를 집필한 지 4년이 흘렀습니다. 이 시리즈가 연구자들에게 많은 사랑을 받으면서 출판사로부터 큰 격려를 받았고 또 다른 책에 대한 집필 요청도 받았습니다. 그때 사실 저희는 고민이 많았습니다. 책을 쓰려면 많은 시간과 노력이 들어가는데 집필진들 모두 회사에 소속된 사람들이라 시간을 투입할 여력이 생기지 않았기 때문입니다. 또한 많은 연구자들이 SAS나 Stata, 질적 연구 등을 이야기하셨는데, 시중에 이미 관련 책들이 많이 나와 있어 연구자에게 큰 도움이 되지 않는 책이 될 가능성이 높다고 판단했습니다. 그래서 논문통계 영역에서는 저희가 가진 역량에서 더 좋은 책을 쓰기는 어렵다고 생각하였습니다.

하지만 출판사의 거듭된 제안을 받으면서 우리가 다시 책을 써야 하는 이유에 대해 고민하기 시작했습니다. '한번에 통과하는 논문' 시리즈는 '제한된 시간 안에 직장인 연구자가 효율적으로 논문 쓰는 방법을 알려주는 책'이었다면, 앞으로 우리가 써야 할 책은 '데이터 분석이나 연구 보고서를 작성하는 현업 담당자, 연구자들을 위해 적은 비용으로 연구를 진행할 수 있는 방법을 설명하는 책'이어야 한다고 생각했습니다. 또한 이 책을 통해 많은 현업 담당자들과 네트워크를 구성하고 연구 협업을 하며, 회사가 꿈꾸는 일들을 해나가면 좋겠다고 생각했습니다.

히든그레이스는
**취약계층의 재능을 분석하여 전문가로 양성하는
데이터분석 전문 사회적 기업**입니다

히든그레이스는 세 팀으로 구성되어 있습니다. '한번에 통과하는 논문' 시리즈를 저술했던 팀은 '논문통계팀(@analysis)'입니다. 석·박사생들이 어려워하는 연구 설계와 통계 분석을 함께 진행하는 전문가들로 구성되어 있으며, 지도 교수님과 함께 진행하는 연구 주제를 모색하면서 많은 연구자들에게 사랑을 받고 있는 팀이기도 합니다. 반면에 '데이터분석팀(@data)'은 예산이 적거나 좀 더 효율적인 분석을 하고 싶은 기관·기업들을 대상으로 데이터 분석 강의를 진행하거나 기업에 필요한 분석을 진행하는 전문가들로 구성되어 있습니다. 실제로, 소셜 섹터(Social Sector)와 사회적 기업에는 데이터 분석 전문가가 거의 없기 때문에, 매우 필요한 팀 중 하나입니다. 마지막으로 '히든스쿨팀(@school)'은 논문의 이론적 배경과 데이터 분석 기술을 바탕으로 장애 유형과 취약계층의 특성에 맞는 직무, 오래 일할 수 있는 기업 등을 연구하는 돈 안 되는 작업을 하고 있습니다. 사실, 히든스쿨팀에서 하는 일들이 회사를 설립한 궁극적인 꿈이기도 합니다.

예를 들어, 청각 장애인들은 소리를 들을 수 없는 환경에서 자랐기 때문에, 비장애인들의 입모양을 보면서 언어를 이해하거나 수화 등을 통해 표현하는 능력이 향상됩니다. 즉 '시각적인 능력이 특화'되기 때문에 '디자이너 직무'를 선택했을 때 뛰어난 능력을 발휘할 수 있습니다. 뇌병변 장애인들도 몸이 불편한 대신 '머리를 쓰는 일에 대한 민감도', 더 나아가 '숫자에 대한 민감도'가 지속적으로 높아져 '개발자나 데이터분석 직무'를 맡은 경우 비장애인들에게 뒤지지 않는 업무 성과를 낼 수 있습니다. 결국 기업 입장에서는 동정심에 기반한 것이 아니라 회사에 꼭 필요한 인재로 장애인을 고용할 수 있는 기회를 많이 얻을 수 있습니다.

스페셜리스트 / 해외
자폐증 장점을 도출하여 소프트웨어를 테스트하는 컴퓨터 컨설팅 회사 설립
- 직원 전문 교육과 Micrsosft, IBM 등과 같은 IT대기업 간의 영업 전략 습득
- 자폐증 특성 파악 및 공유

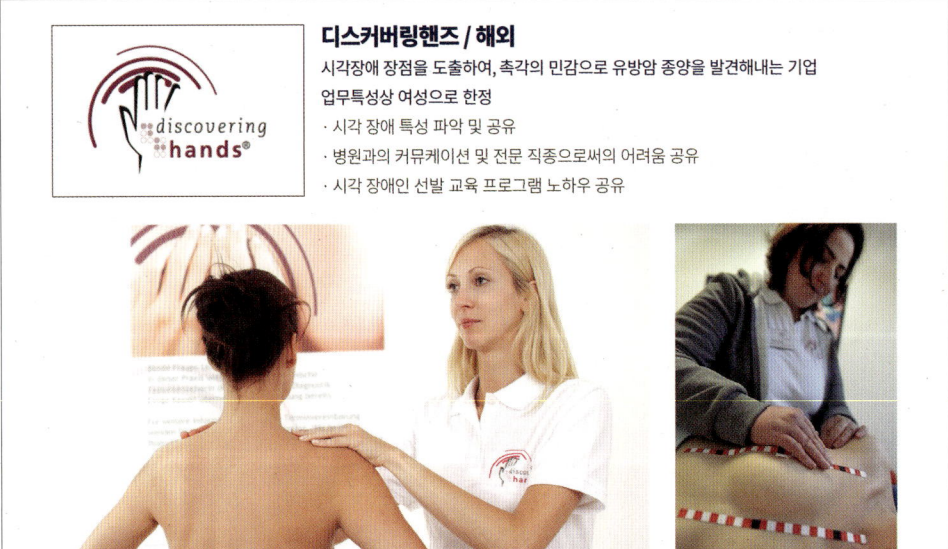

디스커버링핸즈 / 해외
시각장애 장점을 도출하여, 촉각의 민감으로 유방암 종양을 발견해내는 기업
업무특성상 여성으로 한정
- 시각 장애 특성 파악 및 공유
- 병원과의 커뮤케이션 및 전문 직종으로써의 어려움 공유
- 시각 장애인 선발 교육 프로그램 노하우 공유

해외 기업 중에 '스페셜리스트'라는 컴퓨터 컨설팅 회사가 있습니다. 자폐증 아들을 둔 아버지가 자기 아들과 함께 할 수 있는 일을 고민하다가 '자폐인의 꼼꼼함과 세밀함'을 발견하고 이 특성을 새로 만든 소프트웨어를 테스트하는 업무에 접목하면서 만들게 된 회사입니다. 스페셜리스트는 마이크로소프트나 애플 같은 회사에서 신규 출시하는 제품을 테스팅하는 회사로 성장하였습니다. '디스커버링핸즈'라는 기업은 여성 시각 장애인들의 '민감한 촉각'을 사용하여 암을 진단하는 회사입니다. 두 기업 모두 장애인이 '전문가'가 될 수 있음을 증명하였습니다.

결국, 저희가 이 책을 쓰는 궁극적인 목적은 '히든스쿨'을 설립하는 것입니다. 이 책을 통해 저희가 진행해온 데이터 분석 노하우를 많은 현업 담당자 및 전문가들과 나누고 이분들과 연결된다면, 장애인과 취약계층이 잘할 수 있는 직무를 연구하고 교육하는 히든스쿨 설립의 꿈에 더욱 가까워질 수 있다고 믿습니다. 이 꿈이 많은 시간과 노력을 투입해야 하는 고된 집필 작업을 버틸 수 있게 했습니다. 독자 여러분도 이 책으로 현업에서 많은 도움을 받으시고, 생각나실 때마다 기도와 응원 부탁드릴게요. 저희 역시 현업에서 고민하면서 습득했던 노하우 등을 책을 통해 공유하도록 하겠습니다.

그럼 지금부터 본격적으로 무료로 사용할 수 있는 데이터와 프로그램을 활용하여, 기관 보고서나 연구 논문을 작성하는 방법을 살펴보겠습니다.

PART 01

CONTENTS

01 꼭 설문조사를 진행해야 하는가? : 패널 데이터의 이해와 활용
02 데이터 분석적 시각을 통해 분석 및 연구를 설계하는 방법
03 사회현상과 패널 데이터를 활용한 분석 방법

패널 데이터를 활용한 분석 보고서 & 연구 논문 설계 방법

▶ PART 01에서는 먼저 현상을 분석하고 이해할 수 있는 패널 데이터에 대해 살펴봅니다. 패널 데이터의 개념과 종류, 장·단점을 알기 쉽게 정리했습니다. 이어서 기존에 존재하는 데이터를 활용하여 우리 기관과 연구 목적에 맞는 분석을 설계하는 방법에 대해 설명합니다. 마지막으로, 설계한 분석 결과를 기관과 연구에 어떻게 적용하는지에 대해 개괄적으로 설명합니다.

SECTION 01

꼭 설문조사를 진행해야 하는가?
: 패널 데이터의 이해와 활용

연구 논문이나 기업 분석 보고서를 작성할 때마다 사람들에게 일일이 응답을 받아 데이터를 수집하고, 수집한 데이터를 변환하여 분석하는 작업을 반복해왔습니다. 하지만 사람들이 더욱 바빠지고 개인화되어 가는 데다가 COVID-19 팬데믹까지 겪으면서 주변 사람들에게 설문지를 받거나 얼굴을 대면하여 데이터를 수집하는 일들이 줄어들었습니다. 또한 클라우드 기술이 발전하면서 굳이 발로 뛰지 않더라도 분석할 수 있는 데이터들이 점점 늘어나고 있으며, 그 데이터를 분석하는 프로그램과 기법도 다양해졌습니다. 결국 연구 논문과 기업 분석 보고서 역시 국가나 기관에서 공식적으로 수집한 패널 데이터나 공공 데이터를 사용해서 분석할 일들이 많아졌습니다.

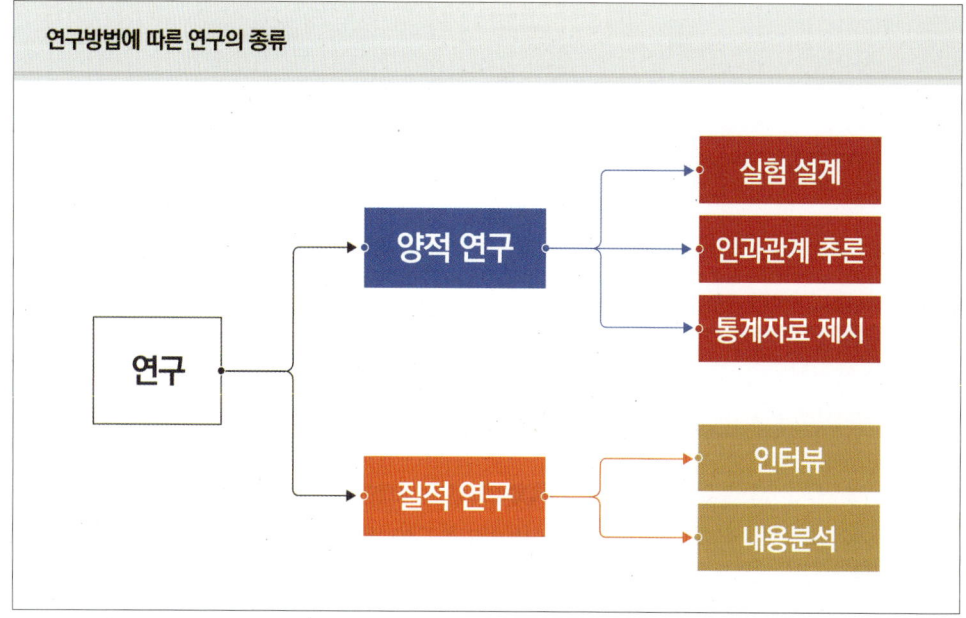

그림 1-1 | 연구 방법에 따른 연구 종류

패널 데이터나 공공 데이터는 이미 많은 사람들에게 공개된 데이터입니다. 따라서 이런 데이터를 사용할 때는 '내 기관의 환경에 맞게 데이터를 재가공하여 알맞은 방법으로 분석하는 일'이 더 중요합니다.

사회과학 연구를 진행하는 기관 담당자나 연구자는 주로 두 가지 방법, 즉 양적 연구와 질적 연구를 사용합니다. 양적 연구는 일어나는 현상을 측정하여 그 결과를 수치로 제시하는 연구입니다. 보통 많은 사람들을 대상으로 조사하기 때문에 연구 결과가 통계적으로 유의미하면 일반화할 수 있다는 장점이 있습니다. 하지만 보편적인 대상에게 물어봐야 하기 때문에 심도 있는 연구에는 적합하지 않습니다. 그래서 인터뷰나 관찰, 내용 분석 등을 통해 일어나는 현상을 좀 더 깊이 이해하는 질적 연구를 진행하기도 합니다. 기존에는 두 가지 연구 모두 사람을 직접 대면하여 설문조사나 인터뷰를 진행해야 하는 방식이었습니다. 인터뷰할 때도 사람이 직접 녹음하여 받아 적고, 비슷한 의미를 언급한 단어나 문장 등을 형광펜으로 긋는 원시적인 방법을 사용하기도 하였습니다.

하지만 빅데이터 시대가 도래하면서, 양적 연구와 질적 연구를 할 수 있는 숫자, 텍스트, 음성 등의 데이터 들을 인터넷상에서 손쉽게 구할 수 있게 되었습니다. 이러한 데이터들을 분석할 때도 유료 프로그램을 구입할 필요 없이 '오픈소스(Open Source) 기반의 무료 프로그램' 등을 활용하여 분석할 수 있게 되었습니다. 저희가 분석에 사용할 패널 데이터도 인터넷에서 구할 수 있는 데이터 중 하나로, 설문조사를 진행하지 않아도 현상을 더 세밀하고 빠르게 파악할 수 있는 자료입니다. 이 패널 데이터를 분석하는 jamovi라는 통계 프로그램 역시 R이라는 오픈소스 기반의 통계 프로그램 패키지를 활용한 툴이어서, 연구자나 기관 담당자들이 손쉽게 접근하고 분석할 수 있다는 장점이 있습니다.

그래서 이 책에서도 시대의 흐름에 맞는 데이터 분석 방법을 제시하려고 합니다. 먼저 패널 데이터를 이해하고 활용하는 방법을 살펴보겠습니다. 이어서 R이나 python 같은 명령문을 입력하는 방식이 아닌, 사회과학에서 자주 사용하는 SPSS 통계 프로그램처럼 클릭을 통해서 분석할 수 있는 jamovi 프로그램을 통해 실습해보려고 합니다. 여기서 소개하는 방법을 활용한다면, 그동안 분석할 데이터를 구하기 어려웠던 분들이나 데이터를 구해도 통계 프로그램이 비싸 사용하지 못했던 분들에게 큰 도움이 될 것이라 생각합니다. 또한 같은 데이터라도 담당자의 분석 가설과 관점에 따라 다양한 분석을 할 수 있도록 최대한 도울 예정입니다.

패널데이터의 종류

한국노동패널
노동과 관련된 변인들을 조사한 자료로서 현재 가장 오래된 국가차원의 종단자료이다.
주로 사회정책 영역에서 활용할 만한 변수들이 존재한다.

한국복지패널
사회복지와 건강에 대한 변인들을 조사한 자료로서 빈곤 가구를 가장 많이 포함하고 있는 종단자료이다.
사회복지 관련 연구에서 활용 가능하다.

한국의료패널
인구사회학적 특성을 비롯하여 의료이용이나 다양한 질병과 관련된 변인들이 조사된 종단 자료이다.
약학이나 의학계에서 활용하기 유용한 자료이다.

한국아동청소년패널
아동청소년과 관련된 변수들이 조사된 종단자료이다.
신체, 정신건강뿐 아니라 다양한 학교생활 관련 변인들이 존재하여 청소년 관련 연구에서 활용하기 좋다.

여성가족패널
여성의 경제활동, 건강, 가족문제, 권리 등에 대해 조사한 종단자료이다.
페미니즘 관점, 혹은 여성건강 및 가족 정책 연구에서 활용할 수 있다.

장애인고용패널
장애인에 관한 건강 및 사회문제에 초점을 둔 종단자료이다.
장애인 관련 연구에서 활용하기에 유용하다.

그림 1-2 | 패널 데이터의 종류

그럼 먼저 패널 데이터에 대해 살펴보겠습니다. 패널 데이터는 같은 응답자 혹은 같은 성격의 집단들을 여러 해에 걸쳐 추적하여 다양한 정보를 획득한 데이터입니다. 대한민국 국민이라면 누구나 이용할 수 있고, 조사처의 성격에 따라 좀 더 그 대상에 맞는 데이터가 수집됩니다.

예를 들어 장애인고용패널에는 '장애인'과 관련된 데이터들이 중점적으로 수집되어 있습니다. 장애인 연구를 진행하는 기관이나, 저희처럼 장애인과 함께 일하는 기업 등은 이 데이터를 사용하여 현황을 분석하고 기업의 방향성을 모색할 수 있습니다. 한국복지패널의 경우, 사회 복지 관련 데이터들이 많고 '어느 집단이 지원금을 받았을 때, 가장 빠르게 빈곤(가난)에서 벗어날 수 있을까?'를 예측해보는 연구 등도 의사결정나무(Decision Tree) 모델 등을 사용하여 진행할 수 있습니다. 우리가 이 책에서 살펴볼 '한국아동청소년패널' 데이터는 아동 및 청소년과 관련된 데이터입니다. 이 패널 데이터에는 청소년의 흡연, 음주, 아이돌을 좋아하는 정도 등의 현실적인 데이터도 존재해 다양한 연구를 진행할 수 있습니다.

패널데이터의 장점과 단점

패널데이터의 장점
1) 실제 설문지를 돌리는 1차 자료 활용 연구에 비해 시간과 비용이 적게 든다.
2) 시간의 흐름에 따라 응답자의 변화, 사건의 변화 등을 포착하여 보다 면밀한 종단적 연구를 가능하게 한다.
3) 1차 자료에 비해 연구윤리(IRB) 등의 문제의 제약을 덜 받는다.

패널데이터의 단점
1) 2차 자료의 한계로 주요변수의 영향요인을 연구자 의도에 맞게 적절히 구성하는 데 한계가 있다.
2) 자료를 활용한 연구들이 많아 유사한 선행연구들이 많이 존재한다.
   따라서 독창성 있는 연구모형을 구성하는 데 한계가 있다.
   따라서 주로 방법론적 개선, 매개변수, 조절변수의 추가 등으로 이러한 한계를 극복하고 있는 추세이다.

그림 1-3 | 패널 데이터의 장점과 단점

패널 데이터는 앞서 설명했듯이 사람들에게 직접 응답 받는 노력을 할 필요가 없어 시간과 비용이 적게 들고, 한 사람이 수집했을 때에 비해 다양한 변수를 활용해볼 수 있다는 장점이 있습니다. 또한 요즘엔 개인 정보 수집과 활용에 대한 법적인 보호가 강화되면서 기본적인 응답자 특성조차 수집하는 데 한계가 많은데, 패널 데이터는 이러한 부분에서 상대적으로 자유롭습니다.

하지만 많은 사람에게 공개된 데이터이므로 연구자는 같은 주제와 변수로 분석을 진행할 가능성이 높고, 직접 설문지를 돌리는 경우에 비해 자신이 원하는 변수를 구성하거나 찾기가 어렵습니다. 또한 선행 연구나 이론적 배경 등에 대한 연구를 통해 새롭고 의미 있는 연구를 진행하기보다는 주어진 데이터 내에서 '논문 제출을 위한 연구'가 이루어질 가능성이 높습니다.

그래서 이 책에서는 같은 데이터라 해도 데이터 유형을 파악하여 사회현상과 유사한 연구를 진행할 수 있는 연구 설계 또는 분석 설계 방법에 대해서 살펴보려고 합니다. 또한 기관 분석과 연구 보고서에 자주 사용되는 통계 방법을 하나씩 살펴보겠습니다.

SECTION 02

데이터 분석적 시각을 통해 분석 및 연구를 설계하는 방법

Data Driven이라는 말을 들어보셨나요? 사회현상에서 발생하는 문제를 데이터 분석 관점으로 풀어내는 방법을 뜻합니다. 요즘 데이터 분석 업계에서 가장 많이 사용하는 말 중 하나입니다. 그렇다면 '**현실의 문제를 어떻게 데이터화하여 분석**'할 수 있을까요?

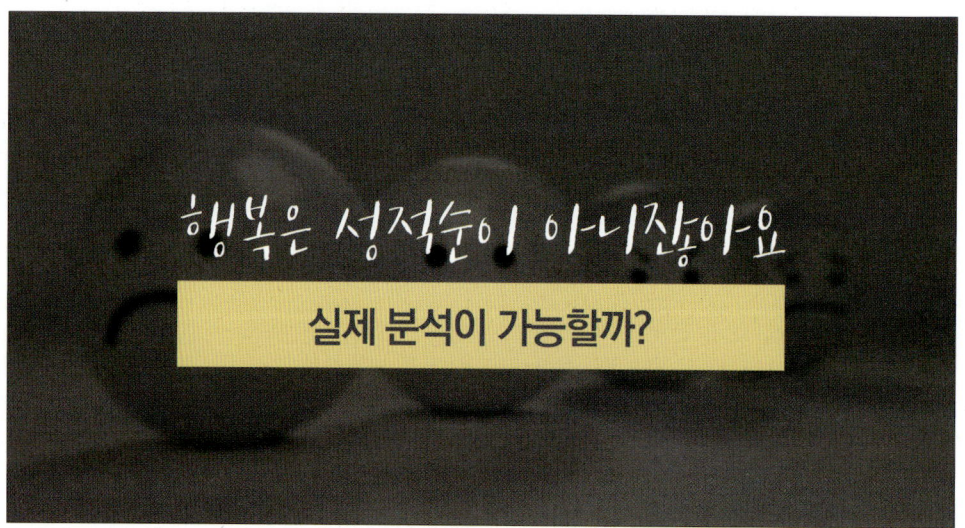

그림 2-1 | 분석 대상 예시

[그림 2-1]의 첫 문장은 우리가 사춘기 때 부모님께 가장 많이 했던(하고 싶었던) 말 중 하나입니다. 그런데 마냥 울거나 소리 지르면서 부모님께 이 이야기를 한다면 부모님은 그냥 철없는 아이로 볼 가능성이 많습니다. 대부분의 부모님은 자신의 경험에 비추어 봤을 때, 행복이 성적순은 아닐 수 있어도 성적이 좋으면 행복할 가능성이 높아진다고 판단할 것입니다.

하지만 만약 자녀가 부모님께 이렇게 이야기한다면 어떨까요?

"아버지, 어머니, 항상 공부하라고 하셔서, 성적이 제 행복에 정말 영향을 미치는지 직접 알아보고 싶었습니다. 그리고 더 나아가 성적이 좋은 학생들은 나중에 커서 정말 행복할지에 대해서도 한번 살펴보았습니다. 먼저 제 친구들의 중간고사와 기말고사 성적을 물어본 후, 평균을 내서 '성적'을 **측정**하였고, 대학 논문을 찾아서 '삶의 만족도'라는 선배들이 만든 측정 도구를 가지고 와서 친구들에게 설문지를 돌려 '행복'을 측정하였습니다. 그리고 **성적을 원인 변수로 두고 행복을 결과 변수로 두어, 회귀분석이라는 통계 방법으로 검증을 진행**했더니, 통계적으로 성적이 행복에 유의한 영향을 미치지 않았습니다."

자녀가 부모님께 이런 말을 한다면, 아이의 말에 설득력이 생겨서 부모님은 아이를 마냥 철없다고만 생각하지는 않을 것입니다. (어쩌면 그게 무슨 소리냐며 더 혼날 수도 있긴 합니다.)

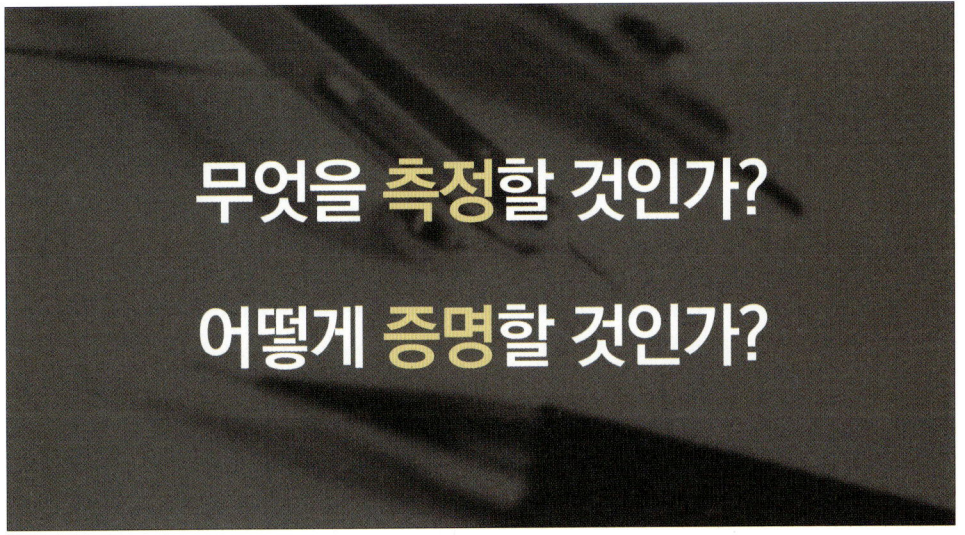

그림 2-2 | 데이터 분석의 두 가지 중요 개념

저희가 말씀드리고 싶은 것은 현상의 문제에 대해 데이터 분석을 진행할 때, 너무 어려워하지 말고 '어떻게 **측정**하고, **증명(검증)**할 것인가?'를 고민해야 한다는 것입니다. 행복과 성적을 어떻게 측정할지 고민하고, 성적과 행복 간에는 어떤 관계가 있으며 어떤 분석 방법을 사용하여 증명하면 되는지를 확인해보는 거죠. 그럼 같은 주제와 현상이라도 분석 방법이 다양해집니다. 직장인에게도 같은 방법을 적용해보면 어떨까요? 그러면 학생 때 성적이 정말로 자신의 삶에 영향을 미치는지 살펴볼 수 있고 더 나아가 성적이 연봉에 미치는 영향이나 행복이 연봉에 미치는 영향 등도 살펴볼 수 있습니다.

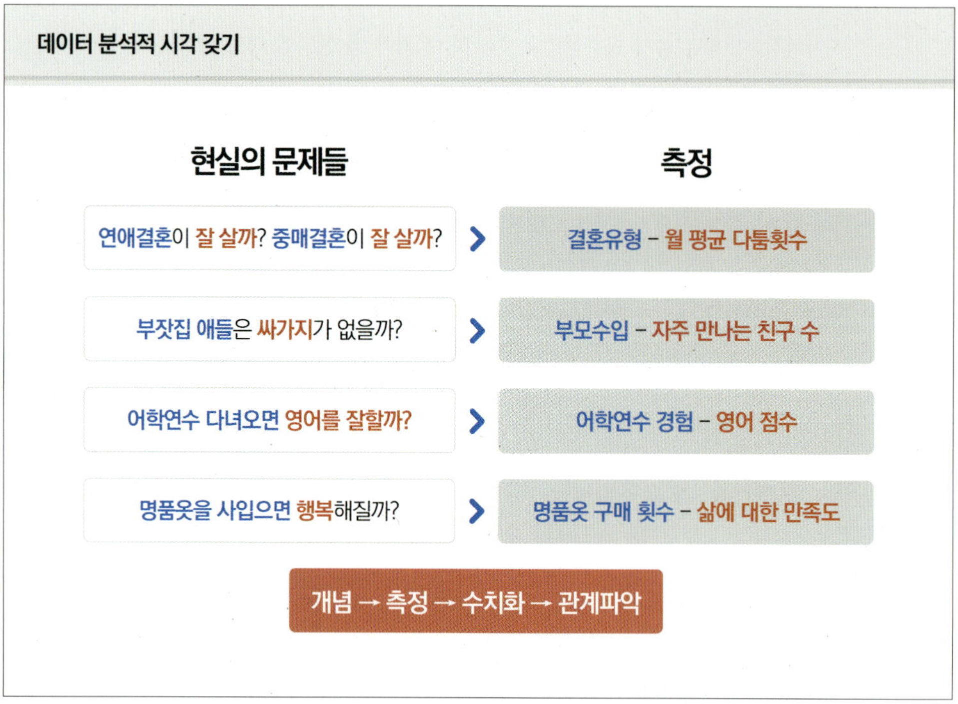

데이터 분석적 시각 갖기

현실의 문제들		측정
연애결혼이 잘 살까? 중매결혼이 잘 살까?	▶	결혼유형 - 월 평균 다툼횟수
부잣집 애들은 싸가지가 없을까?	▶	부모수입 - 자주 만나는 친구 수
어학연수 다녀오면 영어를 잘할까?	▶	어학연수 경험 - 영어 점수
명품옷을 사입으면 행복해질까?	▶	명품옷 구매 횟수 - 삶에 대한 만족도

개념 → 측정 → 수치화 → 관계파악

그림 2-3 | 데이터 분석적 시각 갖기

결국 현업에서 데이터 분석적 시각을 갖기 위해서는 '현실 문제를 측정하여 수치화하고, 그 관계가 어떤지를 파악'하는 작업이 중요합니다. 그리고 그 측정은 이미 많은 연구자들이 만들어 놓은 '설문지'를 떠올리면 됩니다.

예를 들어, 연애결혼한 사람과 중매결혼한 사람 중에 누가 좀 더 잘 사는지 알아보고 싶다면 어떻게 하면 좋을까요? 우리가 배운 두 가지 개념을 떠올리면 됩니다.

> 무엇을 측정할 것인가?
> 어떻게 증명할 것인가?

일단 주변 사람들에게 연애로 결혼했는지 중매로 결혼했는지 물어본 다음 '잘 살고 있는지'를 측정해야 합니다. 연애결혼과 중매결혼 여부는 다음과 같이 물어볼 수 있겠죠?

Q. 귀하는 어떻게 결혼하셨어요?
① 연애　　　② 중매

잘 살고 있는지를 어떻게 측정하면 될까요? 결혼해서 잘 살고 있다는 것은 자주 안 싸운다는 것으로 측정할 수도 있고, 많은 연구자들이 만들어놓은 '결혼 만족도 or 결혼 관계 만족도'로 측정할 수도 있습니다. 그러면 원인이 되는 변수는 '결혼 유형'이 되고, 결과가 되는 변수는 '결혼 만족도'가 되겠죠. 따라서 이 고민에 대한 분석 주제는 '결혼 유형에 따른 결혼 만족도 차이 연구'가 될 것이고, 이 연구는 t-test라는 분석 방법으로 검증할 수 있습니다.

어떻게 이처럼 술술 나오나 싶을 겁니다. 놀랄 것 없습니다. 앞서 알려드린 무엇을 측정할지와 어떻게 증명할지를 고민하고, 변수의 특성과 유형, 분석 방법을 이해하면 자연스럽게 저희처럼 이야기할 수 있습니다. 현업에서 일어나는 모든 상황에 대해 현상의 문제가 뭔지를 고민해보고, 이러한 데이터 분석적 시각을 통해 그 현상을 측정하고 증명하려는 노력만 기울인다면, 여러분은 모두 '데이터 분석가'의 자질이 있는 것입니다. 그럼 진정한 '데이터 분석가'가 되기 위해 각 분석 방법을 통해 지금 우리가 배운 것을 연습해보는 시간을 갖겠습니다.

그림 2-4 | 숫자 2를 기억하라

여러분이 데이터 분석을 쉽게 진행할 수 있도록 '숫자 2를 활용한 개념 정리'를 해보았습니다. 앞서 배운 '증명과 검증'을 포함해서 다음과 같이 정리해보았습니다.

1. 무엇을 '측정'하고, 어떻게 '검증'할 것인가? : 측정 vs 검증
2. 내가 측정하려고 하는 변수는 설문지로 어떻게 나타날까? : 명목형 자료 vs 연속형 자료
3. 내가 측정하는 변수의 관계(원인과 결과)는 무엇일까? : 독립변수 vs 종속변수
4. 내가 측정하는 변수를 어떻게 검증할 것인가? : 집단 간 비교 분석 vs 변수 간의 관계성 검증

이렇게 숫자 2를 활용하여 생각의 흐름을 정리해나가면, 다음과 같은 흐름이 완성됩니다. 우리는 자주 사용하는 분석 방법을 통해 이 과정을 계속 실험해보려고 합니다.

> 현상의 문제 발견(분석 문제) ▶ 말하려고 하는 주장(분석 가설) ▶ 측정 & 검증(분석 방법) ▶ 내 주장이 통계적으로 유의미한 결과일 때(결론 & 제언) ▶ 내 주장에 통계적으로 유의미하지 않을 때(한계점)

이런 흐름으로 분석을 진행한다면, 기관 연구 보고서나 사회과학 논문, 고등학생 R & E 연구 보고서 등 대부분의 양적 연구에 적용할 수 있으며, 방향성을 가지고 분석을 진행할 수 있습니다. 그리고 이 흐름으로 분석을 설계하려면, 숫자 2의 개념을 활용한 변수의 종류와 특성을 잘 이해해야 합니다. 지금부터 하나씩 살펴보겠습니다.

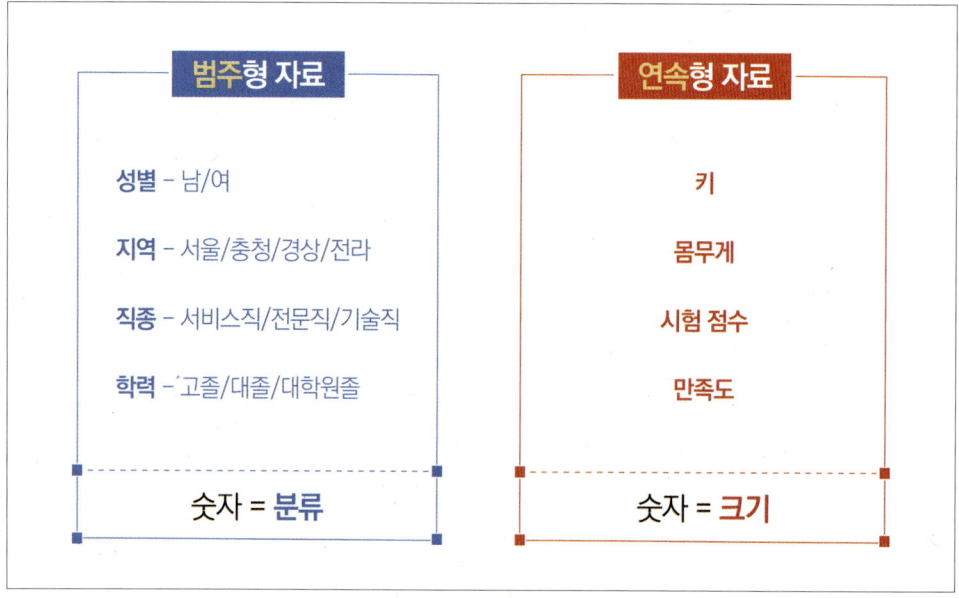

그림 2-5 | 범주형 자료와 연속형 자료

먼저 내가 측정하려고 하는 변수가 어떤 유형인지를 파악하는 것이 중요합니다. 예를 들어보죠. 여러분은 중학교 선생님입니다. 그런데 아이들을 자세히 관찰해보니, 남자아이들과 여자아이들의 공부에 대한 자세가 사뭇 다른 것 같다고 느꼈습니다. 그렇다면 아래와 같은 주장 또는 생각을 펼칠 수 있겠죠?

> "중학교에서 남학생보다 여학생이 공부를 할 때 좀 더 진지하게 임하는 성향이 있는 것 같다. 그럼 여학생이 더 공부를 잘하지 않을까?"

이런 생각이 들면, data driven 관점으로 접근하면 됩니다. 먼저 무엇을 측정할지 고민합니다. 우리가 측정해야 할 것은 '남학생과 여학생, 그리고 공부에 대해 얼마나 진지하게 임하는지와 공부를 잘하는지'입니다. 그럼 남학생과 여학생은 어떻게 측정할까요? 가장 쉬운 방법은 내가 설문을 진행한다고 가정하고 설문지를 떠올리는 것입니다. 그러면 남학생과 여학생은 아래와 같이 구성될 가능성이 높습니다.

> **Q. 귀하의 성별은?**
> ① 남자   ② 여자

남자가 1번이고, 여자가 2번으로 분류됩니다. 그럼 여자가 2이고, 남자가 1이니까 여자가 남자보다 2배 더 성적이 높나요? 키가 2배 더 큰가요? 신발 사이즈가 2배 더 긴가요? 용돈을 2배 더 많이 받나요?

아니죠. 현재 설문지에 부여된 숫자 ①과 ②는 대소 관계를 나타내거나 평균 또는 총점을 나타낼 수 있는 변수가 아닙니다. 단지 집단을 분류해주는 변수입니다. 이렇게 설문지에서 응답하려는 숫자에 아무런 의미가 없고 단지 집단을 분류하는 것이라면, 이것은 **'범주형 특성을 가진 자료'**라고 해석하면 됩니다.

그렇다면 공부에 진지하게 임하는 태도와 실제로 공부를 잘하는지는 어떻게 측정할 수 있을까요? 역시 어떻게 측정할지를 고민하고, 설문지를 떠올려보면 됩니다. 공부에 진지하게 임하는 태도는 '학습 태도, 학습 몰입, 공부 태도 등'으로 측정할 수 있습니다. 공부를 잘하는지는 '중간고사나 기말고사 성적, 모의고사 시험 점수 등'으로 측정할 수 있습니다. 먼저 시험 성적은 아래와 같이 구성될 가능성이 높죠.

> **Q1. 귀하의 지난 모의고사 성적을 적어주세요.**
> (   ) 점
>
> **Q2. 귀하의 지난 모의고사 등급을 적어주세요.**
> (   ) 등급
>
> **Q3. 귀하의 전 과목 중간고사 평균을 적어주세요.**
> (   ) 점

Q1에 만약 A학생이 300점을 기재하고, B학생이 350점을 기재했다면 B학생은 A학생보다 모의고사 성적이 50점 더 높다고 해석할 수 있습니다. 이처럼 설문지에 응답했을 때 그 숫자가 대소 관계를 명확하게 나타내고 수치화(평균, 총점, 배수 등)할 수 있는 것이라면, 이것은 '**연속형 특성을 가진 자료**'라고 구분하면 됩니다.

히든그레이스 데이터분석팀 생각

그림 2-6 | 범주형 자료와 연속형 자료를 구분하는 방법

원래는 [그림 2-6]처럼 변수의 특성을 네 가지로 분류합니다. 하지만 연구를 진행하거나 분석을 진행할 때는 이 구분조차 어려워하는 분들이 많습니다. 저희가 오랫동안 강의와 컨설팅을 진행하면서, 본문에서처럼 두 가지 방법으로 설명했을 때 좀 더 이해도가 높고 분석적인 관점을 갖기가 쉽다는 것을 알게 되었습니다. 이 때문에 임의로 두 가지로 분류한 것이니, 이 점 양해 부탁드립니다.

이처럼 '남학생과 여학생', '공부를 잘하는 정도'에 대해 각각 '성별'과 '시험 점수'로 측정할 수 있다고 생각했습니다. 그럼 어떤 변수가 원인이 될까요? '성별'이 원인 변수가 되겠죠. 그럼 결과 변수는 자연스럽게 '시험 점수'가 됩니다.

그림 2-7 | 독립변수와 종속변수

이렇게 원인이 되는 변수를 데이터 분석 쪽에서는 '설명변수 또는 예측변수'라 하고, 연구나 학술논문에서는 '독립변수'라고 합니다. 또한 결과가 되는 변수를 데이터 분석 쪽에서는 '결과 변수 또는 반응 변수'라 하고, 연구나 학술논문에서는 '종속변수'라고 합니다.

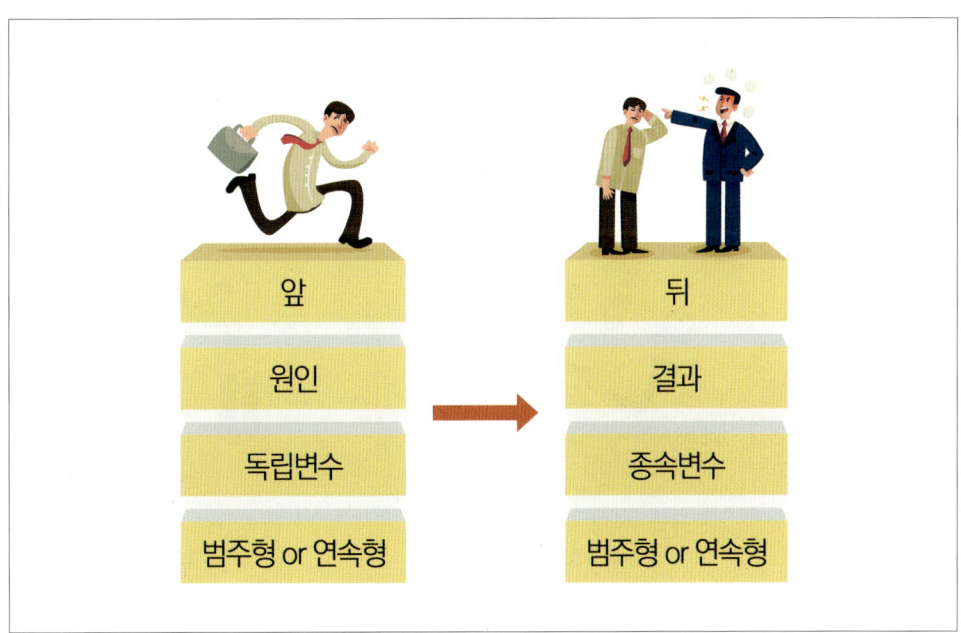

그림 2-8 | 독립변수와 종속변수의 구분

그래서 원인이 되는 독립변수가 '범주형 특성을 지닌 자료인지, 연속형 특성을 지닌 자료인지'에 따라서 연구 주제 또는 분석 주제가 결정되고, 결과가 되는 종속변수가 '범주형인지, 연속형인지'에 따라 그것을 검증할 수 있는 분석 방법이 결정됩니다.

그림 2-9 | 독립변수가 범주형 자료인 경우의 분석 방법

원인이 되는 독립변수가 범주형 자료인 경우에는 '집단을 비교하는 분석 방법'을 많이 사용합니다. 이때 자주 사용하는 분석 방법으로는 카이검증(교차분석), t-test(T검증), ANOVA(분산분석) 등이 있습니다. 집단을 비교하는 분석 방법이긴 하나, 결과가 되는 종속변수의 특성에 따라 분석 방법이 달라집니다.

그림 2-10 | 독립변수가 연속형 자료인 경우의 분석 방법

만약 원인이 되는 독립 변수가 '연속형 특성을 지닌 변수'라면, '변수 간의 상관성 또는 연속성을 보는 방법'을 많이 사용합니다. 그리고 결과가 되는 종속 변수의 특성에 따라 상관분석, 회귀분석, 로지스틱 회귀분석 등으로 분석 방법이 달라집니다.

이제 아시겠죠? 결국, 현상의 문제에 대해 '분석 가설'을 세운 후 이 가설을 어떻게 '측정'하고 '검증'할지를 생각해보는 'Data Driven 사고'가 중요합니다.

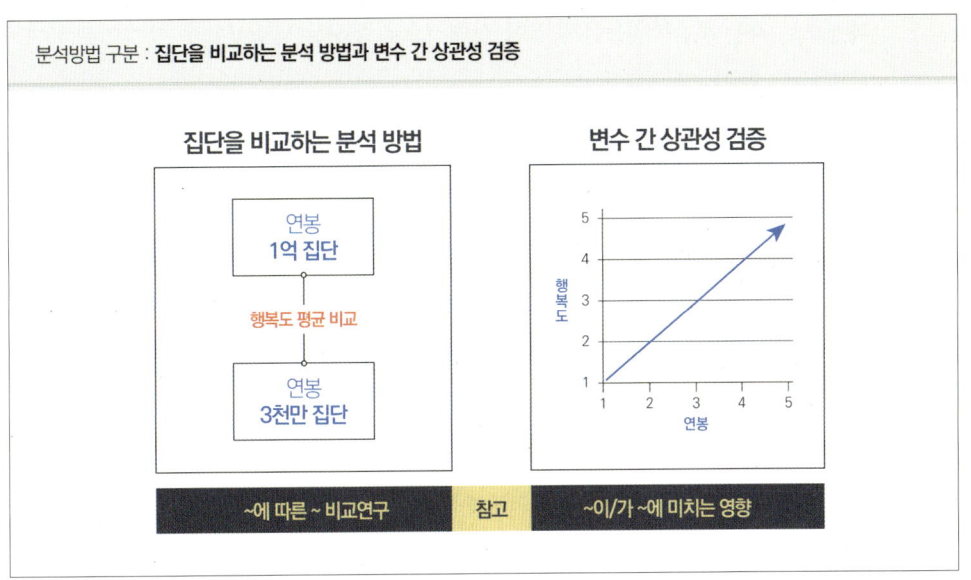

그림 2-11 | 분석 방법 구분하기

또한 이렇게 원인 변수의 특성을 파악하여 집단을 비교하는 것인지, 변수 간 상관성을 보는 것인지를 구분했다면, 바로 기관 분석 보고서 주제 또는 연구 논문 주제를 만들 수 있습니다. 집단 간 비교 분석은 '**독립변수**에 따른 **종속변수**의 **비교(차이) 연구**'라고 주제를 잡을 수 있고, 변수 간 상관성을 확인하는 분석은 '**독립변수**가 **종속변수**에 **미치는 영향 연구**'라고 주제를 잡을 수 있습니다.

예를 들어, 앞서 살펴본 '**중학교 남학생과 여학생 중 누가 더 공부를 잘하는지**'에 대한 연구에서 '성별'은 '범주형 특성을 지닌 자료'이고 원인이 되는 독립변수이기 때문에 다음과 같이 주제를 작성해볼 수 있습니다.

중학생 성별에 따른 **시험 점수**의 차이 연구 : 성남시 분당구 8개 중학교를 중심으로 뭔가 있어 보이죠? 그리고 앞으로 배우겠지만, 남학생과 여학생이라는 2개 집단(범주형 자료)과 시험 점수(연속형 자료) 간 관계를 알아보기 위해 t-test라는 분석 방법을 사용해서 연구를 검증하면 됩니다.

그래서 그 결과가 **통계적으로 유의미하다면**, 성남시 분당구에 있는 학교들뿐만 아니라 다른 지역에 있는 중학교에서도 여학생이 남학생보다 공부를 잘할 가능성이 높습니다. 따라서 중학교 선생님들은 여학생과 남학생을 심화반과 기초반으로 나눠 수업을 진행할 수도 있고, 중학생을 대상으로 하는 보습학원들은 공부를 상대적으로 못하는 남학생들을 타깃으로 하여 영업을 진행할 수도 있습니다.

만약 **통계적으로 유의미하지 않다면**, 성남시 분당구에 있는 학교만의 특수한 상황 또는 지역 특성 때문에 차이가 나타나지 않은 것인지 판단하기 위해 타 지역의 학교에서도 같은 형태의 분석을 진행하여 비교해볼 수 있습니다. 또는 중간고사나 모의고사의 전체 평균이나 총점이 아니라, 각 과목별로 분류해서 진행하는 방법으로 한 번 더 분석을 진행할 수 있습니다.

히든그레이스 데이터분석팀 생각

통계적으로 '유의미하다'와 '유의미하지 않다'를 어떻게 판단할 수 있을까요?

사실 연구 논문과 달리, 데이터 분석에서는 통계적인 유의성을 상대적으로 많이 강조하지 않기 때문에 본문에서는 이 부분을 깊게 설명하지 않았습니다. 그러나 궁금해하는 독자가 있을 수 있으므로 통계적 유의성에 대해 간단히 설명하고, 저희의 생각도 이야기하려고 합니다.

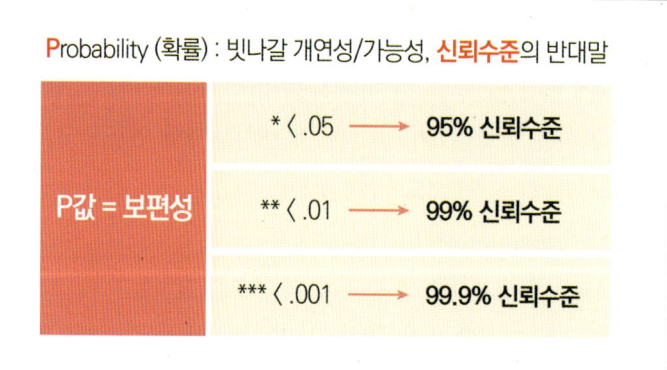

그림 2-12 | P값의 의미

통계적인 유의성은 p값으로 확인할 수 있습니다. **p값**은 주장한 내용이 **'빗나갈 가능성'**을 뜻합니다. 만약 주장한 내용이 빗나갈 가능성이 5%라면, 이는 역으로 빗나가지 않을 가능성, 즉 **'똑같은 결과가 반복될 가능성'**이 95%라는 의미입니다. 똑같은 결과가 반복된다는 것은 '보편성'을 지닌다는 의미입니다. 사회과학 연구에서는 그 보편성의 기준을 5%로 두고, 연구 논문이나 보고서에 *(별표)를 하나 붙여줍니다. *(별표)가 많이 붙을수록 보편적일 가능성도 높아지는 거죠. 그래서 **p값이 0.05 미만이면, 통계적으로 유의**하다고 이야기합니다.

하지만 데이터 분석 영역에서는 그 보편성의 기준을 90%, 80%, 70%도 봅니다. 보편성의 가능성이 조금만 보여도 그 정책을 실행하는 것이 의미가 있기 때문입니다. 결국 데이터 분석에서 p값은 우리가 분석한 결과에 대한 가능성을 확인할 수 있는 지표로 해석될 수 있습니다. 이건 통계학자들 사이에서 이견이 있기 때문에 '히든그레이스 데이터 분석팀 생각'이라는 항목으로 이야기하는 것임을 밝혀둡니다.

왜 현상의 문제를 원인과 결과로 나눠야 하나요?

이와 같은 의문을 품는 독자도 있을 것입니다. 보편성을 측정하려면 현상의 원인과 결과가 무엇인지를 파악해야 합니다. 그 결과에 따라 정책이나 기업의 의사결정을 진행할 수 있습니다. 만약 원인과 결과가 존재하지 않는 분석을 진행한다면, 어떻게 해석해야 할까요?

정말 터무니없는 예시이긴 하지만, 자녀의 키와 자녀의 성적 간 관계를 검증했고, 키와 성적은 통계적으로 유의했다고 가정해봅시다. 이 말은 '자녀의 키가 크면 성적도 좋고, 자녀의 성적이 좋으면 키도 크다.'라는 의미입니다. 여러분이 부모라면, 자녀의 키가 커지길 바라는 마음으로 학원을 보내야 하는 걸까요? 혹은 자녀의 성적이 우수하길 바라는 마음으로 우유를 먹여야 할까요?

이렇듯 원인과 결과를 파악하지 않으면, 대안 및 해결책을 마련하기 어렵기 때문에 분석에서는 최대한 원인과 결과를 파악하려고 노력하는 것입니다. 물론 원인과 결과를 파악하기 힘든 현상도 있습니다. 여러 복잡한 요인들이 섞여 있거나 어떤 현상이 원인인지 파악하기 어려운 경우입니다. 이런 경우에는 측정할 수 있는 변수가 무엇인지 우선 파악한 후에 원인과 결과가 파악되는 변수를 분석하고, 그렇지 않은 변수들은 통제변수로 만들어 분석 모형을 간단하게 만들 수도 있습니다.

SECTION 03
사회현상과 패널 데이터를 활용한 분석 방법

지금까지 사회현상을 데이터 분석적인 시각으로 접근하여, 연구 및 분석을 설계하는 방법에 대해 살펴보았습니다. 이제 이처럼 설계한 연구 및 분석을 알맞은 방법에 따라 분석하고 해석하는 방법에 대해 살펴보겠습니다.

01 _ 카이검증(교차분석)

그림 3-1 | 카이검증

카이검증은 교차분석이라고도 하고 Cross Table을 만든다고도 표현하며, 빈도와 퍼센트(비율)로 표기됩니다. 기업에서 현황을 보기 위해 가장 많이 사용하는 분석 방법 중 하나입니다. 그런데 쉬운 분석이라고 생각하여 이 분석을 통해 의미를 도출하는 것이 어렵다고 판단하거나 잘못 해석하는 경우도 있습니다. 카이검증 분석 방법은 분석 가설의 원인 변수와 결과 변수를 설문지로 떠올려봤을 때, 원인 변수의 특성이 '범주형 자료'이고, 결과 변수의 특성 역시 '범주형 자료'일 때 사용하는 분석 방법입니다. 그럼 어떤 분석 설계에서 사용하는지 살펴보겠습니다.

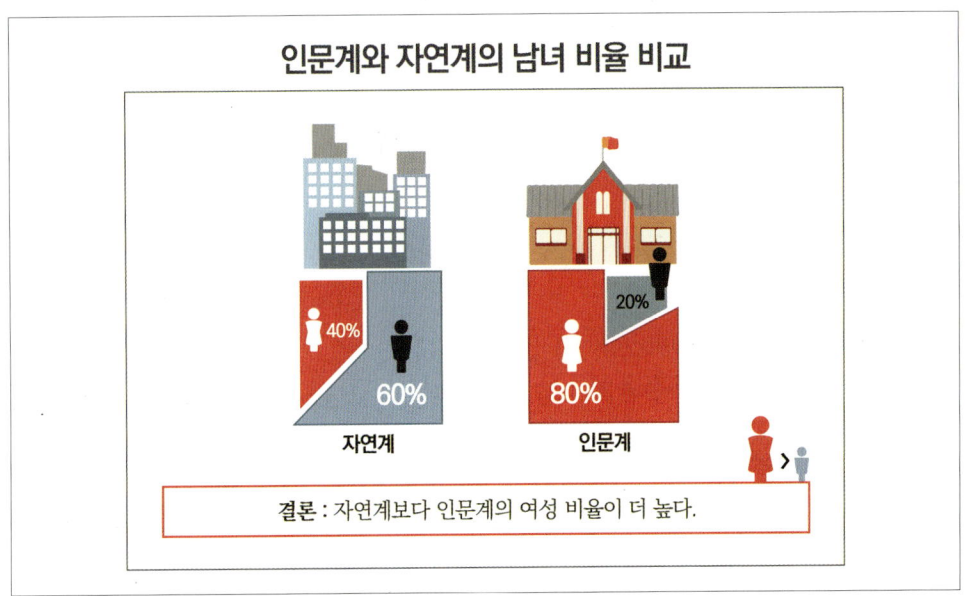

그림 3-2 | 예시 : 인문계와 자연계의 남녀 비율 비교

[그림 3-2]를 보면, **"자연계보다 인문계의 여성 비율이 더 높다."**라는 주장이 있습니다. 이 주장이 우리가 현상을 통해 보고 싶은 사항이라고 생각하고, 앞서 배운 방법으로 분석 설계하는 연습을 해보겠습니다. 지금 연습하는 내용은 나머지 분석 방법에도 그대로 적용되니, 집중해서 읽어주세요.

1단계 : 말하려고 하는 주장(분석 가설)

우리는 현상을 통해 다음과 같은 사회현상의 특징을 발견했습니다. 그 특징에 따라 '분석 가설'이라는 형태를 통해 하나의 주장을 만듭니다. 여러분이 고등학교 선생님인데, 자세히 관찰해보니 자연계보다 인문계 학생들에서 여학생 비율이 높은 것 같다는 생각이 들었습니다.

> "인문 계열은 여학생이 많은 것 같고, 자연 계열은 남학생이 많은 것 같은데, 정말 그럴까?"

이 생각을 분석 가설로 만들면, 다음과 같습니다.

> "인문 계열은 여학생의 비율이 더 많고, 자연 계열은 남학생의 비율이 더 많을 것이다."

2단계 : 측정 & 검증(분석 방법)

이렇게 분석 가설을 만들고 나면, 그 주장하는 내용에서 원인 변수와 결과 변수가 어떤 자료 특성을 지니고 있는지 파악하고, 알맞은 분석 방법을 선택하면 됩니다.

1. 무엇을 측정할 것인가?

우리가 측정할 변수는 남학생과 여학생, 그리고 인문 계열과 자연 계열입니다. 남학생과 여학생은 다음과 같이 '성별'이라는 설문 문항을 통해 측정할 수 있고, 인문 계열과 자연 계열은 '고등학교 계열'로 측정할 수 있습니다.

Q1. 귀하의 성별은?
① 남자 ② 여자

Q2. 귀하의 고등학교 계열은?
① 인문계 ② 자연계

2. 어떻게 검증할 것인가?

성별은 '범주형 특성을 지닌 자료'이고 현상의 원인이 되는 변수이므로, 독립변수가 범주형 자료일 때 사용하는 '집단 간 비교 분석 방법'을 사용하게 됩니다. 집단 간 비교 분석 방법은 '원인 변수에 따른 결과 변수의 비교 연구'라는 형태로 주제를 만들 수 있다고 설명드렸습니다. 그럼 다음과 같은 분석 보고서 또는 연구 논문 주제를 만들 수 있겠죠?

> "고등학교 학생들의 성별에 따른 계열의 비교 연구 : 서울시 서초구 8개 고등학교를 중심으로"

갑자기 괜찮은 주제가 탄생했죠?

그럼 결과 변수가 어떤 특성을 지닌 자료인지 확인하면 됩니다. '계열' 역시 '범주형 자료'입니다. 그렇다면 원인 변수도 '범주형 자료', 결과 변수도 '범주형 자료'일 때 사용하는 '카이검증(교차분석)' 분석 방법을 사용하면 됩니다. 카이검증 분석은 SPSS, jamovi, R과 같은 통계 프로그램을 사용해서 진행하면 됩니다.

3단계 : 해결 방안 도출

우리가 주장한 **분석 가설이 통계적으로 유의미할** 때, 우리는 이 결과가 '보편성'이 있다고 판단하고, 사회나 우리가 속한 기관에 다음과 같이 제안할 수 있습니다.

> "안녕하세요, 서울시 교육청 관계자 여러분. 저희가 서울시 서초구 안에 있는 8개 고등학교를 중심으로 학생들의 성별에 따라 계열 선택에 얼마나 차이가 있는지 확인해보기 위해 카이검증을 실시했더니, 통계적으로 유의한 차이가 나타났습니다.
>
> 여학생은 인문계를 많이 선택하고, 남학생은 자연계를 많이 선택합니다. 이건 통계적으로 보편성을 지니고 있기 때문에 비단 서울시 서초구 지역뿐 아니라, 서울시 전체 고등학교도 비슷한 양상일 거라 생각할 수 있습니다. 향후 서울시 모의고사 시험지를 배포할 때, 각 구별로 똑같은 부수로 시험지를 배포하지 말고, 남학생 비율이 많은 지역은 '자연계 모의고사 시험지'를, 여학생 비율이 많은 지역은 '인문계 모의고사 시험지'를 더 많이 배포해주시면, 낭비되는 시험지가 줄어들게 될 것입니다. 나아가 여학생들이 수학과 과학을 좋아하고, 남학생이 국어나 사회를 좋아할 수 있도록 정책적인 보안을 하여 융합형 인재를 양성해야 한다고 생각합니다."

뭔가 있어 보이죠? 간단한 카이검증 분석 방법을 적용했을 뿐인데, 의미 있는 결론과 제언을 도출할 수 있습니다.

4단계 : 한계점과 시사점

그런데 만약 우리가 주장한 **분석 가설이 통계적으로 유의미하지 않다면** 어떻게 해야 할까요? 이럴 때도 연구 논문과 달리, 사회나 우리가 속한 기관에 다음과 같이 이야기할 수 있습니다.

> "안녕하세요, 서울시 교육청 관계자 여러분. 저희가 서울시 서초구 안에 있는 8개 고등학교를 중심으로 학생들의 성별에 따라 계열 선택에 얼마나 차이가 있는지 확인해보기 위해 카이검증을 실시했더니, 통계적으로 유의한 차이가 나타나지 않았습니다."
>
> 이 결과는 서울시 서초구로 응답자가 한정되어 발생하는 현상일 수 있으니, 서울 지역 4개 권역(강남, 강서, 강북, 강동)에서 서초구처럼 대표적이고 많은 고등학교가 밀집되어 있는 구를 골라 다시 설문조사를 진행해보도록 하겠습니다. 이 결과 역시 통계적으로 유의하지 않다면, 남학생과 여학생의 계열 선택이 골고루 이루어지고 있기 때문에 현 고등학교 정책은 매우 잘 진행되고 있다고 생각할 수 있습니다."

연구 논문을 쓰는 분들은 의아해할 수 있습니다. 왜냐하면 항상 통계 결과가 유의미해야 하고, 그러려면 p값은 0.05 미만이 되어야 한다고 배웠기 때문입니다. 하지만 데이터 분석 영역에서는 p값이 유의하지 않아도 그에 대한 의미 있는 결과를 설명할 수 있습니다. 또한 그 의미 있는 결과는 p값이 결정하는 것이 아니라, 우리가 세운 '분석 가설'에 따라 결정됩니다.

지금까지 카이검증(교차분석)의 개념과 분석 진행 과정을 살펴보았습니다. 저희는 이 순서대로 대부분의 데이터 분석 프로젝트를 진행합니다. 그리고 여기서는 설문조사나 설문지 문항으로 쉽게 설명했으나, 기업이 가지고 있는 데이터(csv, excel 등)나 플랫폼을 통해 클라우드에 쌓인 데이터의 특성을 파악해서 지금처럼 분석 방법을 설계하고, 예측되는 결과를 클라이언트들과 공유합니다. 이 책의 PART 02에서는 jamovi를 활용하여 이러한 패널 데이터(2차 데이터)를 분석하는 방법에 대해 설명합니다.

그럼 패널 데이터를 활용하여 분석을 진행하는 데 자주 쓰이는 다른 분석 방법도 살펴볼까요?

02 _ t-test(T검증)

그림 3-3 | t-test

t-test 분석 방법은 카이검증과 마찬가지로 분석 가설이 구성되고 측정할 수 있는 변수가 결정된 다음 원인 변수가 범주형 자료의 특성을 지니고 있고, 결과 변수가 연속형 자료일 때 사용하는 분석 방법입니다. 특히, t-test는 2개 집단을 비교할 때 사용합니다. **서로 다른 집단**을 분석할 때는 '**독립표본 t-test**'라는 분석 방법을 사용하고, **같은 집단**을 비교할 때는 '**대응표본 t-test**'라는 분석 방법을 사용합니다.

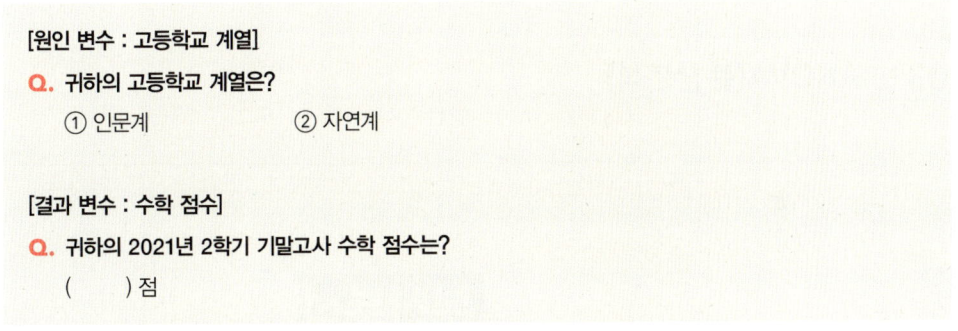

그림 3-4 | 예시 : 인문계와 자연계의 수학 점수 비교

예를 들어, '고등학교 계열에 따라 수학 점수에 차이가 있을 것 같다.'라는 생각이 들었다면, 우리는 다음과 같이 원인 변수와 결과 변수를 유추하고, 측정할 수 있습니다.

[원인 변수 : 고등학교 계열]
Q. 귀하의 고등학교 계열은?
　① 인문계　　　　② 자연계

[결과 변수 : 수학 점수]
Q. 귀하의 2021년 2학기 기말고사 수학 점수는?
　(　　) 점

혹은 우리가 한국교육평가원이나 모의고사 출제를 할 수 있는 기관에 있다면, 다음과 같은 데이터 값이 있는 변수를 찾으면 됩니다. 패널 데이터에서는 '코드북'이라는 형태로 이러한 데이터의 유형과 특성을 소개해줍니다.

Q. 고등학교 계열
　1 = 인문 계열, 2 = 자연 계열

Q. 2021년 3월 전국 모의고사 수학 성적
　1 = 1등급 ~ 9 = 9등급

고등학교 계열은 범주형 자료이기 때문에, 원인 변수가 범주형 자료인 '집단을 비교하는 분석 방법' 중 하나를 사용하면 되겠다고 유추하면 됩니다. 주제도 다음과 같이 만들면 되겠죠?

> 고등학교 계열에 따른 수학 성취도 차이 연구 : 전국 모의고사 수학 성적을 중심으로

이제 **어떻게** 검증할지 살펴보겠습니다. 원인 변수인 '고등학교 계열'은 '범주형 자료'이고, 결과 변수인 '수학 성적'은 대소 관계로 나타내거나 수치화할 수 있는 '연속형 특성을 지닌 자료'입니다. 결국 인문 계열과 자연 계열이라는 2개의 다른 집단에 대한 수학 성적인 연속형 자료를 비교해야 하므로, t-test 중 서로 다른 집단을 비교하는 '독립표본 t-test'로 분석을 진행해야 합니다.

분석을 진행한 후에는 통계적으로 유의미한지에 따라 해결 방안을 제시할지, 한계점과 시사점을 제시할지 결정하면 됩니다. 이와 관련된 구체적인 연습은 PART 02에서 패널 데이터를 활용하여 jamovi 통계 프로그램으로 분석하는 작업을 하면서 진행하도록 하겠습니다.

03 _ ANOVA(분산분석)

그림 3-5 | 분산분석

t-test가 2개 집단을 서로 비교하는 것이었다면, ANOVA(분산분석)는 3개 집단 이상, 다시 말해 여러 집단을 비교하는 분석 방법입니다. 원인 변수가 '범주형 특성을 지닌 자료'이고, 결과 변수가 '연속형 자료'로 측정될 때 이 분석을 사용합니다. 기관 분석이나 연구 보고서에서는 **'일원배치 분산분석(One-way ANOVA)'**이 많이 사용됩니다.

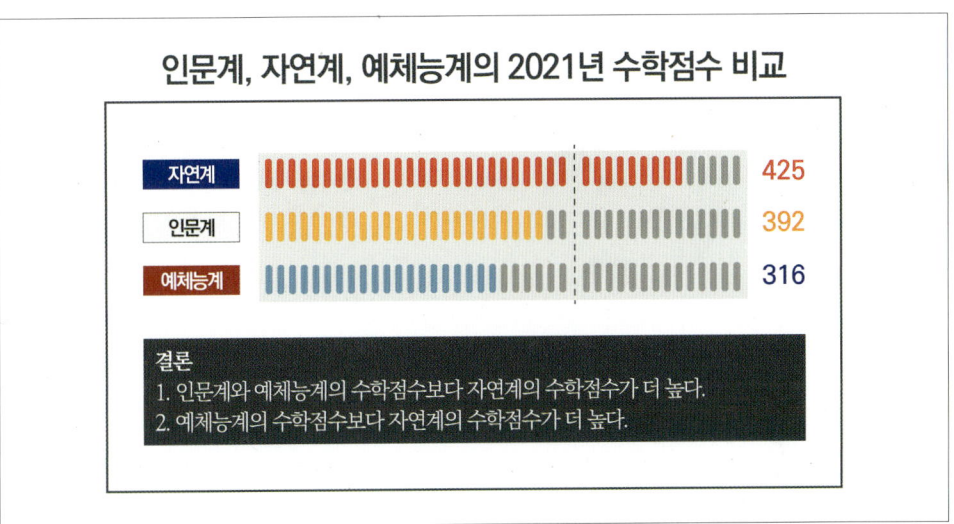

그림 3-6 | 예시 : 인문계, 자연계, 예체능계의 수학 점수 비교

앞서 설계한 t-test와 메커니즘은 똑같습니다. 원인 변수는 '고등학교 계열'이고, 결과 변수는 '수학 점수'가 되겠죠. 그런데 고등학교 계열 측정 방법에 대한 설문지 또는 코드북을 보면, 집단의 수가 다릅니다.

> Q. 고등학교 계열
> 1 = 인문 계열, 2 = 자연 계열, 3 = 예체능 계열

이 경우에는 3개 이상 집단에 대한 수학 점수의 차이를 검증해야 하기 때문에, t-test가 아닌 ANOVA로 분석을 진행하게 됩니다. 이처럼 분석 가설과 주제가 같아도 측정 변수의 특성에 따라 분석 방법이 달라질 수 있습니다. 따라서 알맞은 분석 방법을 알고 있어야 통계 프로그램을 사용할 때 계산기처럼 사용할 수 있습니다.

지금까지 **원인 변수가 '범주형 자료 특성'을 가지고 있을 때 사용하는 '집단 간 비교 분석 방법'** 세 가지(카이검증, t-test, ANOVA)를 살펴봤습니다. 다음으로 원인 변수가 '연속형 자료 특성'을 가지고 있을 때 '변수 간의 상관성 또는 인과관계를 알 수 있는 분석 방법'을 살펴보겠습니다.

04 _ 상관분석

그림 3-7 | 상관분석

상관분석은 분석 가설에서 우리가 측정하려는 변수가 '연속형 특성을 지닌 자료'로 구성되어 있을 때 사용하는 분석입니다. 하지만 원인과 결과가 존재하지 않고, 측정하려는 연속형 변수들의 일대일 관계를 확인하고 싶을 때 사용합니다. 원인과 결과가 명확하지 않기 때문에 연구 논문에서는 가설 검증으로 잘 사용하지 않지만, 기관 분석 보고서에서는 측정 변수 간의 상관성이 어느 정도인지, 어떤 경향을 보이는지 확인하기 위해 잘 사용하는 편입니다.

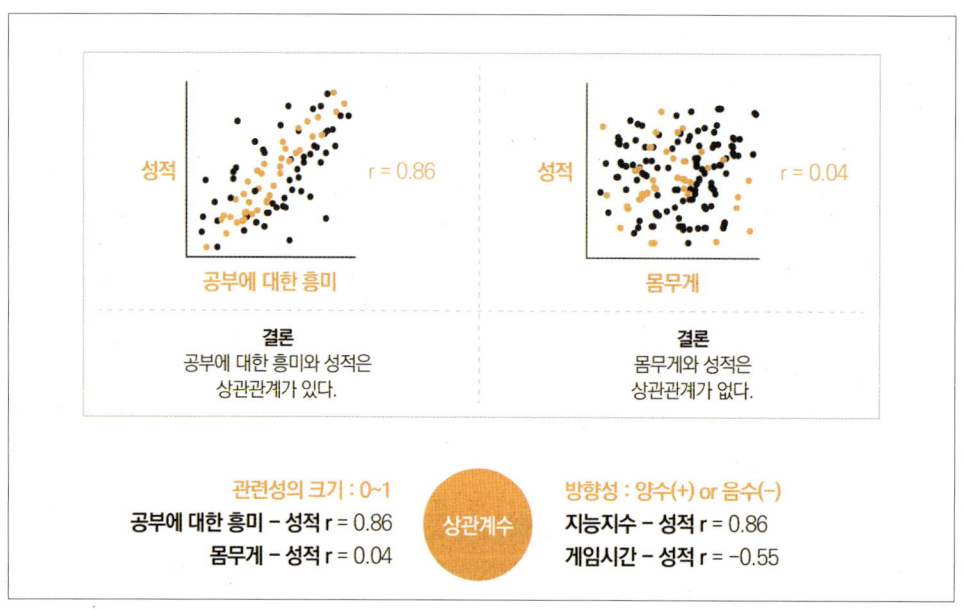

그림 3-8 | 예시 : 성적-흥미/성적-몸무게의 상관성 분석 및 r의 방향성

예를 들어 자녀의 성적과 공부에 대한 흥미 간의 관계를 살펴보고 싶다면, 자녀의 성적과 공부에 대한 흥미를 어떻게 측정할지를 고민하면 됩니다. 성적은 중간고사, 기말고사, 모의고사 성적 등 모두 '연속형 특성을 지닌 자료'로 구성되어 있고, 공부에 대한 흥미 역시 '흥미 정도, 몰입도 등'의 '연속형 변수'로 구성되어 있습니다.

하지만 성적이 계속 올라가서 공부에 대한 흥미가 생겼는지, 공부에 대한 흥미가 생기면서 자연스럽게 성적이 올라갔는지는 구분해내기가 어렵습니다. 이럴 때는 상관분석을 통해 두 변수 간의 관계가 어떤 상관성과 경향성을 가지고 있는지 확인해보고, 여러 선행 연구와 근거를 통해 원인 변수 가능성이 높은 것을 찾아보는 편입니다.

[그림 3-8]의 왼쪽 그림을 보면, 성적과 흥미는 함께 증가하는 양(+)의 경향성을 띠며, 이 관계의 정도(상관성)가 약 86%(r=0.86)임을 알 수 있습니다. 성적이 증가하면 공부에 대한 흥미도 증가하고, 공부에 대한 흥미가 증가하면 성적도 증가하는 경향성을 보이고 있고, 86%라는 높은 상관성을 가지고 있습니다. r은 corelatio의 약자인데, '관계, 상관성'을 뜻합니다. 결국 r값은 관계성의 정도를 확인하는 수치라고 해석할 수 있습니다.

r이 1에 가깝다는 것은 관계성이 100%에 가깝다는 말이므로, 이는 두 변수가 매우 밀접한 관계일 가능성이 높다는 의미입니다. 반면, r이 0에 가깝다는 것은 두 변수의 관계가 거의 없을 가능성이 높다는 의미입니다. [그림 3-8]의 오른쪽 그림을 보면, r값이 4%밖에 되지 않습니다. 즉, 성적과 몸무게는 관계가 없을 가능성이 높죠. 또한 r값에 양수(+)와 음수(-) 부호가 붙을 수 있는데, 이 부호는 경향성(방향성)을 의미합니다. 양수(+)는 두 변수가 같은 경향성을 가지는 것이고, 음수(-)는 두 변수가 다른 경향성을 가지고 있다고 해석할 수 있습니다.

예를 들어, [그림 3-8]의 하단 오른쪽을 보면 지능지수와 성적은 86% 정도의 관계성이 있습니다. 따라서 지능지수가 증가할 때 성적도 증가하고, 성적이 감소하면 지능지수도 감소하는 경향성이 있습니다. 반면 게임 시간과 성적에는 음수(-)가 표시되어 있으므로, 성적이 증가하면 게임 시간이 감소하고, 게임 시간이 증가하면 성적이 감소하는 경향성이 있으며, 그 관계의 정도가 55% 정도라고 해석할 수 있습니다. 하지만 게임 시간 때문에 성적이 감소하는지, 성적이 증가하면서 자연스럽게 게임하는 시간이 줄어드는지는 상관분석을 통해서는 확인하기가 어렵습니다.

그래서 이 분석 방법을 보완하는 방법으로, 많은 분석가들이 '회귀분석'을 사용합니다.

05 _ 회귀분석

그림 3-9 | 회귀분석

회귀분석은 상관분석처럼 연속형 특성을 지닌 자료를 분석하는데, 원인과 결과 관계가 있습니다. 분석 가설에서 원인 변수가 '연속형 자료'이고, 결과 변수도 '연속형 자료'일 때 사용합니다.

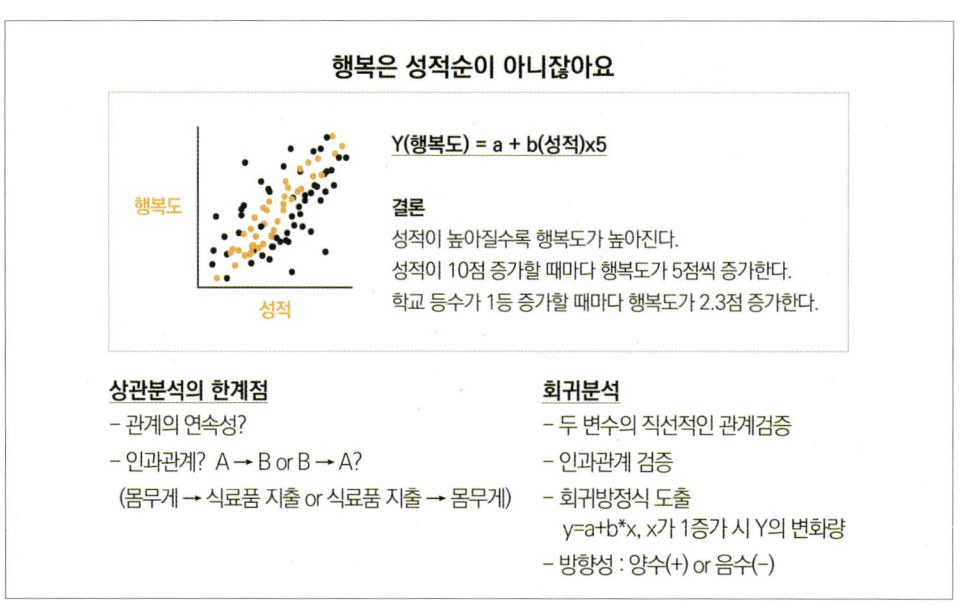

그림 3-10 | 예시 : 행복과 성적의 인과관계 분석

예를 들어, 앞서 논의한 행복과 성적 간의 관계에서 '성적'을 원인 변수로 두고 '행복'을 결과 변수로 두면, 회귀분석이라는 분석 방법을 통해 우리가 부모님께 주장하고자 하는 바를 검증할

수 있습니다. 또한 상관분석에서 볼 수 없었던 연속형 자료의 원인과 결과 간의 관계를 볼 수 있습니다. 회귀분석 결과 성적이 높아질수록 행복도가 높아진다면, 더 나아가 성적이 10점 증가할수록 행복도가 5점씩 증가한다면, 더 이상 부모님께 "행복은 성적순이 아니잖아요"라고 이야기할 수 없겠죠.

오히려 부모님이 자녀에게 공부를 잘해야 한다고 강권할 수 있는 명분을 제공하는 셈입니다. 하지만 내 성적에 따라 행복도가 얼마나 증가하는지 명확하게 알 수 있으니, '**목표**'와 '**방향성**'이 생기고 내 삶이 조금 더 '**예측 가능한 상황**'으로 바뀝니다. 지금 언급한 목표와 방향성, 예측력(설명력)이 데이터 분석에서 가장 많이 언급되는 단어 중 하나입니다. 그래서 기관 분석을 할 때, 더 나아가 머신러닝·딥러닝·예측 분석 같은 복잡한 분석을 할 때도 '회귀분석'은 가장 많이 사용하는 분석 방법 중 하나입니다. 예전에 회귀분석을 배운 분들은 회귀분석의 이론이나 코드만 익혔거나 어려운 수식을 접했던 기억 때문에 잘 와닿지 않겠지만, 회귀분석은 사회과학 연구를 비롯한 데이터 분석 전 영역에서 가장 많이 사용하는 분석 방법입니다.

회귀분석을 많이 사용하는 이유는 '**현실을 예측 가능한 상황으로 만들고, 숫자로 변환하여 방향성을 제시**'할 수 있기 때문입니다. PART 02에서 한 가지 원인이 결과에 영향을 미치는 단순 회귀분석과 여러 개의 원인이 결과에 영향을 미치는 다중 회귀분석에 대해서 설명할 예정입니다.

06 _ 로지스틱 회귀분석

그림 3-11 | 로지스틱 회귀분석

지금까지 배운 분석 방법을 정리하면 다음과 같습니다.

> 1. 원인 변수(범주형 자료) – 결과 변수(범주형 자료) : 카이검증(교차분석)
> 2. 원인 변수(범주형 자료) – 결과 변수(연속형 자료) : t-test(2집단) / ANOVA(여러 집단)
> 3. 원인 변수(연속형 자료) – 결과 변수(연속형 자료) : 상관분석(인과관계 없음) / 단순 회귀분석(1개 원인) / 다중 회귀분석(2개 원인)

그렇다면 남은 하나는 다음과 같겠죠?

> 4. 원인 변수(연속형 자료) – 결과 변수(범주형 자료)

이런 자료에는 **로지스틱 회귀분석**이라는 분석 방법을 사용하는데, 여기서 로짓(logit)은 0, 1을 의미합니다. 즉, 로지스틱 회귀분석은 **결과 변수가 범주형 특성 중에서도 0, 1의 변수 특성을 가질 때 사용하는 분석 방법**입니다. 만약 이렇게 구성되어 있지 않다면, 더미 변환을 통해 각각의 더미 변수(dummy variable, 가상변수)를 0, 1 형태로 만들어서 분석을 진행할 수 있습니다. 이 또한 매우 의미 있는 분석입니다.

> 모의고사 성적과 내신성적의 상승 정도가
> 친구에게 A문제집을 추천하는 여부에 영향을 미칠 것이다

그림 3-12 | 로지스틱 회귀분석의 대상

예를 들어, 우리가 고등학생이라고 가정해봅시다. 여러분이 A문제집을 풀었을 때는 그 문제집에서 비슷한 문제가 많이 나와서 모의고사 성적이 많이 올랐고, B문제집을 풀었을 때는 비슷한 문제가 많이 나오지 않아서 성적이 오르지 않았습니다. 그렇다면 여러분은 어떤 문제집을 친구에게 추천할까요? 당연히 A문제집이겠죠. 그러면 A문제집을 친구에게 추천해줄 확률은 B문제집을 추천해줄 확률보다 커집니다. 이때 '크다'는 표현을 분석에서는 '영향력' 또는 '설명력' 이라고 표현합니다.

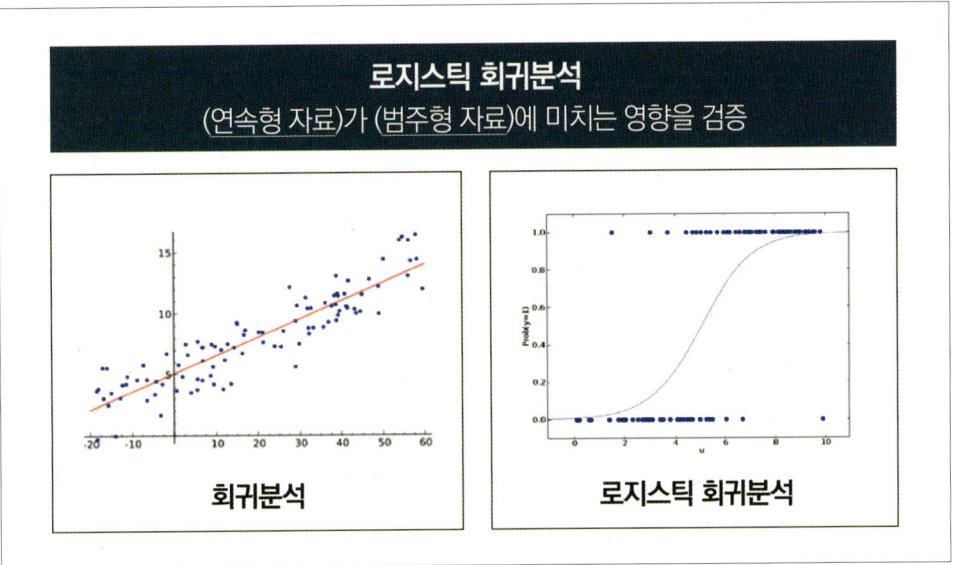

그림 3-13 | 로지스틱 회귀분석

결국 로지스틱 회귀분석은 결과 변수인 '범주형 자료'에 얼마나 큰 영향을 미치는지에 대한 '확률'을 계산하고, 그 확률은 0을 기준으로 1이 발생할 확률이 얼마나 되는지를 검증하는 분석 방법이 됩니다. [그림 3-12]의 예시를 통해 분석을 설계해보면 다음과 같습니다.

[원인 변수 : 지난 모의고사에 비교한 성적 증가량]

Q. 귀하는 지난 모의고사에 비해 성적이 얼마나 증가 또는 감소했나요? 해당되는 항목에 증가 또는 감소 정도를 기록해주세요.
   (   ) 등급 증가하였다.
   (   ) 등급 감소하였다.

[결과 변수 : 친구에게 추천하고 싶은 문제집 종류]

Q. 귀하가 친구에게 추천하고 싶은 문제집은?
   ① A문제집   ② B문제집

이렇게 변수를 측정한 다음, 분석 가설이 'A문제집의 추천 여부'를 묻고 있으므로 측정 변수를 다음과 같이 변환합니다.

1 = A문제집, 0 = B문제집

이렇게 측정변수를 로짓(logit) 형태로 변환하면 로지스틱 회귀분석을 진행할 수 있습니다. 로지스틱 회귀분석은 사실 설명하기 어려운 부분이 많고, 통계적인 해석이 있기 때문에 사례를 통해 살펴보는 것이 좀 더 이해하기 쉽습니다. 그래서 저희가 강의할 때 자주 활용하는 영상을 하나 소개하려고 합니다.

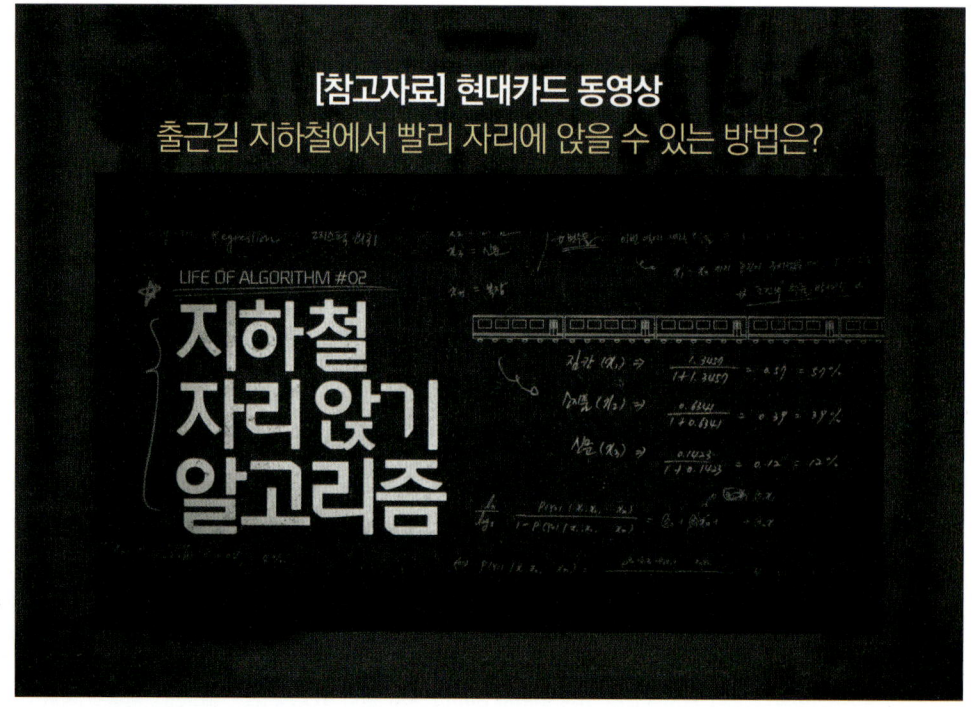

그림 3-14 | 예시 : 지하철 자리 앉기 알고리즘(유튜브 https://www.youtube.com/watch?v=keR5t8MNi38)

'지하철 자리 앉기 알고리즘'은 바쁜 출퇴근 시간에 어떻게 하면 지하철 자리에 빨리 앉을 수 있을지를 '감'이 아닌 '데이터 분석적 관점'을 통해 접근해본 영상입니다. 이 알고리즘에 방금 배운 '로지스틱 회귀분석'이라는 분석 방법이 사용됩니다.

이 영상을 보면 지금까지 배운 데이터 분석적 시각을 총정리할 수 있고, 로지스틱 회귀분석에 대해서도 좀 더 쉽게 접근할 수 있습니다. 특정 회사를 광고하려는 것이 아니라 효율적인 학습을 위한 것이니 꼭 시청해보길 권유합니다.

[그림 3-15]에는 지금까지 배운 분석 방법을 5분 정도의 동영상 형태로 정리해두었습니다. 그림에 있는 주소를 인터넷 주소창에 입력하여 들어가면, 각 분석 방법에 대한 설명을 들을 수 있습니다.

그림 3-15 | 분석 방법을 쉽게 설명하는 동영상 목록

07 _ 패널 데이터를 활용한 분석 설계

지금까지 배운 내용을 중심으로, 패널 데이터 코드북을 활용하여 분석을 설계해보겠습니다.

표 3-1 | 패널 데이터 코드북

	변인 설명	변인값
일반 신상	성별	1 남 2 여
휴대전화 : 보유 여부	휴대전화 보유 여부	1 네 2 아니요
휴대전화 : 종류	휴대전화 종류	1 스마트폰 2 피처폰 3 어떤 종류인지 모르겠다

SECTION 03 사회현상과 패널 데이터를 활용한 분석 방법

변인 설명		변인값
학교 일반	남녀공학 구분	1 남자 학교 2 여자 학교 3 남녀공학이고 남자/여자 반이 따로 있다 4 남녀공학이고 남녀 합반이다
이성 친구	이성 친구 유무	1 있다 2 없다
건강	체육 시간 중 운동 시간	1 없다 2 1시간 3 2시간 4 3시간 5 4시간 이상
	건강 상태 평가	1 매우 건강하다 2 건강한 편이다 3 건강하지 못한 편이다 4 매우 건강하지 못하다
종교 활동	종교 활동 여부	1 있다 2 없다
	종교 활동 종류	1 종교가 없다 2 불교 3 개신교(기독교) 4 천주교(가톨릭) 5 기타
활동/문화 환경	해외 교육/연수 연간 경험 유무	1 있다 2 없다
	동아리 활동 연간 참여 경험 유무	1 있다 2 없다
	봉사 활동 연간 참여 경험 유무	1 있다 2 없다
팬덤 활동	선호 연예인/운동선수 유무	1 있다 2 없다
가족 성	형제자매 유무	1 있다 2 없다
성인용 매체 : 이용 빈도	이용 주기	1 전혀 없다 2 일주일 평균 3 한 달 평균 4 일 년 평균
사이버비행 : 연간 경험 여부	채팅/게시판 등에 일부러 거짓 정보 올리기	1 있다 2 없다
	불법 소프트웨어를 다운로드하여 사용하기	1 있다 2 없다

변인 설명			변인값
		다른 사람의 아이디나 주민번호를 허락 없이 사용하기	1 있다 2 없다
		채팅하면서 성별이나 나이 속이기	1 있다 2 없다
		다른 사람 컴퓨터나 웹사이트 해킹하기	1 있다 2 없다
		채팅/게시판 등에서 욕이나 폭력적인 언어 사용하기	1 있다 2 없다
비행: 연간 행동 경험 유무		담배 피우기	1 있다 2 없다
		술 마시기	1 있다 2 없다
		무단결석	1 있다 2 없다
		가출	1 있다 2 없다
		성관계	1 있다 2 없다
체험 활동		연간 참여 경험 유무-봉사 활동	1 있다 2 없다
체험 활동 : 만족도		만족도-봉사 활동	1 매우 만족한다 2 만족하는 편이다 3 만족하지 않는 편이다 4 전혀 만족하지 않는다
진로 계획		장래 희망 교육 수준	1 고등학교 졸업 2 2~3년제 전문대학 졸업 3 4년제 대학교 졸업 4 대학원 석사학위 취득 5 대학원 박사학위 취득 6 아직 결정하지 않았다
체격		키(cm)	
		몸무게(kg)	
용돈		월평균 용돈(만 원)	(※ 만 원 미만인 경우 0.5로 코딩)
정서 문제 : 주의 집중		칭찬을 받거나 벌을 받아도 금방 다시 주의가 산만해진다	1 매우 그렇다 2 그런 편이다 3 그렇지 않은 편이다 4 전혀 그렇지 않다
		문제를 풀 때 문제를 끝까지 읽지 않는 편이다	
		오랫동안 집중해야 하는 과제는 하고 싶지 않다	
		연필이나 지우개 등, 학용품을 잘 잃어버린다	
		주의를 기울이지 않아서 실수를 하거나 사고를 낸다	
		공부할 때 차분하게 앉아 있기 힘들다	
		글자를 잘 빠뜨리고 쓰는 편이다	

	변인 설명	변인값
다문화 수용도	나와 문화적 배경이 다른 사람을 이웃으로 받아들일 수 있다	1 매우 그렇다
	나와 문화적 배경이 다른 사람을 친구로 받아들일 수 있다	2 그런 편이다
	나와 문화적 배경이 다른 청소년과 가장 친한 단짝이 될 수 있다	3 그렇지 않은 편이다
	나와 문화적 배경이 다른 사람을 이성 친구로 사귈 수 있다	4 전혀 그렇지 않다
	나와 문화적 배경이 다른 사람과 결혼할 수 있다	
지역사회관 : 공동체 의식	주변에 어려움에 처해 있는 친구가 있다면 적극적으로 도울 수 있다	1 매우 그렇다
	공휴일에 쉬지 못하더라도 복지 기관에서 자원봉사 활동을 할 수 있다	2 그런 편이다
	우리나라보다 경제적으로 어려운 나라를 돕기 위해 기부금을 낼 수 있다	3 그렇지 않은 편이다
	지구를 보호하기 위해 물자 절약, 쓰레기 분리수거, 재활용 등에 적극적으로 참여할 수 있다	4 전혀 그렇지 않다
또래 애착 : 의사소통	내 친구들은 나와 이야기를 나눌 때 내 생각을 존중해준다	1 매우 그렇다
	내 친구들은 내가 말하는 것에 귀를 기울인다	2 그런 편이다
	나는 내 친구들에게 내 고민과 문제에 대해 이야기한다	3 그렇지 않은 편이다
		4 전혀 그렇지 않다
학교 적응 : 교우 관계	우리 반 아이들과 잘 어울린다	1 매우 그렇다
	친구와 다투었을 때 먼저 사과한다	2 그런 편이다
	친구가 교과서나 준비물을 안 가져왔을 때 함께 보거나 빌려준다	3 그렇지 않은 편이다
	친구가 하는 일을 방해한다	4 전혀 그렇지 않다
	놀이나 모둠활동을 할 때 친구들이 내 말을 잘 따라준다	
학교 적응 : 교사 관계	선생님을 만나면 반갑게 인사한다	1 매우 그렇다
	선생님과 이야기하는 것이 편하다	2 그런 편이다
	학교 밖에서 선생님을 만나면 반갑다	3 그렇지 않은 편이다
	우리 선생님께서는 나에게 친절하시다	4 전혀 그렇지 않다
	내년에도 지금 선생님께서 담임선생님을 해주셨으면 좋겠다	
자아 인식 : 진로 정체감	장래에 내가 꼭 하고 싶은 직업 분야가 있다	1 매우 그렇다
	부모님이 내가 원치 않는 전공 학과를 강요하더라도 따르지 않을 것이다	2 그런 편이다
	나는 장래에 어떤 인생을 살 것인가에 대해 대체로 방향을 정했다	3 그렇지 않은 편이다
	대학에 가서 전공하고 싶은 구체적인 분야가 있다	4 전혀 그렇지 않다
	나 자신의 인생을 살기 위해서는 소신대로 직업을 결정해야 한다	
	현재 나는 어떤 직업 분야를 좋아하는데, 그 이유가 분명하다	
	어릴 때부터 나는 내가 하고 싶은 직업 분야가 어떤 것인지 알고 있었다	
	다른 사람들에게 나의 미래 계획에 대해 자신 있게 말할 수 있다	

	변인 설명	변인값
휴대전화 : 의존도	점점 더 많은 시간을 휴대전화를 사용하며 보내게 된다	1 매우 그렇다 2 그런 편이다 3 그렇지 않은 편이다 4 전혀 그렇지 않다
	휴대전화를 가지고 나가지 않으면 불안하다	
	휴대전화로 한참 동안 아무에게서도 연락이 오지 않으면 불안하다	
	휴대전화로 이것저것 하다 보면 시간 가는 줄 모른다	
	혼자 있을 때 휴대전화가 없으면 심심해서 견딜 수가 없다	
	휴대전화가 없으면 고립된 것 같은 느낌이 든다	
	휴대전화가 없으면 불편해서 살 수 없다	
학교 적응 : 학습 활동	학교 수업 시간이 재미있다	1 매우 그렇다 2 그런 편이다 3 그렇지 않은 편이다 4 전혀 그렇지 않다
	학교 숙제를 빠뜨리지 않고 한다	
	수업 시간에 배운 내용을 잘 알고 있다	
	모르는 것이 있을 때 다른 사람(부모님이나 선생님 또는 친구들)에게 물어본다	
	공부 시간에 딴짓을 한다	

[표 3-1]는 '한국아동청소년패널 데이터' 중 이 책의 PART 02에서 분석할 변수만 추출하여 재가공한 형태입니다. 기존 설문조사에서 보던 문항 형태와 달리, '코드북'이라는 형태로 기관에서 모은 데이터를 안내하고 있습니다. 하지만 사실상 설문 문항과 거의 다를 게 없습니다. 지금까지 배운 내용을 총동원하여 분석 설계를 진행해보도록 하겠습니다. 저희가 강의할 때 자주 사용하는 '분석 프로젝트 설계 시트'라는 실습 자료를 기준으로 진행합니다.

분류		내용
분석 목표		ex) X변수와 Y변수의 관련성 검증
가설		ex) ㅇㅇ집단보다 ㅇㅇ집단이 Y가 더 높을 것이다
변수 및 분석방법	독립변수 X	
	종속변수 Y	
	분석방법	
측정도구	독립변수 X	
	종속변수 Y	
	참고자료&출처	선행연구 설문지 척도 이름 or 패널데이터 유형과 이름
데이터 수집	대상	
	방법	
	수집처	

그림 3-16 | 분석 프로젝트 설계 시트

먼저 패널 데이터의 변수를 설명한 코드북을 보면서, 우리가 하고 싶은 분석을 설계해보죠. 쭉 확인해보니, 일반 신상에 '성별'이라는 변수가 있고, 팬덤 활동에 '선호 연예인/운동선수 유무'라는 변수가 있군요. 그럼 현상에 대해 다음과 같은 의문이 생길 수 있지 않을까요?

1. 현상의 문제 고찰을 통한 분석 목표 설정

> "음. 내 생각에는 청소년들의 성별에 따라 팬덤 활동에 차이를 보일 것 같은데? 남자 아이들보다는 여자 아이들이 좋아하는 운동선수나 연예인이 더 많아 팬덤 활동을 더 많이 하지 않을까?"

이런 의문이 생기면, 다음과 같이 분석 목표를 설계할 수 있습니다.

> 청소년의 성별과 팬덤 활동 간의 관계 확인

이렇게 분석 목표를 설정해주면, 분석 가설도 만들 수 있습니다.

2. 분석 가설 설정

> 남자 청소년보다 여자 청소년이 선호하는 연예인이나 운동선수가 더 많고, 팬덤 활동을 활발히 할 것이다.

이렇게 분석 가설이 결정되면, 이 주장에서 원인 변수와 결과 변수가 무엇인지 확인해보고, **어떻게 측정**할 수 있을지를 고민하면 됩니다. 그런데 어떻게 측정할지는 패널 데이터 코드북이 이미 다음과 같이 설명해주고 있죠.

일반 신상	성별	1 남 2 여
팬덤 활동	선호 연예인/운동선수 유무	1 있다 2 없다

원인 변수는 성별이 될 것이고, 성별 변수는 '**1 = 남, 2 = 여**'로 기입되어 있으니, 성별은 우리가 배운 '**범주형 자료의 특성**'을 지닌 변수라고 판단할 수 있습니다. 그럼 다음과 같이 멋진 주제를 만들 수 있겠죠?

> 대한민국 청소년의 성별에 따른 팬덤 활동의 차이 연구 : 2010 ~ 2016년 한국아동청소년패널 데이터를 중심으로

이제 결과 변수를 확인해볼까요? 결과 변수는 팬덤 활동이고, 선호 연예인/운동선수의 유무를 '1=있다, 2=없다'로 분류해주고 있으니, 이 역시 '**범주형 자료**'입니다.

3. 변수 및 분석 방법 도출

원인 변수도 '범주형 자료'이고 결과 변수도 '범주형 자료'이면, 여기에 알맞은 분석 방법은 '카이검증(교차분석)'입니다. 따라서 분석 프로젝트 설계 시트의 '변수 및 분석 방법'을 다음과 같이 완성할 수 있습니다.

> 독립변수 X : 청소년 일반 신상
> 종속변수 Y : 팬덤 활동
> 분석 방법 : 카이검증(교차분석)

이렇게 변수 및 분석 방법이 도출된다는 것은 '측정 도구'도 결정된다는 뜻입니다. 직접 설문조사를 진행할 때는 많은 선행 연구자들이 만들어놓은 측정 도구를 사용합니다. 이런 측정 도구는 연구 논문을 다운로드하여 부록과 조사 설계 부분을 확인해보면 알 수 있습니다. 하지만 우리는 패널 데이터를 사용하기 때문에 이 부분도 매우 쉽게 기재하고 찾을 수 있죠.

4. 측정 도구

> 독립변수 X : 성별
> 종속변수 Y : 선호 연예인/운동선수 유무
> 참고자료 & 출처 : 한국아동청소년패널/한국청소년정책연구원(https://www.nypi.re.kr/contents/site.do)

이렇게 기재하면, 우리가 하려는 분석을 한눈에 볼 수 있고 의사결정권자에게 기획안을 보고하기도 좋습니다.

5. 데이터 수집

데이터 수집 항목은 원래 직접 설문조사를 진행할 때 많이 사용하는 항목입니다. 패널 데이터의 경우에는 패널 데이터나 공공 데이터를 제공해주는 사이트마다 어떻게 조사했는지 자세하게 언급하고 있으므로, 그 내용을 확인하여 정리하면 됩니다.

○ 목적
아동·청소년들의 성장과 발달의 변화를 종합적으로 파악할 수 있는 패널데이터를 구축하여 아동·청소년 관련 정책수립 및 학술연구를 위한 기초자료 제공

○ 조사연혁
한국아동·청소년패널조사 2010(KCYPS 2010) : 2010년-2016년
· (목적) 아동·청소년들의 개인발달과 발달환경을 시간의 흐름에 따라 파악 할 수 있는 자료 구축
· (대상) 2010년 기준 초1, 초4, 중1 각 2,300여명(총 7,071명)

한국아동·청소년패널조사 2018(KCYPS 2018) : 2018년-
· (목적) 아동·청소년기의 성장과 발달에 관한 복합적인 변화양상을 체계적이고 다면적으로 살펴볼 수 있는 자료 구축
· (대상) 2018년 기준 초4, 중1 각 2,500여명(총 5,197명)

○ 조사 대상/내용/방식

구분		KCYPS 2010
조사대상		아동·청소년 + 보호자
조사내용	아동·청소년	개인발달(생활시간, 지적발달, 진로 사회/정서발달, 비행, 건강, 신체발달 등) 및 발달환경(가정, 학교, 친구, 지역사회, 매체활동/문화환경 등)
	보호자	배경변인 (학력, 직업, 경제수준 등)
조사방식	아동·청소년	개별 면접 조사
	보호자	전화조사

그림 3-17 | 패널 데이터의 데이터 수집 관련 내용

지금까지 패널 데이터를 활용하여 데이터 분석적 시각으로 분석 설계를 하는 방법에 대해 살펴보았습니다. 이제 우리가 설계한 내용을 분석해야겠죠? 데이터 측정값을 확인하고 이를 통계 프로그램으로 분석하여 통계적인 유의성을 검증하면 됩니다. 이 과정을 기술해서 기관 분석 보고서나 연구 논문을 작성할 수 있습니다.

08 _ jamovi 통계 프로그램을 활용하여 분석 보고서를 작성하는 이유

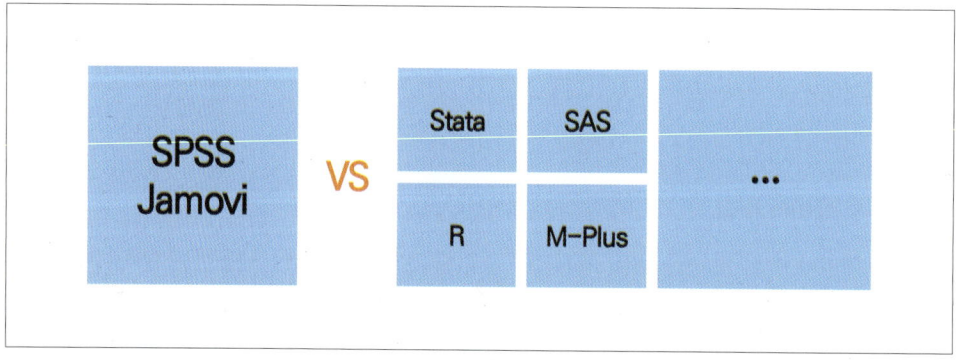

그림 3-18 | 통계 프로그램 비교

기존 사회과학 연구에서 SPSS를 많이 사용한 이유는 Stata, R, SAS와 같은 명령문 기반이 아닌, GUI(Graphic User Interface) 방식으로 마우스 클릭을 통해 통계 분석을 쉽게 할 수 있었기 때문입니다. 그런데 SPSS는 아쉽게도 '유료 버전'입니다. 그래서 주머니 사정이 넉넉하지 못한 연구자, 예산이 한정된 비영리 기관이나 사회적 기업 등에서는 엑셀로 분석을 진행하거나 학교 라이선스를 사용하여 분석을 진행하였습니다. 물론 무료 통계 프로그램인 R을 배워서 사용하는 기업 담당자들도 있긴 합니다. 하지만 R 명령문을 배우기가 쉽지 않아 분석을 포기하기 십상입니다.

그런데 SPSS의 장점(GUI 방식)과 R의 장점(오픈소스 & 무료)이 결합된 통계 프로그램이 최근에 등장했습니다. 그 프로그램이 바로 여기서 사용하게 될 jamovi입니다. 이 프로그램에서는 명령문을 치지 않고 마우스 클릭을 통해 통계 분석을 진행할 수 있으며, R 패키지를 기반으로 하기 때문에 업데이트(추가)된 새로운 분석 방법 등을 사용할 수 있습니다. 또한 분석하려는 데이터를 구성해서 클릭하면 바로 표 양식으로 나타납니다. 이 양식은 APA(American Psychological Association)라는 학술논문의 주요 기준이 되는 표 양식으로 표현되어 있어 많은 연구자들이 손쉽게 연구에 활용할 수 있습니다. 기업 분석을 진행하는 담당자들 입장에서도 이런 표 양식은 활용하기가 좋습니다. 표가 바로 등장하기 때문에 변수를 바꿔가면서 결과의 추이를 확인해보고, 자신이 원하는 결과만 차용하여 보고서에 기록할 수 있습니다.

한 가지 단점은 사용 언어에 한국어가 없다는 점입니다. jamovi는 영어로 되어 있는데, 통계나 실행 용어는 대부분 이해할 수 있는 수준이고 해석이 명확하기 때문에 크게 문제되지 않는다고 생각합니다.

여러 통계 프로그램을 사용하기보다는 여러 기능을 커버할 수 있는 통계 프로그램을 잘 다루는 것이 중요합니다. 그런 통계 프로그램 중에서 통계 초보자가 사용하기에는 jamovi가 가장 적합한 툴이라고 생각합니다. 그래서 PART 02에서는 jamovi 프로그램을 활용하여 통계 분석을 진행해보고, 그 결과를 보고서에 기록하는 실습을 함께 해볼 예정입니다. PART 01에서 배운 분석 설계와 방법을 떠올리며 실습을 따라 해보세요. 이후에는 기관이나 기업 내부에 있는 웬만한 데이터 분석은 충분히 진행할 수 있을 것이라 확신합니다.

그럼, 지금부터 jamovi와 패널 데이터를 활용하여 분석 보고서를 작성해볼까요?

PART 02

CONTENTS

- **04** jamovi 프로그램의 설치와 이해
- **05** 사회과학 패널 데이터 활용과 다운로드 방법
- **06** 변수 추출과 분석 전 처리 : 데이터 핸들링
- **07** 빈도분석
- **08** 기술통계분석
- **09** 신뢰도 분석
- **10** 교차분석
- **11** 독립표본 t-test
- **12** 대응표본 t-test
- **13** 분산분석(ANOVA)
- **14** 상관관계 분석
- **15** 단순회귀분석
- **16** 다중회귀분석
- **17** 로지스틱 회귀분석

jamovi를 활용한 사회과학 패널 데이터 분석 방법

▶ PART 02에서는 한국아동·청소년 패널 데이터를 활용하여 실제로 분석을 설계해 보고, 무료 통계 프로그램인 jamovi를 활용하여 분석을 진행한 후 보고서 결과를 작성하는 방법에 대해 살펴봅니다. 또한 각 분석 방법 안에서 데이터 핸들링과 분석을 진행할 때 자주 발생하는 오류들을 어떻게 해결하는지에 대해서도 설명합니다.

SECTION 04

jamovi 프로그램의 설치와 이해

01 _ jamovi 프로그램 설치하기

1 인터넷 검색엔진에서 jamovi를 검색하면 가장 위에 나타나는 페이지를 클릭합니다.

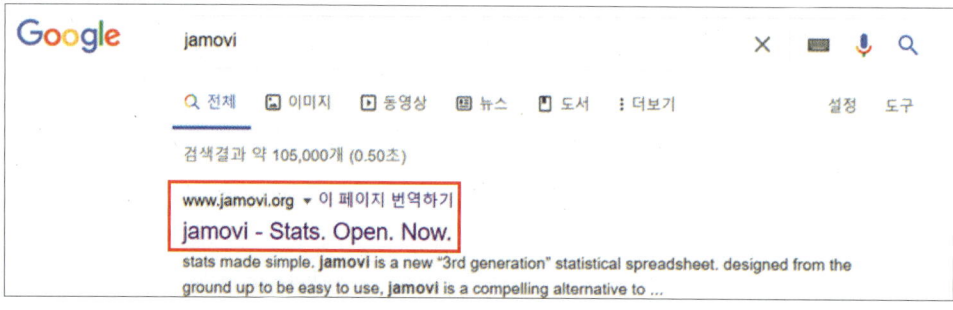

그림 4-1

2 페이지 상단의 download 항목을 클릭합니다.

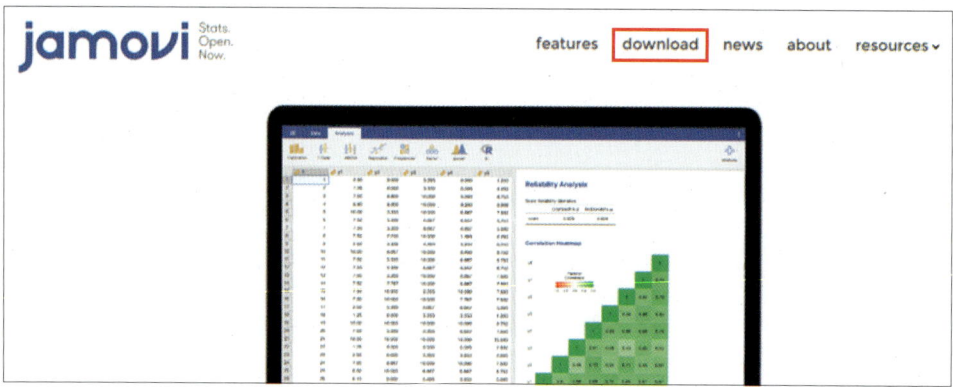

그림 4-2

3 ❶ Latest Features(최신 버전)를 클릭하여 ❷ 설치 파일을 다운로드하고 ❸ 실행합니다.

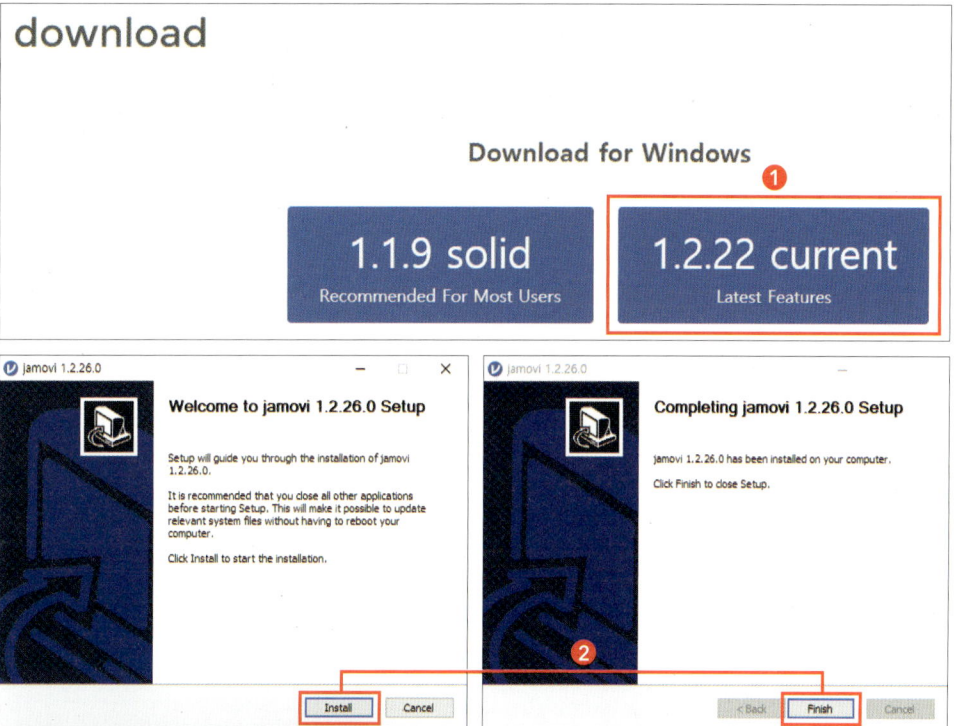

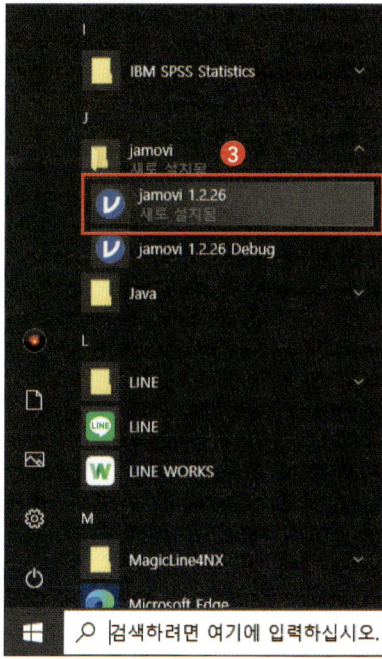

그림 4-3

여기서 잠깐

컴퓨터에서 사용하는 백신에 따라 설치가 진행되지 않을 수 있습니다. 국내 백신 중에서는 V3 Lite가 설치를 방해하는데요, [그림 4-4]와 같이 랜섬웨어 정밀 검사가 진행된 후, **검사 예외**를 클릭하고 다시 한 번 jamovi 설치 파일을 실행하면 정상적으로 설치가 진행됩니다. 또한 [그림 4-3]에 제시된 버전과 다를 수 있습니다. 계속 업데이트되는 프로그램이기 때문입니다.

그림 4-4

그럼 jamovi 프로그램을 활용하여 데이터를 입력하는 방법을 살펴보겠습니다. jamovi를 실행하면 다음과 같은 창이 나타납니다. 왼쪽은 데이터가 입력될 스프레드시트 창, 오른쪽은 분석을 실시했을 때 분석 결과가 나타날 창입니다.

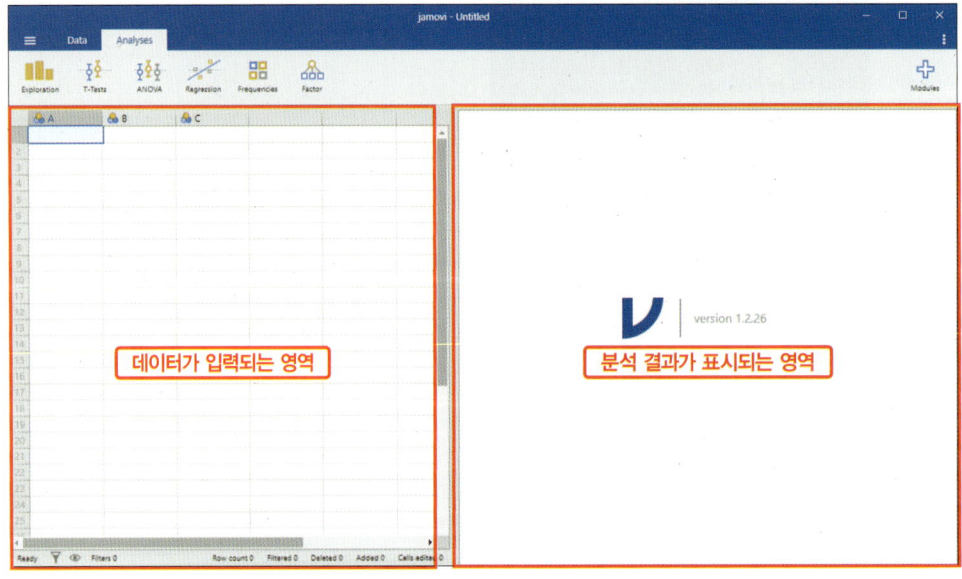

그림 4-5

먼저 왼쪽의 데이터가 입력되는 영역을 살펴보겠습니다. 데이터는 **숫자** 형태로 입력되어야 빈도 분석을 제외한 다른 분석을 실시할 수 있습니다. 데이터는 크게 1차 자료와 2차 자료로 구분할 수 있습니다. 1차 자료는 연구자가 직접 조사를 실시한 설문 자료로서, 응답자들에게 설문지를 배포·회수한 다음 연구자가 직접 입력한 데이터를 말합니다. 2차 자료는 국가나 연구 기관 등에서 조사한 자료를 연구자가 활용할 수 있도록 공개한 자료를 말합니다.

이 책에서는 2차 자료이자 아동청소년 연구에서 많이 활용되는 한국청소년정책연구원의 '한국아동청소년패널조사'를 활용합니다. 그 전에 데이터 및 변수 성격에 대해 살펴보고, 1차 자료를 활용하는 연구자들을 위해 데이터 입력 방법에 관해 설명하겠습니다.

변수 측정 방식

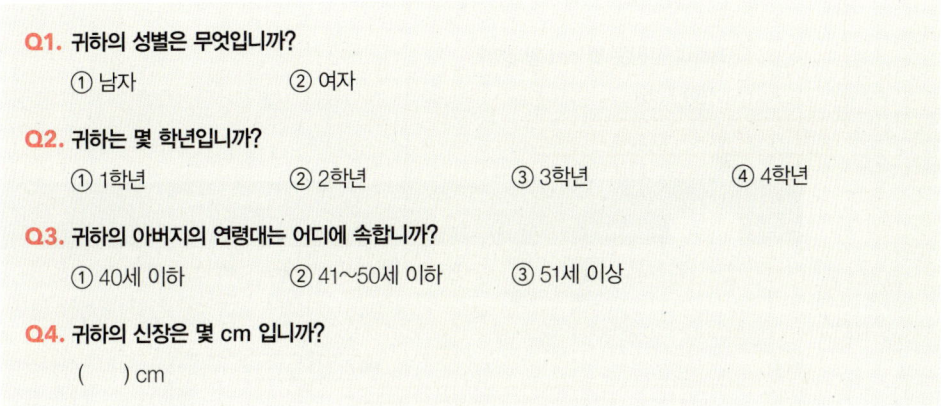

① **명목척도** : 성별처럼 수치화할 수 없는 척도(숫자가 높다고 더 높은 개념이 아님)
② **서열척도** : 학년처럼 순서가 있어 수치를 부여할 수 있는 척도
③ **등간척도** : 만족도, 행복지수, 연령대 등과 같이 상대적 크기를 측정하기 위해 간격을 구분한 척도
④ **비율척도** : 절대적 크기를 측정하기 위한 0의 개념을 갖는 척도로서 키, 몸무게, 금액 등 크기를 비교할 수 있는 척도

여기서 잠깐

통계 책에서는 기본적으로 네 가지 척도로 변수를 분류하지만 jamovi에서는 명목과 서열, 비율 척도의 세 가지로 분류합니다. 또한 분석할 때는 PART 01에서 배운 것처럼 설문지의 수치로 대소 관계를 비교하거나 평균값을 나타낼 수 없는 '명목형 자료'와 대소 관계 및 평균 값 등으로 점수화할 수 있는 '연속형 자료'로 구분하는 것이 효과적입니다.

02 _ 데이터 입력하기

1 응답자 한 사람의 입력값은 가로 행으로 입력합니다. 즉, 한 행이 한 사람의 정보가 됩니다. 만약 100명을 상대로 조사를 실시한다면, 100행으로 된 데이터가 완성됩니다. ❶ 첫 번째 응답자의 응답을 위에서부터 하나씩 확인하여 ❷ 오른쪽으로 입력해갑니다.

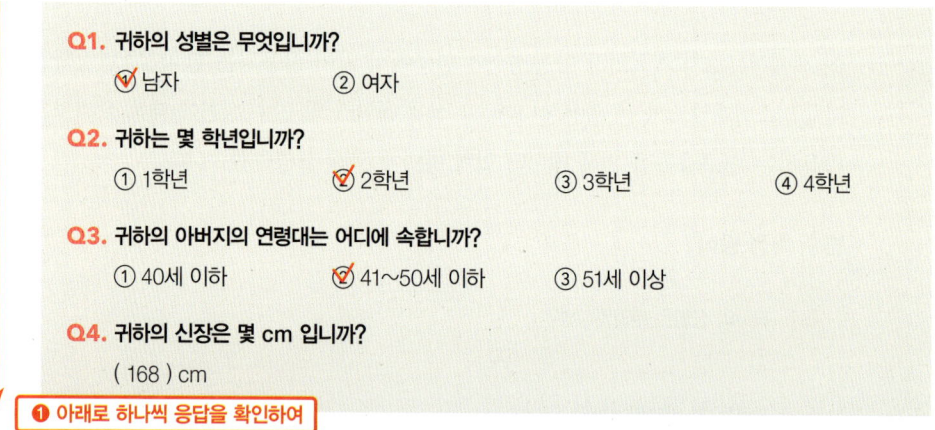

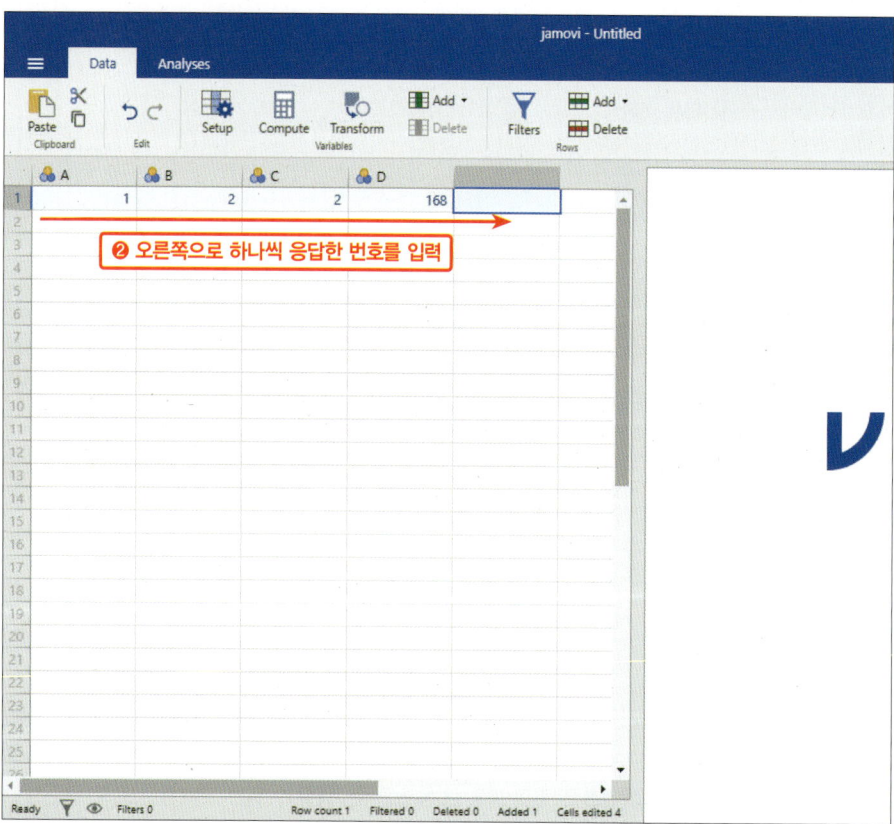

그림 4-6

2 입력된 값이 어느 변수에 해당하는지 표시하겠습니다. ❶ Data 메뉴에서 ❷ Setup 아이콘을 클릭한 후 ❸ A 칸을 클릭하여 선택합니다.

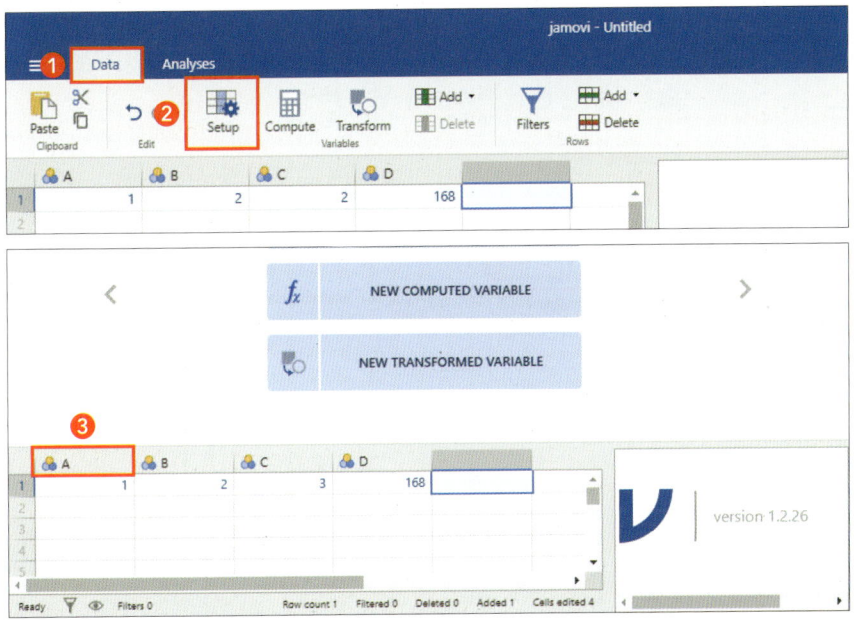

그림 4-7

3 ❶ DATA VARIABLE에 설문지의 첫 번째 질문을 설명하는 '성별'을 입력합니다.
❷ Measure type은 명목변수를 뜻하는 'Nominal'로 설정합니다.

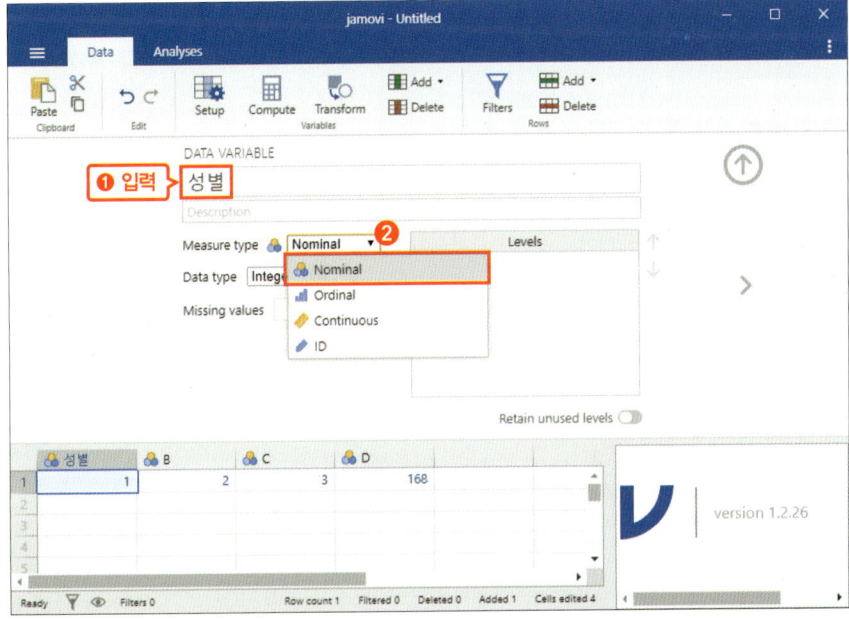

그림 4-8

4 ❶ B 칸을 클릭하고 ❷ DATA VARIABLE에 설문지의 두 번째 질문을 설명하는 '학년'을 입력합니다. ❸ Measure type은 서열척도를 뜻하는 'Ordinal'로 설정합니다.

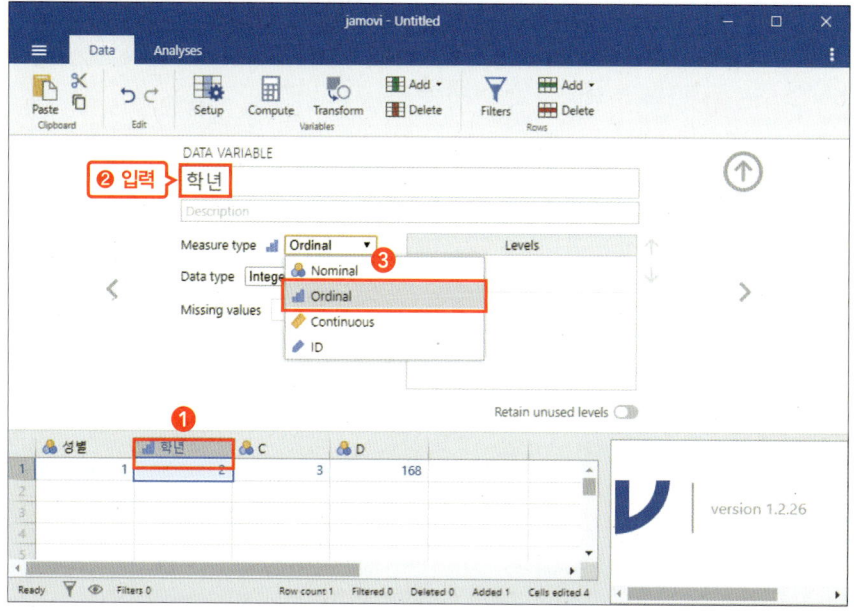

그림 4-9

5 연령은 비율척도이지만, 연령대는 서열척도로 간주합니다. ❶ C 칸을 클릭하고 ❷ DATA VARIABLE에 설문지의 세 번째 질문을 설명하는 '연령대'를 입력합니다. ❸ Measure type은 서열척도를 뜻하는 'Ordinal'로 설정합니다.

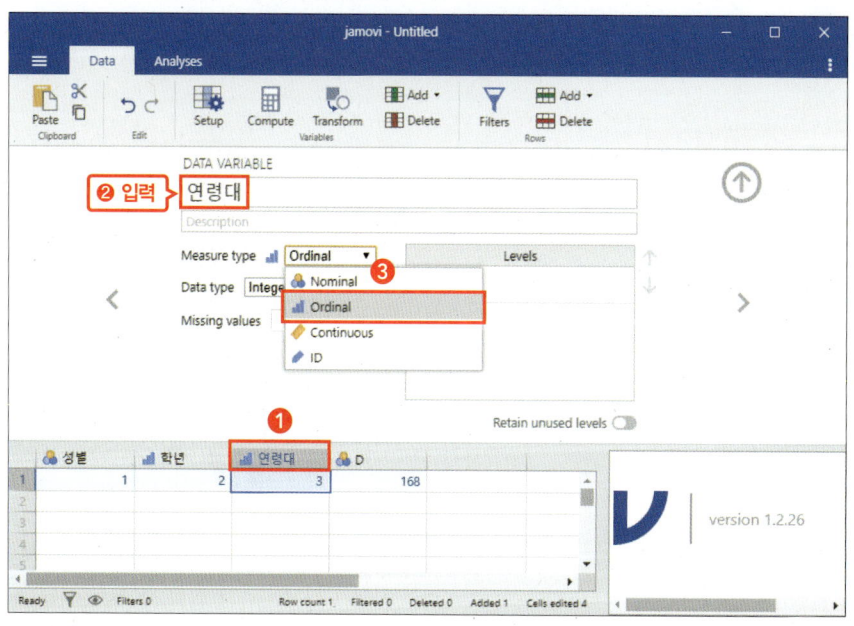

그림 4-10

6 마지막으로 ❶ D 칸을 클릭하고 ❷ DATA VARIABLE에 설문지의 네 번째 질문을 설명하는 '신장'을 입력합니다. ❸ Measure type은 비율척도를 뜻하는 'Continuous'로 설정합니다.

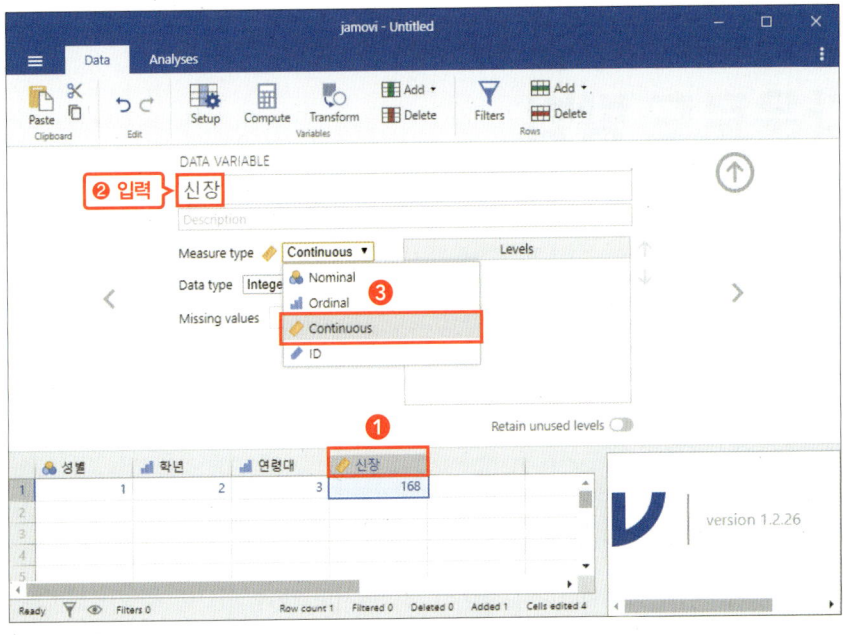

그림 4-11

여기서 잠깐

측정 유형 지정은 실제 분석에서도 영향을 줄 수 있으니 꼭 변수 성격에 따라 설정해야 합니다.

1차 자료, 즉 설문조사를 실시했다면 각 사람이 응답한 설문지를 이런 식으로 입력하면 됩니다. 다음 섹션부터 본격적으로 2차 자료인 한국아동청소년패널 자료를 활용하는 방법에 대해 살펴보겠습니다.

SECTION 05
사회과학 패널 데이터 활용과 다운로드 방법

01 _ 패널 데이터란?

이 책에서는 분석을 진행하기 위해 한국청소년정책연구원에서 조사한 한국아동청소년패널 자료를 활용합니다. 패널 데이터란 같은 응답자를 대상으로 여러 기간에 걸쳐 다양한 정보를 추적 조사한 종단 자료를 의미합니다. 데이터 이름에서도 알 수 있듯이 아동청소년 패널은 아동과 청소년을 대상으로 다양한 정보들을 추적 조사한 자료이며 아동과 청소년에 관한 연구를 진행할 때 자주 활용됩니다.

패널 데이터의 장점은 직접 설문조사를 실시하지 않아도 되기 때문에 시간과 비용을 절약할 수 있다는 점입니다. 물론 많은 연구자들이 자료를 활용할 수 있도록 기관에서 구성해놓은 데이터이기 때문에 연구자들이 원하는 자세하고 특수한 변수에 대해서는 조사되어 있지 않습니다. 따라서 해당 패널 데이터에 원하는 변수가 존재하지 않는다면 직접 설문조사를 실시하는 것이 더 효과적일 수 있습니다.

02 _ 패널 데이터 다운로드하기

1 ❶ 인터넷 검색창에서 '한국아동청소년데이터아카이브'를 검색합니다. ❷ 맨 위에 있는 검색 결과인 한국 아동·청소년 데이터 아카이브를 클릭합니다.

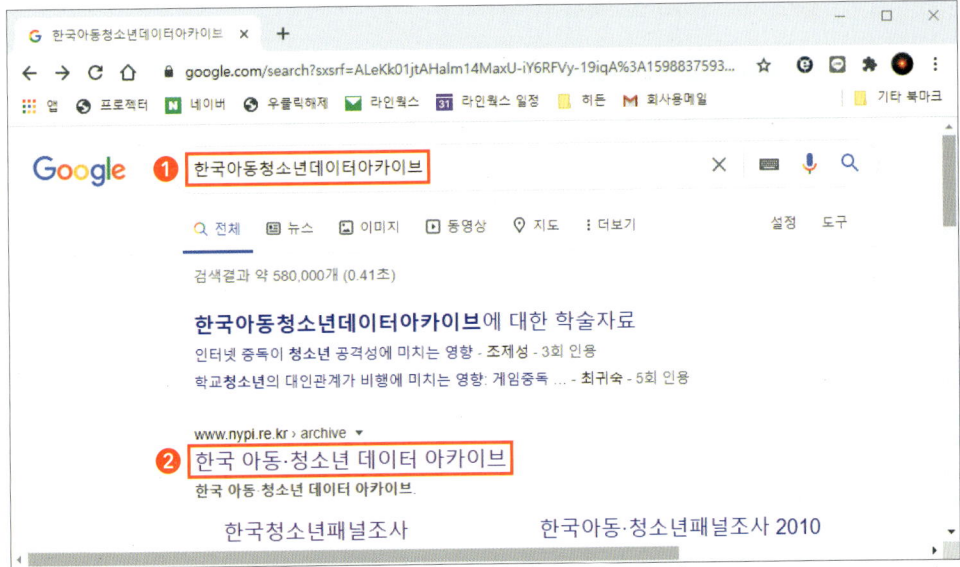

그림 5-1

2 ❶ 페이지 상단의 NYPI 패널조사에 커서를 대었을 때 나타나는 메뉴 중 ❷ 한국아동·청소년패널조사를 클릭합니다.

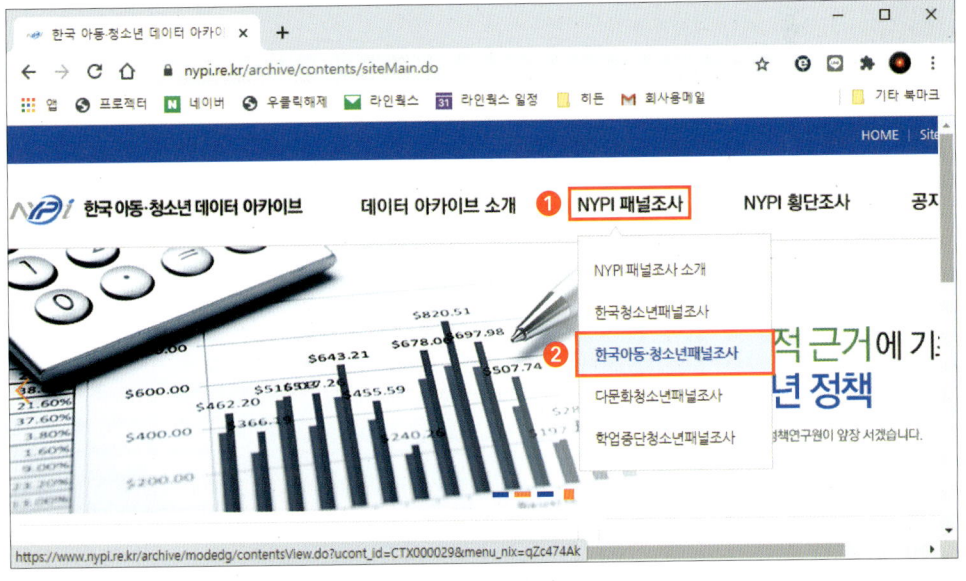

그림 5-2

3 '한국아동·청소년패널조사 2010'은 2010~2016년까지 같은 응답자를 대상으로 조사를 실시한 자료이고, '한국아동·청소년패널조사 2018'은 2018년부터 새로운 응답자를 대상으로 조사를 시작한 자료입니다. 이 책에서는 조사가 완료된 '한국아동·청소년패널조사 2010' 자료를 사용하겠습니다. ❶ 좌측에서 한국아동·청소년패널조사 2010을 클릭하고 ❷ 조사표/데이터/코드북을 클릭합니다.

그림 5-3

4 ❶ 이용 방법에 동의하고 ❷ 본인에게 해당하는 항목을 선택한 다음 ❸ 확인을 클릭합니다.

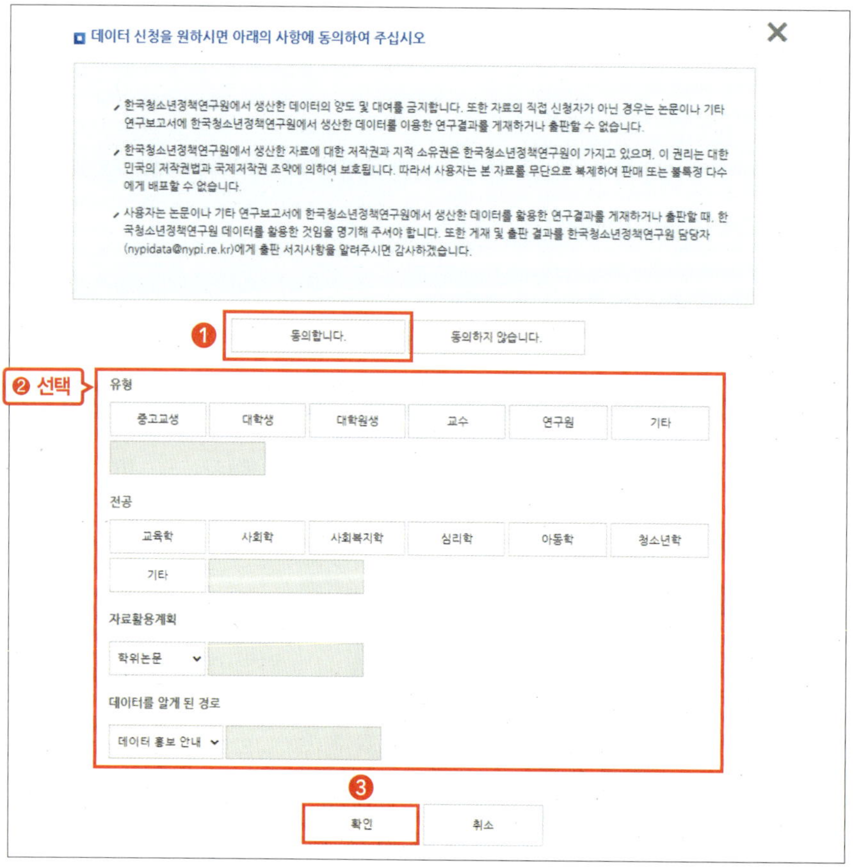

그림 5-4

5 ❶ '[데이터] KCYPS 2010 초4 코호트 제1-7차 조사 데이터' 오른쪽의 클립 모양 아이콘을 클릭합니다. ❷ 첨부파일 목록에서 엑셀로 코딩된 파일인 KCYPS2010 e4[EXCEL].zip 파일을 클릭하여 다운로드합니다.

그림 5-5

여기서 잠깐

jamovi는 SPSS, SAS, STATA 등 다른 통계분석 프로그램용으로 코딩된 파일도 읽어올 수 있지만, 엑셀로 코딩된 파일을 읽을 때 가장 안정적입니다. 이는 다른 통계분석 프로그램도 마찬가지입니다. 만약 해당 통계 프로그램이 깔려 있지 않다면 파일이 열리지 않아 사용자가 당황할 가능성이 있습니다. 그러므로 원데이터를 가져올 때는 가능하면 엑셀로 코딩된 데이터를 선택하는 것이 좋습니다.

6 이외에도 조사표, 코드북 등이 있습니다. 조사표는 실제 아동·청소년 응답자들을 조사한 설문지이고, 코드북은 데이터에 입력된 응답들이 어떠한 형태로 코딩되어 있는지를 확인할 수 있는 자료입니다. 코딩을 확인하기 위해 코드북도 받아보겠습니다. ❶ '[코드북] KCYPS 2010 제1-7차 조사 코드북' 오른쪽의 클립 모양 아이콘을 클릭하고 ❷ 첨부파일에서 KCYPS2010 Codebook.pdf를 클릭하여 다운로드합니다.

그림 5-6

SECTION 06

준비파일
실습파일_분석전처리.xlsx

변수 추출과 분석 전 처리
: 데이터 핸들링

01 _ 변수 추출 작업

1 다운로드한 KCYPS2010 e4[EXCEL].zip 파일의 압축을 해제하면 다음과 같은 엑셀 파일들을 확인할 수 있습니다. 파일명 뒷부분의 e4는 초등학교 4학년을 의미하고, w1~w7은 1차년도~7차년도 데이터를 의미합니다. 여기에서는 e4w7 데이터를 활용하겠습니다.

KCYPS2010 e4w1.xlsx	2017-09-29 오전 11:08	Microsoft Excel ...	5,589KB
KCYPS2010 e4w2.xlsx	2017-09-29 오전 11:09	Microsoft Excel ...	4,122KB
KCYPS2010 e4w3.xlsx	2017-09-29 오전 11:13	Microsoft Excel ...	4,932KB
KCYPS2010 e4w4.xlsx	2017-09-29 오전 11:15	Microsoft Excel ...	3,405KB
KCYPS2010 e4w5.xlsx	2017-09-29 오전 11:18	Microsoft Excel ...	3,092KB
KCYPS2010 e4w6.xlsx	2017-09-29 오전 11:19	Microsoft Excel ...	3,585KB
KCYPS2010 e4w7.xlsx	2017-12-28 오후 5:21	Microsoft Excel ...	3,687KB

그림 6-1

2 KCYPS2010 e4w7.xlsx 파일을 열면 1행에는 변수명이, 2행부터는 데이터가 입력되어 있는 것을 볼 수 있습니다. jamovi에서 분석하려면 필요한 변수만 앞으로 옮기거나 남기는 것이 편합니다. 여기서는 '성별'과 '휴대전화 보유여부' 변수를 찾아 앞으로 옮겨보겠습니다. 먼저 KCYPS2010 Codebook.pdf 파일을 열어보세요.

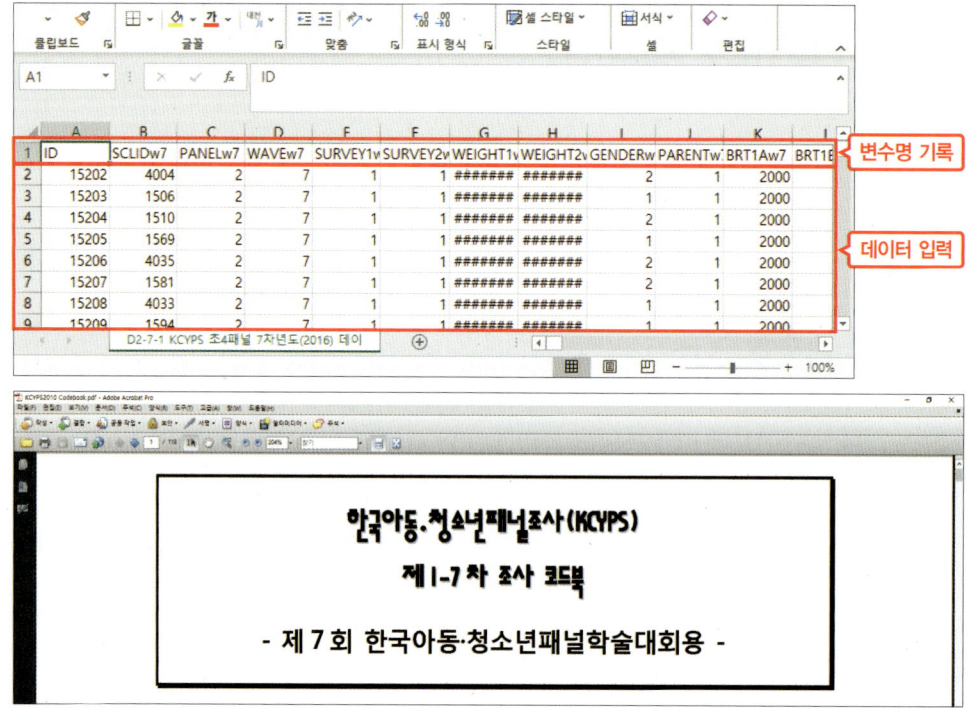

그림 6-2

3 ❶ Ctrl을 누른 채 F를 누르고 검색창에 '성별'을 입력합니다. ❷ '초4 패널'이 나올 때까지 🔍 아이콘을 누릅니다. ❸ '성별'의 변인명이 'GENDER'로 확인됩니다.

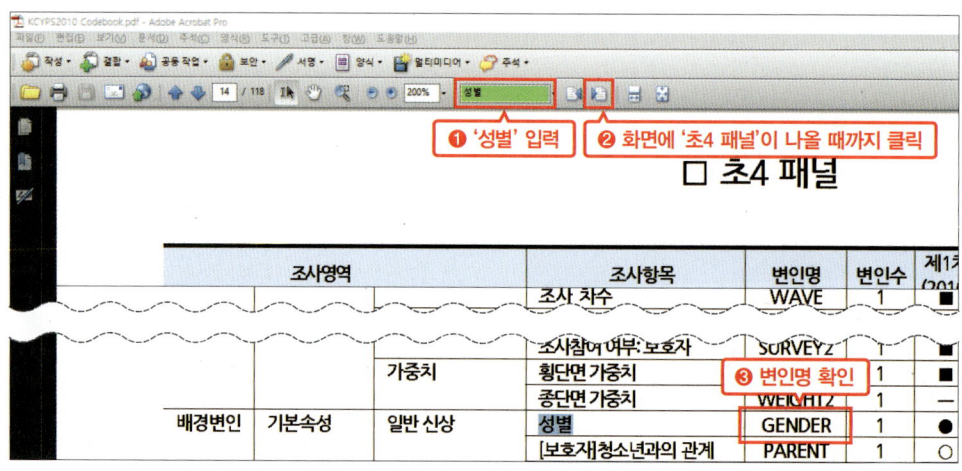

그림 6-3

4 ❶ 이번에는 검색창에 '휴대전화'를 입력하고 ❷ 🔍 아이콘을 누릅니다. ❸ 조사 영역에서 '휴대전화'의 '보유여부'에 대한 변인명이 'MDA2A'로 확인됩니다.

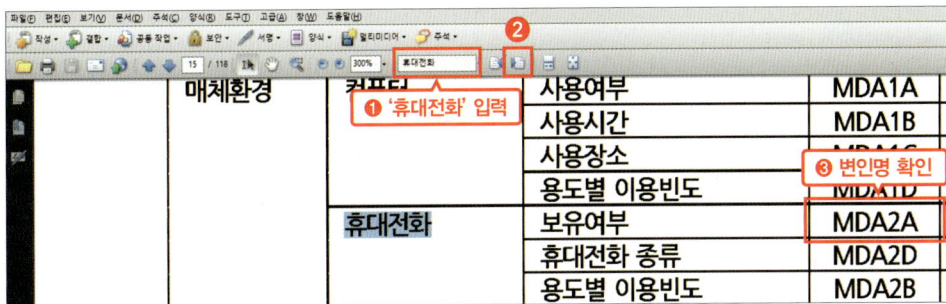

그림 6-4

5 KCYPS2010 e4w7.xlsx 파일에서 Ctrl 을 누른 채 F 를 누르거나 홈 메뉴에서 찾기 및 선택-찾기를 클릭합니다.

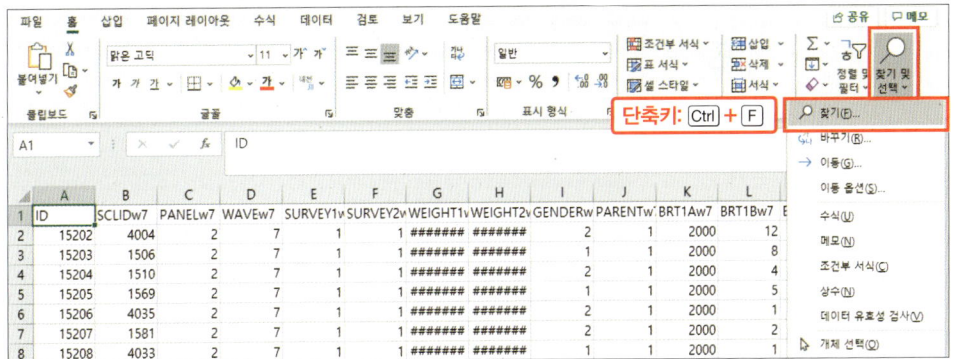

그림 6-5

6 ❶ 찾기 및 바꾸기 창에서 '찾을 내용'에 성별의 변인명인 'GENDER'를 입력하고 ❷ 다음 찾기를 클릭하면 ❸ '성별'이 입력된 열의 변수 위치로 커서가 이동합니다.

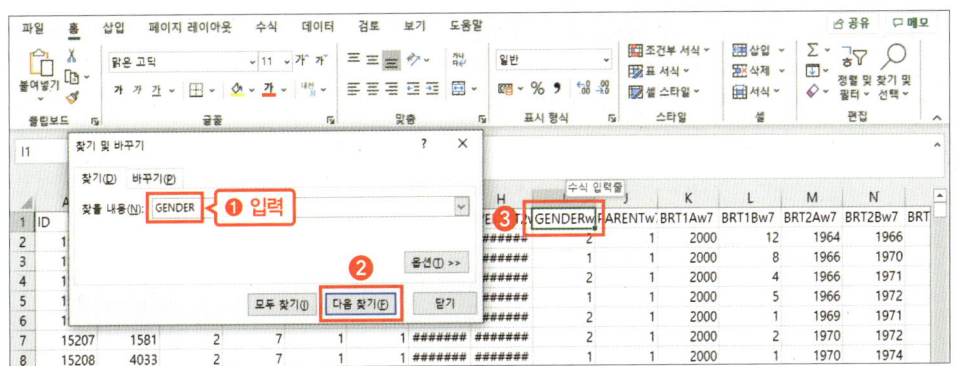

그림 6-6

7 ❶ 검색된 GENDERw7 칸 위의 'I'를 오른쪽 클릭하고 ❷ 잘라내기를 클릭합니다.

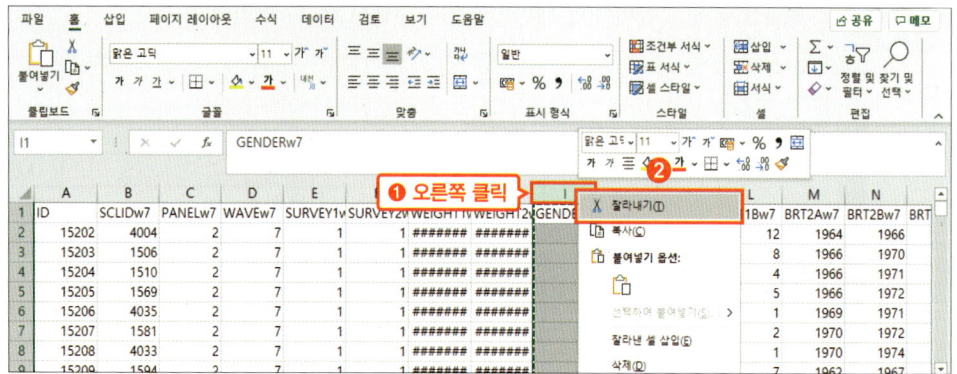

그림 6-7

8 ❶ 맨 앞의 'A'열을 오른쪽 클릭하고 ❷ 잘라낸 셀 삽입을 클릭합니다.

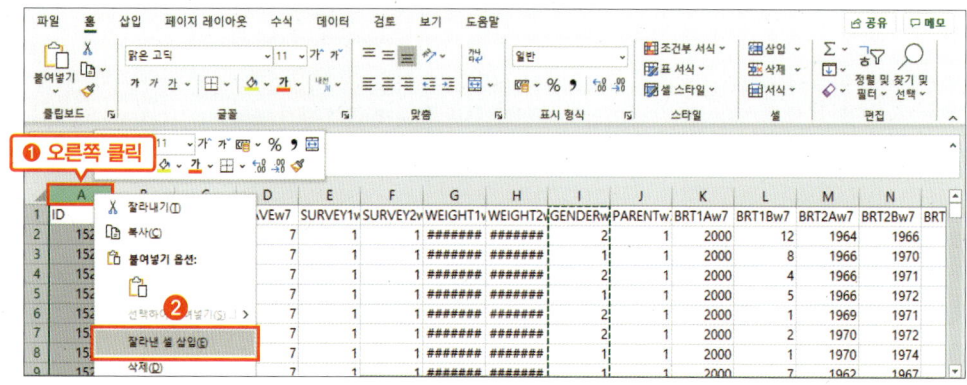

그림 6-8

9 '성별' 값이 입력된 GENDERw7 열이 첫 번째 열로 이동했습니다.

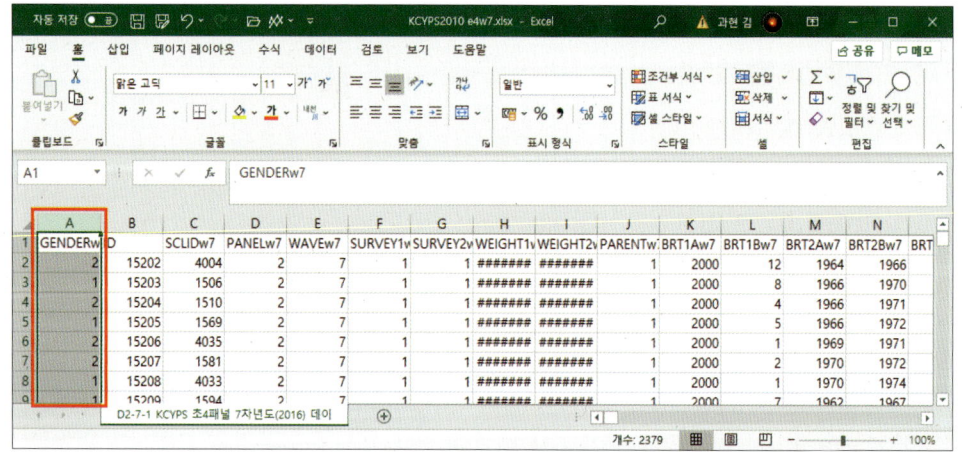

그림 6-9

10 다음으로 '휴대전화 보유여부'에 해당하는 데이터도 '성별' 옆으로 옮겨보겠습니다. ① 아무 칸이나 클릭하여 열 선택을 풀고 ② Ctrl + F 또는 찾기 및 선택-찾기 항목을 클릭합니다.

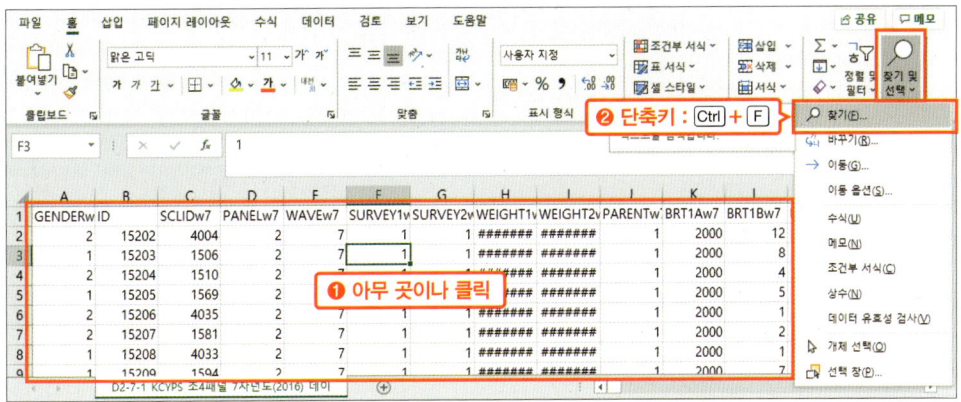

그림 6-10

11 ① 찾기 및 바꾸기 창에서 '찾을 내용'에 휴대전화 보유여부의 변인명인 'MDA2A'를 입력하고 ② 다음 찾기를 클릭하면 ③ '휴대전화 보유여부'에 해당하는 열의 변수 위치로 커서가 이동합니다.

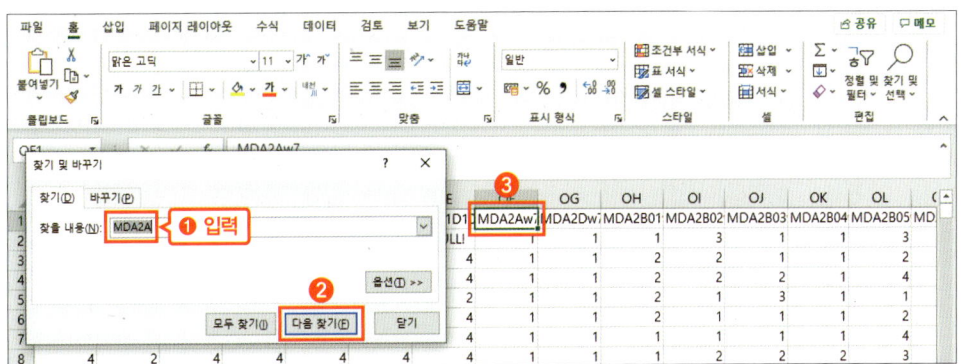

그림 6-11

12 ① 검색된 MDA2Aw7 칸 위의 'OF'를 오른쪽 클릭하고 ② 잘라내기를 클릭합니다.

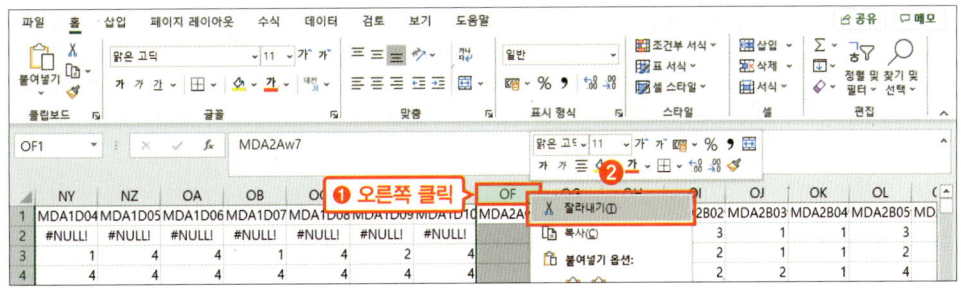

그림 6-12

SECTION 06 변수 추출과 분석 전 처리 : 데이터 핸들링 **079**

13 ❶ 'B'열을 오른쪽 클릭하고 ❷ 잘라낸 셀 삽입을 클릭합니다.

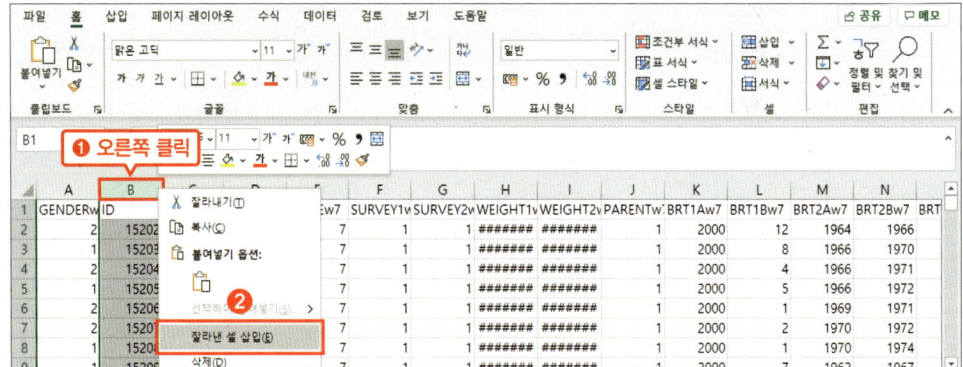

그림 6-13

14 '휴대전화 보유여부' 값이 입력된 MDA2Aw7 열이 두 번째 열로 이동했습니다.

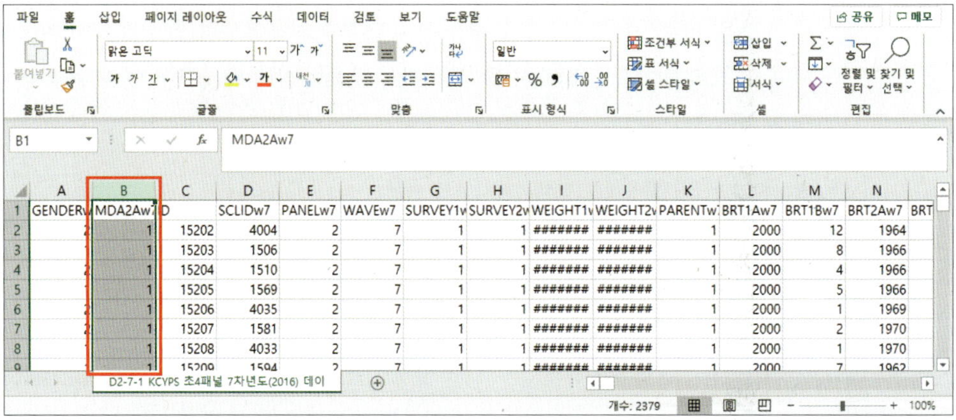

그림 6-14

15 나머지 변수들을 삭제하면 필요한 데이터만 남길 수 있습니다.

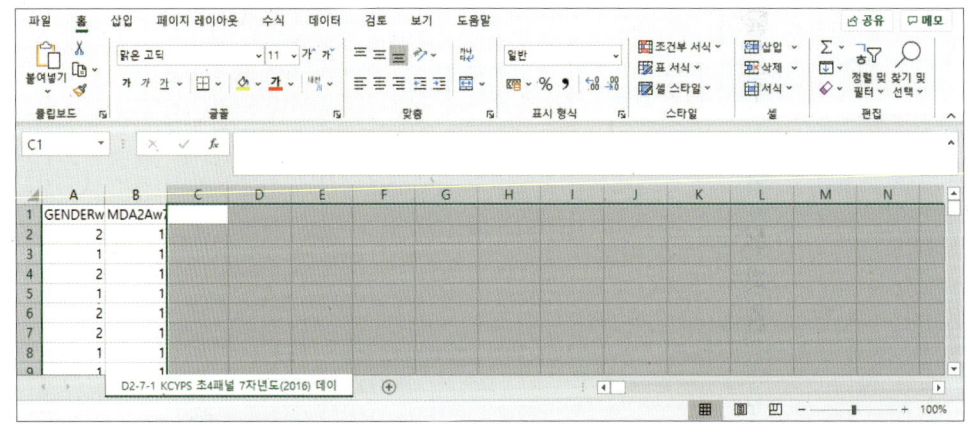

그림 6-15

> **여기서 잠깐**
>
> 패널 데이터의 경우, 다양한 학문 영역의 많은 연구자들이 데이터를 활용할 수 있도록 다양한 변수들이 조사됩니다. 따라서 연구자 입장에서 보면 불필요한 변수가 많아 데이터가 매우 혼란스럽게 느껴질 수 있습니다. 그러므로 이 책에서는 필요한 변수를 찾아 한곳에 모아놓고, 불필요한 변수를 삭제하여 분석을 진행할 예정입니다.
>
> 다만, 이러한 진행 방식은 필수가 아니라 독자들의 편의를 위한 것임을 밝혀둡니다. jamovi 프로그램 내에서 많은 변수들 중 필요한 변수를 활용하는 일에 익숙해진다면 다음부터는 이러한 작업을 거치지 않아도 됩니다.

16 데이터를 확인하다 보면 #NULL!이라고 표기된 값을 확인할 수 있습니다. 이 값은 응답자가 응답하지 않은 경우입니다. 그런데 응답에 숫자가 아닌 문자가 하나라도 포함되어 있다면 jamovi는 해당 변수의 모든 응답을 숫자가 아닌 문자로 인식하기 때문에 이런 값들은 빈칸으로 바꿔줄 필요가 있습니다.

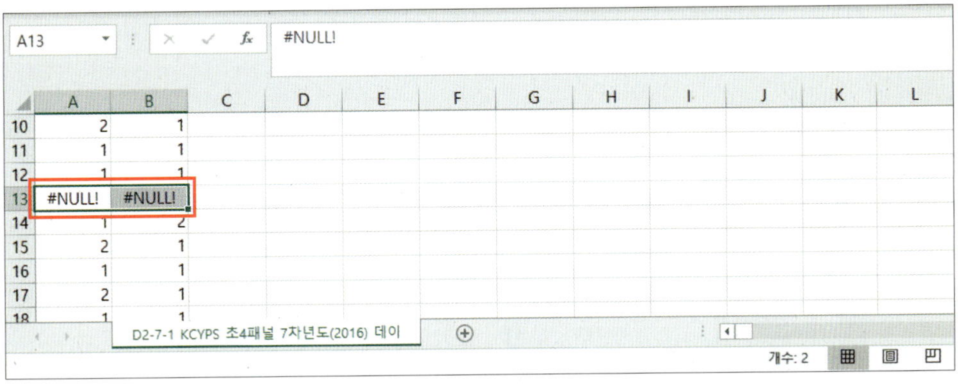

그림 6-16

17 ❶ 'A'열과 'B'열을 드래그하여 선택한 후 ❷ Ctrl 을 누른 채 H 를 누르거나 찾기 및 선택-바꾸기를 클릭합니다.

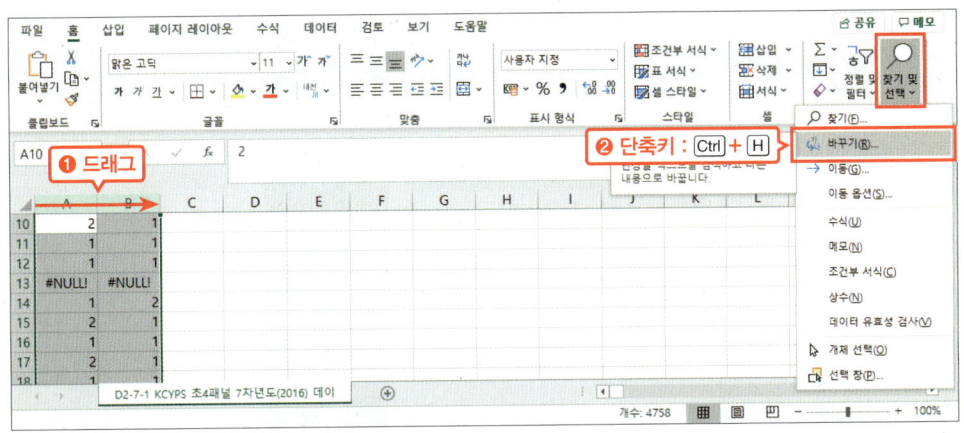

그림 6-17

18 ❶ 찾기 및 바꾸기 창에서 '찾을 내용'에 '#NULL!'를 입력하고 ❷ '바꿀 내용'에는 아무것도 입력하지 않은 채 ❸ 모두 바꾸기를 클릭합니다.

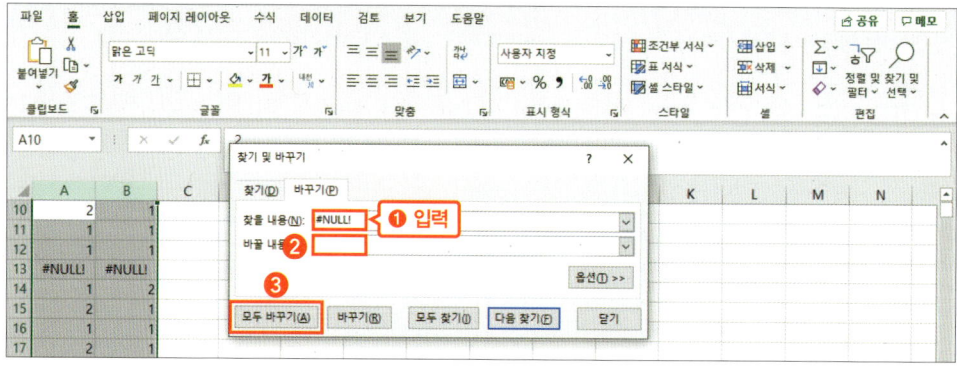

그림 6-18

19 몇 개의 데이터가 바뀌었는지 표시되면서 '#NULL!'로 입력되어 있던 칸이 빈칸으로 바뀝니다.

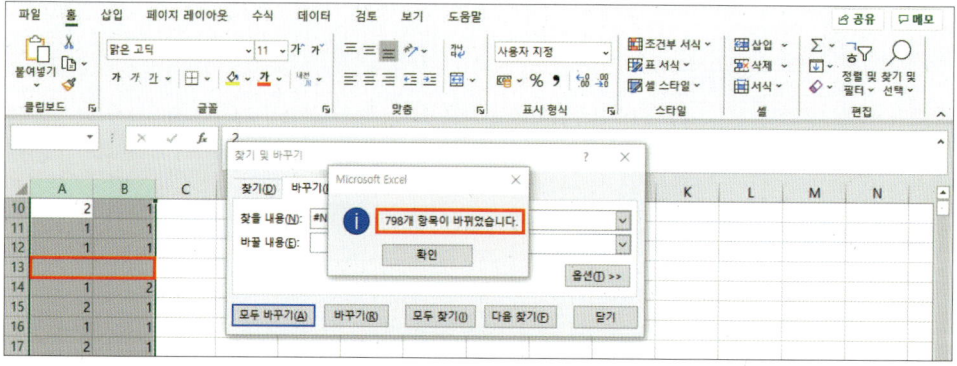

그림 6-19

20 이렇게 만든 데이터는 꼭 파일–다른 이름으로 저장하기를 클릭하여 다른 이름으로 저장해서 새로운 파일을 만듭니다. 이렇게 이름을 바꾸지 않고 바로 저장하면 원데이터가 사라집니다.

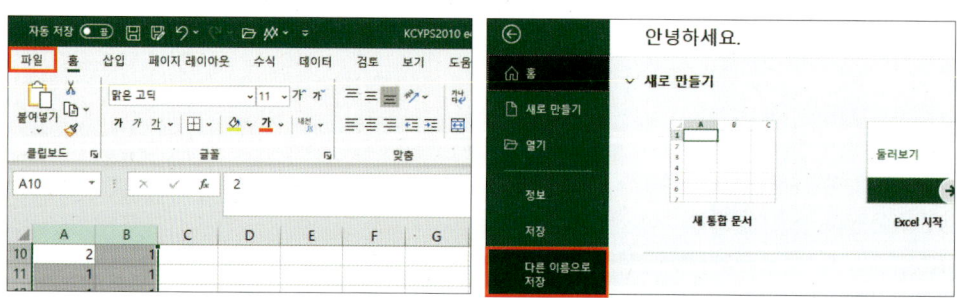

그림 6-20

02 _ 데이터 분석 전 처리 작업

지금부터 데이터 분석 전 처리 작업에 대해서 배워보도록 하겠습니다. '데이터 분석 전 처리'란 분석을 진행하기 전에 변수들을 분석 가능한 형태로 바꿔주는 작업을 의미합니다. 데이터 분석 전 처리 작업 중에서도 가장 중요한 '코딩변경'과 '변수 계산' 방법을 소개합니다.

코딩변경

- 범위로 구분할 때 **예** 키를 160cm대 이하, 170cm대, 180cm대 이상으로 묶어줄 때
- 역코딩 **예** 성적 만족도 변수(1: 매우 만족, 2: 만족, 3: 불만족, 4: 매우 불만족)를 점수가 높을수록 만족한다는 의미로 바꿔줄 때
- 더미변환 : 명목변수를 연속변수 형태로 바꾸거나 연속변수를 여부, 유무 형태로 바꿀 필요가 있을 때

변수 계산

- 합계 : 여러 하위 응답이 존재하는 리커트 척도를 하나의 합계 변수로 만들어주는 작업
- 평균 : 여러 하위 응답이 존재하는 리커트 척도를 하나의 평균 변수로 만들어주는 작업
- 기타 계산 : 변수들을 활용하여 다양한 계산을 진행할 수 있음

[STEP 1] 범위로 구분하기

1 키를 160cm대 미만, 170cm대, 180cm대 이상으로 묶어주는 코딩변경 작업을 해보겠습니다. jamovi 프로그램을 실행하고 ❶ ≡ 버튼을 클릭한 다음 ❷ Open을 클릭하고 ❸ 오른쪽 위의 Browse를 클릭합니다.

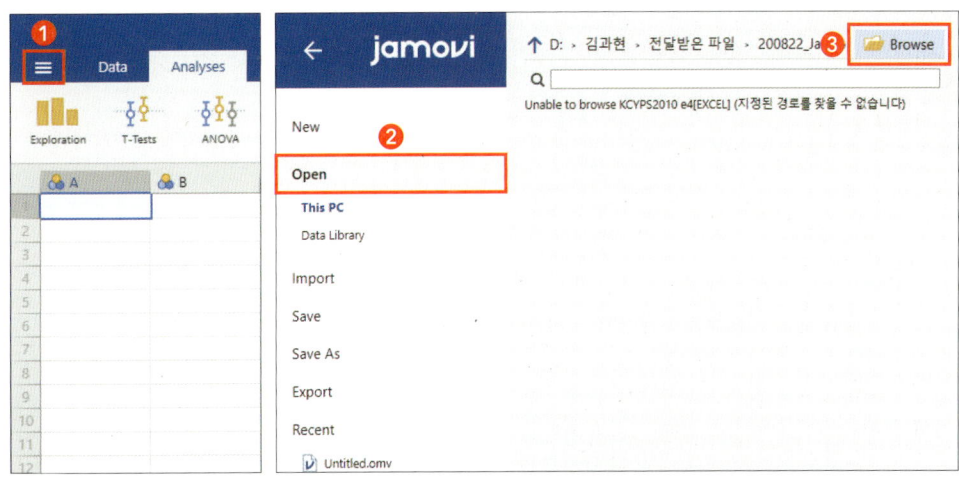

그림 6-21

2 실습파일 중 '실습파일_분석전처리.xlsx' 파일을 선택하고 **열기**를 클릭하거나 더블클릭하여 불러옵니다.

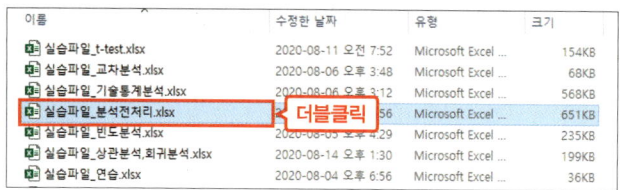

그림 6-22

3 대부분의 분석 전 처리는 Data 메뉴에서 진행합니다. ① '키' 열의 아무 칸이나 클릭하여 키에 관한 값을 선택하고 ② Data 메뉴에서 ③ Transform을 클릭합니다.

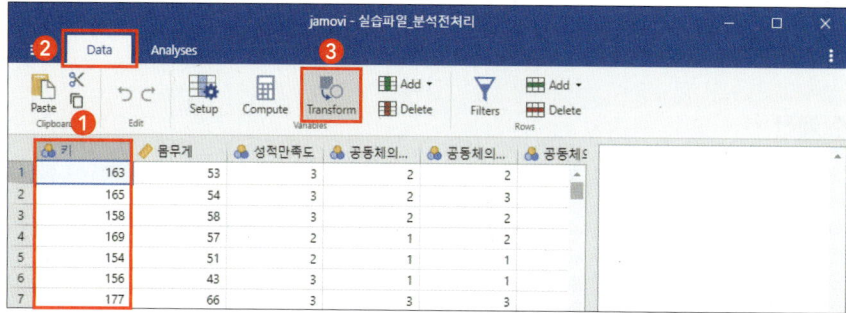

그림 6-23

4 TRANSFORMED VARIABLE 창이 열리면서 ① '키 (2)' 변수가 생성됩니다. ② 'using transform'에서 'None'을 클릭하여 ③ 'Create New Transform…'을 선택합니다.

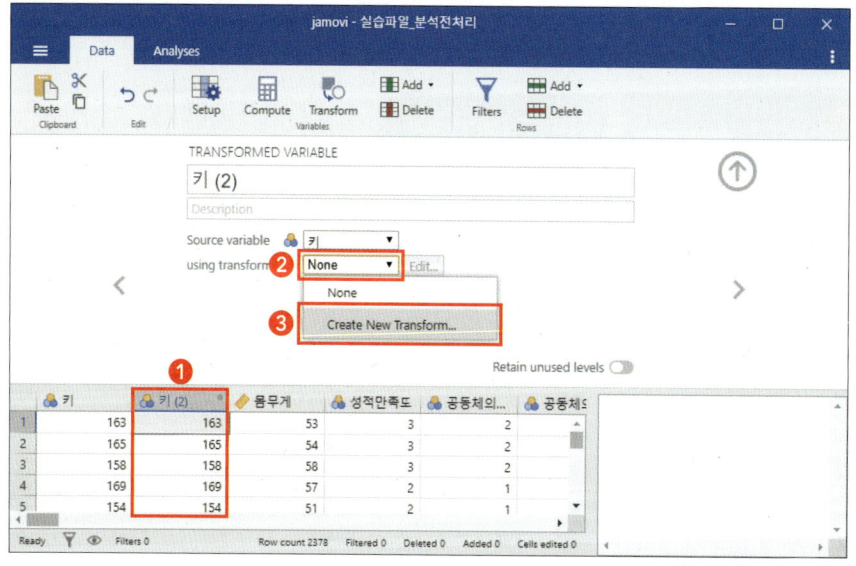

그림 6-24

5 '+ Add recode condition'을 클릭합니다. 이 버튼은 기존 값을 가공하여 새로운 값으로 변경할 때 사용합니다.

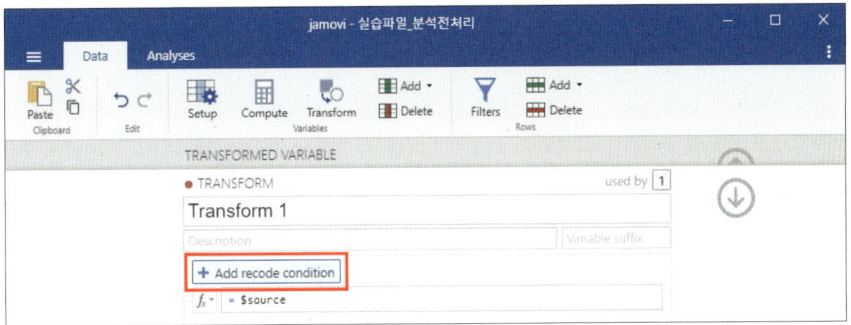

그림 6-25

6 □칸을 클릭하면 등호가 나열됩니다. '=='은 다음에 입력하는 값과 같은 값만 선택할 때, '!='은 다음에 입력하는 값을 제외한 모든 값을 선택할 때, '>'은 다음에 입력하는 값을 초과한 값을 선택할 때, '<'은 다음에 입력하는 값 미만의 값을 선택할 때, '>='과 '<='은 각각 다음에 입력하는 값 이상, 이하의 값을 선택할 때 사용합니다.

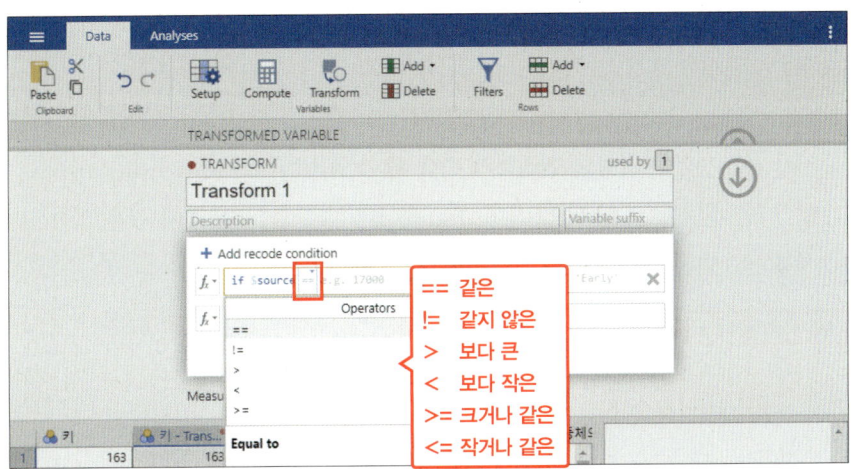

그림 6-26

7 먼저 키가 160 미만인 사람을 설정하기 위해 ❶ '<'을 선택하고 ❷ 다음 칸에 '160'을 입력한 뒤 ❸ 'use' 옆에 '1'을 입력하면 키 변수에서 160 미만의 값은 1로 설정하라는 조건이 완성됩니다.

그림 6-27

8 계속해서 키가 160cm대인 사람을 설정하기 위해 '+ Add recode condition'을 클릭합니다.

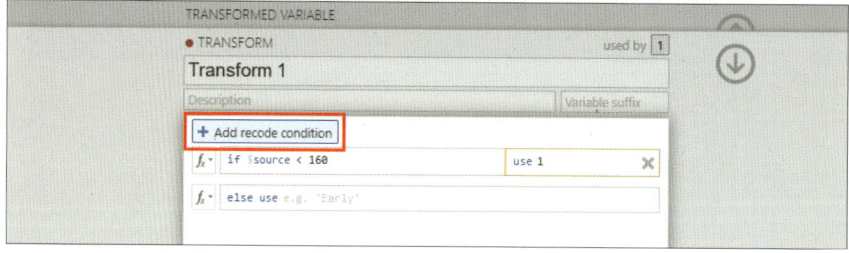

그림 6-28

9 키가 170 미만인 사람을 설정하기 위해 ❶ '<'을 선택하고 ❷ 다음 칸에 '170'을 입력한 뒤 ❸ 'use' 옆에 '2'를 입력하면 키 변수에서 170 미만의 값은 2로 설정하라는 조건이 완성됩니다.

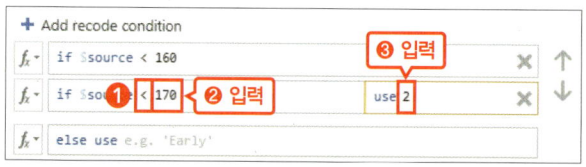

그림 6-29

10 키가 180 미만인 사람을 설정하기 위해 ❶ '+ Add recode condition'을 클릭합니다. ❷ '<'을 선택한 뒤 ❸ 다음 칸에 '180'을 입력하고 ❹ 'use' 옆에 '3'을 입력하면 키 변수에서 180 미만의 값은 3으로 설정하라는 조건이 완성됩니다.

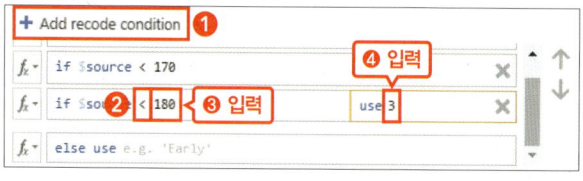

그림 6-30

11 키가 180 이상인 사람을 설정하기 위해 'else use' 칸에 '4'를 입력하면 키 변수에서 결측값이 없는 데이터 중 180 이상의 값은 4로 설정하라는 조건이 완성됩니다.

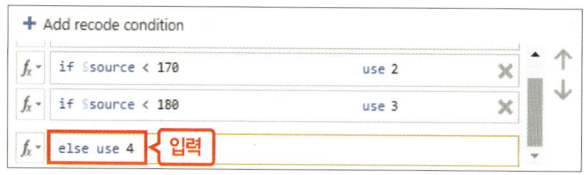

그림 6-31

> **여기서 잠깐**
>
> 원척도를 범위에 따라 구분할 때는 작은 것부터 위에 올라오도록 순서를 정렬해야 합니다. 만약 위의 예시에서 '180 이상'을 1로, '180 미만'을 2로, '170 미만'을 3으로, '160 미만'을 4로 설정하는 순서로 진행한다면 맨 위에 있는 '180 이상'이 먼저 진행되고 '180 미만'이 다음에 진행된 뒤 '170 미만' 순으로 설정됩니다. 그런데 '170 미만'은 이미 '180 미만'에 포함되기 때문에 키가 180 이상인 사람을 제외한 모든 값들은 '2'로 설정되어 데이터 오류가 발생할 수 있습니다.

[STEP 2] 역코딩

코드북에서 성적 만족도에 대한 코딩 내용을 확인하면 **점수가 높을수록 만족하지 않는** 것으로 설정되어 있습니다. 이를 **점수가 높을수록 만족하는** 방향으로 바꿔보겠습니다.

성적: 전체 성적 만족도	성적: 전체 성적 만족도	1 매우 만족한다
		2 만족하는 편이다
		3 만족하지 않는 편이다
		4 전혀 만족하지 않는다

1 jamovi에서 '실습파일_분석전처리.xlsx' 파일을 열고 ❶ '성적만족도' 변수를 클릭하거나 성적만족도에 해당하는 열에서 아무 값이나 클릭합니다. ❷ Data를 클릭한 뒤 ❸ Transform을 클릭합니다.

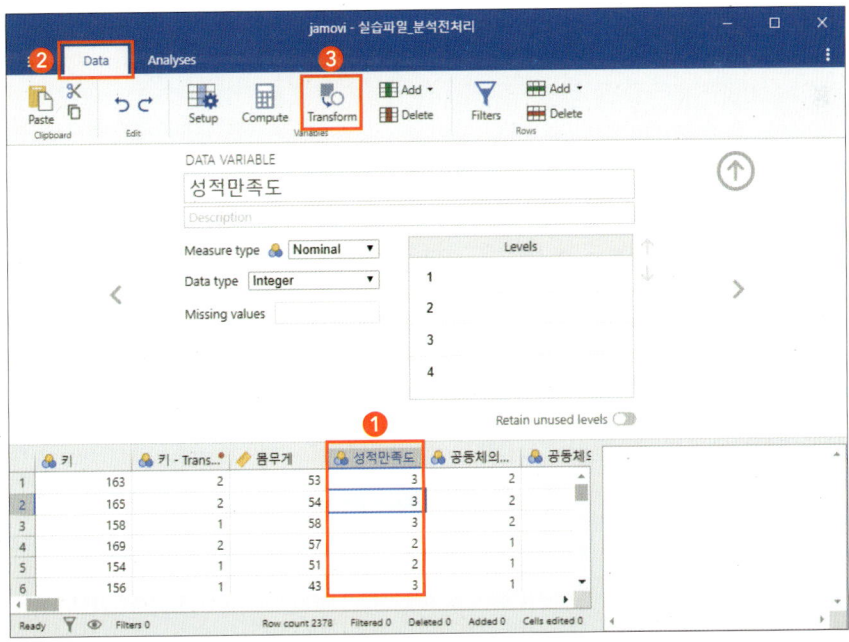

그림 6-32

2 ❶ 'using transform'에서 'None'을 클릭하여 ❷ 'Create New Transform…'을 선택합니다.

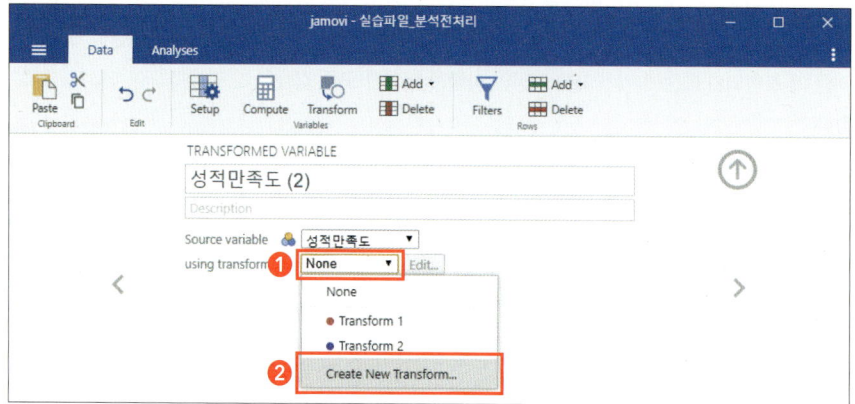

그림 6-33

3 이번에는 특정한 하나의 값을 다른 하나의 값으로 바꾸는 역코딩 과정이기 때문에 '=='을 사용하겠습니다. ❶ '+ Add recode condition'을 클릭하고 ❷ '=='을 선택한 뒤 ❸ 다음 칸에 '1'을 입력합니다. ❹ 'use' 칸에는 '4'를 입력하여 기존의 '1 매우 만족한다'로 응답한 값을 '4'로 설정합니다.

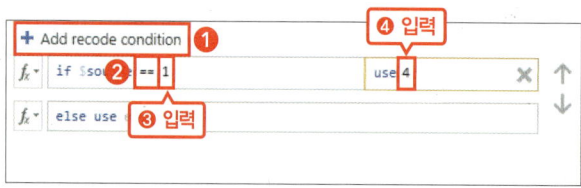

그림 6-34

4 마찬가지로 '2 만족하는 편이다'라는 응답을 '3'으로 바꿔줍니다. ❶ '+ Add recode condition'을 클릭하고 ❷ '=='을 선택한 뒤 ❸ 다음 칸에 '2'를 입력합니다. ❹ 'use' 칸에는 '3'을 입력합니다.

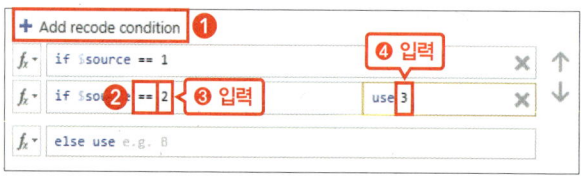

그림 6-35

5 '3 만족하지 않는 편이다'라는 응답을 '2'로 바꿔줍니다. ❶ '+ Add recode condition'을 클릭하고 ❷ '=='을 선택한 뒤 ❸ 다음 칸에 '3'을 입력합니다. ❹ 'use' 칸에는 '2'를 입력합니다.

그림 6-36

6 마지막으로 '4 전혀 만족하지 않는다'라는 응답을 '1'로 바꿔줍니다. ❶ '+ Add recode condition'을 클릭하고 ❷ '=='을 선택한 뒤 ❸ 다음 칸에 '4'를 입력합니다. ❹ 'use' 칸에는 '1'을 입력합니다.

그림 6-37

7 Enter 를 누르면 기존 '성적만족도'에 '4'로 응답했던 값은 '1'로, '3'으로 응답했던 값은 '2'로, '2'로 응답했던 값은 '3'으로, '1'로 응답했던 값은 '4'로 바뀐 것을 확인할 수 있습니다.

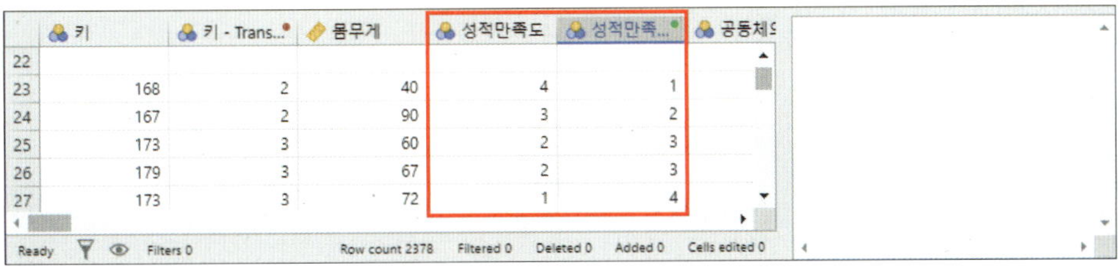

그림 6-38

[STEP 3] 더미변환

이번에는 더미변환을 해보겠습니다. 더미변환은 수치화할 수 없는 명목척도를 연속변수처럼 활용할 수 있도록 변환하는 것입니다. 주로 1과 0으로 리코딩하는 작업을 말합니다. 앞에서 작업했던 성적만족도 변수를 성적만족 '여부'라는 변수로 변환하는 작업을 해보겠습니다.

성적: 전체 성적 만족도	성적: 전체 성적 만족도	1 매우 만족한다 2 만족하는 편이다 3 만족하지 않는 편이다 4 전혀 만족하지 않는다

1 jamovi에서 '실습파일_분석전처리.xlsx' 파일을 열고 ❶ '성적만족도' 변수를 클릭하거나 성적만족도에 해당하는 열에서 아무 값이나 클릭합니다. ❷ Data를 클릭하고 ❸ Transform을 클릭합니다.

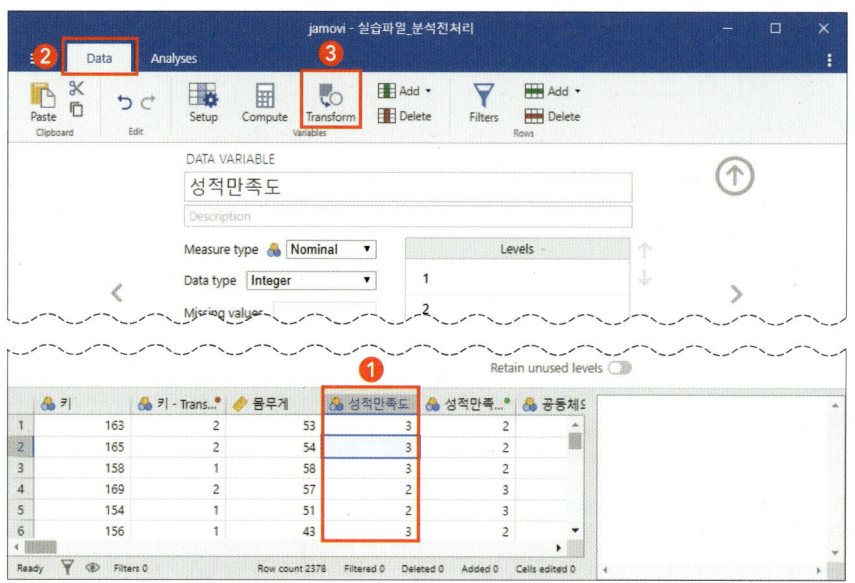

그림 6-39

2 'using transform' 메뉴에서 'Create New Transform...'을 선택합니다.

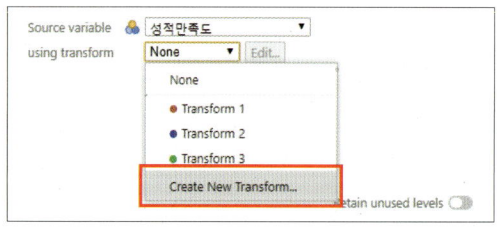

그림 6-40

3 '1 매우 만족한다'로 응답한 사람들을 '만족'으로 설정하기 위해 ❶ '+ Add recode condition'을 클릭하고 ❷ '=='을 선택한 뒤 ❸ 다음 칸에 '1'을 입력합니다. ❹ 'use' 칸에는 '1'을 입력합니다.

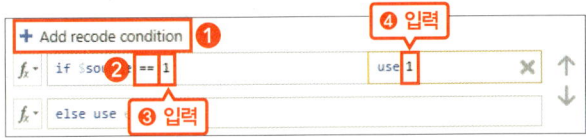

그림 6-41

4 '2 만족하는 편이다'로 응답한 사람들을 '만족'으로 설정하기 위해 ❶ '+ Add recode condition'을 클릭하고 ❷ '=='을 선택한 뒤 ❸ 다음 칸에 '2'를 입력합니다. ❹ 'use' 칸에는 '1'을 입력합니다.

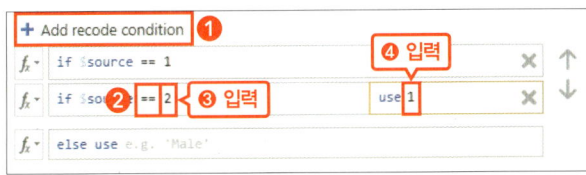

그림 6-42

5 '3 만족하지 않는 편이다'로 응답한 사람들을 '불만족'으로 설정하기 위해 ❶ '+ Add recode condition'을 클릭하고 ❷ '=='을 선택한 뒤 ❸ 다음 칸에 '3'을 입력합니다. ❹ 'use' 칸에는 '0'을 입력합니다.

그림 6-43

6 '4 전혀 만족하지 않는다'로 응답한 사람들을 '불만족'으로 설정하기 위해 ❶ '+ Add recode condition'을 클릭하고 ❷ '=='을 선택한 뒤 ❸ 다음 칸에 '4'를 입력합니다. ❹ 'use' 칸에는 '0'을 입력합니다.

그림 6-44

7 Enter 를 누르면 성적만족도의 응답에 따라 만족하는 사람은 1, 만족하지 않는 사람은 0으로 코딩된 변수가 만들어집니다.

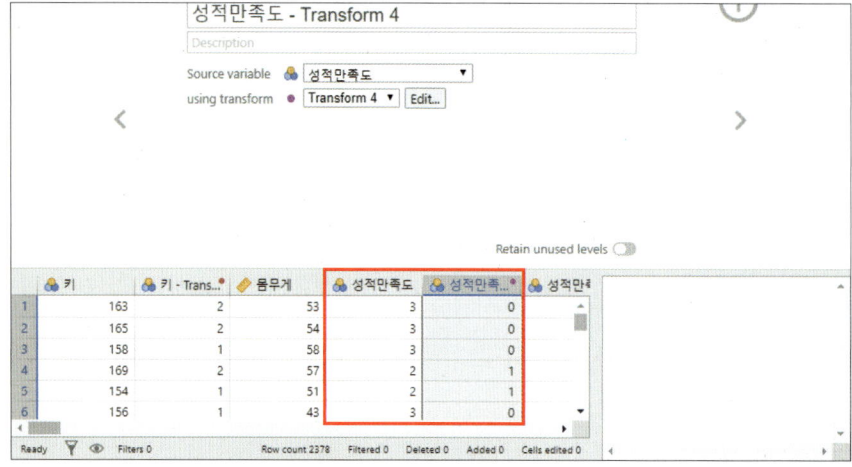

그림 6-45

[STEP 4] 결측값 지정

1 다음으로 결측값 지정을 해보겠습니다. 결측값이란 잘못 응답하거나 응답하지 않은 값들을 하나의 값으로 입력한 것들을 말합니다. ❶ '키' 변수에 해당하는 칸을 클릭하면 ❷ 'Level' 칸에 결측치가 '-9'로 코딩된 것을 확인할 수 있습니다. ❸ 'Missing value' 옆의 빈칸을 클릭합니다.

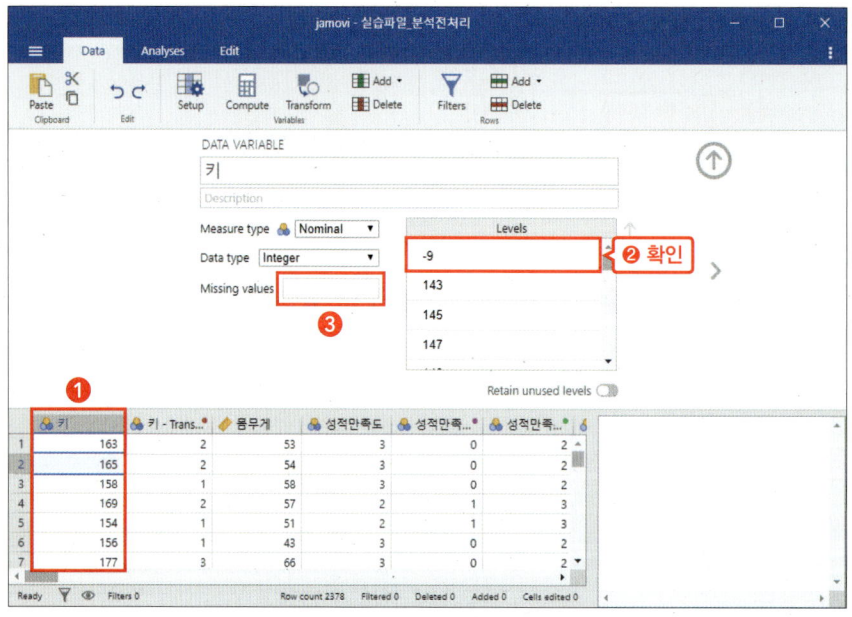

그림 6-46

2 ❶ '+ Add Missing Value'를 클릭하고 ❷ 조건은 '=='을 선택한 뒤 ❸ '-9'를 입력합니다.

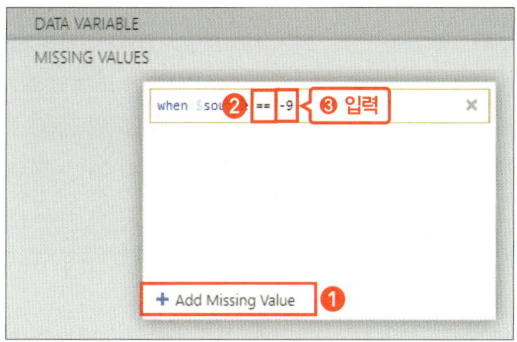

그림 6-47

'몸무게' 변수도 -9가 결측값으로 입력되어 있습니다. 같은 방법으로 결측값을 처리해주세요.

> **여기서 잠깐**
>
> 코딩변경에서 진행한 기호 활용과 같습니다. 만약 모든 음수를 결측값으로 처리한다면 'source < 0'으로 입력하면 됩니다. 몸무게도 같은 방식으로 -9를 결측값 처리합니다.

[STEP 5] 변수 계산

이번에는 변수 계산을 해보겠습니다. 변수 계산은 여러 개의 변수를 더하거나 평균을 내는 등의 과정을 통하여 하나의 변수로 만드는 과정을 말합니다.

코드북에서 '공동체의식'을 어떻게 측정하였는지 살펴보면 아래와 같이 4개 문항으로 구성되어 있습니다. '공동체의식'을 분석에 사용하기 위해서는 각 문항의 응답을 합하거나 평균을 계산해서 하나의 변수로 만들어야 합니다.

공동체의식	주변에 어려움에 처해 있는 친구가 있다면 적극적으로 도울 수 있다.	1 매우 그렇다
	공휴일에 쉬지 못하더라도 복지 기관에서 자원봉사 활동을 할 수 있다.	2 그런 편이다
	우리나라보다 경제적으로 어려운 나라를 돕기 위해 기부금을 낼 수 있다.	3 그렇지 않은 편이다
	지구를 보호하기 위해 물자 절약, 쓰레기 분리수거, 재활용 등에 적극적으로 참여할 수 있다.	4 전혀 그렇지 않다

여기서 잠깐

합계나 평균을 내기 전에 해야 할 작업이 있습니다. 앞서 설명한 것처럼, 위 변수는 점수가 높을수록 공동체의식이 높게 측정되어야 하지만 응답자 편의를 위해 '1. 매우 그렇다~4. 전혀 그렇지 않다'로 조사되어 있어서 역코딩을 한 후에 변수 계산을 해야 합니다. 또한 연구를 한 번이라도 진행해본 독자라면 공동체 의식은 리커트 척도이고 연속형 자료로 사용할 수 있다는 것을 알고 있을 겁니다. 하지만 연속형 자료로 사용하려면 각각의 명목형 자료에 대해 평균이나 총점 등을 산출하는 변수 계산을 진행해야 합니다. jamovi에서도 각각의 문항은 명목형(norminal)으로 구분되어 있습니다.

1 jamovi에서 '실습파일_분석전처리.xlsx' 파일을 열고 ❶ '공동체의식1' 변수를 클릭한 다음 ❷ [Shift]를 누른 상태에서 '공동체의식4' 변수를 클릭하여 공동체의식 1~4에 해당하는 변수를 모두 선택합니다. ❸ Data 메뉴에서 ❹ Transform을 클릭하고 ❺ 'using transform' 항목 중 'Create New Transform...'을 클릭한 후 ❻ 1점을 4점으로, 2점을 3점으로, 3점을 2점으로, 4점을 1점으로 역코딩하는 함수를 입력합니다.

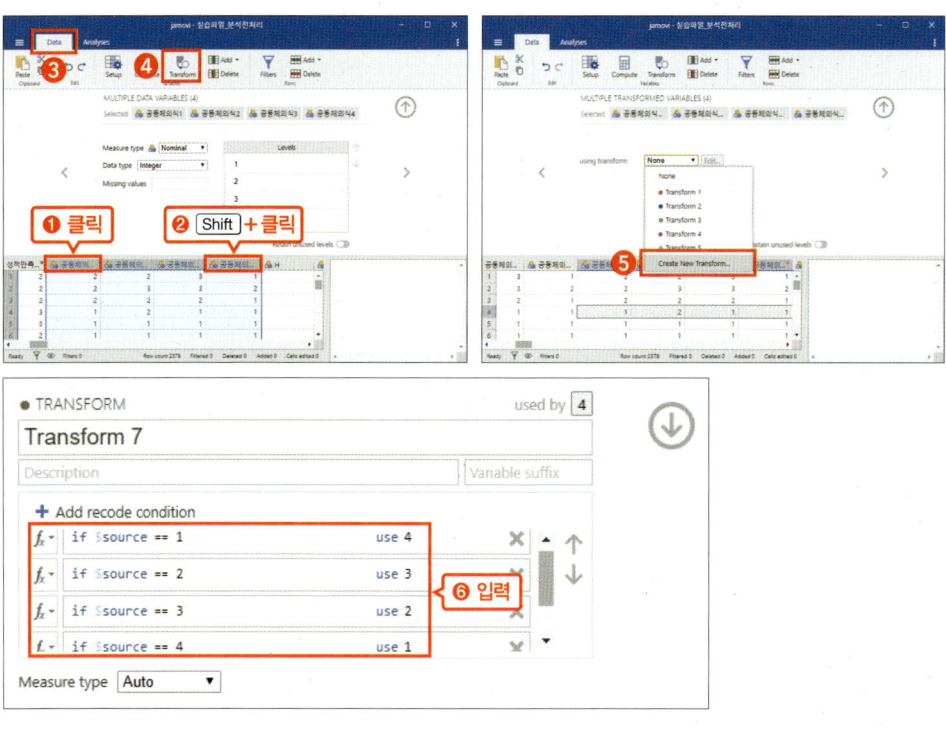

그림 6-48

2 'Measure type'을 'Continuous'로 설정합니다.

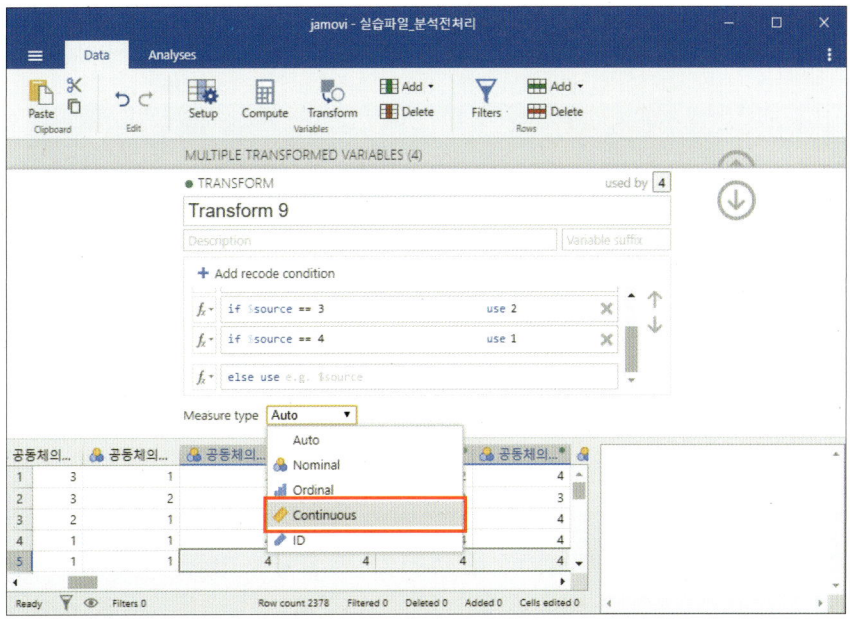

그림 6-49

혹시 함수 입력이 끝난 단계에서 Enter 를 누르거나 다른 곳을 클릭하여 Measure type 을 설정하지 못했다면 ❶❷ 역코딩한 변수를 모두 선택하고 ❸ 'using transform' 옆의 Edit... 버튼을 클릭하여 설정할 수 있습니다.

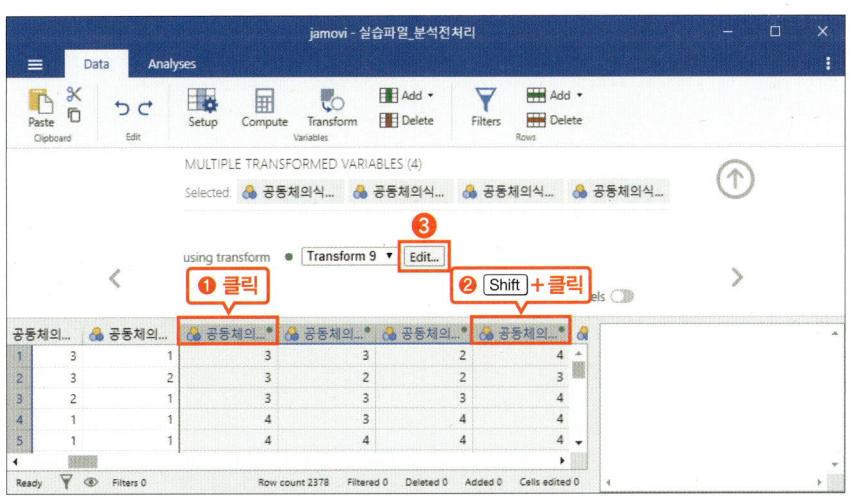

그림 6-50

여러 변수의 값 더하기

3 변수 계산 단계로 넘어가겠습니다. ❶ Data 메뉴에서 ❷ Compute를 클릭합니다.

그림 6-51

4 ❶ 먼저 변수명을 '공동체의식합계'로 설정하고 ❷ 'f_x' 버튼을 눌러 함수 목록을 연 다음 ❸ 'SUM'을 더블클릭합니다.

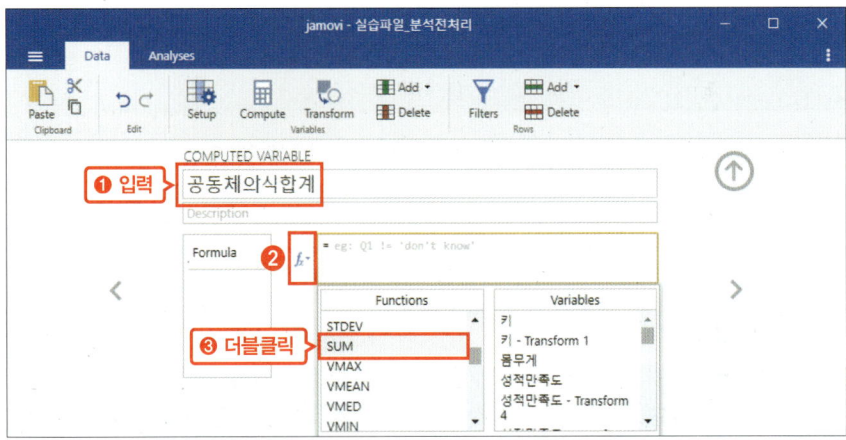

그림 6-52

5 괄호 안에 역코딩한 공동체의식 변수들을 투입합니다. 변수는 쉼표(,)로 구분합니다.

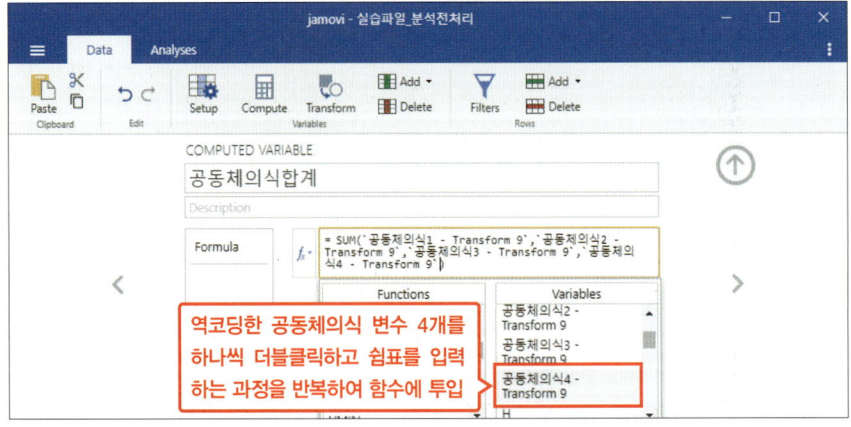

그림 6-53

6 네 변수를 합한 변수가 생성됩니다.

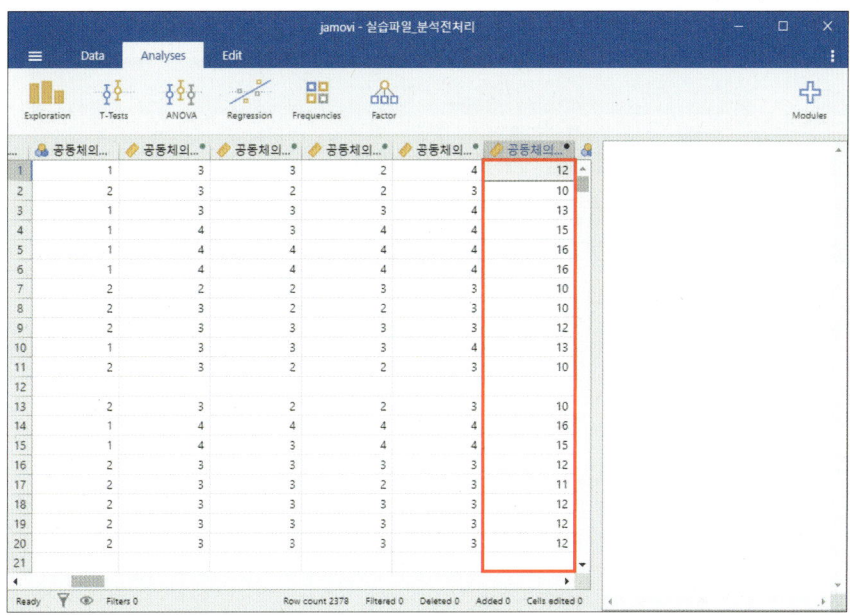

그림 6-54

여러 변수의 평균 구하기

7 다음으로 변수들의 평균을 계산합니다. ❶ Data 메뉴에서 ❷ Compute를 클릭합니다.

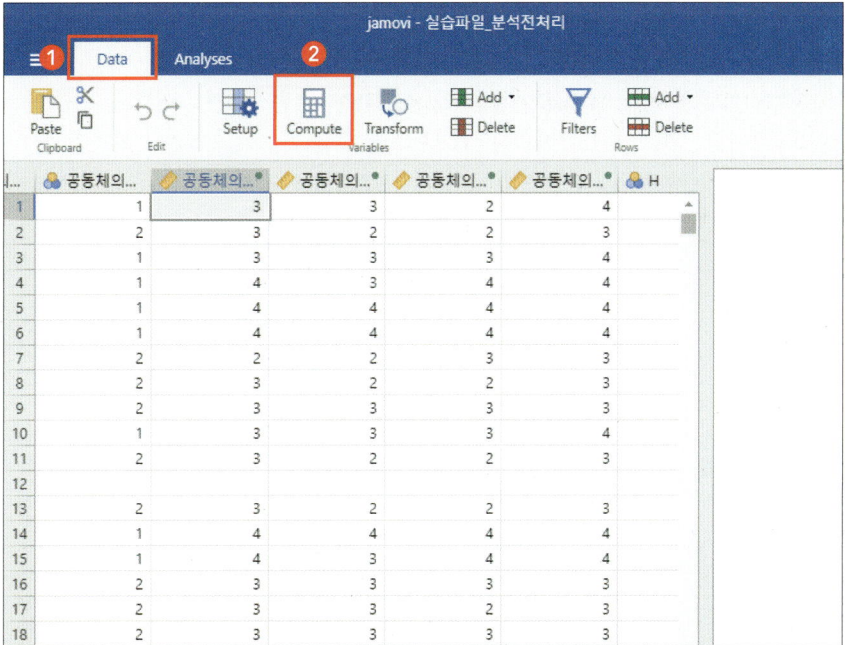

그림 6-55

8 ❶ 변수명을 '공동체의식평균'으로 설정하고 ❷ 'f_x' 버튼을 눌러 함수 목록을 연 다음
❸ 'MEAN'을 더블클릭합니다.

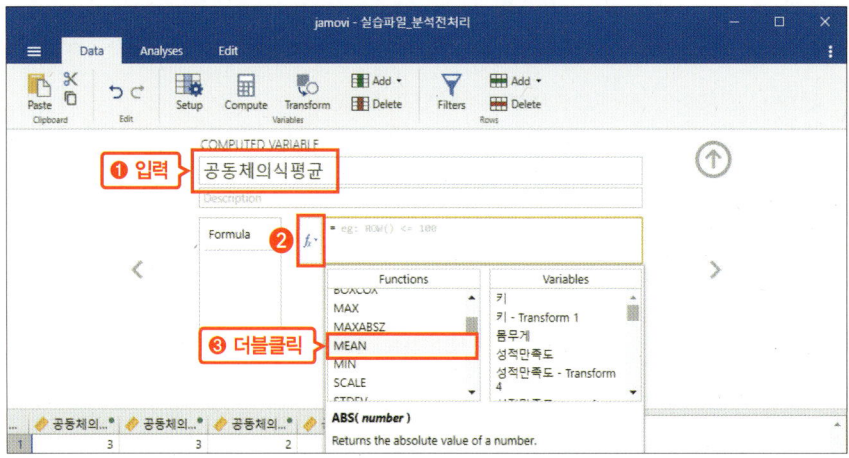

그림 6-56

9 괄호 안에 역코딩한 공동체의식 변수들을 투입합니다. 변수는 쉼표(,)로 구분합니다.

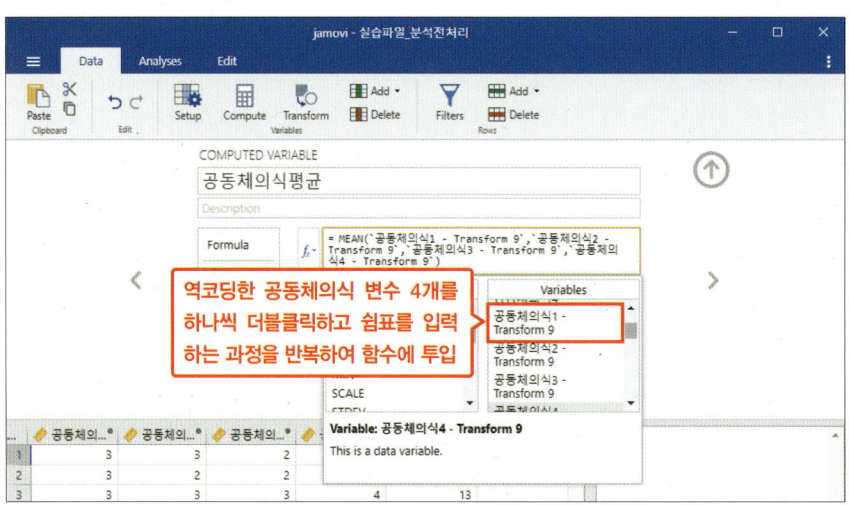

그림 6-57

10 네 변수를 평균 낸 변수가 생성됩니다.

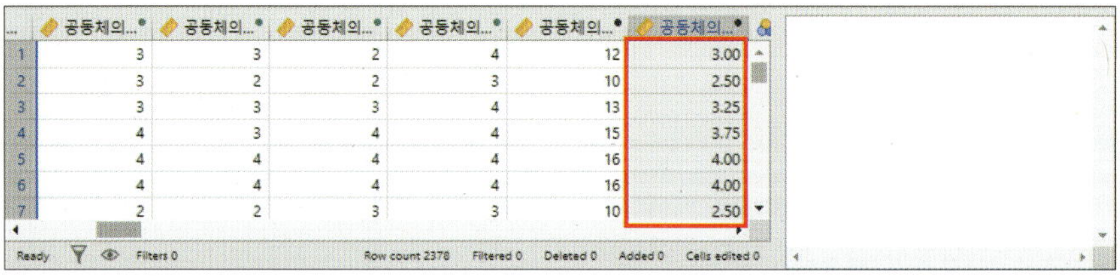

그림 6-58

계산식 입력하기

11 다음으로 BMI를 계산하기 위해 ❶ 몸무게 변수에서 아무 값이나 클릭한 후 ❷ Compute를 클릭합니다.

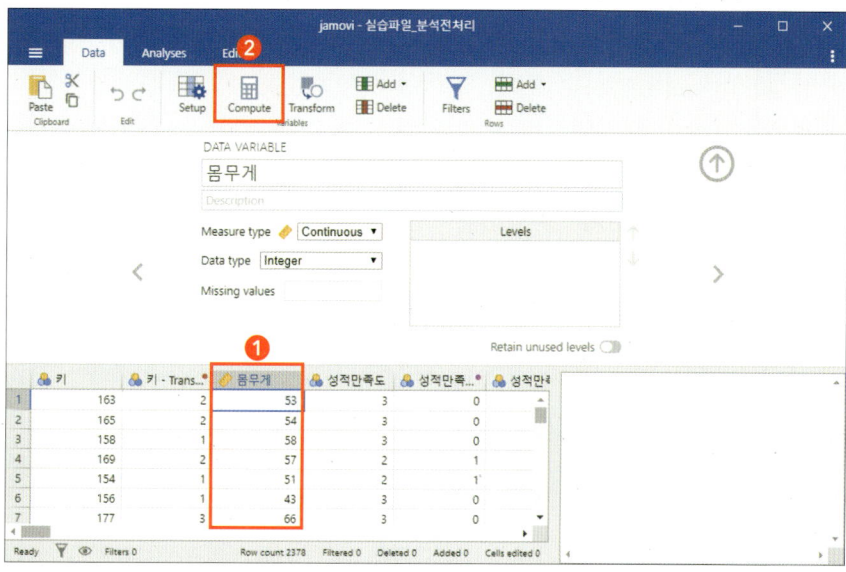

그림 6-59

> **여기서 잠깐**
>
> 몸무게 변수에서 변수 계산을 실시할 때 이렇게 진행하면 새롭게 생성되는 변수가 몸무게 오른쪽에 생깁니다. 그러면 키, 몸무게, BMI를 나란히 정렬할 수 있습니다.

12 ❶ 변수 이름을 'BMI'로 변경하고 ❷ 'f_x' 옆 칸에 BMI를 구하는 공식인 '몸무게/(키*키)*10000'을 입력합니다. 키 값이 cm 단위로 입력되어 있으므로 *10000을 붙여주었습니다.

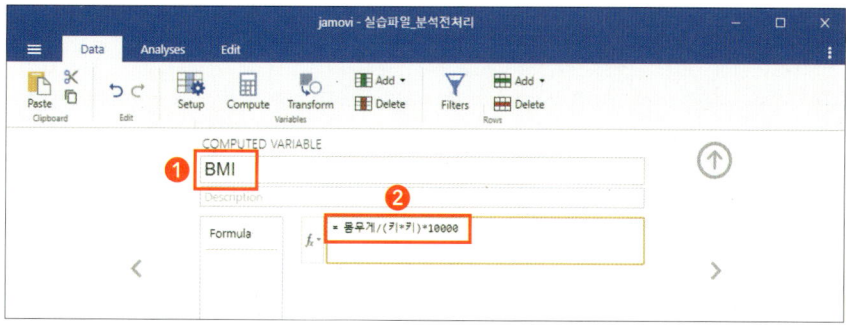

그림 6-60

SECTION 06 변수 추출과 분석 전 처리 : 데이터 핸들링

13 BMI 변수가 만들어집니다.

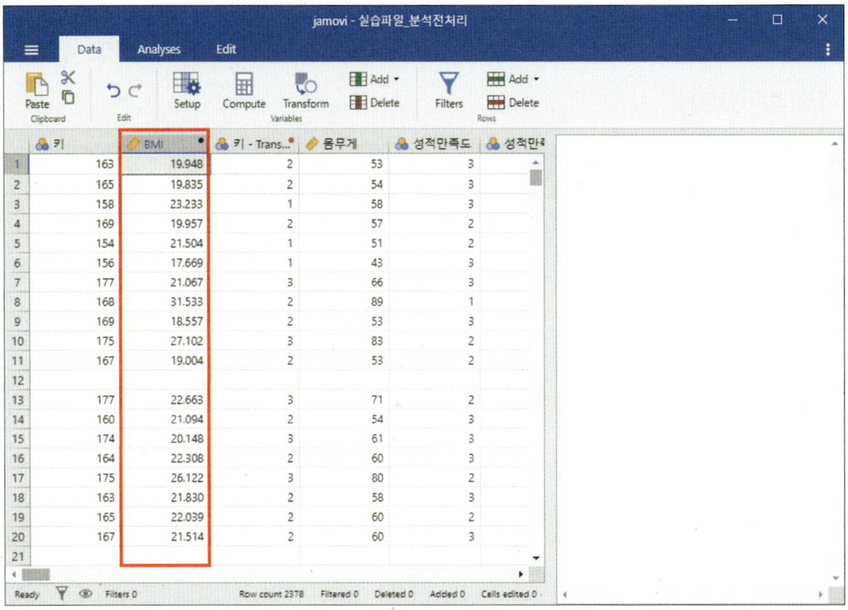

그림 6-61

로그 혹은 루트 계산하기

다음은 로그나 루트를 씌우는 과정입니다. 실제 연구모형을 분석하기 전에는 사용할 변수들이 정규분포 가정을 충족하는지 확인하기 위해 기술통계분석을 활용하여 왜도와 첨도를 확인해야 합니다. 만약 왜도와 첨도 기준을 충족하지 못한다면 자연로그(LN)를 적용해야 하는데, 이 방법 역시 Compute 기능을 활용합니다. 이번 실습에서는 '키' 변수에 로그와 루트함수를 적용해보겠습니다.

14 ❶ Data 메뉴에서 ❷ Compute를 클릭합니다.

그림 6-62

15 ❶ 변수명을 '키로그'로 바꾸고 ❷ 'f_x' 버튼을 클릭합니다. ❸ 'Functions'에서 'LN'을 찾아 더블클릭한 뒤 ❹ 'Variables'에서 키를 더블클릭하면 함수 칸에 '= LN(키)'가 입력됩니다.

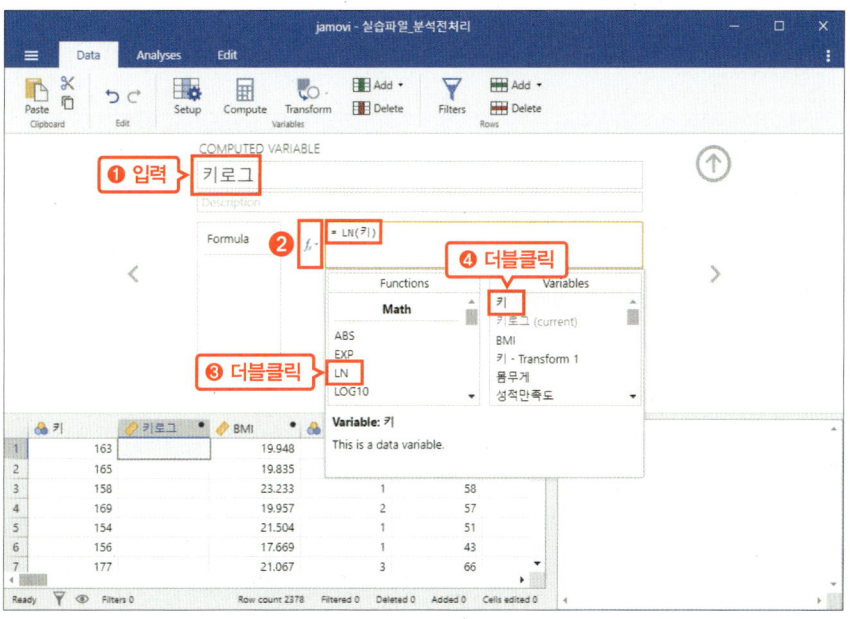

그림 6-63

16 계산 창을 닫거나 Enter 를 누르면 키에 대한 로그 계산 결과가 적용됩니다.

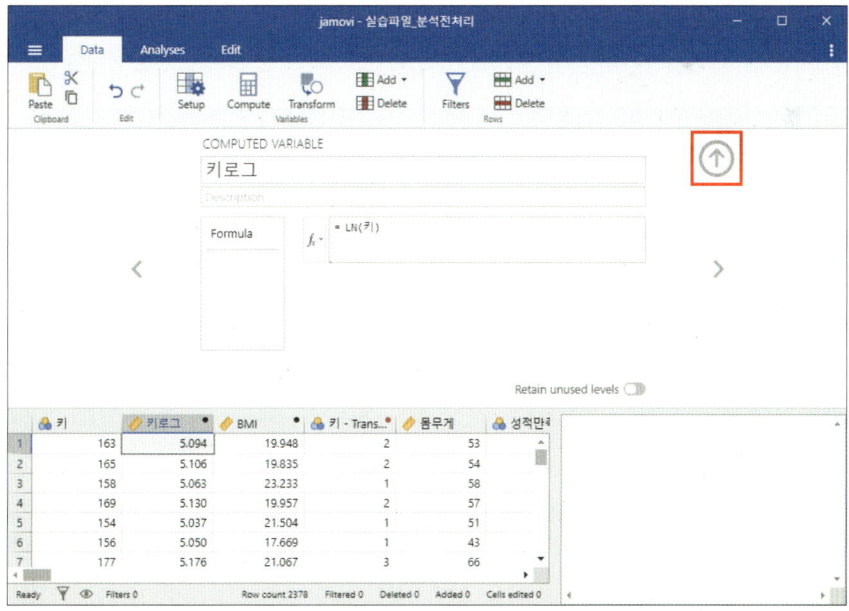

그림 6-64

17 같은 방식으로 루트함수를 적용합니다. ❶ Data 메뉴에서 ❷ Compute를 클릭하고 ❸ 변수명을 '키루트'로 바꾼 뒤 ❹ 'f_x' 버튼을 클릭합니다. ❺ 'Functions'에서 'SQRT'를 찾아 더블클릭한 뒤 ❻ 'Variables에서 키를 더블클릭하면 함수 칸에 '= SQRT(키)'가 입력됩니다.

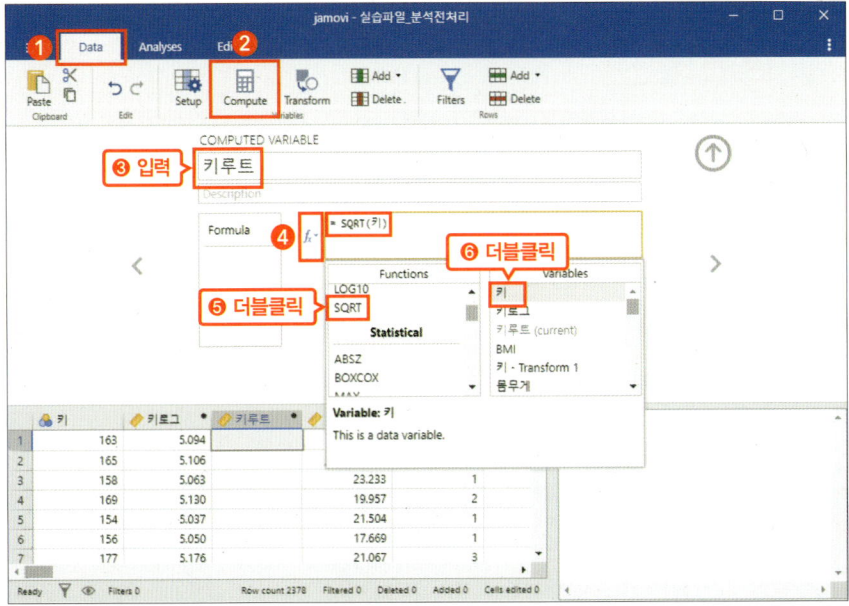

그림 6-65

18 계산 창을 닫거나 [Enter]를 누르면 키에 대한 루트 계산 결과가 적용됩니다.

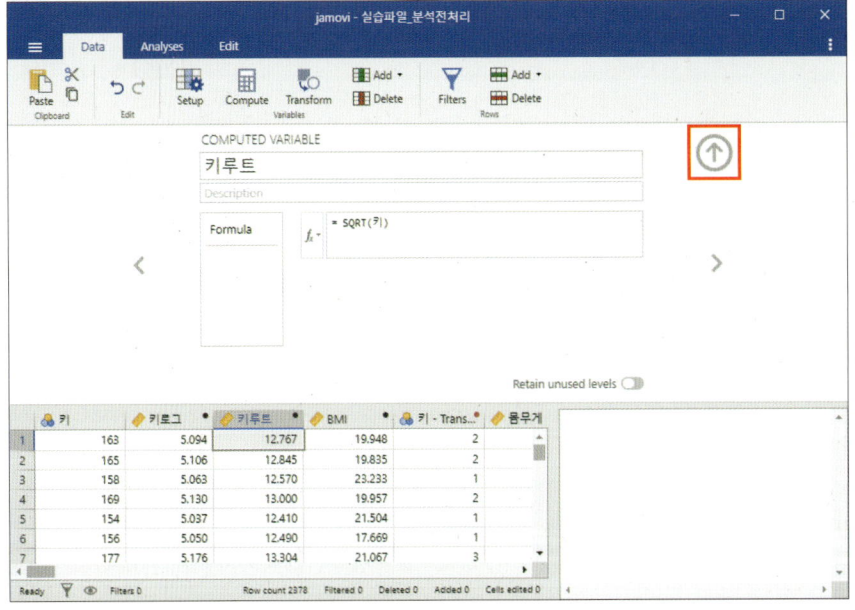

그림 6-66

SECTION 07

준비파일
실습파일_빈도분석.xlsx

빈도분석

빈도분석은 변수를 활용하여 조사 대상자들의 응답 빈도와 비율을 확인하는 분석입니다.

STEP 1 _ 따라하기

1 실습파일을 불러오겠습니다. ❶ ≡ 버튼을 누르고 ❷ Open 항목 중 ❸ This PC 메뉴에서 ❹ Browse를 클릭한 다음 ❺ 실습파일이 저장된 폴더에서 '실습파일_빈도분석.xlsx' 파일을 불러옵니다.

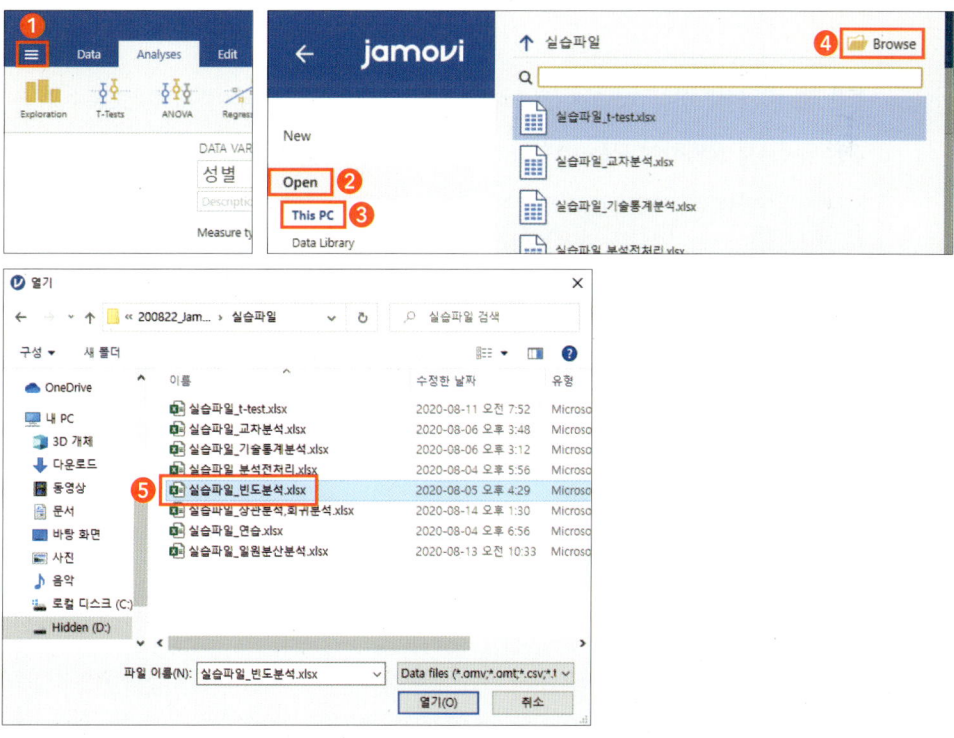

그림 7-1

> **여기서 잠깐**
>
> 빈도분석은 말 그대로 모든 응답의 빈도와 비율을 보여주는 분석이기 때문에 키, 몸무게 등과 같이 응답 범주가 아주 넓은 변수나 연속형 변수는 확인하기 어렵습니다.

jamovi에서는 측정 유형이 Nominal일 경우에만 빈도분석이 가능하므로 분석하기 전에 측정 유형을 확인해야 합니다. 현재 데이터는 모든 변수가 Nominal로 되어 있으니 바로 분석을 진행해보겠습니다.

2 ❶ Analyses 메뉴 중 ❷ Exploration을 클릭하면 나타나는 ❸ Descriptives를 클릭합니다.

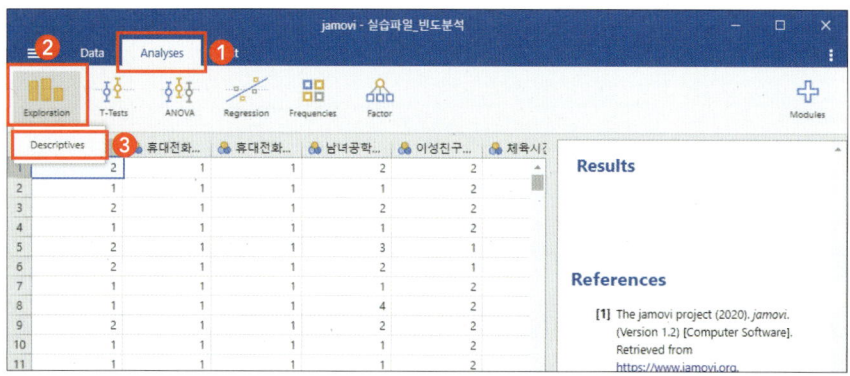

그림 7-2

3 ❶ 맨 위에 있는 '성별'을 클릭합니다. ❷ 맨 아래에 있는 '장래희망교육수준'을 Shift 를 누른 채 클릭하여 모든 변수를 선택한 다음 ❸ 'Variables' 칸으로 이동합니다.

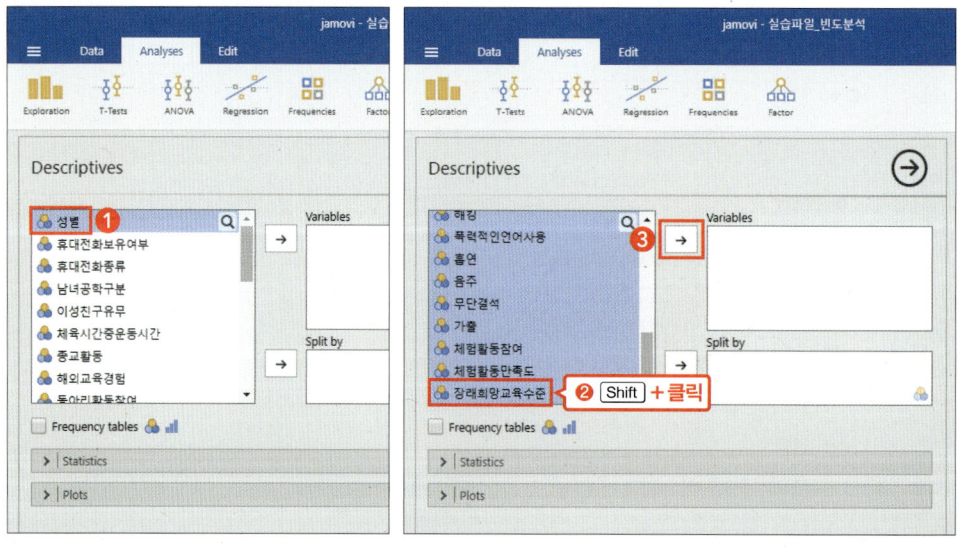

그림 7-3

4 ❶ 'Frequency tables'를 클릭하면 ❷ 결과 창에 빈도표가 나타납니다.

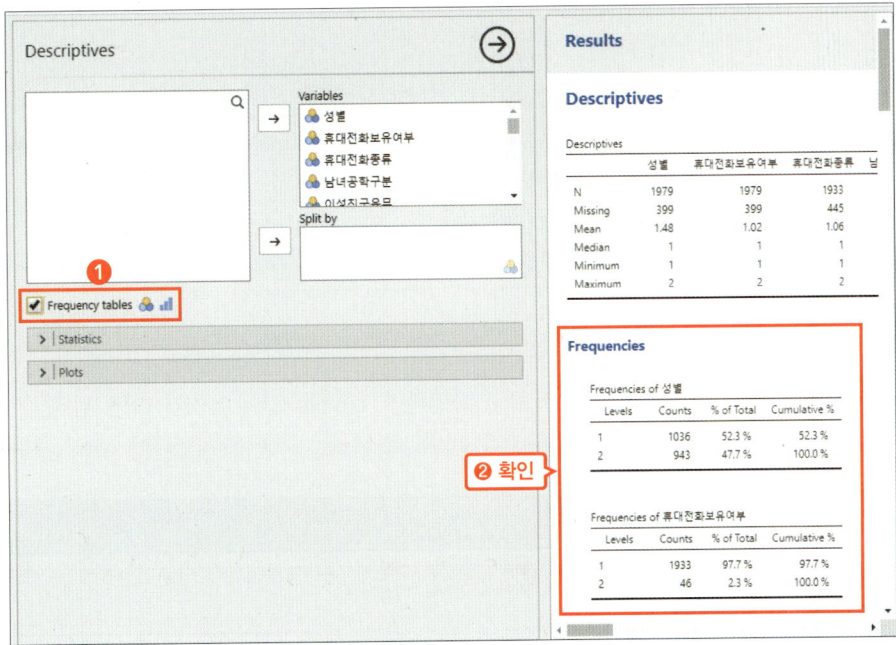

그림 7-4

분석 결과를 보면 성별에 '1'로 응답한 사람은 1036명(52.3%), '2'로 응답한 사람은 943명(47.7%)임을 확인할 수 있습니다. 코드북을 확인하면 '1'은 남자, '2'는 여자임을 알 수 있습니다.

성별	1 남 2 여

그림 7-5

5 빈도분석표에 각 숫자의 의미가 바로 나타난다면 표를 해석하기 쉬워집니다. ❶ Data로 돌아온 뒤 ❷ '성별'을 더블클릭합니다.

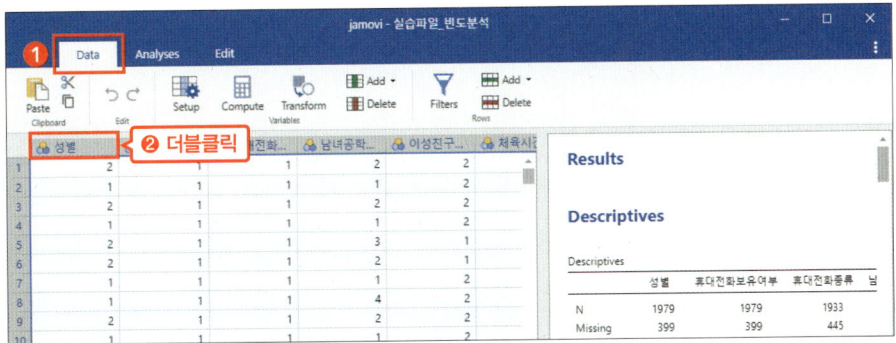

그림 7-6

6 'Levels' 칸에 성별의 '1'과 '2'가 의미하는 항목을 입력합니다.

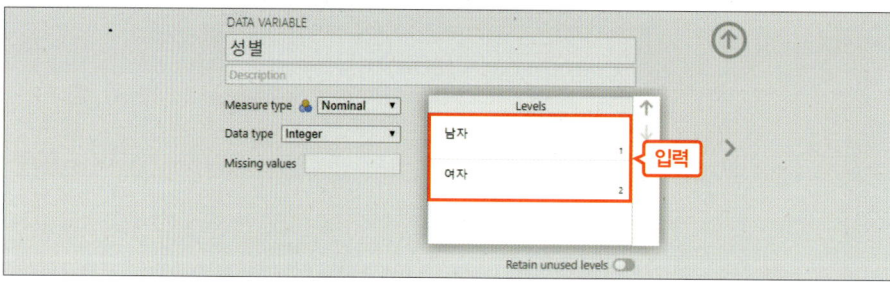

그림 7-7

7 오른쪽 결과 창의 '성별' 빈도표를 확인하면 'Levels' 칸에 1, 2가 아닌 '남자', '여자'로 표시된 것을 확인할 수 있습니다.

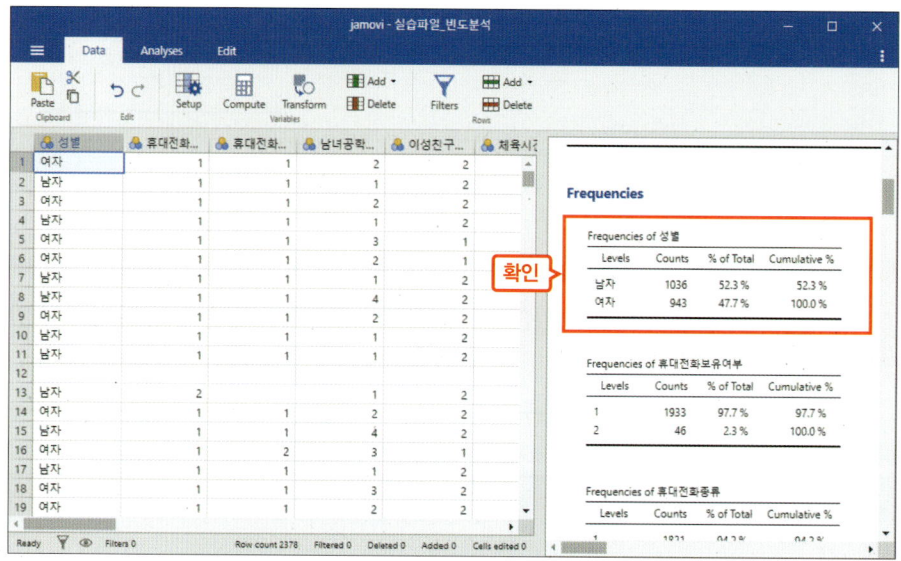

그림 7-8

8 같은 방식으로 코드북의 변인값을 확인하면서 모든 변수의 Levels 값을 입력합니다.

변수명	값	변인값
성별	1	남자
	2	여자
휴대전화보유여부	1	예
	2	아니오
휴대전화종류	1	스마트폰
	2	피처폰

항목	코드	내용
남녀공학구분	1	남자학교
	2	여자학교
	3	남녀공학이고 남자/여자반이 따로 있다
	4	남녀공학이고 남녀 합반이다
이성친구유무	1	있다
	2	없다
체육시간중운동시간	1	없다
	2	1시간
	3	2시간
	4	3시간
	5	4시간 이상
종교활동	1	종교가 없다
	2	불교
	3	개신교(기독교)
	4	천주교(가톨릭)
	5	기타
해외교육경험	1	있다
	2	없다
동아리활동참여	1	있다
	2	없다
선호연예인운동선수유무	1	있다
	2	없다
형제자매유무	1	있다
	2	없다
성인용매체이용빈도	1	전혀 없다
	2	일주일 평균
	3	한 달 평균
	4	일 년 평균
거짓정보올리기	1	있다
	2	없다
불법소프트웨어다운로드	1	있다
	2	없다
타인개인정보활용	1	있다
	2	없다
성별나이속이기	1	있다
	2	없다
해킹	1	있다
	2	없다
폭력적인언어사용	1	있다
	2	없다
흡연	1	있다
	2	없다

음주	1	있다
	2	없다
무단결석	1	있다
	2	없다
가출	1	있다
	2	없다
체험활동참여	1	있다
	2	없다
체험활동만족도	1	매우 만족한다
	2	만족하는 편이다
	3	만족하지 않는 편이다
	4	전혀 만족하지 않는다
장래희망교육수준	1	고등학교 졸업
	2	2~3년제 전문대학 졸업
	3	4년제 대학교 졸업
	4	대학원 석사학위 취득
	5	대학원 박사학위 취득
	6	아직 결정하지 않았다
	-9	* SECTION 06 변수 추출과 분석 전 처리의 [STEP 4] 결측값 지정을 참고하여 결측치로 처리합니다.*

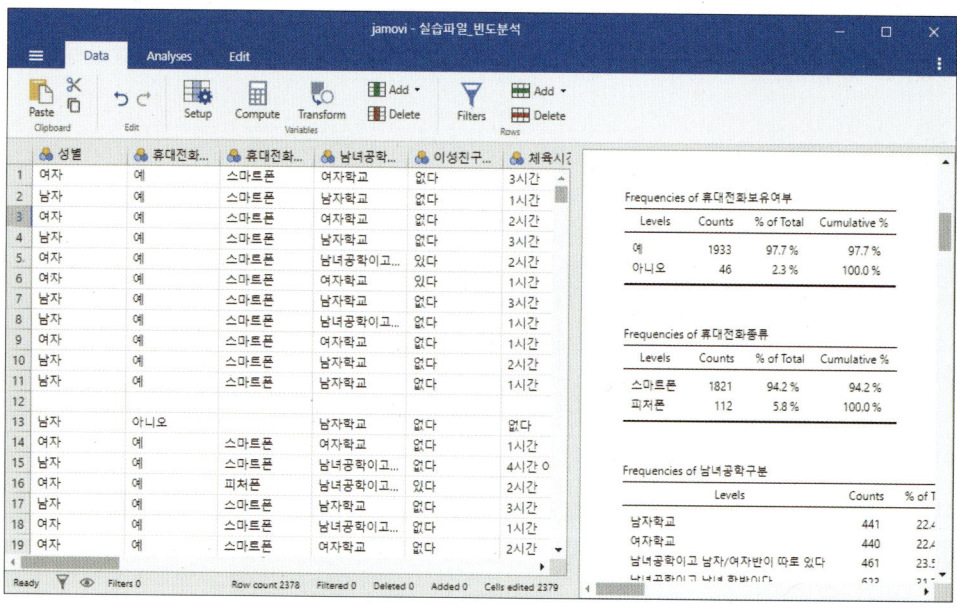

그림 7-9

STEP 2 _ 출력 결과 해석하기

결과 창의 각 결과표 상단을 보면 'Frequencies of' 형태로 어떤 변수에 대한 결과인지 알 수 있습니다. Levels 항목은 값에 대한 명칭을 입력했다면 입력한 값으로, 입력하지 않았다면 원 코딩된 값으로 표기됩니다. Counts 항목은 각 Levels에 대하여 몇 명이 해당하는지를 나타낸 값으로, 논문에서는 '명' 혹은 'N'으로 표시합니다. % of Total 항목은 결측치를 포함한 전체 인원에서 해당 응답이 몇 %인지를 나타낸 값이고, Cumulative % 항목은 누적 %를 나타냅니다. 표를 해석할 때는 Levels, Counts, % of Total 순으로 해석하면 됩니다. Frequencies of 성별 표를 예로 들면, '성별은 남자 1,036명(52.3%), 여자 943명(47.7%)으로 나타났다.' 식으로 해석할 수 있습니다.

Frequencies

Frequencies of 성별

Levels	Counts	% of Total	Cumulative %
남자	1036	52.3 %	52.3 %
여자	943	47.7 %	100.0 %

Frequencies of 휴대전화보유여부

Levels	Counts	% of Total	Cumulative %
예	1933	97.7 %	97.7 %
아니오	46	2.3 %	100.0 %

Frequencies of 휴대전화종류

Levels	Counts	% of Total	Cumulative %
스마트폰	1821	94.2 %	94.2 %
피처폰	112	5.8 %	100.0 %

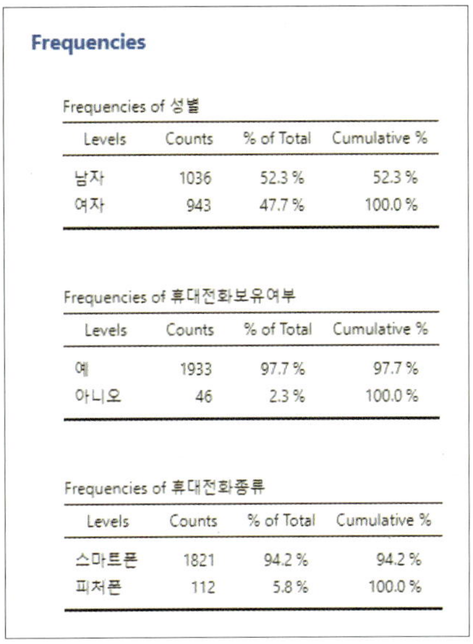

그림 7-10

STEP 3 _ 분석 결과표 작성하기

1 ❶ 결과 창의 '성별' 빈도표 위에서 오른쪽 클릭하고 ❷ Table 항목 중에서 ❸ Copy를 클릭합니다.

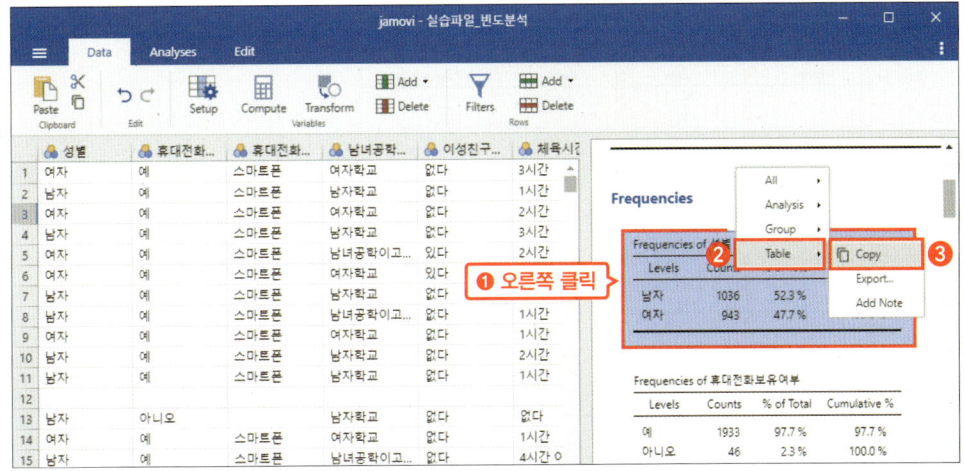

그림 7-11

2 엑셀을 실행하여 붙여넣기합니다.

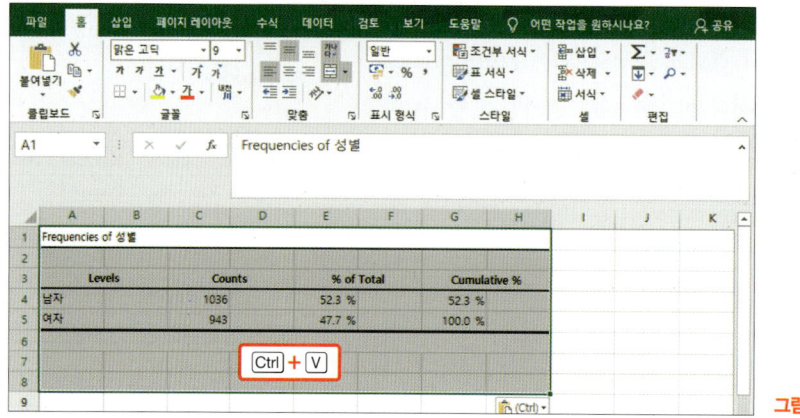

그림 7-12

나머지 결과표도 마찬가지로 복사-붙여넣기 과정을 반복하여 빈도분석표를 세로로 나열합니다.

> **여기서 잠깐**
>
> 모든 빈도분석표를 한 번에 복사해오려면 ❶ Frequencies 글자를 오른쪽 클릭하고 ❷ Group에서 Copy를 선택하면 됩니다.
>
>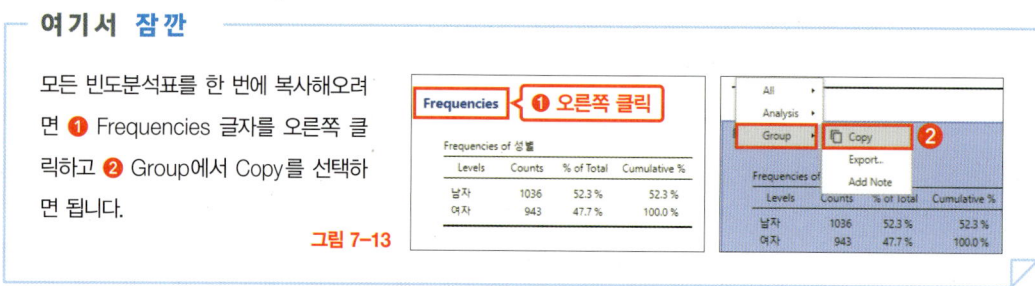
>
> 그림 7-13

3 엑셀로 붙여넣기한 결과 중 Levels, Counts, % of Total 값만 가져옵니다.

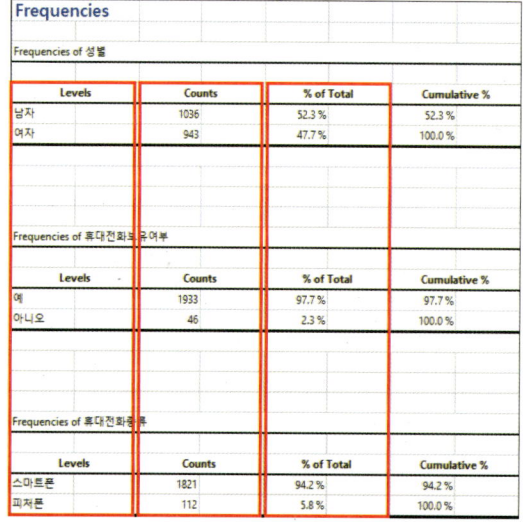

그림 7-14

110 PART 02 jamovi를 활용한 사회과학 패널 데이터 분석 방법

4 한글 프로그램에서 4칸 모양의 표를 만들어 첫 행에 범주, 구분, N, %를 입력합니다.

범주	구분	N	%

그림 7-15

5 범주 열에 다음과 같이 변수명을 입력합니다. 줄이 모자라면 표 안에서 Ctrl을 누른 채 Enter를 누르세요. 커서가 있는 행 모양의 줄이 한 줄씩 늘어납니다.

범주	구분	N	%
성별			
휴대전화 보유여부			
휴대전화 종류			
남녀공학 구분			
이성친구유무			
체육시간 중 운동시간			
종교활동			
해외교육경험			
동아리활동참여			
선호연예인			
운동선수유무			
형제자매유무			
성인용 매체 이용빈도			
거짓정보 올리기			
불법 소프트웨어 다운로드			
타인 개인정보 활용			
성별/나이 속이기			
해킹			
폭력적인 언어 사용			
흡연			
음주			
무단결석			
가출			
체험활동참여			
체험활동만족도			
장래 희망교육 수준			

그림 7-16

6 엑셀 결과표의 맨 위에 있는 성별에 해당하는 빈도값부터 입력을 시작합니다. 성별은 남자, 여자 두 가지로 구분되어 있으므로 성별 옆의 구분 칸에 커서를 두고 `Ctrl`+`Enter`로 한 줄을 추가합니다.

범주	구분	N	%
성별	커서를 두고		
휴대전화 보유여부			
휴대전화 종류			

범주	구분	N	%
성별	단축키: `Ctrl`+`Enter`		
휴대전화 보유여부			

그림 7-18

7 엑셀 결과표의 '성별' 결과표에서 Levels, Counts, % of Total 값을 각각 구분, N, % 칸에 입력합니다.

Frequencies of 성별

Levels	Counts	% of Total	Cumulative %
남자	1036	52.3 %	52.3 %
여자	943	47.7 %	100.0 %

범주	구분	N	%
성별	남자	1036	52.3%
	여자	943	47.7%
휴대전화 보유여부			

그림 7-18

8 마찬가지로, 나머지 변수들에 해당하는 값들도 구분된 가짓수에 맞게 줄을 추가하고 엑셀에서 값을 가져옵니다.

범주	구분	N	%
성별	남자	1036	52.3%
	여자	943	47.7%
휴대전화 보유여부	예	1933	97.7%
	아니오	46	2.3%
장래 희망교육수준	고등학교 졸업	158	8.0%
	2~3년제 전문대학 졸업	192	9.7%
	4년제 대학교 졸업	1107	56.0%
	대학원 석사학위 취득	100	5.1%
	대학원 박사학위 취득	95	4.8%
	아직 결정하지 않았다	326	16.5%

그림 7-19

9 ❶ 범주에서 '성별' 칸과 그 아래에 있는 빈칸을 드래그하여 선택하고 ❷ [M]을 눌러 병합합니다. 그러면 '남자'와 '여자' 모두 '성별' 범주에 들어갑니다.

범주	구분	N	%
성별	❶ 드래그	1036	52.3%
		943	47.7%
휴대전화 보유여부	예	1933	97.7%
	아니오	46	2.3%

범주	구분	N	%
성별	❷ [M]을 눌러 병합	1036	52.3%
		943	47.7%
휴대전화 보유여부	예	1933	97.7%
	아니오	46	2.3%

그림 7-20

10 나머지 범주 칸도 빈칸까지 드래그하고 [M]을 눌러 병합해서 구분 칸의 항목들이 어떤 범주에 해당하는지 표시해줍니다.

범주	구분	N	%
성별	남자	1036	52.3%
	여자	943	47.7%
휴대전화 보유여부	예	1933	97.7%
	아니오	46	2.3%
휴대전화 종류	스마트폰	1821	94.2%
	피처폰	112	5.8%
남녀공학 구분	남자학교	441	22.4%
	여자학교	440	22.4%
	남녀공학이고 남자/여자반이 따로 있다	461	23.5%
	남녀공학이고 남녀 합반이다	623	31.7%
이성친구유무	있다	345	17.4%
	없다	1634	82.6%
체육시간 중 운동시간	없다	340	17.3%
	1시간	479	24.4%
	2시간	699	35.6%
	3시간	276	14.0%
	4시간 이상	171	8.7%
종교활동	종교가 없다	1279	64.6%
	불교	152	7.7%
	개신교(기독교)	423	21.4%
	천주교(가톨릭)	110	5.6%
해외교육경험	있다	43	15.9%
	없다	228	84.1%
동아리활동참여	있다	1431	72.3%
	없다	548	27.7%
선호연예인 운동선수유무	있다	878	44.4%
	없다	1101	55.6%
형제자매유무	있다	1701	88.9%
	없다	212	11.1%
성인용 매체 이용빈도	전혀 없다	1551	78.4%
	일주일 평균	233	11.8%
	한 달 평균	129	6.5%
	일 년 평균	66	3.3%

그림 7-21

11 범주 칸과 구분 칸의 글자 수에 따라 칸의 너비가 부족할 수 있습니다. 우선 너비가 좁아도 무방한 N 칸과 % 칸의 너비를 줄여보겠습니다. ❶ N 칸과 % 칸을 드래그하여 선택하고 ❷ [Ctrl]을 누른 채 [←](왼쪽 화살표)를 누르면 너비가 줄어듭니다.

범주	구분	N	%
성별	남자	1036	52.3%
	여자	943	47.7%
휴대전화 보유여부	예	1933	97.7%
	아니오	46	2.3%

❶ 드래그

❷ [Ctrl] + [←]

범주	구분	N	%
성별	남자	1036	52.3%
	여자	943	47.7%
휴대전화 보유여부	예	1933	97.7%
	아니오	46	2.3%

그림 7-22

12 범주 중 맨 마지막에 있는 '장래 희망교육 수준'과 구분 칸의 '2~3년제 전문대학 졸업' 등은 한 줄에 표현되는 것이 좋아 보입니다. ❶ 먼저 구분 칸에서 가장 문구가 길어 보이는 '2~3년제 전문대학 졸업' 칸을 클릭하여 선택합니다. ❷ [Ctrl]을 누른 상태에서 [→](오른쪽 화살표)를 누르면 너비가 늘어납니다. 보기 좋은 정도까지 넓혀주세요.

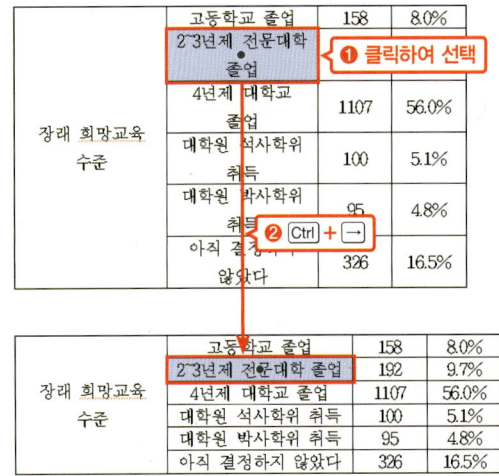

그림 7-23

여기서 잠깐

만약 칸을 클릭했는데 칸 전체가 선택되지 않는다면 표 안에서 [F5]를 눌러 셀 선택 커서로 바꿔주세요.

13 다음으로 불필요한 선을 없애겠습니다. ❶ 먼저 표 안의 모든 칸을 선택합니다. 드래그하거나 표 안의 아무 칸 안에서 커서가 깜박이는 상태로 F5를 세 번 눌러주세요. ❷ 선 모양을 지정하기 위해 선(Line)을 뜻하는 L을 누르거나 ❸ 표 위에서 오른쪽 클릭하여 나타나는 메뉴 중 ❹ 셀 테두리/배경-각 셀마다 적용을 클릭합니다.

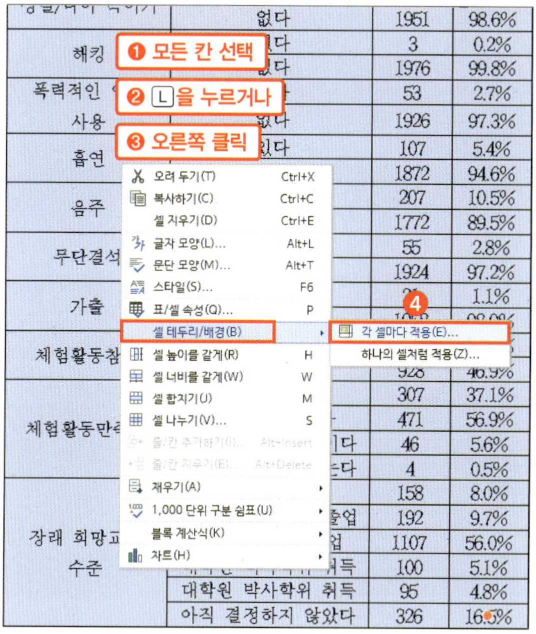

그림 7-24

14 테두리를 선택하겠습니다. ❶ 테두리 '종류'에서 맨 위의 빨간 대각선 모양인 '없음'을 선택하고 ❷ 좌측, 중앙, 우측 세로줄을 선택합니다. ❸ 설정을 클릭합니다.

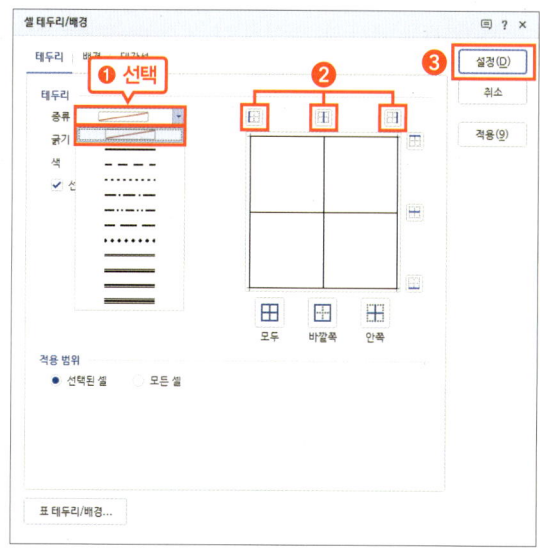

그림 7-25

15 표에서 세로줄이 없어졌는지 확인합니다.

범주	구분	N	%
성별	남자	1036	52.3%
	여자	943	47.7%
휴대전화 보유여부	예	1933	97.7%
	아니오	46	2.3%
휴대전화 종류	스마트폰	1821	94.2%
	피처폰	112	5.8%
남녀공학 구분	남자학교	441	22.4%
	여자학교	440	22.4%
	남녀공학이고 남자/여자반이 따로 있다	461	23.5%
	남녀공학이고 남녀 합반이다	623	31.7%

그림 7-26

16 같은 방법으로 같은 범주에 속한 구분 항목의 가로줄을 없애겠습니다. ❶ 성별 범주의 남자와 여자에 해당하는 행을 모두 선택하고 ❷ ⌐L┘을 누르거나 ❸ 표 위에서 오른쪽 클릭하여 나타나는 메뉴 중 ❹ 셀 테두리/배경-각 셀마다 적용을 클릭합니다.

그림 7-27

17 테두리를 선택하겠습니다. ❶ 테두리 '종류'에서 맨 위의 빨간 대각선 모양인 '없음'을 선택하고 ❷ 중앙 가로줄을 선택합니다. ❸ 설정을 클릭합니다.

그림 7-28

18 표에서 가로줄이 없어졌는지 확인합니다.

범주	구분	N	%
성별	남자	1036	52.3%
	여자	943	47.7%
휴대전화 보유여부	예	1933	97.7%
	아니오	46	2.3%
휴대전화 종류	스마트폰	1821	94.2%
	피처폰	112	5.8%

범주	구분	N	%
성별	남자	1036	52.3%
	여자	943	47.7%
휴대전화 보유여부	예	1933	97.7%
	아니오	46	2.3%
휴대전화 종류	스마트폰	1821	94.2%
	피처폰	112	5.8%

그림 7-29

19 **16**~**17**과 같은 방식으로 같은 범주에 해당하는 구분 칸의 가로줄을 없애줍니다.

범주	구분	N	%
성별	남자	1036	52.3%
	여자	943	47.7%
휴대전화 보유여부	예	1933	97.7%
	아니오	46	2.3%
휴대전화 종류	스마트폰	1821	94.2%
	피처폰	112	5.8%
남녀공학 구분	남자학교	441	22.4%
	여자학교	440	22.4%
	남녀공학이고 남자/여자반이 따로 있다	461	23.5%
	남녀공학이고 남녀 합반이다	623	31.7%
이성친구유무	있다	345	17.4%
	없다	1634	82.6%
체육시간 중 운동시간	없다	340	17.3%
	1시간	479	24.4%
	2시간	699	35.6%
	3시간	276	14.0%
	4시간 이상	171	8.7%
종교활동	종교가 없다	1279	64.6%
	불교	152	7.7%
	개신교(기독교)	423	21.4%
	천주교(가톨릭)	110	5.6%
해외교육경험	있다	43	15.9%
	없다	228	84.1%
동아리활동참여	있다	1431	72.3%
	없다	548	27.7%
선호연예인 운동선수유무	있다	878	44.4%
	없다	1101	55.6%
형제자매유무	있다	1701	88.9%
	없다	212	11.1%
성인용 매체 이용빈도	전혀 없다	1551	78.4%
	일주일 평균	233	11.8%
	한 달 평균	129	6.5%
	일 년 평균	66	3.3%

범주	구분	N	%
거짓정보 올리기	있다	6	0.3%
	없다	1973	99.7%
불법 소프트웨어 다운로드	있다	128	6.5%
	없다	1851	93.5%
타인 개인정보 활용	있다	37	1.9%
	없다	1942	98.1%
성별/나이 속이기	있다	28	1.4%
	없다	1951	98.6%
해킹	있다	3	0.2%
	없다	1976	99.8%
폭력적인 언어 사용	있다	53	2.7%
	없다	1926	97.3%
흡연	있다	107	5.4%
	없다	1872	94.6%
음주	있다	207	10.5%
	없다	1772	89.5%
무단결석	있다	55	2.8%
	없다	1924	97.2%
가출	있다	21	1.1%
	없다	1958	98.9%
체험활동참여	있다	1051	53.1%
	없다	928	46.9%
체험활동만족도	매우 만족한다	307	37.1%
	만족하는 편이다	471	56.9%
	만족하지 않는 편이다	46	5.6%
	전혀 만족하지 않는다	4	0.5%
장래 희망교육 수준	고등학교 졸업	158	8.0%
	2~3년제 전문대학 졸업	192	9.7%
	4년제 대학교 졸업	1107	56.0%
	대학원 석사학위 취득	100	5.1%
	대학원 박사학위 취득	95	4.8%
	아직 결정하지 않았다	326	16.5%

그림 7-30

20 표에 대한 해석을 달아줍니다. "'범주'는 '구분1'이 ○○명(00.0%), '구분2'가 ○○명(00.0%)으로 나타났다."와 같은 형식으로 모든 범주에 대하여 구분당 빈도수와 비율을 제시합니다. 표 상단에는 표 제목을 입력하고 최하단에는 전체 인원수를 입력한 뒤, 마지막으로 칸 크기를 조절하면 빈도분석이 완료됩니다.

연구대상의 일반적 특성을 확인하기 위해 빈도분석을 실시하였다.

성별은 남자가 1,036명(52.3%), 여자가 943명(47.7%)으로 나타났고, 휴대전화 보유여부는 예 1,933명(97.7%), 아니오 46명(2.3%)으로 나타났으며, 휴대전화 종류는 스마트폰이 1,821명(94.2%), 피처폰이 112명(5.8%)으로 나타났다.

남녀공학 구분은 남자학교가 441명(22.4%), 여자학교가 440명(22.4%), 남녀공학이고 남자/여자반이 따로 있다 461명(23.5%), 남녀공학이고 남녀 합반이다 623명(31.7%)으로 나타났고, 이성친구유무는 있다 345명(17.4%), 없다 1,634명(82.6%)으로 나타났으며, 체육시간 중 운동시간은 없다 340명(17.3%), 1시간이 479명(24.4%), 2시간이 699명(35.6%), 3시간이 276명(14.0%), 4시간 이상이 171명(8.7%)으로 나타났다.

종교활동은 종교가 없다 1,279명(64.6%), 불교가 152명(7.7%), 개신교(기독교)가 423명(21.4%), 천주교(가톨릭)이 110명(5.6%), 기타가 15명(0.8%)으로 나타났다.

해외교육경험은 있다 43명(15.9%), 없다 228명(84.1%)으로 나타났고, 동아리활동참여는 있다 1,431명(72.3%), 없다 548명(27.7%)으로 나타났고, 선호연예인 운동선수유무는 있다 878명(44.4%), 없다 1,101명(55.6%)으로 나타났고, 형제자매유무는 있다 1,701명(88.9%), 없다 212명(11.1%)으로 나타났다.

성인용 매체 이용빈도는 전혀 없다 1,551명(78.4%), 일주일 단위가 233명(11.8%), 한 달 단위가 129명(6.5%), 일 년 단위가 66명(3.3%)으로 나타났다. 거짓정보 올리기는 있다 6명(0.3%), 없다 1,973명(99.7%)으로 나타났고, 불법 소프트웨어 다운로드는 있다 128명(6.5%), 없다 1,851명(93.5%)으로 나타났다. 타인 개인정보 활용은 있다 37명(1.9%), 없다 1,942명(98.1%)으로 나타났고, 성별/나이 속이기는 있다 28명(1.4%), 없다 1,951명(98.6%)으로 나타났고, 해킹은 있다 3명(0.2%), 없다 1,976명(99.8%)으로 나타났고, 폭력적인 언어 사용은 있다 53명(2.7%), 없다 1,926명(97.3%)으로 나타났다.

흡연은 있다 107명(5.4%), 없다 1,872명(94.6%)로 나타났고, 음주는 있다 207명(10.5%), 없다 1,772명(89.5%)으로 나타났고, 무단결석은 있다 55명(2.8%), 없다 1,924명(97.2%)으로, 가출은 있다 21명(1.1%), 없다 1,958명(98.9%)으로 나타났다.

체험활동참여는 있다 1,051명(53.1%), 없다 928명(46.9%)으로 나타났고, 체험활동만족도는 매우 만족한다 307명(37.1%), 만족하는 편이다 471명(56.9%), 만족하지 않는 편이다 46명(5.6%), 전혀 만족하지 않는다 4명(0.5%)으로 나타났다.

마지막으로 장래 희망교육 수준은 고등학교 졸업이 158명(8.0%), 2~3년제 전문대학 졸업이 192명(9.7%), 4년제 대학교 졸업이 1,107명(56.0%), 대학원 석사학위 취득이 100명(5.1%), 대학원 박사학위 취득이 95명(4.8%), 아직 결정하지 않았다 326명(16.5%)으로 나타났다.

〈표〉 연구대상의 일반적 특성

범주	구분	N	%
성별	남자	1036	52.3%
	여자	943	47.7%
휴대전화 보유여부	예	1933	2.3%
	아니오	46	94.2%
휴대전화 종류	스마트폰	1821	94.2%
	피처폰	112	5.8%
남녀공학 구분	남자학교	441	22.4%
	여자학교	440	22.4%
	남녀공학이고 남자/여자반이 따로 있다	461	23.5%
	남녀공학이고 남녀 합반이다	623	31.7%
이성친구유무	있다	345	17.4%
	없다	1634	82.6%
체육시간 중 운동시간	없다	340	17.3%
	1시간	479	24.4%
	2시간	699	35.6%
	3시간	276	14.0%
	4시간 이상	171	8.7%
종교활동	종교가 없다	1279	64.6%
	불교	152	7.7%
	개신교(기독교)	423	21.4%
	천주교(가톨릭)	110	5.6%
	기타	15	0.8%
해외교육경험	있다	43	15.9%
	없다	228	84.1%
동아리활동참여	있다	1431	72.3%
	없다	548	27.7%
선호연예인 운동선수유무	있다	878	44.4%
	없다	1101	55.6%
형제자매유무	있다	1701	88.9%
	없다	212	11.1%

범주	구분	N	%
성인용 매체 이용빈도	전혀 없다	1551	78.4%
	일주일 평균	233	11.8%
	한 달 평균	129	6.5%
	일 년 평균	66	3.3%
거짓정보 올리기	있다	6	0.3%
	없다	1973	99.7%
불법 소프트웨어 다운로드	있다	128	6.5%
	없다	1851	93.5%
타인 개인정보 활용	있다	37	1.9%
	없다	1942	98.1%
성별/나이 속이기	있다	28	1.4%
	없다	1951	98.6%
해킹	있다	3	0.2%
	없다	1976	99.8%
폭력적인 언어 사용	있다	53	2.7%
	없다	1926	97.3%
흡연	있다	107	5.4%
	없다	1872	94.6%
음주	있다	207	10.5%
	없다	1772	89.5%
무단결석	있다	55	2.8%
	없다	1924	97.2%
가출	있다	21	1.1%
	없다	1958	98.9%
체험활동참여	있다	1051	53.1%
	없다	928	46.9%
체험활동만족도	매우 만족한다	307	37.1%
	만족하는 편이다	471	56.9%
	만족하지 않는 편이다	46	5.6%
	전혀 만족하지 않는다	4	0.5%
장래 희망교육 수준	고등학교 졸업	158	8.0%
	2~3년제 전문대학 졸업	192	9.7%
	4년제 대학교 졸업	1107	56.0%
	대학원 석사학위 취득	100	5.1%
	대학원 박사학위 취득	95	4.8%
	아직 결정하지 않았다	326	16.5%
전체		1979	100.0%

SECTION 08

준비파일
실습파일_기술통계분석.xlsx

기술통계분석

기술통계분석은 **평균을 낼 수 있는 연속변수의 특성을 확인**할 때 활용하는 분석 방법입니다. 전체 응답자를 대상으로 봤을 때 내가 조사한 변수의 최솟값, 최댓값, 평균, 표준편차, 그리고 변수의 정규성을 알 수 있는 왜도와 첨도를 확인할 수 있습니다.

STEP 1 _ 따라하기

1 ❶ ≡ 버튼을 누르고 ❷ Open 항목 중 ❸ This PC 메뉴에서 ❹ Browse를 클릭한 다음 ❺ 실습파일이 저장된 폴더에서 '실습파일_기술통계분석.xlsx' 파일을 불러옵니다.

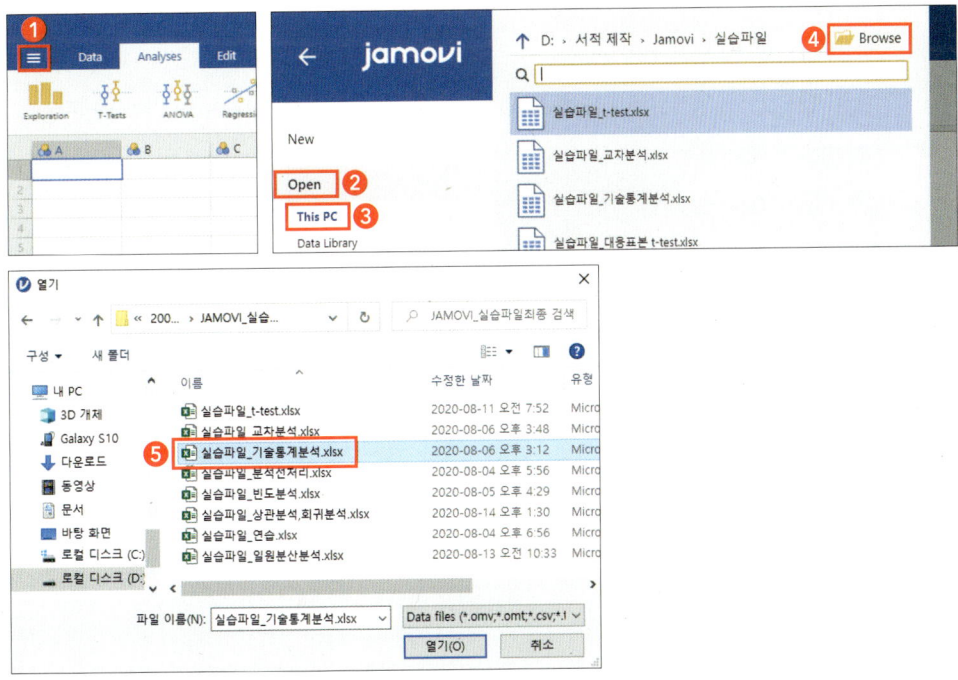

그림 8-1

2 변수마다 자동으로 명목형(Nominal), 연속형(Continuous)으로 설정됩니다. 빈도분석에서는 명목변수의 빈도와 비율을 확인하기 때문에 해당 변수들을 Nominal로 바꿔야 하지만, 기술통계분석에서는 모든 측정 유형에 대한 기술통계량을 확인할 수 있기 때문에 별다른 작업을 거치지 않아도 됩니다.

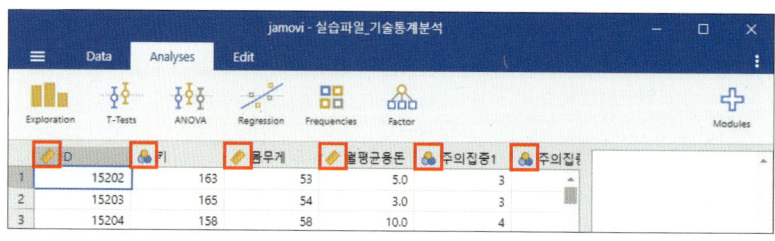

그림 8-2

3 기술통계분석을 진행하기 위해 ❶ Analysis 메뉴에서 ❷ Exploration을 클릭하고 ❸ Descriptives를 클릭합니다.

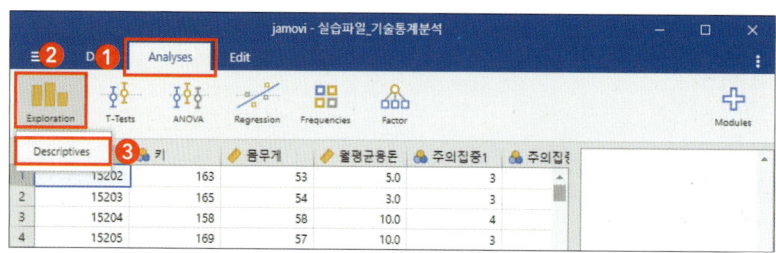

그림 8-3

4 ❶ '키', '몸무게', '월평균용돈' 변수를 선택하고 ❷ 'Variables'로 이동합니다.

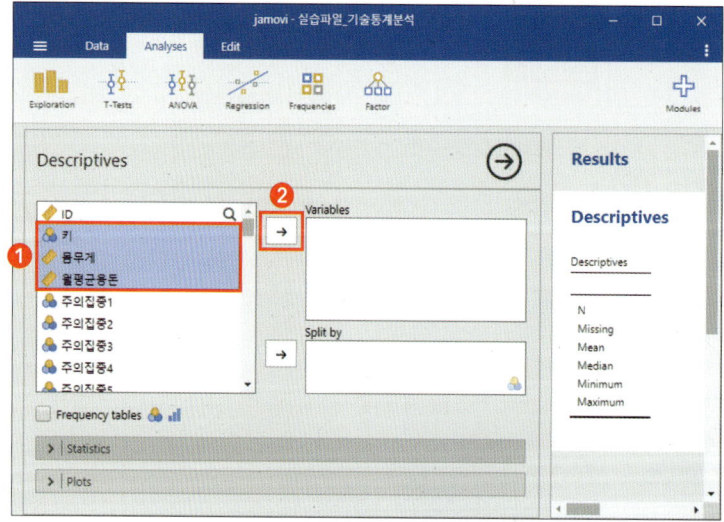

그림 8-4

5 ① 각 변수별 응답자 수(N), 결측값(Missing), 평균(Mean), 중앙값(Median), 최솟값(Minimum), 최댓값(Maximum)을 확인할 수 있습니다. 여기에 표준편차를 추가하고, 변수의 정규성을 확인하기 위해 왜도와 첨도를 추가합니다. ② 'Statistics'를 클릭하고 ③ 표준편차를 보기 위해 'Std. deviation'에 체크한 뒤 ④ 왜도와 첨도를 보기 위해 'Skewness'와 'Kurtosis'에 체크합니다.

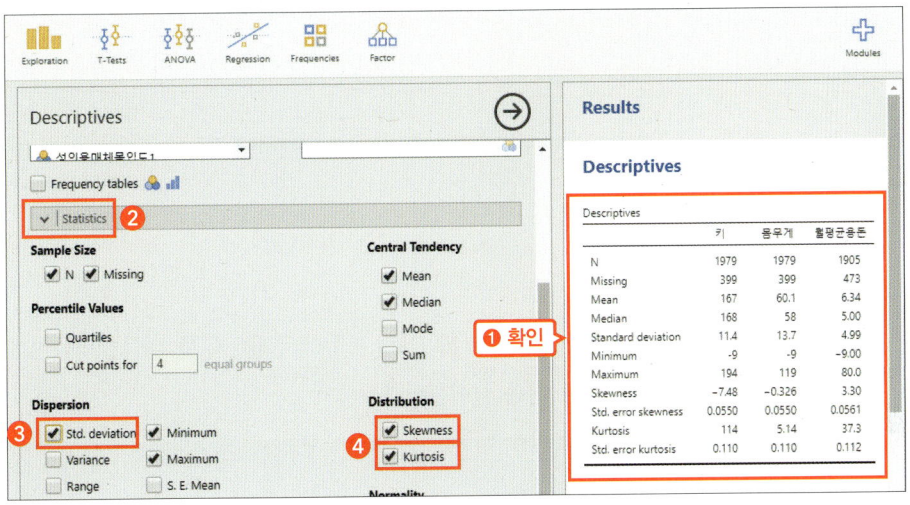

그림 8-5

6 결과 창에 표준편차(Standard deviation), 왜도(Skewness), 첨도(Kurtosis) 값과 왜도, 첨도 각각의 표준오차(Std. error) 값이 계산됩니다.

그림 8-6

여기서 잠깐

왜도와 첨도를 보고 변수의 정규성을 확인한다고 했습니다. 학자들마다 그 기준을 달리 제시하고 있지만, 보통 West et al.(1995)[1]과 Hong et al.(2003)[2] 연구에서 제시한 왜도와 첨도 기준을 논문에서 가장 많이 활용하고 있습니다. West et al.(1995)의 정규분포 기준은 |왜도|<3, |첨도|<8이고, Hong et al.(2003)은 |왜도|<2, |첨도|<4입니다. 왜도는 절댓값 3을, 첨도는 절댓값 7을 넘지 않을 때 정규성 가정을 충족한다고 보는 것이 보편적인 기준입니다.

---

[1] West, S. G., Finch, J. F., & Curran, P. J. (1995). Structural equation models with nonnormal variables: Problems and remedies. In R. H. Hoyle(Ed). Structural equation modeling: Concepts, issues, and applications. Thounsand Oaks, CA: Sage Publications.

[2] Hong S., Malik, M. L., & Lee M. K. (2003). Testing Configural, Metric, Scalar, and Latent Mean Invariance Across Genders in Sociotropy and Autonomy Using a Non-Western Sample. Educ. Psychol. Meas. 63, 636-654.

7 세 변수 모두 최솟값이 -9로 나타났습니다. 키, 몸무게, 월평균용돈은 음수가 나올 수 없는 변수입니다. 이렇듯 기술통계분석을 통해 이상치를 확인할 수 있습니다.

Descriptives

Descriptives

	키	몸무게	월평균용돈
N	1979	1979	1905
Missing	399	399	473
Mean	167	60.1	6.34
Median	168	58	5.00
Standard deviation	11.4	13.7	4.99
Minimum	-9	-9	-9.00
Maximum	194	119	80.0
Skewness	-7.48	-0.326	3.30
Std. error skewness	0.0550	0.0550	0.0561
Kurtosis	114	5.14	37.3
Std. error kurtosis	0.110	0.110	0.112

그림 8-7

8 -9를 결측값으로 설정하겠습니다. ❶ Data 메뉴에서 ❷ '키'를 더블클릭하여 설정 창을 열고 ❸ 'Missing values' 칸을 클릭합니다.

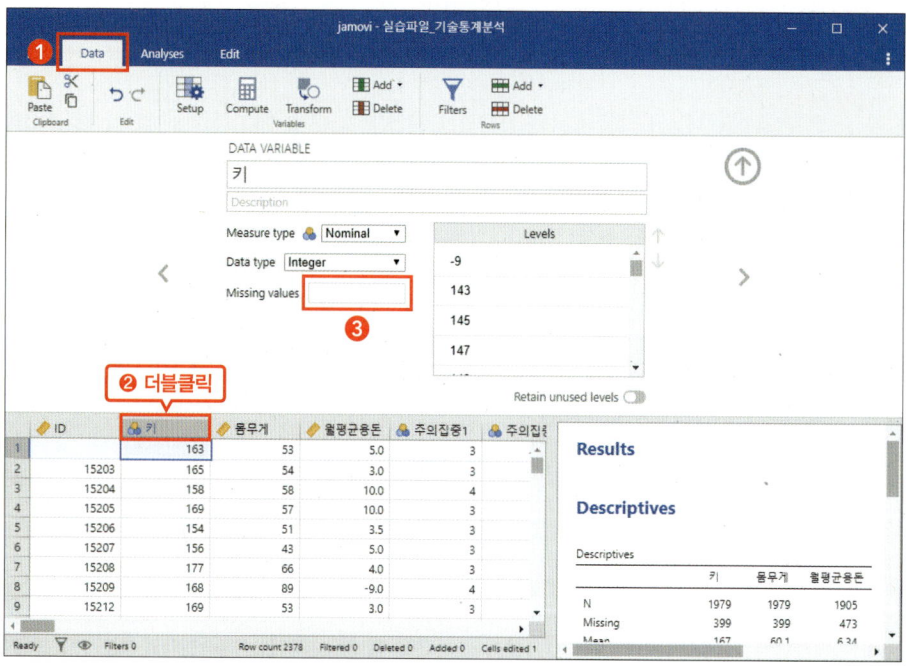

그림 8-8

9 ❶ '+ Add Missing Value'를 클릭합니다. ❷ 함수는 '=='를 선택한 뒤 ❸ '-9'를 입력하고 ❹ [Enter]를 누릅니다.

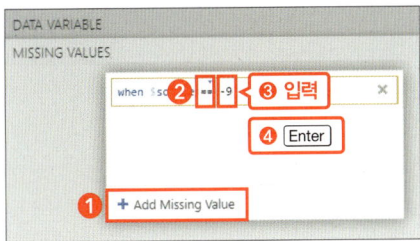

그림 8-9

10 ❶ '몸무게'를 클릭하고 ❷ 'Missing values' 칸을 클릭합니다. ❸ '+ Add Missing Value'를 클릭한 뒤 ❹ 함수는 '=='를 선택하고 ❺ '-9'를 입력합니다. ❻ [Enter]를 누릅니다.

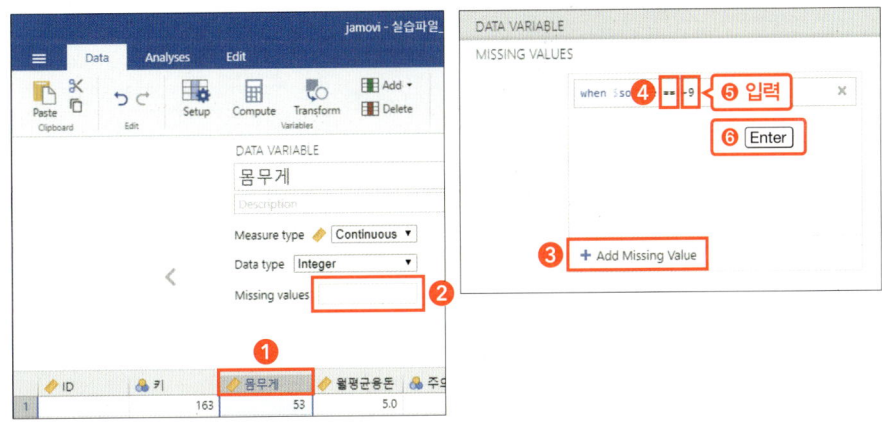

그림 8-10

11 ❶ '월평균용돈'을 클릭하고 ❷ 'Missing values' 칸을 클릭합니다. ❸ '+ Add Missing Value'를 클릭한 뒤 ❹ 함수는 '=='를 선택하고 ❺ '-9'를 입력합니다. ❻ [Enter]를 누릅니다.

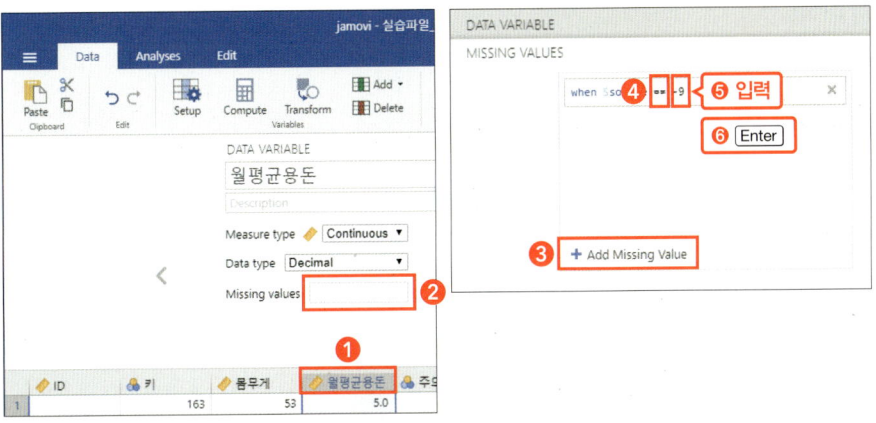

그림 8-11

12 결과를 재확인하기 위해 ❶ Analyses 메뉴에서 ❷ Exploration을 클릭하고 ❸ Descriptives 를 클릭합니다.

그림 8-12

13 '키', '몸무게', '월평균용돈'을 'Variables'로 이동합니다.

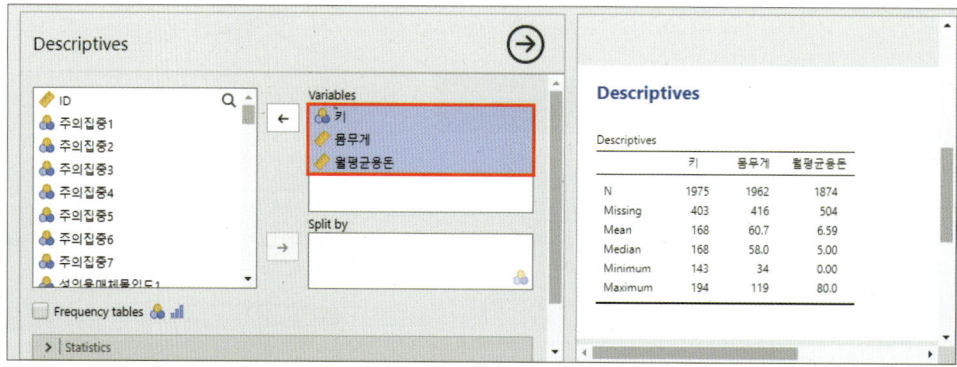

그림 8-13

14 이전 결과표와 동일한 항목이 표시되도록 설정하겠습니다. ❶ 'Statistics'를 클릭하여 펼친 다음 ❷ 'Dispersion'에서 'Std. deviation'을 체크하고 'Distribution'에서 ❸ 'Skewness' 와 ❹ 'Kurtosis'를 체크합니다.

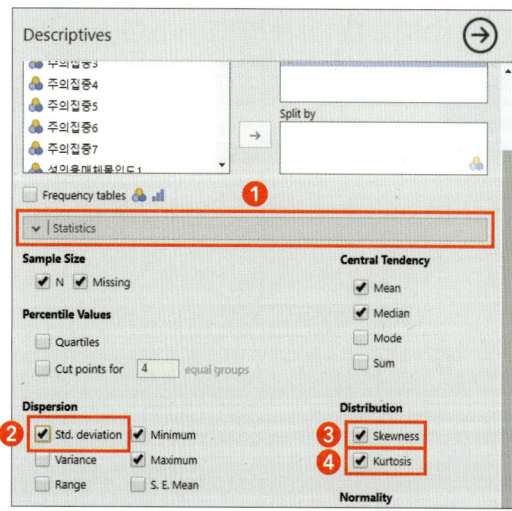

그림 8-14

두 결과를 비교해보겠습니다. 기존 결과에서는 -9가 있었습니다. 이러한 이상치 때문에 왜도와 첨도 역시 3과 7을 넘는 결과가 나타났습니다. 그러나 -9를 결측값 처리한 후 재분석을 해본 결과에서는 -9가 없어졌습니다. 그에 따라 키와 몸무게 변수의 왜도, 첨도가 각각 3과 7보다 낮아져 정규성 가정을 충족하는 것으로 나타났습니다.

그림 8-15

15. 그러나 '월평균용돈' 변수는 여전히 왜도와 첨도의 기준을 넘어 정규분포의 가정을 충족하지 못하는 것으로 나타났습니다. 이때 앞에서 배운 자연로그(LN)를 적용하면 됩니다.
❶ Data 메뉴에서 ❷ '월평균용돈' 변수를 클릭하고 ❸ Transform을 클릭합니다.

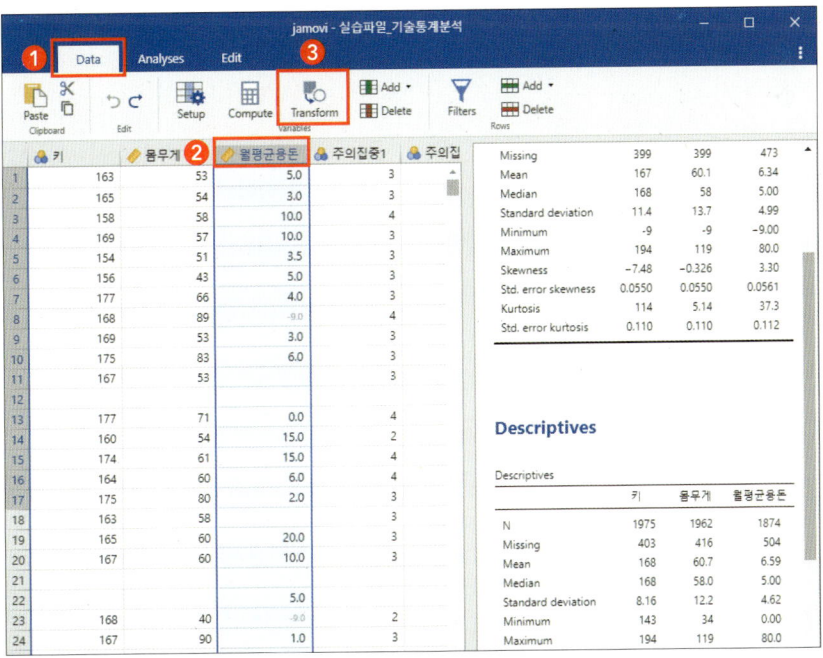

그림 8-16

SECTION 08 기술통계분석 **127**

16 ❶ 변수명을 지정하고 ❷ 'using transform' 항목에서 ❸ 'Create New Transform…'을 클릭합니다.

그림 8-17

17 ❶ 'f_x' 버튼을 클릭하고 ❷ 'Functions' 항목에서 'LN'을 더블클릭합니다.

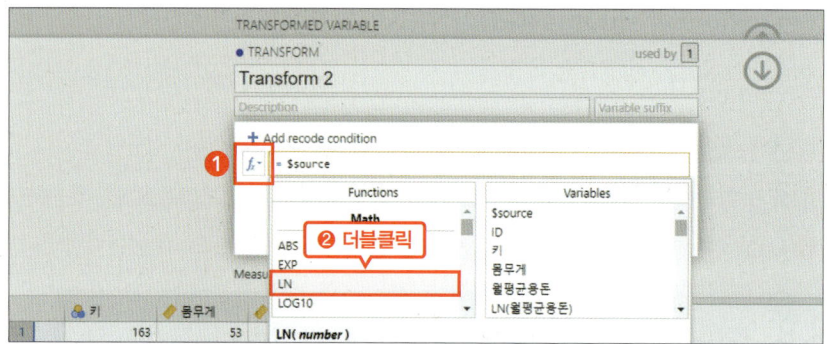

그림 8-18

18 ❶ 'Variables' 목록에서 '월평균용돈' 변수를 더블클릭하고 ❷ 함수 뒤의 필요 없는 부분을 삭제하여 'LN(월평균용돈)' 형태로 입력합니다.

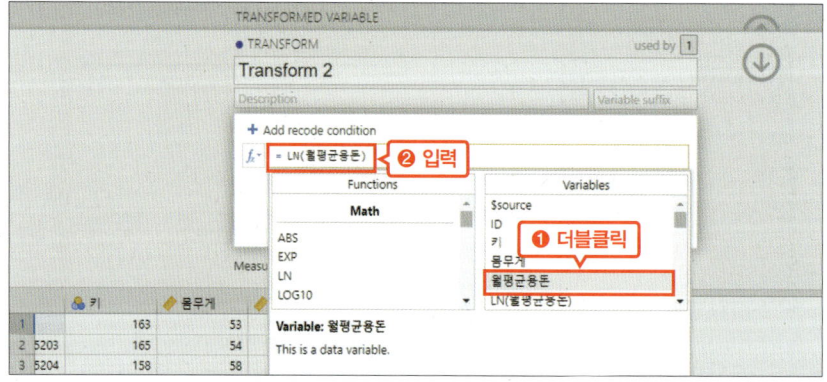

그림 8-19

19 `Enter`를 누르면 'LN(월평균용돈)' 변수가 생성됩니다.

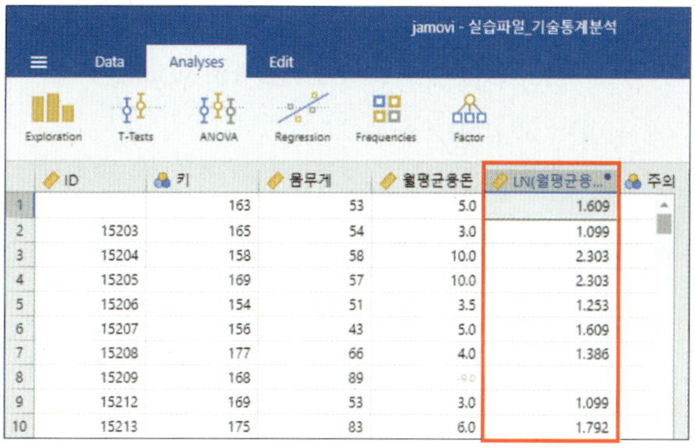

그림 8-20

20 이제 'LN(월평균용돈)' 변수로 기술통계분석을 실시합니다. ❶ Analyses 메뉴에서 ❷ Exploration-Descriptive를 클릭합니다.

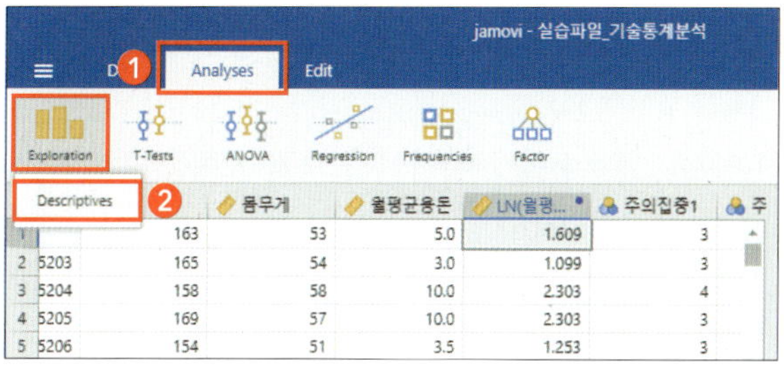

그림 8-21

21 'LN(월평균용돈)' 변수를 추가로 투입한 다음 결과를 확인하면, 자연로그를 취한 경우 왜도와 첨도가 기준을 충족하는 것을 확인할 수 있습니다. Dispersion에서 Std. deviation이, Distribution에서 Skewness와 Kurtosis가 체크되어 있어야 왜도와 첨도 값을 확인할 수 있습니다.

Descriptives

Descriptives	키	몸무게	월평균용돈	LN(월평균용돈)
N	1975	1962	1874	1857
Missing	404	417	505	522
Mean	168	60.7	6.59	1.73
Median	168	58.0	5.00	1.61
Standard deviation	8.16	12.2	4.62	0.554
Minimum	143	34	0.00	-0.693
Maximum	194	119	80.0	4.38
Skewness	0.00329	0.967	4.67	0.0799
Std. error skewness	0.0551	0.0553	0.0565	0.0568
Kurtosis	-0.645	1.04	49.7	1.07
Std. error kurtosis	0.110	0.110	0.113	0.114

그림 8-22

STEP 2 _ 성별에 따른 키와 몸무게 확인하기

1 ❶ Analyses-Exploration-Descriptives을 클릭합니다. ❷ 'Variables'에 '키'와 '몸무게'를 투입하고 ❸ 'Split by'에 '성별'을 투입합니다.

그림 8-23

2 분석 결과 창에서 성별 1(남자), 2(여자)를 구분하여 결과를 보여줍니다. 즉, 남자의 평균(Mean) 키는 173cm, 여자의 평균 키는 161cm로 나타났고, 남자의 평균 몸무게는 66.8kg, 여자의 평균 몸무게는 53.8kg으로 나타났습니다.

Descriptives

Descriptives

	성별	키	몸무게
N	1	1033	1034
	2	942	928
Missing	1	3	2
	2	2	16
Mean	1	173	66.8
	2	161	53.8
Median	1	173	65.0
	2	161	53.0
Standard deviation	1	5.53	12.2
	2	5.23	7.63
Minimum	1	148	34
	2	143	37
Maximum	1	194	119
	2	178	95
Skewness	1	−0.117	0.694
	2	0.0478	1.05
Std. error skewness	1	0.0761	0.0761
	2	0.0797	0.0803
Kurtosis	1	0.517	0.608
	2	0.123	2.41
Std. error kurtosis	1	0.152	0.152
	2	0.159	0.160

그림 8-24

STEP 3 _ 여러 가지 문항을 가진 척도

만약 여러 가지 문항을 가진 척도를 하나의 변수로 만들어서 기술통계분석을 한다면 어떨까요? 주의집중 척도를 가지고 평균점수를 만들어서 기술통계분석을 해보겠습니다. 먼저 역채점 문항이나 코딩이 어떻게 되어 있는지 파악하기 위해 코드북을 확인합니다.

연구문제 예시

정서문제 : 주의집중(▲)	칭찬을 받거나 벌을 받아도 금방 다시 주의가 산만해진다	1 매우 그렇다
	문제를 풀 때 문제를 끝까지 읽지 않는 편이다	2 그런 편이다
	오랫동안 집중해야 하는 과제는 하고 싶지 않다 (※제2-3차 : 오랫동안 집중해야 하는 과제를 하고 싶어 하지 않는다)	3 그렇지 않은 편이다 4 전혀 그렇지 않다
	연필이나 지우개 등, 학용품을 잘 잃어버린다	
	주의를 기울이지 않아서 실수를 하거나 사고를 낸다	
	공부할 때 차분하게 앉아 있기 힘들다 (※제2-3차 : 공부할 때 차분하게 앉아 있기 힘들어한다)	
	글자를 잘 빠뜨리고 쓰는 편이다	

코드북을 보면 역채점 문항은 없어 보입니다. 그러나 '정서문제' 관점에서 주의집중 부족 수준을 확인하기 위한 변수이기 때문에 점수가 높을수록 '그렇다'로 응답되어야 합니다. 이를 위해 역코딩을 진행한 후 평균을 내어 하나의 주의집중평균 변수를 만들어줍니다.

1 ❶ '주의집중1' 변수를 클릭하고 ❷ [Shift]를 누른 채 '주의집중7' 변수를 클릭하여 주의집중1~7을 모두 선택합니다.

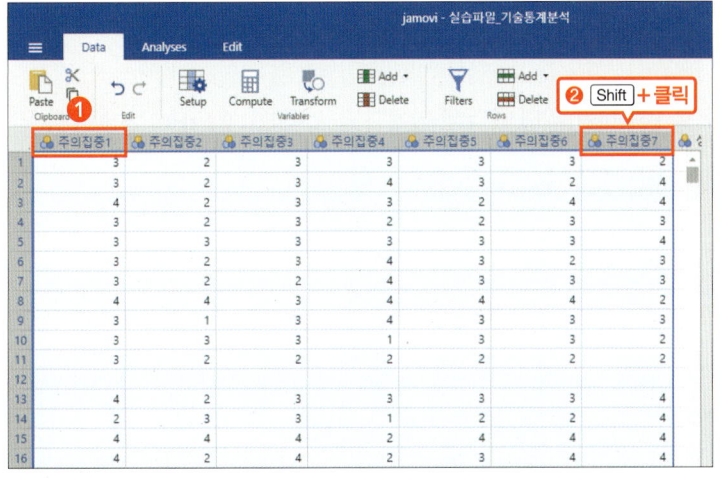

그림 8-25

2 ❶ Data 메뉴에서 ❷ Transform을 클릭하고 ❸ 'using transform' 항목 중 'Create New Transform...'을 클릭합니다.

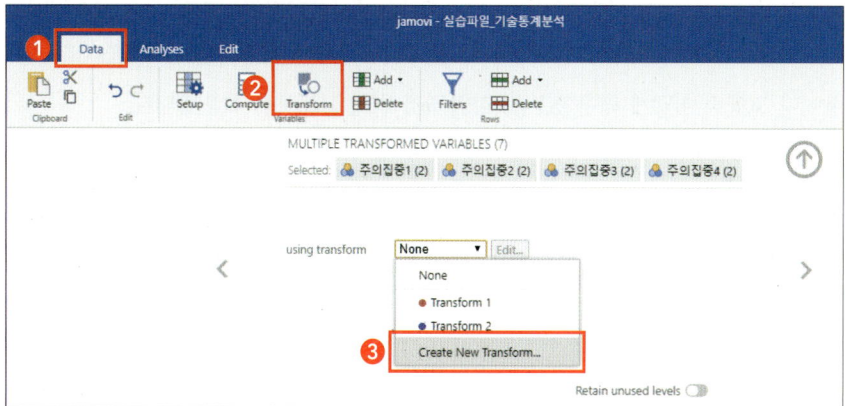

그림 8-26

3 4점 척도를 역코딩하기 위해 ❶ '+ Add recode condition'을 클릭하고 ❷ 'if $source' 옆의 >을 클릭한 다음 ❸ '=='을 클릭합니다.

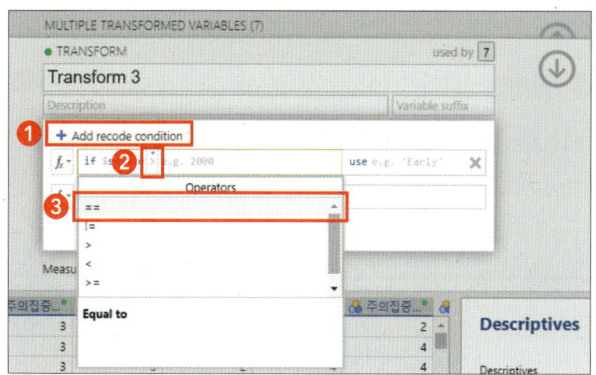

그림 8-27

4 1점을 4점으로 변환하기 위해 ❶ '==' 옆에 '1'을 입력하고 ❷ 'use' 옆에 '4'를 입력합니다.

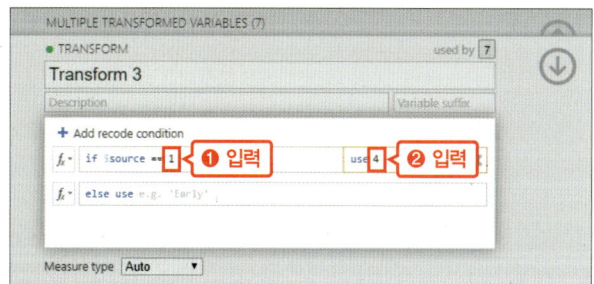

그림 8-28

5 ❶ '+ Add recode condition'을 클릭하여 나머지 2→3, 3→2, 4→1로 변환하는 항목을 작성합니다. ❷ 마지막으로 'Measure type'을 'Continuous'로 변경하여 변수 계산이 가능하도록 설정합니다.

그림 8-29

> **여기서 잠깐**
>
> 이후 변수 계산(평균)을 할 것이기 때문에 측정 유형을 바꿔주어야 합니다.

6 '성별' 변수 옆에 '주의집중' 7개 문항을 평균 낸 변수를 생성하겠습니다. ❶ '성별' 열에서 아무 칸이나 클릭하고 ❷ Data-Compute를 클릭합니다.

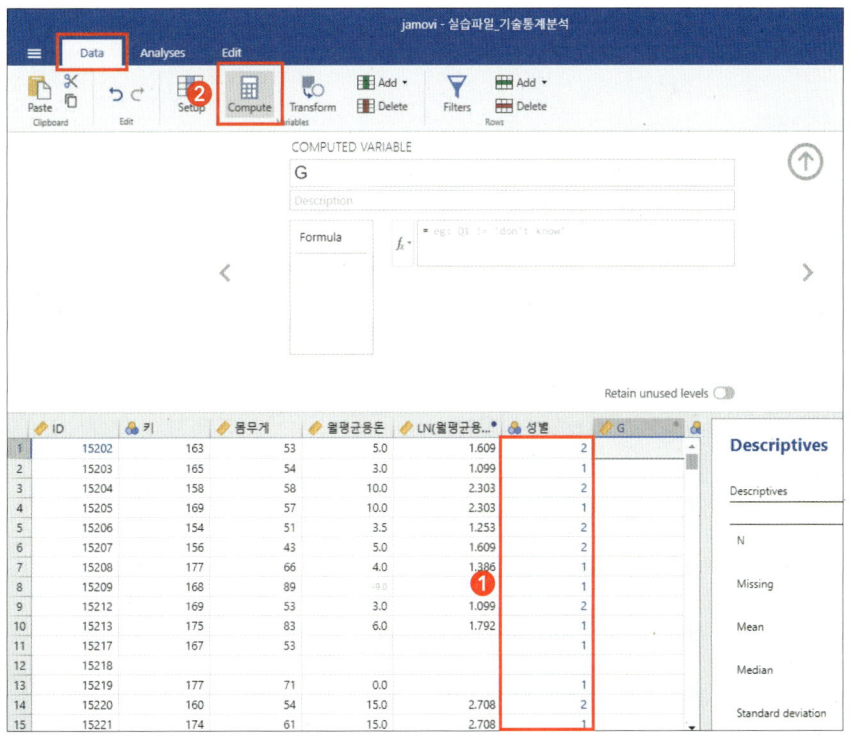

그림 8-30

SECTION 08 기술통계분석

7 ❶ 변수명을 '주의집중평균'으로 입력합니다. ❷ 'f_x'를 클릭한 뒤 ❸ 평균을 구하기 위해 'Functions'에서 'MEAN'을 더블클릭합니다. ❹ 'Variables'에서 역코딩한 '주의집중' 변수 7개를 하나씩 더블클릭한 뒤 쉼표(,)로 구분하여 함수를 작성합니다.

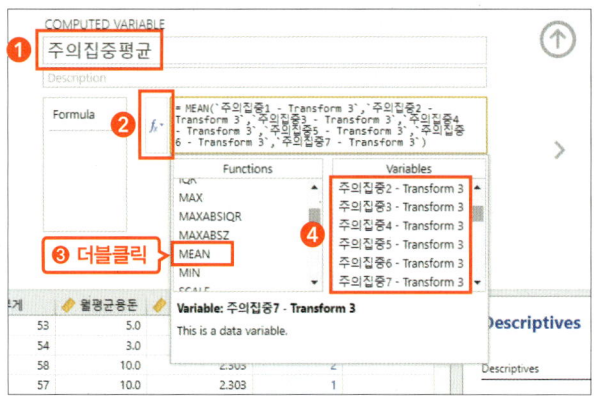

그림 8-31

8 ❶ Analyses-Exploration-Descriptives를 클릭하고 ❷ '주의집중평균' 변수를 투입하면 ❸ 7개 문항을 평균 낸 결과를 확인할 수 있습니다. 7개 문항에 대한 평균(Mean)은 2.09, 표준편차(Standard deviation)는 0.527로 산출되었습니다. 왜도(Skewness)와 첨도(Kurtosis)는 각각 0.0202, -0.0790으로 나타나 정규성을 만족하는 것으로 나타났습니다.

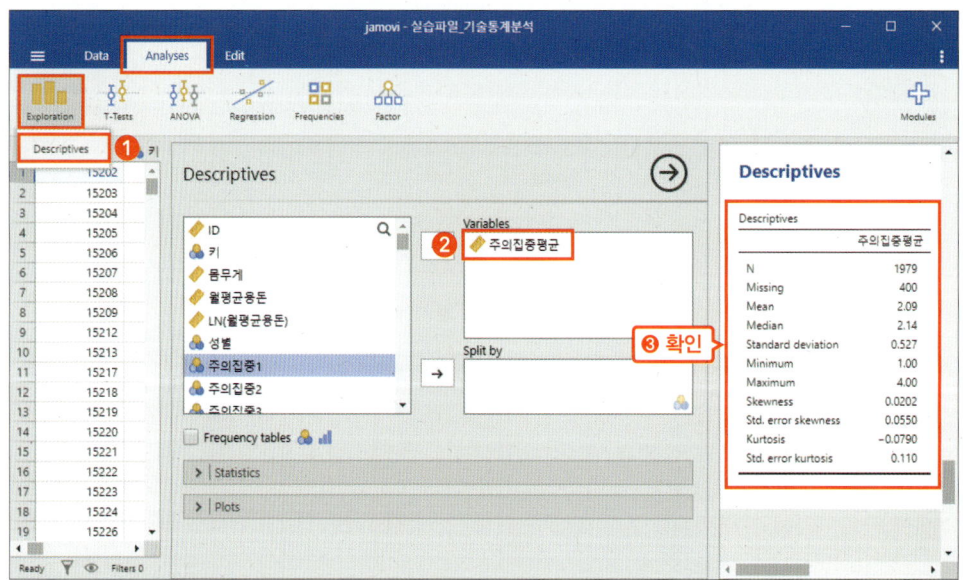

그림 8-32

9　다음으로 성인용 매체 몰입도에 대한 평균변수를 만들고 기술통계분석을 실시해보겠습니다. ❶ '성인용매체몰입도1'을 클릭하고 ❷ Shift 를 누른 채 '성인용매체몰입도8'을 클릭하여 '성인용매체몰입도'에 해당하는 모든 변수를 선택합니다.

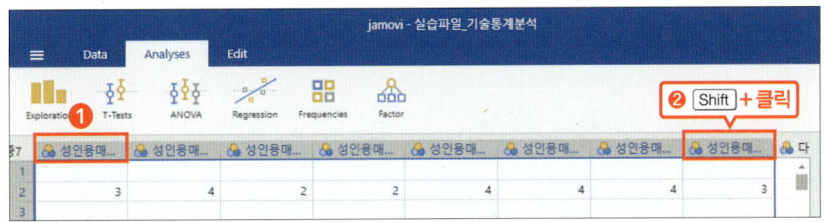

그림 8-33

10　❶ Data-Setup을 클릭하고 ❷ 'Measure type'을 'Continuous'로 설정합니다.

그림 8-34

11　생성하는 변수는 가능하면 앞쪽에 위치하는 것이 좋습니다. ❶ '성별' 열에서 아무 값이나 클릭하고 ❷ Data-Compute를 클릭합니다.

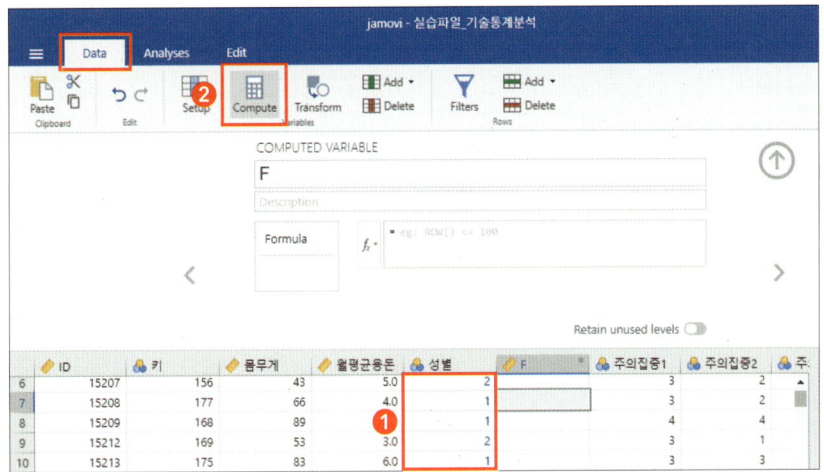

그림 8-35

SECTION 08　기술통계분석　**135**

12 ❶ 변수명을 '성인용매체몰입도평균'으로 입력합니다. ❷ 'f_x'를 클릭한 뒤 ❸ 'Functions'에서 'MEAN'을 더블클릭하고 ❹ 'Variables'에서 '성인용매체몰입도1~8'을 하나씩 더블클릭하여 함수에 투입한 후 쉼표(,)로 구분합니다.

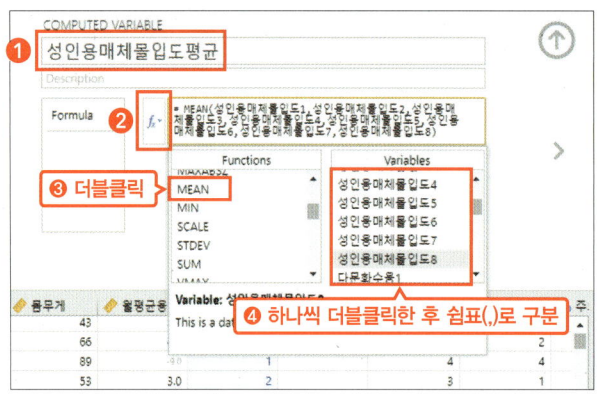

그림 8-36

13 Enter 를 눌러 변수를 생성하고 ❶ Analyses-Exploration-Descriptives를 클릭한 뒤 ❷ '성인용매체몰입도평균'을 'Variables'에 투입하여 ❸ 결과를 확인합니다. '성인용매체몰입도'의 평균(Mean)은 4점 만점에 3.37점으로 나타났고, 표준편차(Standard deviation)는 0.530, 왜도(Skewness)와 첨도(Kurtosis)는 각각 -0.970, 1.51로 정규성을 만족하였습니다.

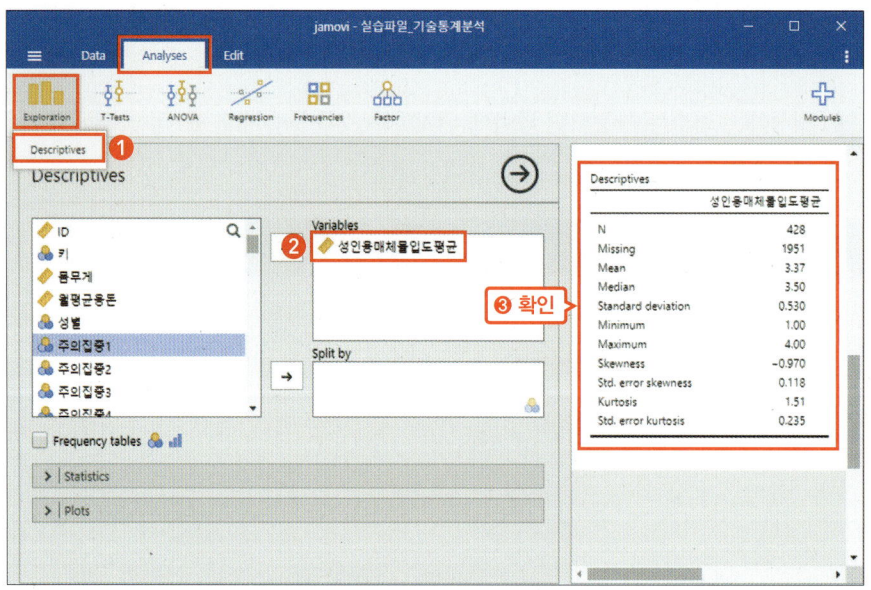

그림 8-37

나머지 다문화수용, 공동체의식, 삶의목표, 소외, 교우관계, 교사관계, 비일관성, 진로정체감, 휴대전화의존도, 학습활동 변수도 변수 계산을 통해 하나의 평균변수로 만든 후, 기술통계분석을 실시해보세요.

Descriptives

Descriptives

	다문화수용평균	공동체의식평균	삶의목표평균	소외평균	교우관계평균	교사관계평균	비일관성평균	진로정체감평균	휴대전화의존도평균	학습활동평균
N	1979	1979	1979	1979	1965	1965	1979	1979	1933	1965
Missing	400	400	400	400	414	414	400	400	446	414
Mean	1.84	1.93	1.78	3.06	2.06	1.97	2.96	2.04	2.75	2.19
Median	2.00	2.00	1.80	3.00	2.20	2.00	3.00	2.00	2.71	2.20
Standard deviation	0.554	0.528	0.358	0.639	0.349	0.559	0.676	0.614	0.641	0.393
Minimum	1.00	1.00	1.00	1.00	1.00	-5.00	1.00	1.00	0.857	1.00
Maximum	4.00	4.00	3.13	4.00	3.80	4.00	4.00	4.00	4.00	4.00
Skewness	0.0352	0.0143	-7.04e-4	-0.513	-0.202	0.0802	-1.11	-0.0265	-0.173	0.240
Std. error skewness	0.0550	0.0550	0.0550	0.0550	0.0552	0.0552	0.0550	0.0550	0.0557	0.0552
Kurtosis	-0.408	0.271	-0.179	0.301	1.06	-0.00240	9.28	-0.673	-0.0899	0.945
Std. error kurtosis	0.110	0.110	0.110	0.110	0.110	0.110	0.110	0.110	0.111	0.110

그림 8-38

STEP 4 _ 분석 결과표 작성하기

1 '키', '몸무게', '월평균용돈' 변수에 대한 결과표를 작성해보겠습니다. ❶ 결과 창의 'Descriptives' 결과표 위에서 오른쪽 클릭하고 ❷ Table 항목 중 ❸ Copy를 클릭합니다.

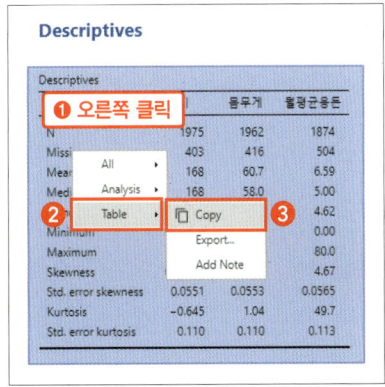

그림 8-39

2 엑셀을 실행하여 붙여넣기합니다.

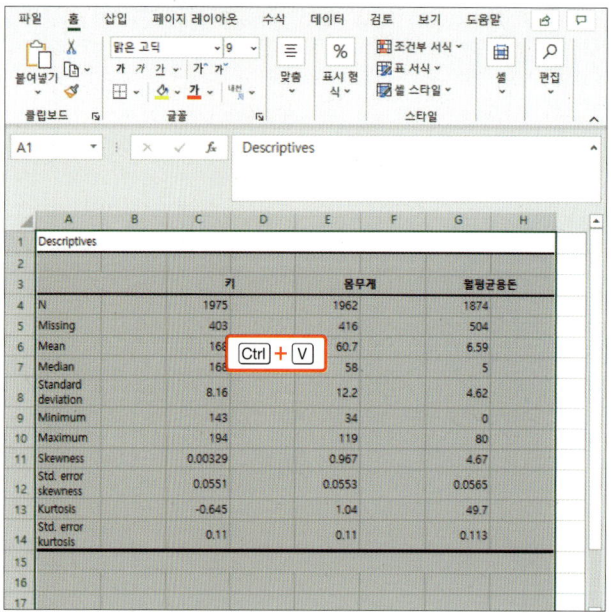

그림 8-40

3 ❶ 붙여넣은 표를 다시 복사하고 ❷ 아래 빈 칸에서 오른쪽 클릭한 다음 ❸ 선택하여 붙여넣기(S)...를 클릭합니다.

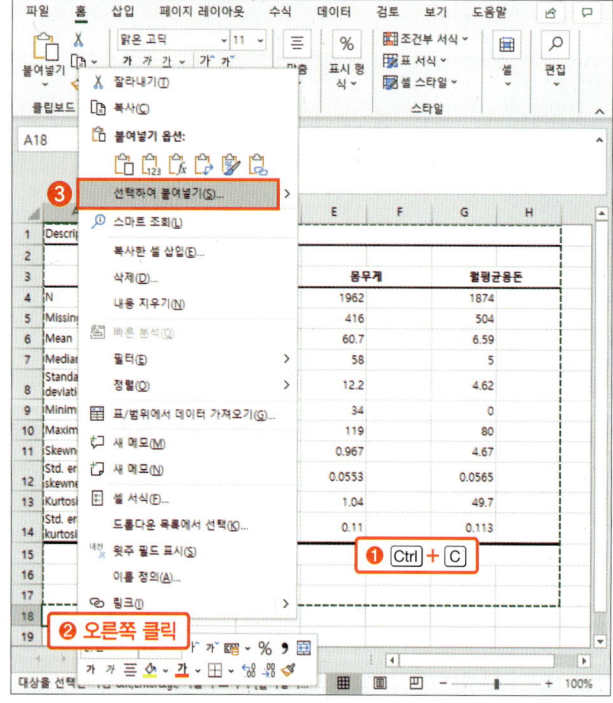

그림 8-41

4 선택하여 붙여넣기 창에서 ❶ '행/열 바꿈(E)'에 체크하고 ❷ 확인을 클릭합니다.

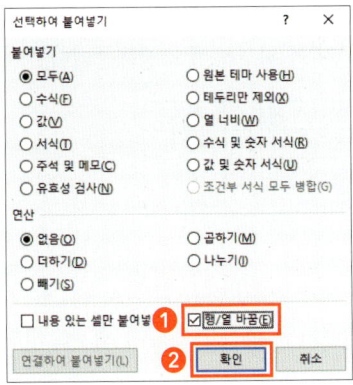

그림 8-42

5 한글 프로그램에서 8칸 모양의 표를 만들어 첫 행에 변수, N, 최솟값, 최댓값, M, SD, 왜도, 첨도를 입력합니다.

변수	N	최솟값	최댓값	M	SD	왜도	첨도

그림 8-43

6 변수 열에 '키', '몸무게', '월평균용돈'을 입력합니다. 이어서 엑셀의 N 값을 한글 표의 N 열에 입력합니다. 같은 방식으로 Minimum 값을 최솟값 열에, Maximum 값을 최댓값 열에, Mean 값을 M 열에, Standard deviation 값을 SD 열에, Skewness 값을 왜도 열에, Kurtosis 값을 첨도 열에 입력합니다.

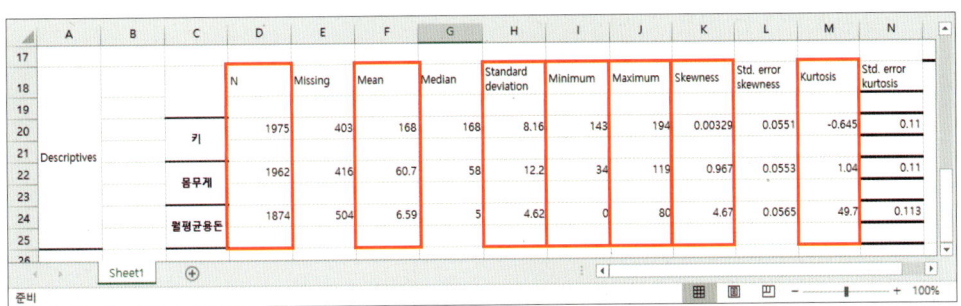

변수	N	최솟값	최댓값	M	SD	왜도	첨도
키	1975	143	194	168	8.16	0.00329	-0.645
몸무게	1962	34	119	60.7	12.2	0.967	1.04
월평균용돈	1874	0	80	6.59	4.62	4.67	49.7

그림 8-44

7 기술통계표의 입력값은 N을 제외하고 소수점 이하 자릿수를 통일하는 것이 좋습니다. M, SD, 왜도, 첨도 값을 소수점 이하 첫째 자리까지 반올림하여 수정하고 칸 너비를 SECTION 07의 '[STEP 3] 분석 결과표 작성하기'를 참고하여 조정해줍니다.

변수	N	최솟값	최댓값	M	SD	왜도	첨도
키	1975	143	194	168.0	8.7	0.0	-0.6
몸무게	1962	34	119	60.7	12.2	1.0	1.0
월평균용돈	1874	0	80	6.6	4.6	4.7	49.7

그림 8-45

8 ❶ 전체 칸을 드래그하거나 F5 를 이용하여 선택하고 ❷ L 를 눌러 셀 테두리/배경 창을 엽니다. ❸ 테두리 '종류'를 맨 위의 빨간 대각선 모양인 '없음'을 선택하고 ❹ 좌측, 중앙, 우측 세로줄을 선택합니다. ❺ 설정을 클릭합니다.

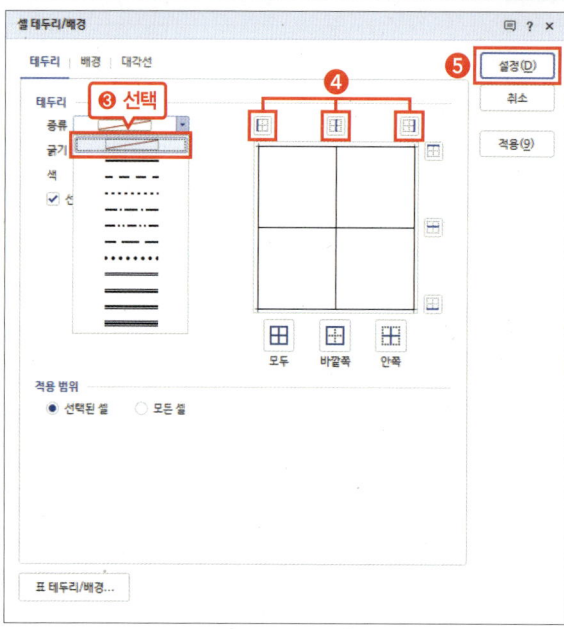

그림 8-46

STEP 5 _ 분석 결과표 해석하기

결과표를 앞에서부터 해석하겠습니다.

N은 기술통계분석에 사용된 총 케이스, 즉 결측치를 제외하고 유효한 입력값에 대한 케이스 수를 말합니다. 앞에서 결측치로 처리한 −9를 입력한 응답자 수가 키, 몸무게, 월평균용돈마다 다르기 때문에 N값이 모두 다르게 표시되었습니다. 최솟값과 최댓값은 응답자들이 입력한 값의 범위를 말합니다. 즉, 응답자들의 키는 143cm부터 194cm까지 나타났으며, 몸무게는 34kg에서 119kg까지, 월평균용돈은 0원에서 8만 원까지 나타났습니다. 다음으로 나타나는 M과 SD는 기술통계분석 결과에서 주로 제시되는 평균(M)과 표준편차(M)를 의미합니다. 키는 평균 168cm에 표준편차 ±8.7cm, 몸무게는 평균 60.7kg에 표준편차 ±12.2cm, 월평균용돈은 평균 6만6천 원에 표준편차 ±4만6천 원으로 해석할 수 있습니다. 왜도와 첨도는 이 자료에서 응답자들의 분포가 어떤 모양인지를 나타내는 것으로, 왜도는 절댓값 3 미만, 첨도는 절댓값 7 미만의 값만 보인다면 정규분포를 만족하는 것으로 판단합니다. 월평균용돈의 경우, 왜도와 첨도가 기준을 만족하지 못하는데요, 이런 경우에 앞에서 진행한 로그 혹은 루트 계산을 통해 정규성을 만족할 수 있습니다.

결과표 해석은 평균(M)과 표준편차(SD) 위주로 제시합니다. "'변수'는 평균 'M'[단위](SD=0.00)로 나타났다."라는 형식으로 모든 변수에 대하여 서술합니다. 표의 상단에 표 제목을 입력하고 마지막으로 칸 크기를 조절하면 기술통계분석이 완료됩니다. 필요에 따라 변수에 단위를 제시해도 좋습니다.

주요 변수의 평균과 표준편차를 산출하기 위해 기술통계분석을 실시하였다. 연구대상의 키는 평균 168.0cm(SD=8.7)로 나타났고, 몸무게는 평균 60.7kg(SD=12.2)으로 나타났고, 월평균용돈은 평균 6만 6천 원(SD=4.6)으로 나타났다.

〈표〉 주요 변수의 기술통계량

변수	N	최솟값	최댓값	M	SD	왜도	첨도
키(cm)	1975	143	194	168.0	8.7	0.0	−0.6
몸무게(kg)	1962	34	119	60.7	12.2	1.0	1.0
월평균용돈(만 원)	1874	0	80	6.6	4.6	4.7	49.7

SECTION 09

준비파일
실습파일_신뢰도분석.xlsx

신뢰도 분석

신뢰도 분석은 **변수를 구성하는 문항들의 일관성을 확인**할 수 있는 분석 방법입니다. 즉, 응답자들의 응답이 얼마나 일관되었는지를 측정할 때 신뢰도 분석을 실시합니다. 예를 들어보겠습니다. 학교생활에 잘 적응하는지를 4개 문항으로 측정하였는데, 응답이 1, 5, 1, 5로 나타나 평균이 3이 되었습니다. 응답은 1과 5로 치우쳤기 때문에 이 평균값은 신뢰할 수 없을 겁니다. 반면, 응답이 4, 5, 4, 5로 나타나 평균이 4.5가 되었다면 해당 평균값은 응답자의 성향을 잘 나타낸다고 할 수 있습니다. 이렇게 '요인을 구성하는 문항들을 평균 냈을 때, 그 평균값이 믿을 만한가?'를 검증하는 분석이 신뢰도 분석입니다.

연구문제 예시

또래애착: 의사소통	내 친구들은 나와 이야기를 나눌 때 내 생각을 존중해 준다	1 매우 그렇다
	내 친구들은 내가 말하는 것에 귀를 기울인다	2 그런 편이다
		3 그렇지 않은 편이다
	나는 내 친구들에게 내 고민과 문제에 대해 이야기한다	4 전혀 그렇지 않다
학교적응: 학습활동	학교 수업 시간이 재미있다	1 매우 그렇다
	학교 숙제를 빠뜨리지 않고 한다	2 그런 편이다
		3 그렇지 않은 편이다
	수업 시간에 배운 내용을 잘 알고 있다	4 전혀 그렇지 않다
	모르는 것이 있을 때 다른 사람(부모님이나 선생님 또는 친구들)에게 물어본다	
	공부 시간에 딴짓을 한다	

'또래애착: 의사소통' 척도는 3문항으로 구성되어 있고, 응답이 1점에 가까울수록 또래애착 수준이 높다고 볼 수 있습니다. 그런데 '학교적응: 학습활동' 척도의 경우 위쪽 4개 문항은 1점에 가까울수록 학습활동에 잘 적응한다고 볼 수 있지만, 마지막 문항은 1점에 가까울수록 학습활동에 적응하지 못할 것으로 판단됩니다. 이 두 변수를 놓고 신뢰도 분석을 진행해보겠습니다.

STEP 1 _ 따라하기

1 ❶ ≡ 버튼을 누르고 ❷ Open 항목 중 ❸ This PC 메뉴에서 ❹ Browse를 클릭한 다음 ❺ 실습파일이 저장된 폴더에서 '실습파일_신뢰도분석.xlsx' 파일을 불러옵니다.

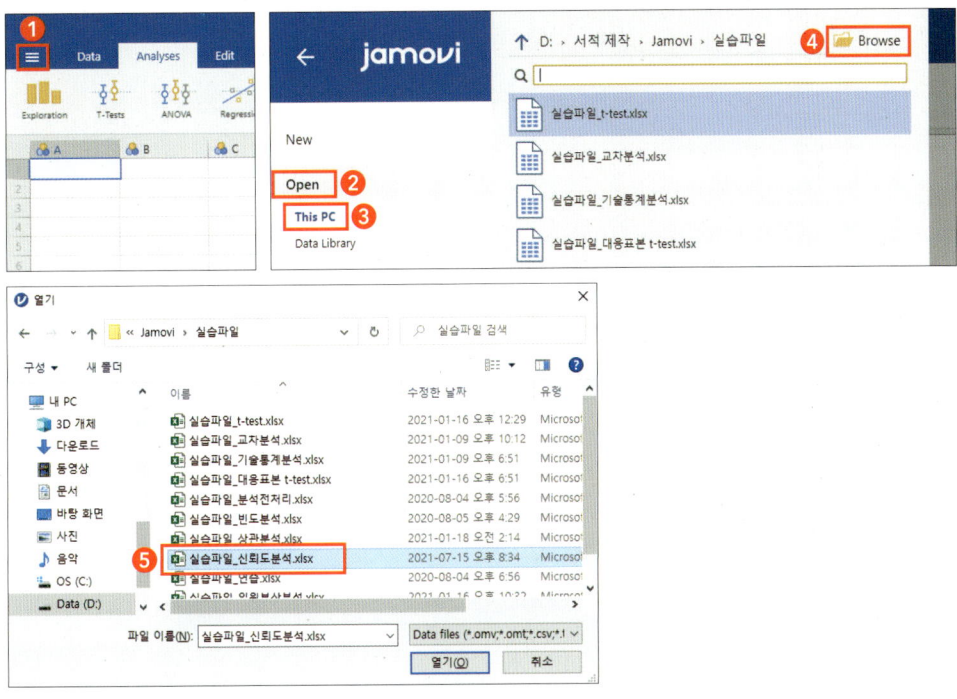

그림 9-1

2 ❶ Analysis 메뉴에서 ❷ Factor를 클릭하고 ❸ Reliability Analysis를 클릭합니다.

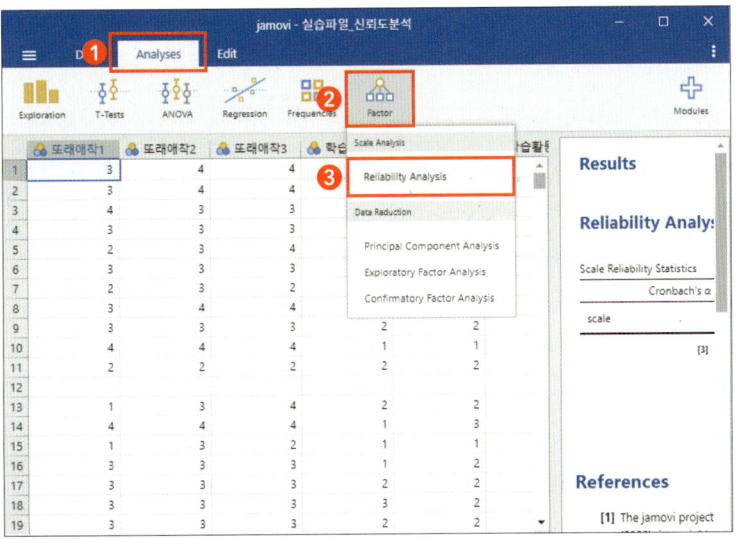

그림 9-2

SECTION 09 신뢰도 분석 **143**

3 변수 하나에 해당하는 항목끼리 분석합니다. ❶ '또래애착1'을 클릭하고 ❷ Shift 를 누른 채 또래애착3을 클릭합니다. ❸ 화살표 버튼을 클릭하여 'Items'로 옮깁니다.

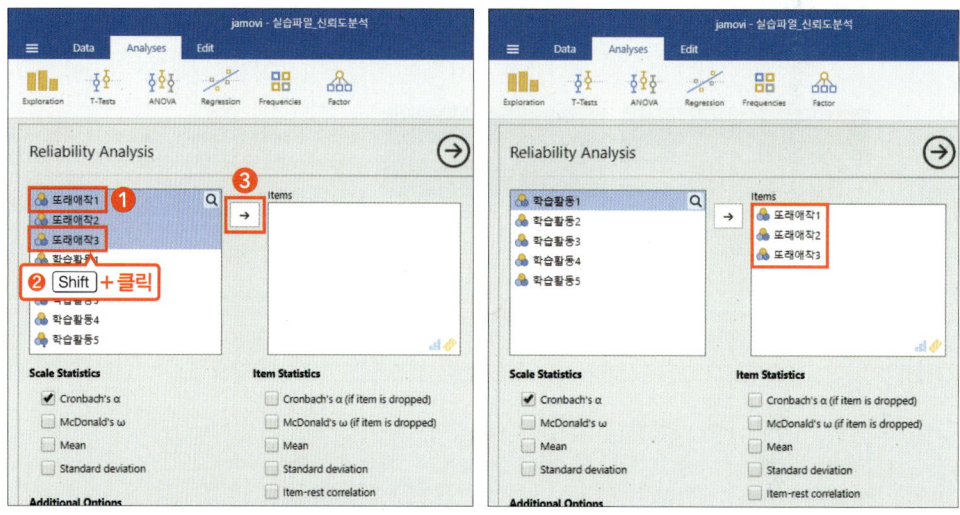

그림 9-3

4 마지막으로 'Cronbach's α (if item is dropped)'에 체크합니다.

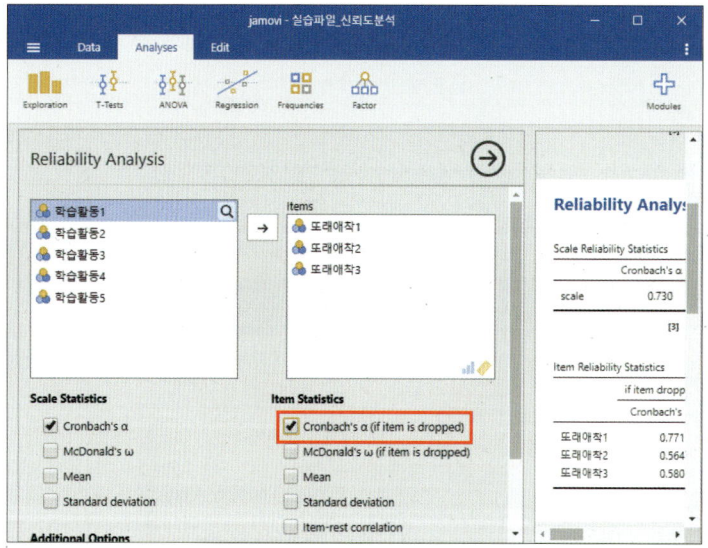

그림 9-4

5 학습활동에 대한 분석을 진행하기 위해 ❶ Factor를 클릭하고 ❷ Reliability Analysis를 클릭합니다.

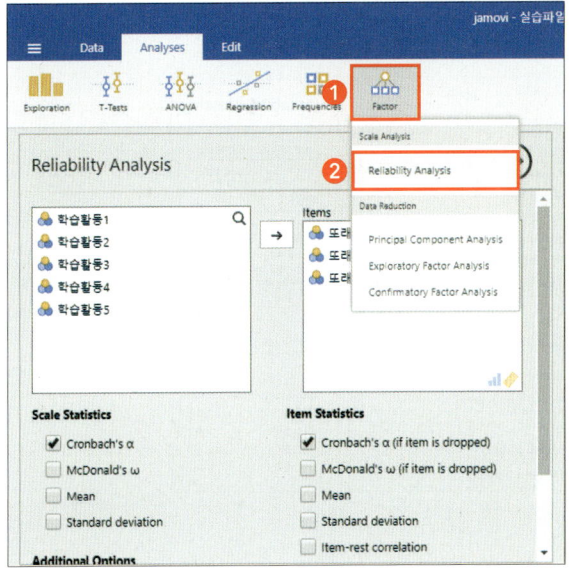

그림 9-5

6 ❶ '학습활동1'을 클릭하고 ❷ Shift 를 누른 채 '학습활동5'를 클릭합니다. ❸ 화살표 버튼을 클릭하여 'Items'로 옮깁니다.

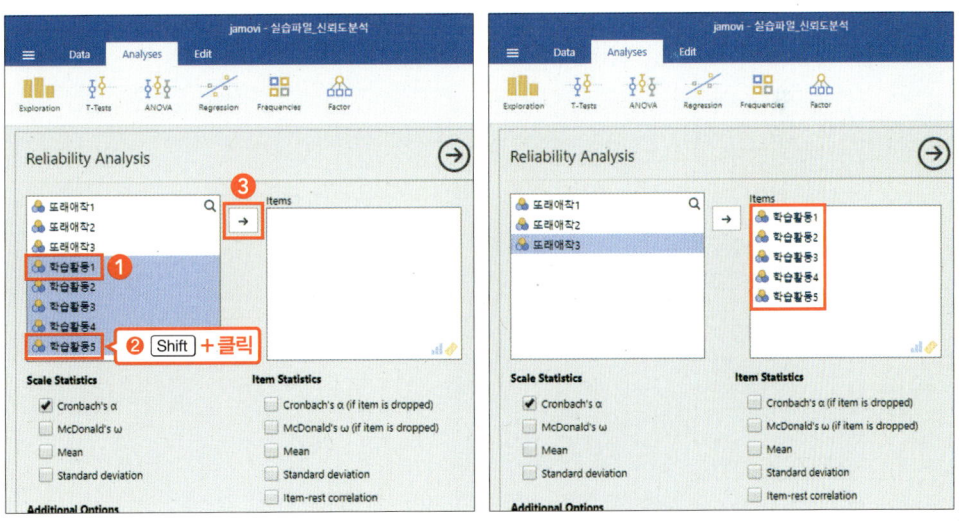

그림 9-6

7 마지막으로 'Cronbach's α (if item is dropped)'에 체크합니다.

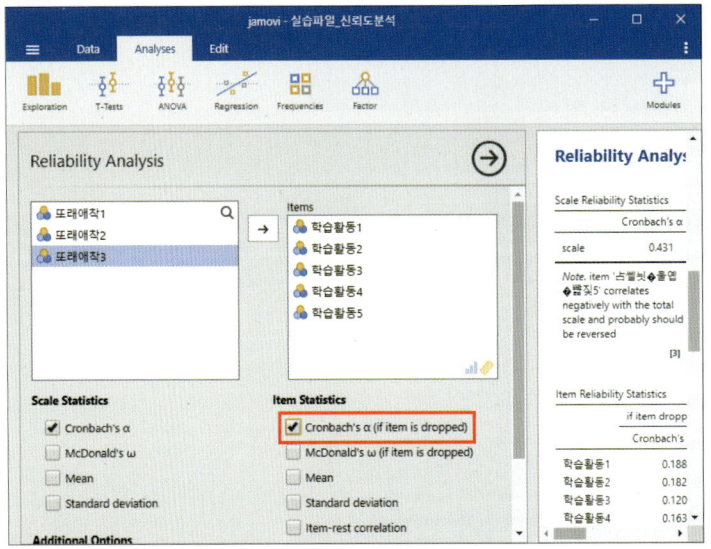

그림 9-7

STEP 2 _ 분석 결과표 작성하기

1 ❶ 또래애착 결과 창의 'Reliability Analysis' 위에서 오른쪽 클릭하고 ❷ Analysis 항목 중 ❸ Copy를 클릭합니다.

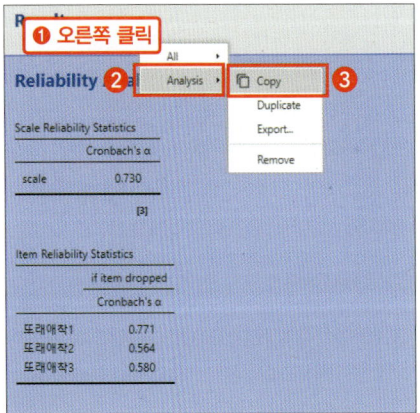

그림 9-8

2 엑셀을 실행하여 붙여넣기합니다.

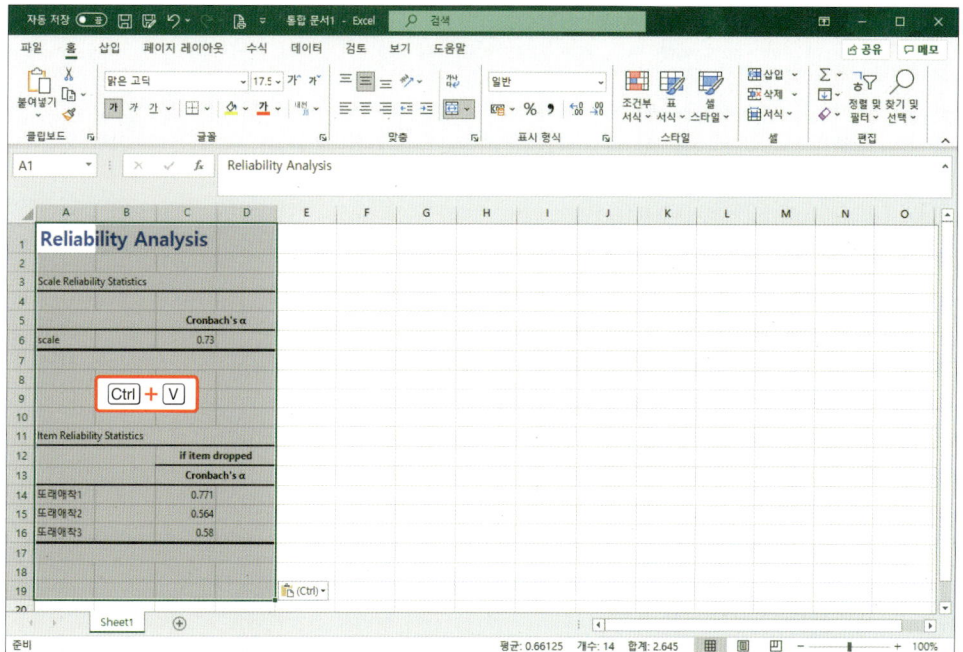

그림 9-9

3 ❶ 마찬가지로 학습활동 결과 창의 'Reliability Analysis' 위에서 오른쪽 클릭하고
❷ Analysis 항목 중 ❸ Copy를 클릭합니다.

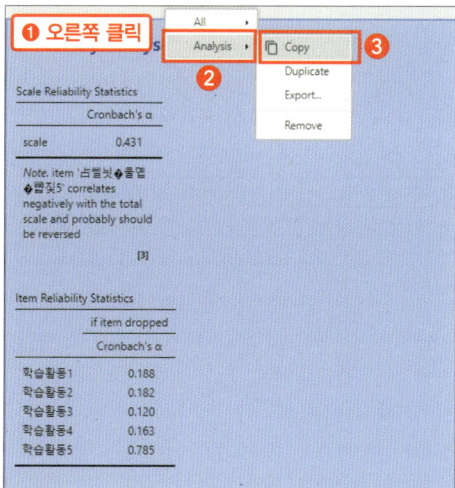

그림 9-10

4 또래애착 결과 아래에 붙여넣기합니다.

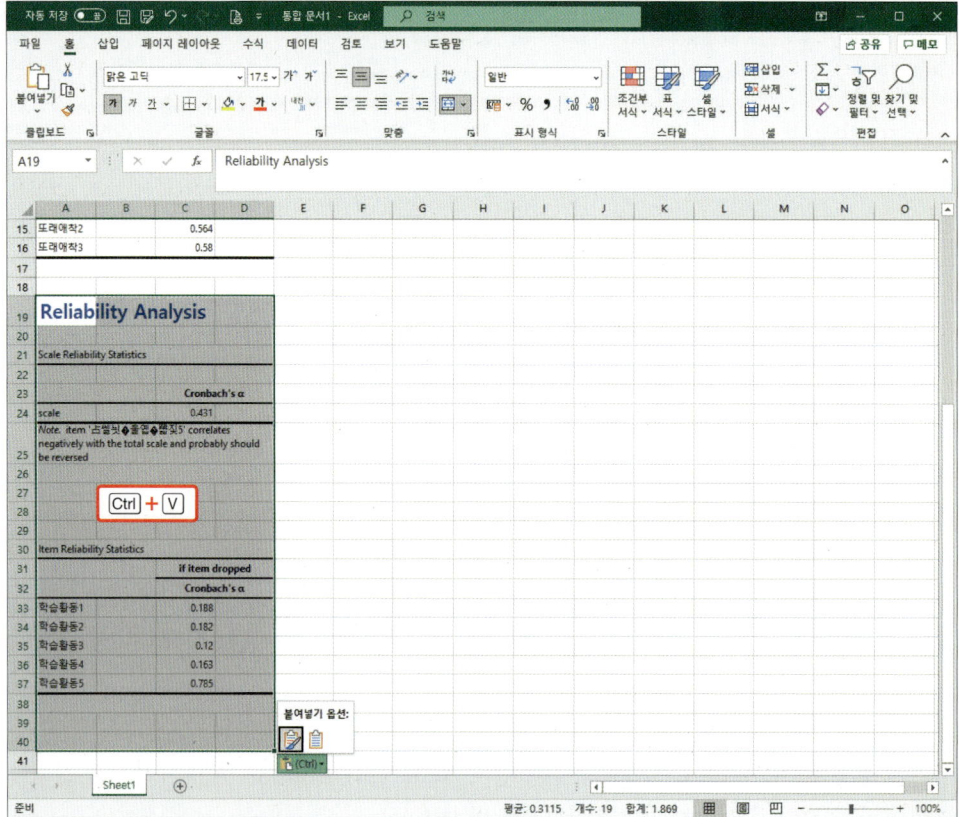

그림 9-11

5 한글 프로그램에서 3칸 모양의 표를 만들어 첫 행에 요인, 문항 수, Cronbach's α를 입력합니다.

요인	문항 수	Cronbach's α

그림 9-12

6 ❶ 요인에 '또래애착'을 입력하고 ❷ 문항 수에는 3개 문항을 투입했으니 '3'을 입력합니다. ❸ Cronbach's α에는 Scale Reliability Statistics 표의 scale에 해당하는 Cronbach's α값인 '0.73'을 입력합니다.

요인	문항 수	Cronbach's α
또래애착	3	0.73

그림 9-13

7 ❶ 또래애착 아래에 '학습활동'을 입력하고 ❷ 문항 수에는 5개 문항을 투입했으니 '5'를 입력합니다. ❸ Cronbach's α에는 Scale Reliability Statistics 표의 scale에 해당하는 Cronbach's α값인 '0.431'을 입력합니다.

요인	문항 수	Cronbach's α
또래애착	3	0.73
학습활동	5	0.431

그림 9-14

> **여기서 잠깐**
>
> Cronbach's α값은 최소 0.6 이상을 기준으로 합니다(Hair et al., 2006)[1]. 그런데 학습활동의 Cronbach's α값은 0.431로 기준에 미달합니다. 따라서 이 상태로 이후에 진행될 t-test, ANOVA, 상관분석, 회귀분석 등의 통계분석에 사용해서는 안 됩니다. 신뢰도를 저해하는 문항을 제거하거나 역채점 문항을 확인하여 Cronbach's α값을 높인 뒤에 사용해야 합니다.

STEP 3 _ 신뢰도 계수 보정하기

1 학습활동의 신뢰도 결과표를 다시 확인하겠습니다. 분석할 때 Cronbach's α (if item is dropped)에 체크했기 때문에 아래 표에는 해당 항목을 제거했을 때 신뢰도 계수가 어떻게 달라지는지를 보여줍니다. '학습활동5'를 제거했을 때 Cronbach's α값은 0.785로 기준치인 0.6 이상을 만족하게 됩니다.

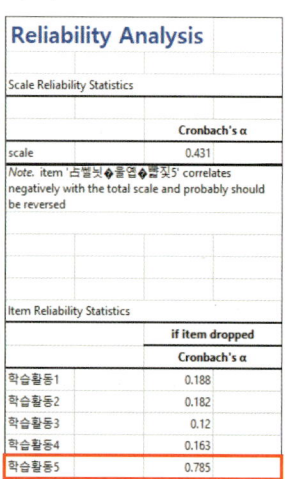

그림 9-15

2 '학습활동5' 문항은 다른 문항과 달리 부정적인 내용으로 작성되어 있습니다. 이를 역채점 문항이라고 합니다. 분석할 때는 응답의 방향성이 통일되어야 제대로 된 결과를 얻을 수 있습니다. '학습활동5'를 역채점하여 Cronbach's α값을 보정해보겠습니다.

학교적응: 학습활동	학교 수업 시간이 재미있다	1 매우 그렇다
	학교 숙제를 빠뜨리지 않고 한다	2 그런 편이다
	수업 시간에 배운 내용을 잘 알고 있다	3 그렇지 않은 편이다
	모르는 것이 있을 때 다른 사람(부모님이나 선생님 또는 친구들)에게 물어본다	4 전혀 그렇지 않다
	공부 시간에 딴짓을 한다	

---

[1] According to Hair et al., (2006) a good standardized loading factor of each measurement latent variable of which quantified from manifest variable should be above 0.5 and ideally 0.7 or higher. ... To illustrate this research objective, the study focuses on uncertainty of business environment research variable.

3 ❶ Data 메뉴에서 ❷ '학습활동5'의 아무 칸이나 클릭하고 ❸ Transform을 클릭합니다.

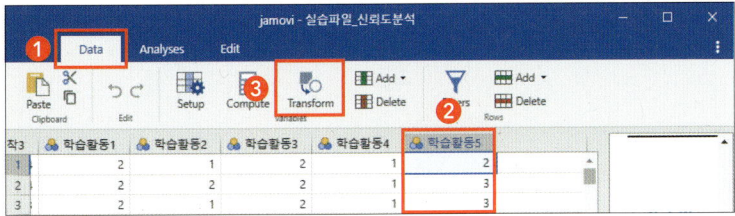

그림 9-16

4 ❶ 'Using transform' 항목에서 ❷ 'Create New Transform...'을 클릭합니다.

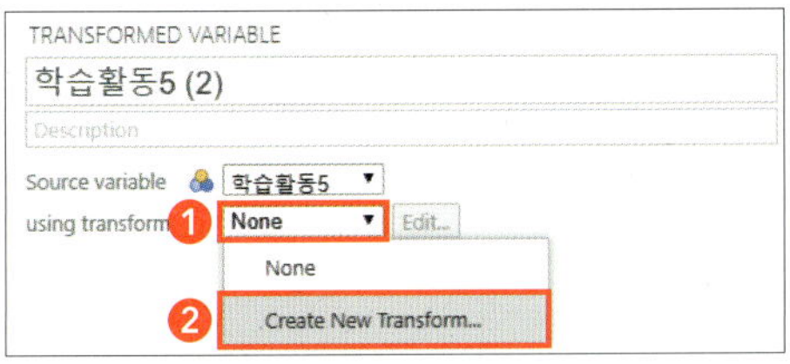

그림 9-17

5 ❶ 변환 명칭을 알아보기 쉽게 입력하고 ❷ '+ Add recode condition'을 클릭합니다.

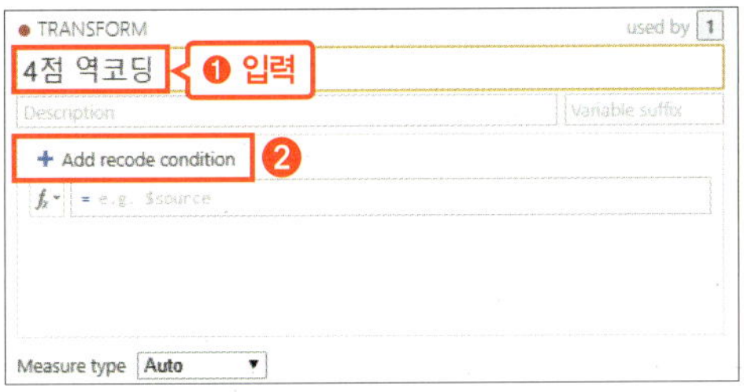

그림 9-18

6 ❶ >를 클릭하여 ❷ '=='을 선택합니다. ❸ 등호 오른쪽에 '1'을 입력하고 ❹ 'use' 오른쪽에 '4'를 입력합니다. 이 명령은 1로 입력한 값을 4로 바꾸라는 의미입니다.

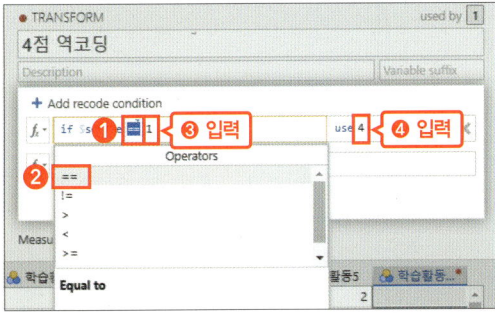

그림 9-19

7 2를 3으로, 3을 2로, 4를 1로 바꾸는 과정이 남았습니다. 다시 '+ Add recode condition'을 클릭합니다.

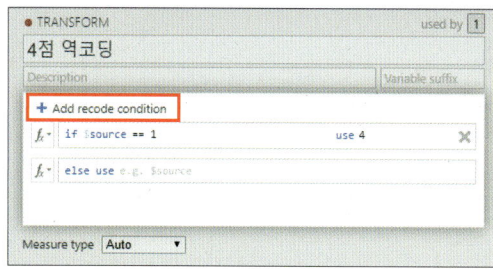

그림 9-20

8 ❶ >를 클릭하여 ❷ '=='을 선택합니다. ❸ 등호 오른쪽에 '2'를 입력하고 ❹ 'use' 오른쪽에 '3'을 입력합니다.

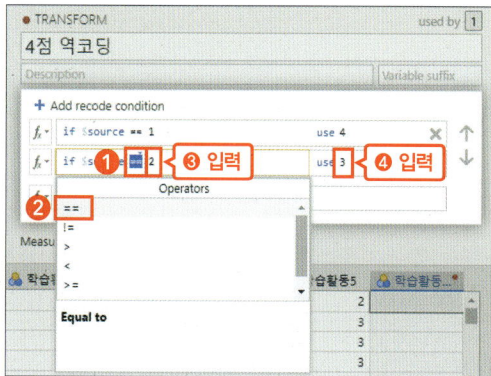

그림 9-21

9 3을 2로, 4를 1로 바꾸는 과정이 남았습니다. 다시 '+ Add recode condition'을 클릭합니다.

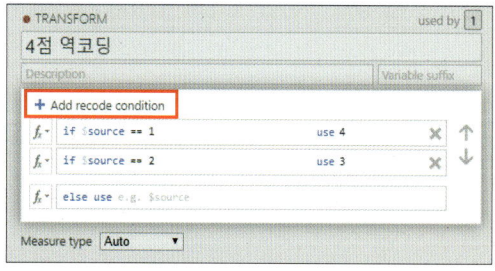

그림 9-22

10 ❶ >를 클릭하여 ❷ '=='을 선택합니다. ❸ 등호 오른쪽에 '3'을 입력하고 ❹ 'use' 오른쪽에 '2'를 입력합니다.

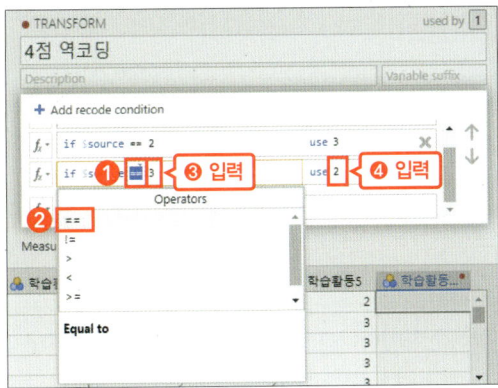

그림 9-23

11 마지막으로 4를 1로 바꾸기 위해 '+ Add recode condition'을 클릭합니다.

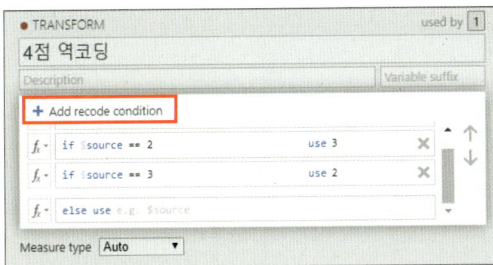

그림 9-24

12 ❶ >를 클릭하여 ❷ '=='을 선택합니다. ❸ 등호 오른쪽에 '4'를 입력하고 ❹ 'use' 오른쪽에 '1'을 입력합니다.

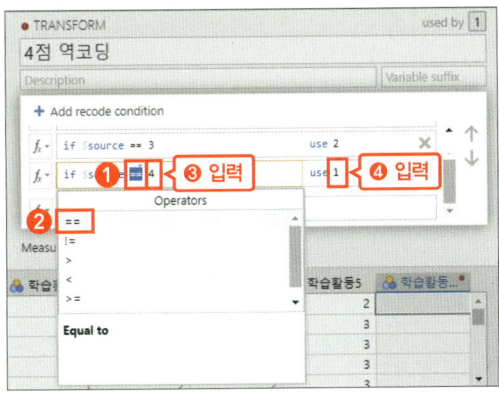

그림 9-25

13 Enter 를 눌러 변환을 실행합니다.

그림 9-26

14 역코딩된 변수값이 제대로 바뀌었는지 확인합니다. '학습활동5'에서 1로 입력된 값이 4로, 2로 입력된 값이 3으로, 3으로 입력된 값이 2로, 4로 입력된 값이 1로 바뀌어야 합니다.

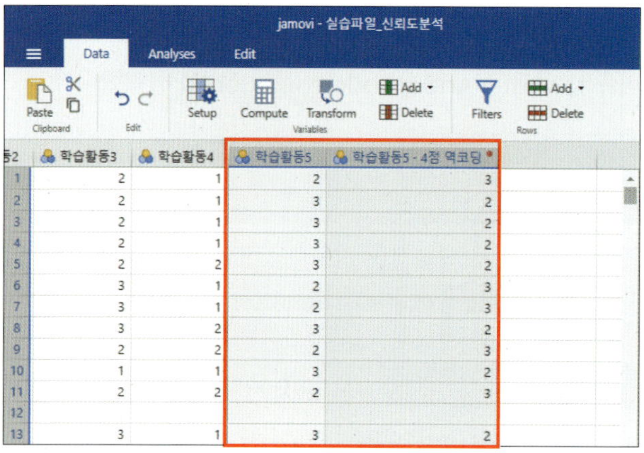

그림 9-27

STEP 4 _ 보정한 변수로 신뢰도 분석하기

1 '학습활동5' 대신 역코딩한 변수를 투입하여 다시 신뢰도 분석을 진행하겠습니다.
❶ Analysis 메뉴에서 ❷ Factor를 클릭하고 ❸ Reliability Analysis를 클릭합니다.

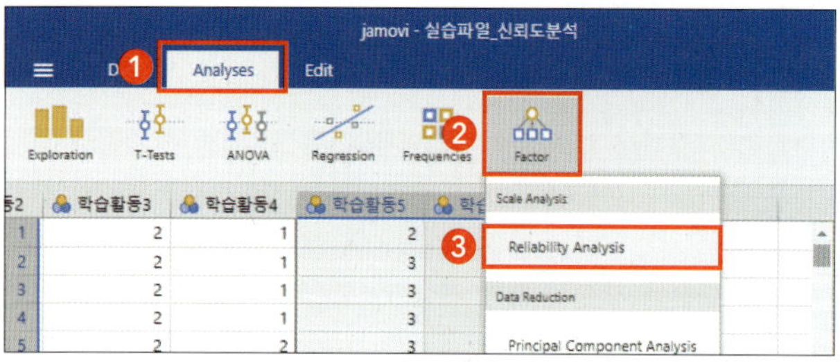

그림 9-28

2 ❶ '학습활동1'을 클릭하고 ❷ Shift 를 누른 채 '학습활동4'를 클릭합니다. ❸ Shift 에서 손가락을 떼고 Ctrl 을 누른 채 역코딩한 학습활동5를 클릭합니다. ❹ 화살표 버튼을 클릭하여 'Items'로 옮깁니다.

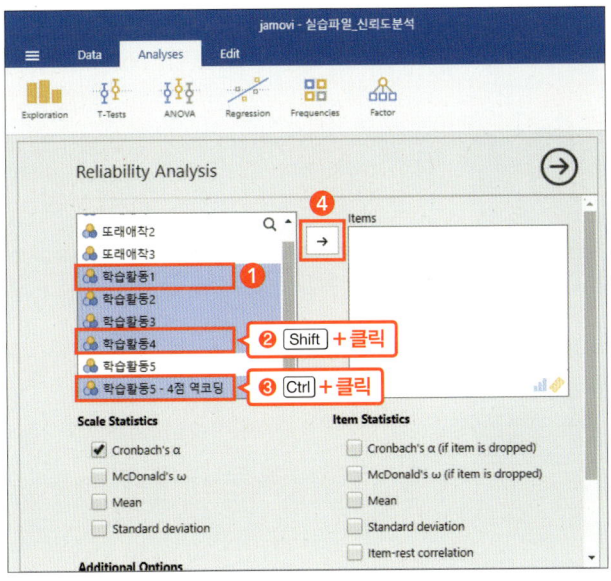

그림 9-29

3 마지막으로 'Cronbach's α (if item is dropped)'에 체크합니다.

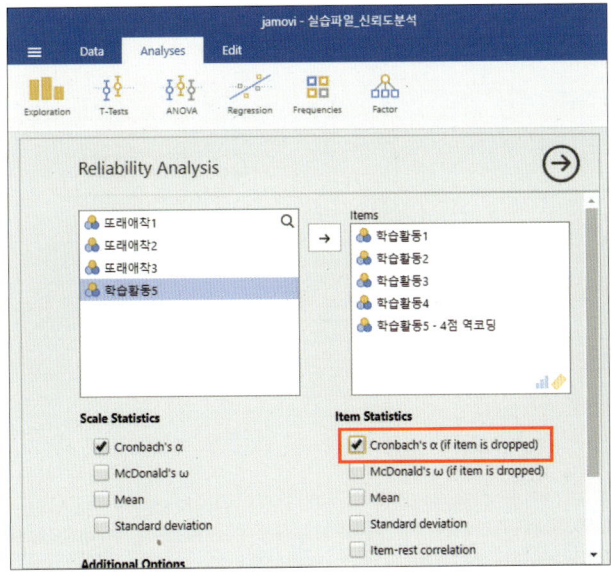

그림 9-30

STEP 5 _ 분석 결과표 작성하기

1 ❶ 학습활동 결과 창의 'Reliability Analysis' 위에서 오른쪽 클릭하고 ❷ Analysis 항목 중 ❸ Copy를 클릭합니다.

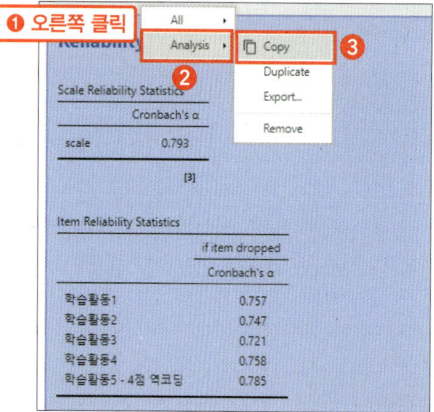

그림 9-31

2 엑셀에 붙여넣기합니다.

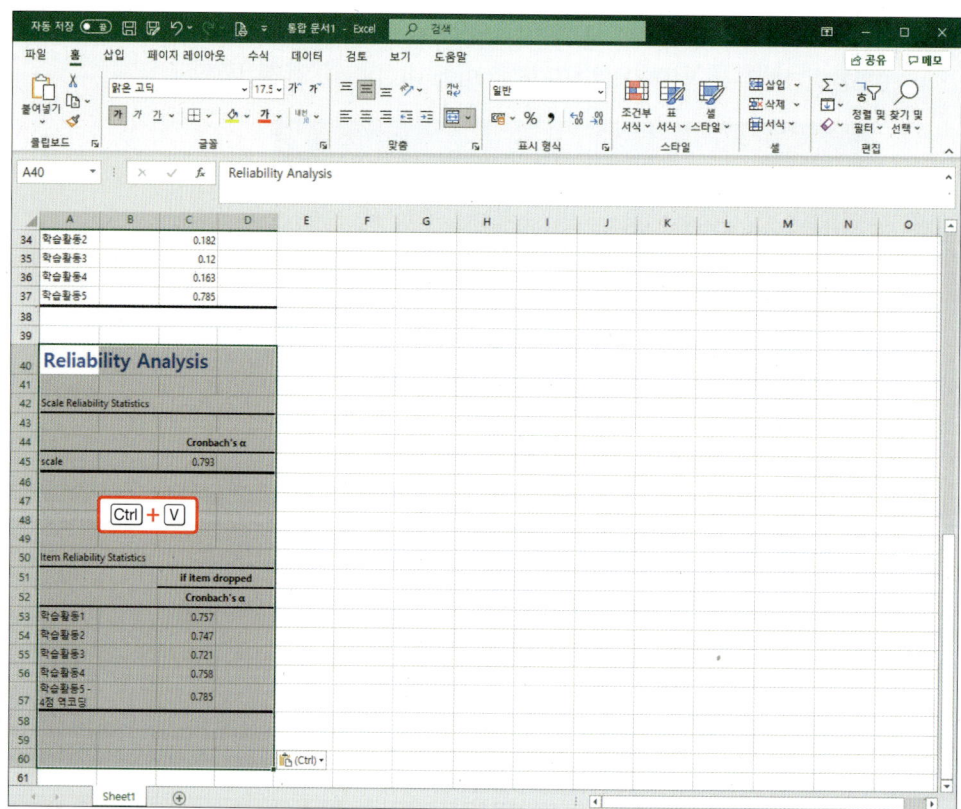

그림 9-32

3 학습활동의 Cronbach's α값이 0.793으로 기준 값인 0.6 이상이 되었습니다. 작성했던 결과표의 값을 수정합니다.

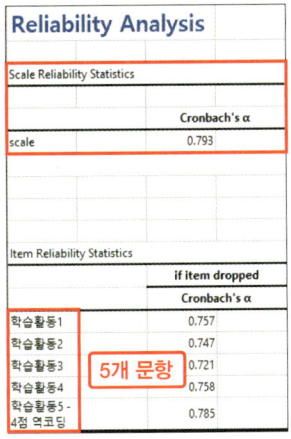

요인	문항 수	Cronbach's α
또래애착	3	0.73
학습활동	5	0.793

그림 9-33

4 표에서 세로선을 없애보겠습니다. ❶ 전체 칸을 선택하고 ❷ Ⓛ을 눌러 셀 테두리/배경 창을 엽니다. ❸ '종류'를 '없음'으로 선택하고 ❹ 모든 세로선을 선택합니다. ❺ 설정(D)을 클릭합니다.

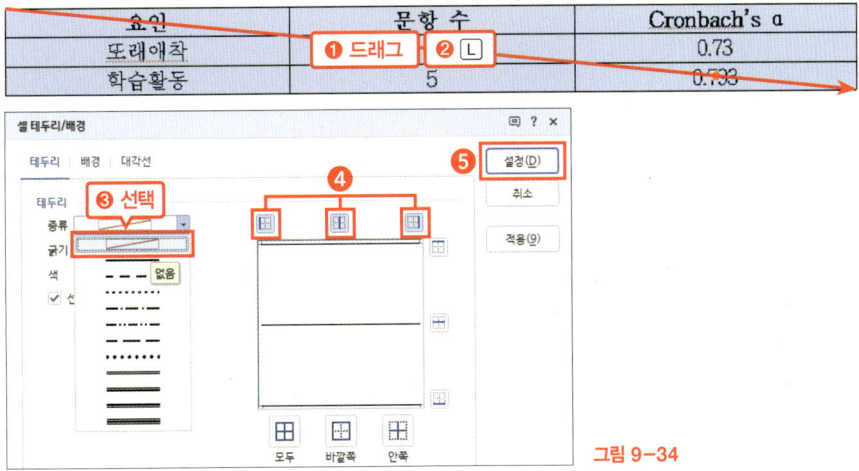

그림 9-34

5 자릿수를 통일하고 칸 크기를 조절하여 마무리합니다.

요인	문항 수	Cronbach's α
또래애착	3	0.730
학습활동	5	0.793

그림 9-35

STEP 6 _ 분석 결과표 해석하기

신뢰도 분석 결과를 해석할 때는 분석한 변수를 먼저 제시하고 결과를 설명합니다. 학습활동처럼 역채점 문항이 있다면 결과와 함께 제시합니다. 만약 문항을 제거하거나 역채점 문항을 확인하여 역코딩한 다음 분석하더라도 Cronbach's α값이 0.6 미만이라면 해당 변수는 이후 통계분석에 사용할 수 없습니다.

여기서는 '학습활동5'가 역문항으로 확인되어 역코딩해서 진행했으므로, 이 내용을 서술해줍니다.

> 본 연구의 주요 변수인 또래애착과 학습활동의 내적 일관성 검증을 위해 신뢰도 분석을 실시하였다. 신뢰도는 주로 Cronbach's α 계수를 산출하여 판단하는데, 일반적으로 0.6 이상이면 신뢰도가 양호한 것으로 판단한다.
>
> 또래애착과 학습활동 각각의 Cronbach's α 계수를 산출한 결과, 또래애착은 0.730으로 나타났으며, 학습활동은 역문항인 5번 문항을 역코딩하여 0.793으로 양호한 것으로 나타났다. 따라서 신뢰도를 저해하는 문항은 없는 것으로 평가되었고, 문항 제거 없이 분석을 진행하였다.

〈표〉 신뢰도 분석 결과

요인	문항 수	Cronbach's α
또래애착	3	0.730
학습활동	5	0.793

여기서 잠깐

신뢰도 분석에 사용되는 변수는 어떤 변수의 하위 요인일 수 있습니다. 그럴 때는 요인 칸을 2개로 분리하여 왼쪽에는 상위 요인을, 오른쪽에는 하위 요인을 제시하면 됩니다.

요인		문항 수	Cronbach's α
또래애착	의사소통	3	0.730
	신뢰	3	0.817
	소외	3	0.730
학습활동		5	0.793

SECTION 10

준비파일
실습파일_교차분석.xlsx

교차분석

교차분석은 **명목변수와 명목변수의 관계를 확인할 수 있는 분석 방법입니다.**

연구문제 예시

남녀공학 구분	1 남자학교 2 여자학교 3 남녀공학이고 남자/여자반이 따로 있다 4 남녀공학이고 남녀 합반이다
이성친구 유무	1 있다 2 없다

먼저 '**남녀공학 구분**'에 따른 '**이성친구 유무**'의 **차이**를 확인해보고자 합니다. 집단 수를 맞춰 꼭 두 집단과 두 집단의 관계로 진행할 필요는 없습니다. 그러나 여기서는 쉽게 이해할 수 있도록 '남녀공학 구분'에서 1번과 2번을 묶어 '공학 아님' 집단(1)으로, 3번과 4번을 묶어 '남녀공학' 집단(2)으로 구분하여 분석해보겠습니다.

STEP 1 _ 따라하기

1 ❶ ≡ 버튼을 누르고 ❷ Open 항목 중 ❸ This PC 메뉴에서 ❹ Browse를 클릭한 다음 ❺ 실습파일이 저장된 폴더에서 '실습파일_교차분석.xlsx' 파일을 불러옵니다.

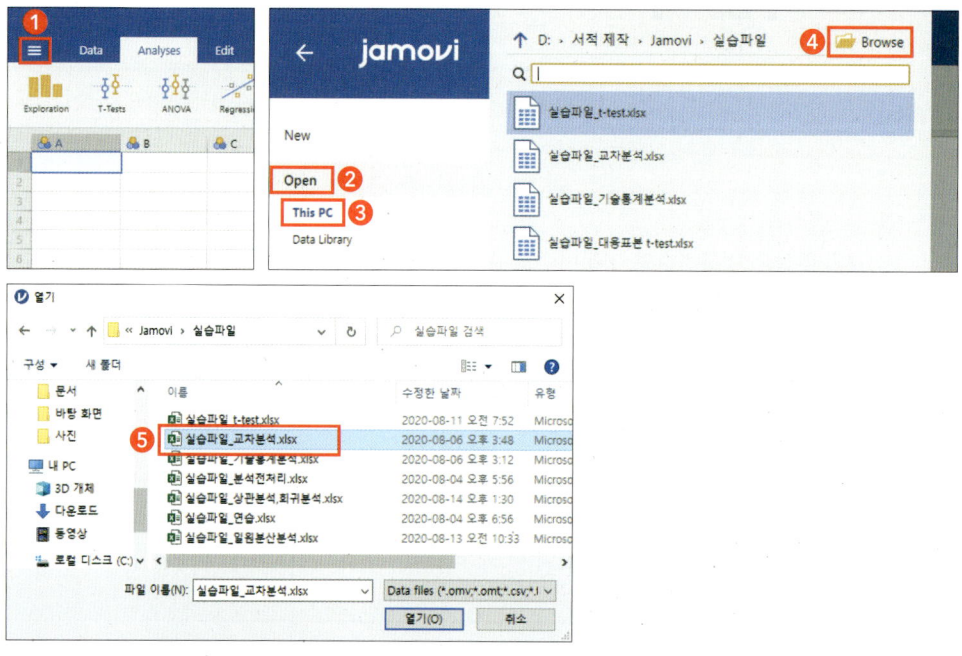

그림 10-1

2 학생들이 남녀공학에 다니는지 여부에 대한 변수를 만들어야 합니다. ❶ '남녀공학' 변수를 클릭하고 ❷ Data 메뉴 중 Transform을 클릭합니다. ❸ 변수명을 '남녀공학여부'로 입력한 다음 ❹ 'using transform' 항목에서 'Create New Transform…'을 클릭합니다.

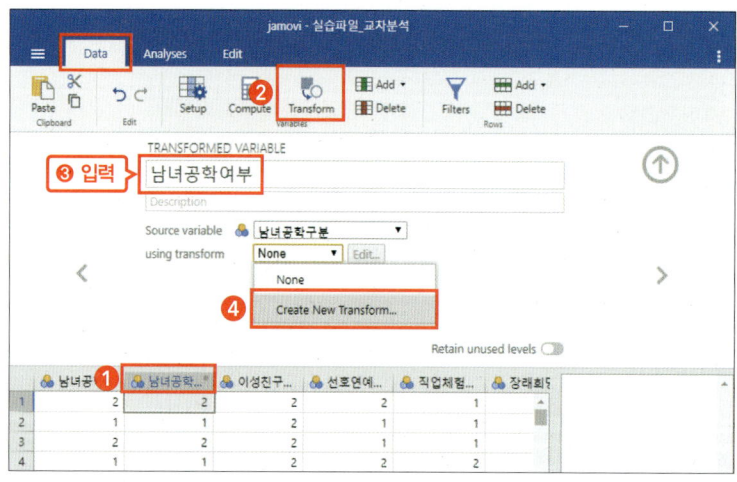

그림 10-2

3 ❶ '+ Add recode condition'을 클릭하고 ❷ if $source 옆의 등호 칸을 클릭하여 '=='을 선택합니다. ❸ 등호 옆에 '1'을 입력하고 ❹ 'use' 옆에 '1'을 입력하여 남자학교에 다닌다는 응답을 '1'로 바꿔줍니다.

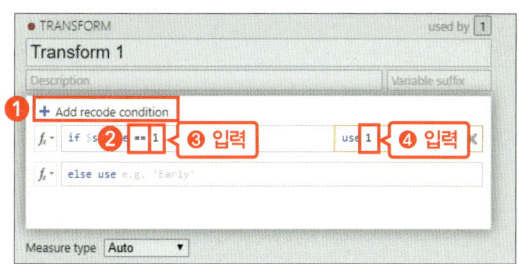

그림 10-3

4 ❶ '+ Add recode condition'을 클릭하여 ❷ '2'를 '1'로, '3'을 '2'로, '4'를 '2'로 바꿔줍니다. 코드북에서 '1 남자학교', '2 여자학교'를 '1'로 묶고 '3 남녀공학이고 남자/여자반이 따로 있다', '4 남녀공학이고 남녀 합반이다'를 '2'로 묶어 공학과 공학이 아닌 학교로 분류하였습니다.

그림 10-4

5 ❶ Analyses 메뉴에서 ❷ Frequencies를 클릭하고 ❸ Independent Samples χ^2 test of association을 클릭합니다.

그림 10-5

SECTION 10 교차분석 **161**

6 ❶ 'Rows'(열)에 '이성친구유무'를 투입하고 ❷ 'Columns'(행)에 '남녀공학여부'를 투입합니다.

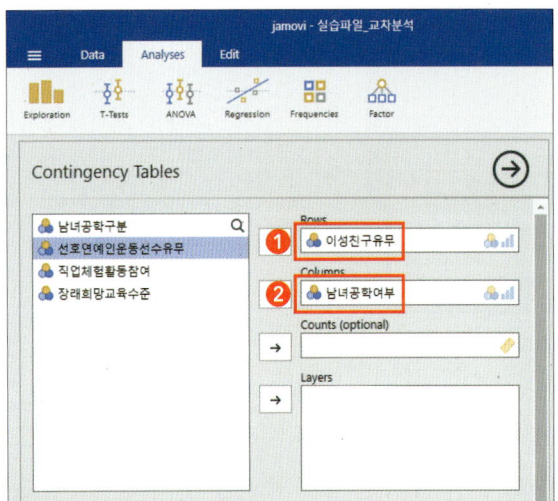

그림 10-6

7 ❶ 'Cells'를 클릭합니다. ❷ 'Percentages'에서 'Columns'에 체크합니다.

그림 10-7

여기서 잠깐

'남녀공학 구분에 따른 이성친구 유무의 차이'를 확인하려는 것이기 때문에 독립변수인 남녀공학여부를 투입한 Columns의 비율을 확인해야 합니다.

STEP 2 _ 분석 결과표 작성하기

1 ❶ 결과 창의 Contingency Tables 결과표 위에서 오른쪽 클릭하고 ❷ Table 항목 중 ❸ Copy를 클릭합니다.

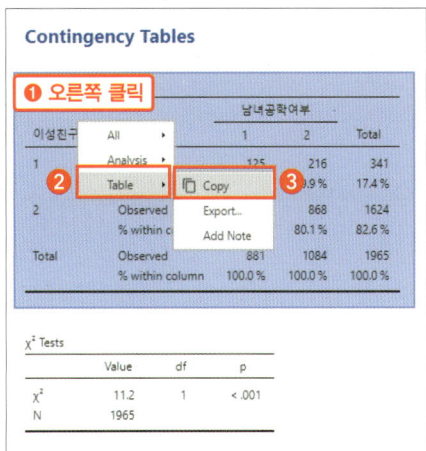

그림 10-8

2 엑셀을 실행하여 붙여넣기합니다.

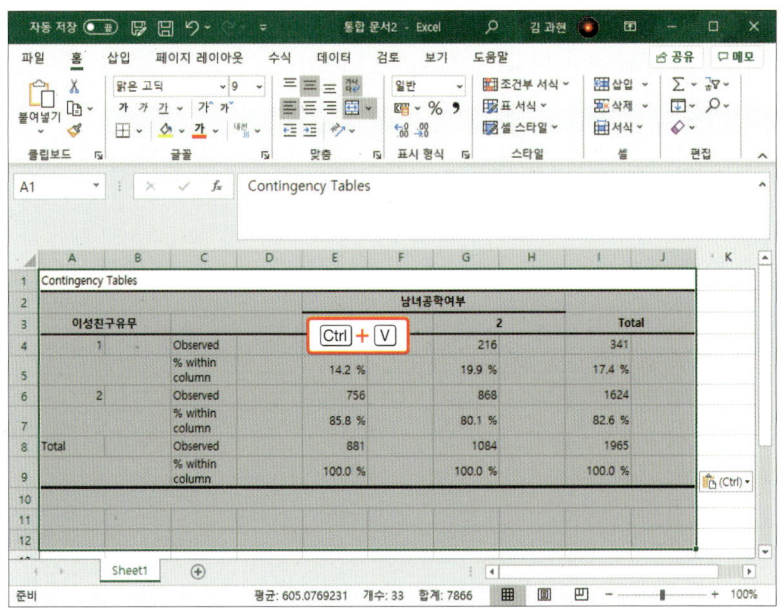

그림 10-9

3 '이성친구유무'의 1에 해당하는 행 오른쪽 끝 빈칸에 다음과 같은 함수를 입력합니다.

=CONCATENATE(남녀공학여부1의 Observed 칸,"(",남녀공학여부1의 % within column 칸,")")

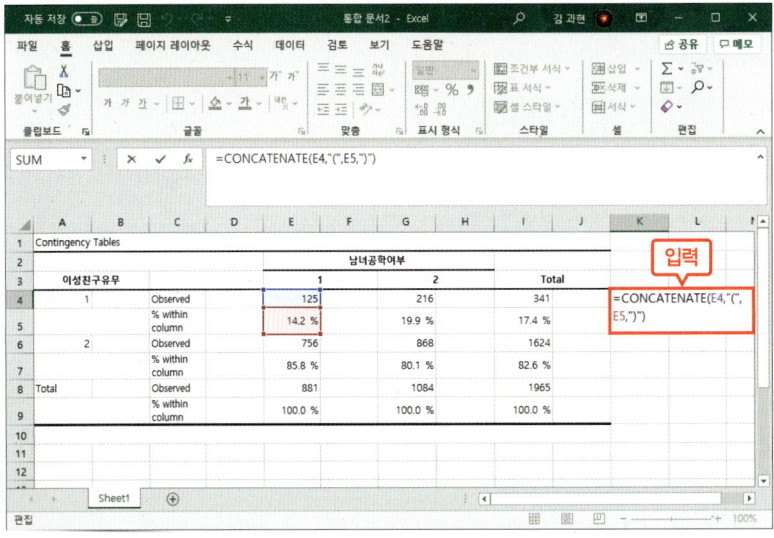

그림 10-10

4 Enter 를 누르면 남녀공학에 해당하지 않는 대상자(1) 중 이성친구가 있는(1) 경우의 인원 수와 비율이 함께 표시됩니다.

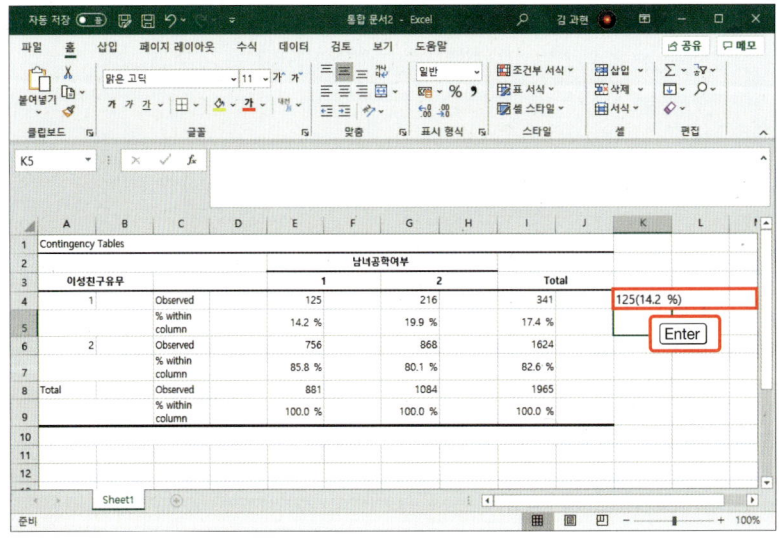

그림 10-11

5 같은 방식으로 '남녀공학여부1'과 '이성친구유무2', '남녀공학여부2'와 '이성친구유무1', '남녀공학여부2'와 '이성친구유무2'에 해당하는 값도 합쳐서 표시합니다.

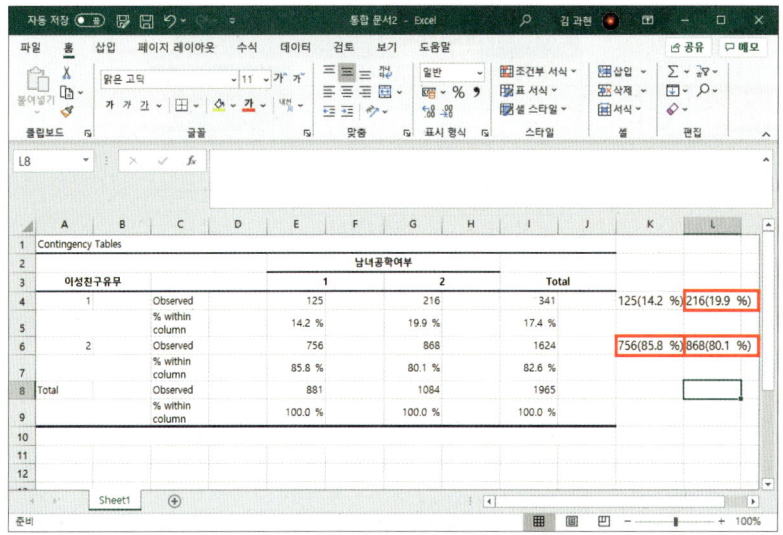

그림 10-12

6 한글 프로그램에서 5칸 모양의 표를 만들어 엑셀 표에 입력된 대로 첫 행에 '집단', '남녀 공학여부', '$x^2(p)$'를 입력하고 둘째 행에 '공학 아님(1)', '남녀공학(2)'를 입력합니다. 셋째 행의 집단 열에 '이성친구유무'를 입력하고, 다음 열에 '있다(1)', '없다(2)'를 입력합니다.

집단		남녀공학여부		x^2 (p)
		공학 아님	남녀공학	
이성친구유무	있다			
	없다			

그림 10-13

7 집단부터 오른쪽 아래 빈칸까지 선택하고 M을 눌러 합쳐줍니다.

집단		남녀공학여부		x^2 (p)
		공학 아님	남녀공학	
이성친구유무	있다			
	없다			

집단		남녀공학여부		x^2 (p)
		공학 아님	남녀공학	
이성친구유무	있다			
	없다			

그림 10-14

8 남녀공학여부와 그 옆 칸, $x^2(p)$와 아래 칸, 이성친구유무와 아래 칸, $x^2(p)$의 아래 칸들을 각각 선택하여 합쳐줍니다.

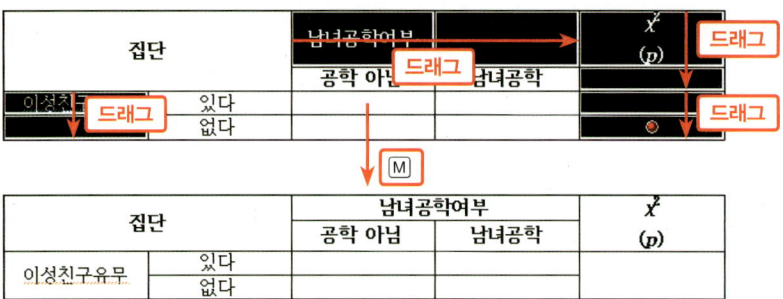

그림 10-15

9 엑셀에 만들어놓은 값을 한글 표로 옮겨 옵니다.

이성친구유무		남녀공학여부		
		공학 아님	남녀공학	$x^2(p)$
이성친구유무	있다	125(14.2%)	216(19.9%)	
	없다	756(85.8%)	868(80.1%)	

그림 10-16

10 $x^2(p)$ 값은 jamovi 결과표에서 확인할 수 있습니다.

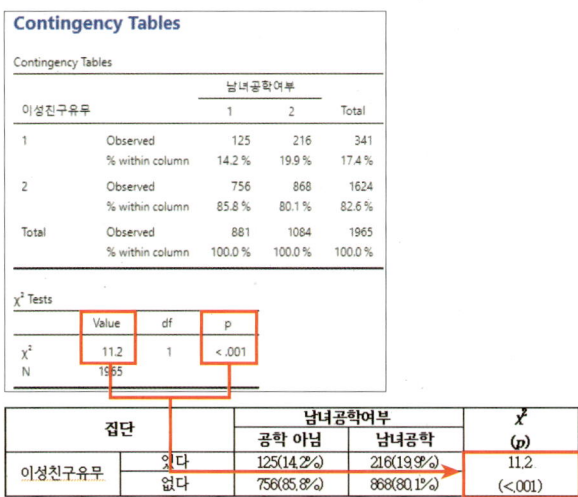

그림 10-17

11 x^2 값 뒤에 p값에 따라 *표를 위첨자로 달아줍니다. p값이 .05 미만일 때는 1개, .01 미만일 때는 2개, .001 미만일 때는 3개를 달아줍니다. 마지막으로 표 제목을 입력하고 세로줄과 가로줄을 적절하게 없앤 다음, 표 하단에 *표 기준을 제시하면 교차분석 결과표가 완성됩니다.

<표> 남녀공학여부에 따른 이성친구유무의 차이

집단		남녀공학여부		x^2 (p)
		공학 아님	남녀공학	
이성친구유무	있다	125(14.2%)	216(19.9%)	11.2*** (<.001)
	없다	756(85.8%)	868(80.1%)	

*** p<.001

그림 10-18

STEP 3 _ 분석 결과표 해석하기

교차분석 결과는 x^2의 p값을 확인하여 0.05보다 낮으면 차이가 있다, 0.05보다 높으면 차이가 없다고 해석합니다. 여기서 차이는 비율(%)의 차이를 말합니다. 아래 결과표에서 p값은 <.001로 0.05보다 작으므로 분석에 투입한 남녀공학여부에 따른 이성친구유무는 차이가 있는 것으로 확인됩니다. 비율(%) 차이를 확인하면, **공학이 아니면서 이성친구가 있는 비율은 14.2%, 공학이면서 이성친구가 있는 비율은 19.9%**로, 남녀공학에서 이성친구가 있는 비율이 높게 나타납니다.

남녀공학여부에 따른 이성친구유무의 차이를 검증하기 위해 교차분석(Chi-square test)을 실시하였다. 분석 결과, 남녀공학여부에 따라 이성친구유무의 차이가 통계적으로 유의한 것으로 나타났다(x^2=11.2, $p<.001$). 이성친구가 있는 비율은 남녀공학을 다니는 학생(19.9%)이 공학이 아닌 학교를 다니는 학생(14.2%)에 비해 높게 나타났다.

<표> 남녀공학여부에 따른 이성친구유무의 차이

집단		남녀공학여부		x^2(p)
		공학 아님	남녀공학	
이성친구유무	있다	125(14.2%)	216(19.9%)	11.2*** (<.001)
	없다	756(85.8%)	868(80.1%)	

*** p<.001

STEP 4 _ 실습하기

연구문제 예시

성별	1 남자 2 여자
선호 연예인/운동선수 유무	1 있다 2 없다

같은 방법으로 **성별**에 따라 좋아하는 운동선수나 연예인이 있는지 여부의 차이를 검증해보겠습니다.

1 ❶ Analyses 메뉴에서 ❷ Frequencies를 클릭하고 ❸ Independent Samples χ^2 test of association 을 클릭합니다.

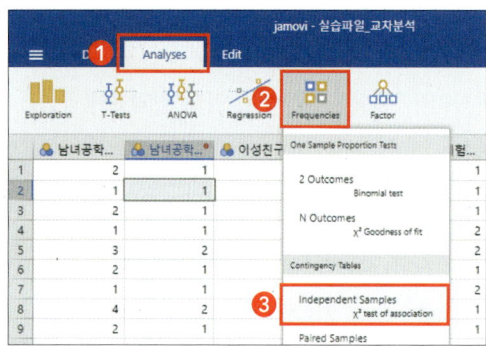

그림 10-19

2 ❶ '성별'을 'Rows'로 옮기고 ❷ '선호연예인운동선수유무'를 'Columns'로 옮긴 뒤 ❸ 'Cells'를 클릭합니다.

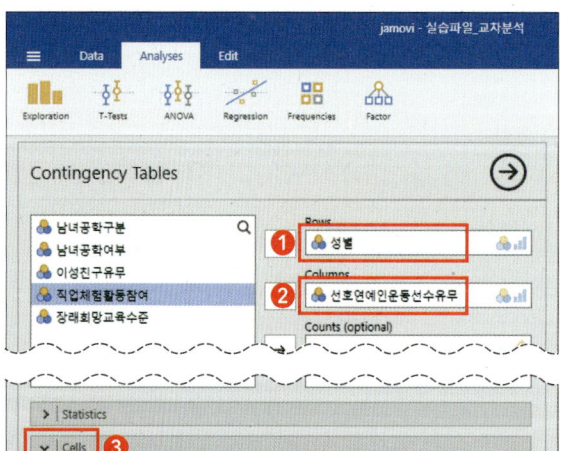

그림 10-20

3 이번에는 'Percentages'에서 'Row'에 체크합니다. 독립변수인 성별을 Rows에 투입했기 때문입니다.

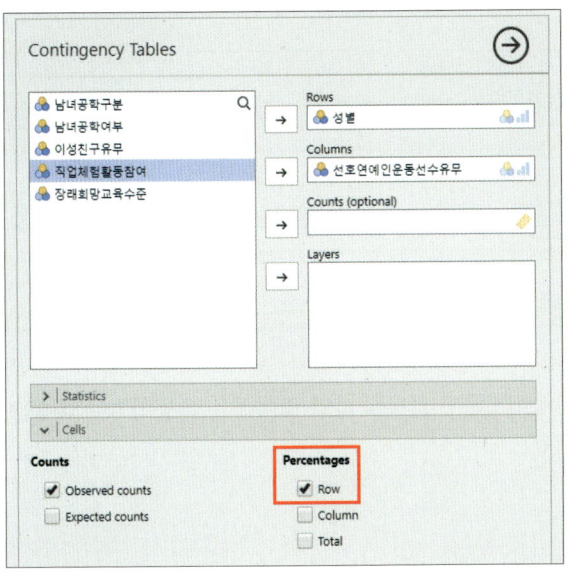

그림 10-21

4 결과표를 확인하면 x^2 Tests 표의 p값이 <.001로 나타나 성별에 따라 좋아하는 운동선수나 연예인이 있는지 여부는 통계적으로 유의한 차이가 있는 것으로 판단되며, 남자(1)의 경우(35.7%)보다 여자(2)의 경우(53.9%)가 높게 나타났습니다. 엑셀과 한글을 활용하여 결과표를 작성하고 해석해줍니다.

> 성별에 따라 좋아하는 운동선수나 연예인이 있는지 여부의 차이를 검증하기 위해 교차분석(Chi-square test)을 실시하였다. 분석 결과, 성별에 따라 좋아하는 운동선수나 연예인이 있는지 여부의 차이가 통계적으로 유의한 것으로 나타났다(x^2=65.9, p<.001). 좋아하는 운동선수나 연예인이 있는 비율은 여자(53.9%)가 남자(35.7%)에 비해 높게 나타났다.

〈표〉 성별에 따른 좋아하는 운동선수나 연예인 유무의 차이

집단		선호연예인운동선수유무		$\chi^2(p)$
		있다	없다	
성별	남자	370(35.7%)	666(64.3%)	65.9***
	여자	508(53.9%)	435(46.1%)	(<.001)

*** p<.001

STEP 5 _ 특정 집단만 선택하여 분석하기

연구문제 예시

성별	1 남자 2 여자
이성친구 유무	1 있다 2 없다
선호 연예인/운동선수 유무	1 있다 2 없다

이번에는 '여자'만 대상으로 하여 **이성친구 유무에 따라 좋아하는 운동선수나 연예인이 있는지 여부의 차이**를 검증해보겠습니다.

1 ❶ Data 메뉴에서 ❷ Filters를 클릭합니다.

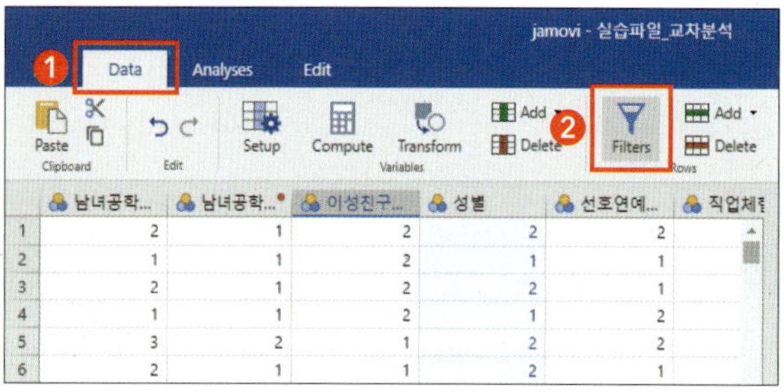

그림 10-22

2 ❶ 'f_x' 버튼을 클릭하고 ❷ 'Logical' 항목에서 'IF'를 더블클릭하여 함수 창에 입력합니다. ❸ 'Variables'에서 '성별'을 더블클릭하여 'IF(성별)' 함수를 만든 다음 ❹ '==2'를 입력하여 'IF(성별==2)' 함수를 생성합니다.

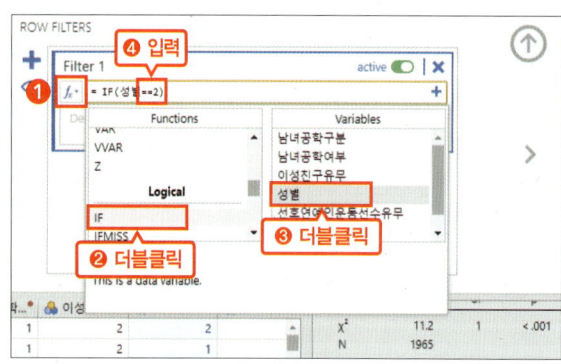

그림 10-23

3 '성별'에 2로 코딩된 여성에 해당하는 데이터만 선택된 것을 확인할 수 있습니다.

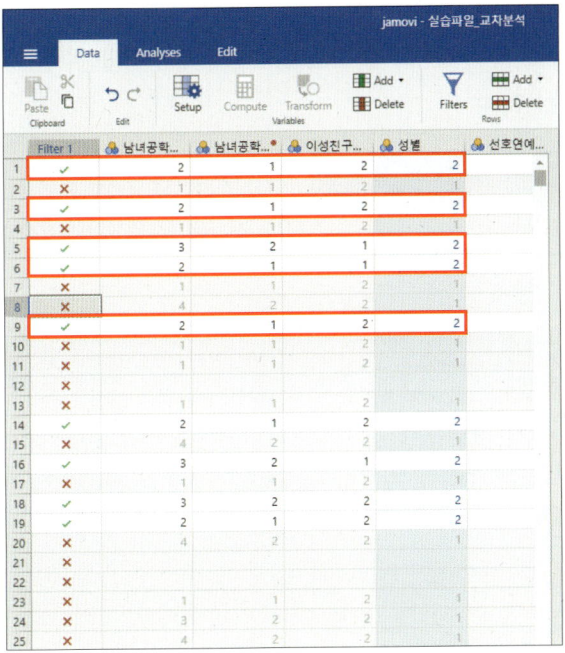

그림 10-24

4 ❶ Analyses 메뉴에서 ❷ Frequencies를 클릭하고 ❸ Independent Samples χ^2 test of association 을 클릭합니다.

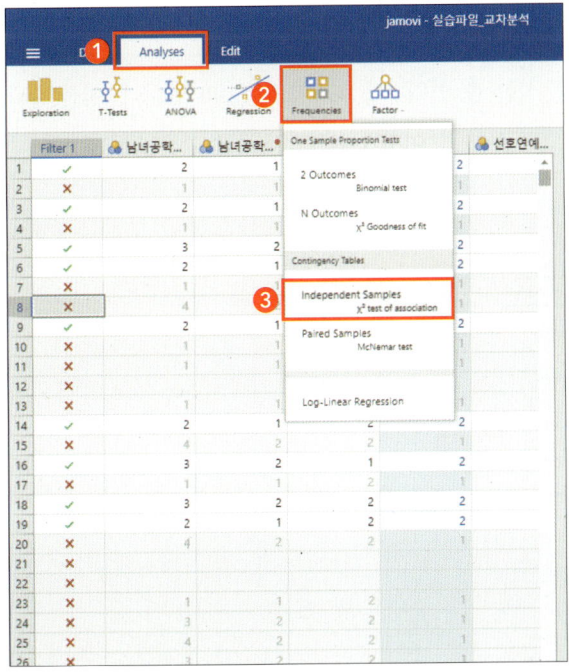

그림 10-25

5 이성친구 유무에 따라 좋아하는 운동선수나 연예인이 있는지의 차이를 검증하기 위해 먼저 ❶ '이성친구유무'를 'Rows'에 투입하고 ❷ '선호연예인운동선수유무'를 'Columns'에 투입합니다. 이어서 ❸ 'Cells'를 클릭하고 ❹ 'Percentages'에서 독립변수인 이성친구유무를 투입한 'Row'에 체크합니다.

그림 10-26

6 결과표의 Total을 보면, 분석한 총 인원수가 943명으로 나타납니다. 이전 결과표에서는 총 인원수가 1,979명이었으므로 이 중 여자가 943명임을 알 수 있습니다.

Contingency Tables

Contingency Tables

이성친구유무		선호연예인운동선수유무		
		1	2	Total
1	Observed	74	83	157
	% within row	47.1 %	52.9 %	100.0 %
2	Observed	434	352	786
	% within row	55.2 %	44.8 %	100.0 %
Total	Observed	508	435	943
	% within row	53.9 %	46.1 %	100.0 %

χ² Tests

	Value	df	p
χ²	3.44	1	0.064
N	943		

그림 10-27

7 x^2 Tests 표의 p값이 .064로 나타나 여자 중에서 이성친구유무에 따라 좋아하는 운동선수나 연예인이 있는지 여부는 통계적으로 유의한 차이가 없는 것으로 판단됩니다. 엑셀과 한글을 활용하여 결과표를 작성하고 해석해줍니다.

여자를 대상으로 이성친구유무에 따라 좋아하는 운동선수나 연예인이 있는지 여부의 차이를 검증하기 위해 교차분석(Chi-square test)을 실시하였다. 분석 결과, 여자는 이성친구유무에 따라 좋아하는 운동선수나 연예인이 있는지 여부의 차이가 없는 것으로 나타났다(x^2=3.44, p>.05).

〈표〉 여자 중 이성친구유무에 따른 좋아하는 운동선수나 연예인 유무의 차이

집단		선호연예인운동선수유무		$x^2(p)$
		있다	없다	
이성친구유무	있다	74(47.1%)	83(52.9%)	3.44
	없다	434(55.2%)	352(44.8%)	(.064)

STEP 6 _ 여러 집단 분석하기

연구문제 예시

연간 참여경험 유무 – 건강/보건 활동	1 있다
연간 참여경험 유무 – 과학/정보 활동	2 없다
연간 참여경험 유무 – 교류 활동	
연간 참여경험 유무 – 모험/개척 활동	
연간 참여경험 유무 – 문화/예술 활동	
연간 참여경험 유무 – 봉사 활동	
연간 참여경험 유무 – 직업체험 활동	
연간 참여경험 유무 – 환경보존 활동	

장래 희망 교육수준	1 고등학교 졸업
	2 2~3년제 전문대학 졸업
	3 4년제 대학교 졸업
	4 대학원 석사학위 취득
	5 대학원 박사학위 취득
	6 아직 결정하지 않았다

교차분석에서는 2개의 응답이 있는 변수 간 관계를 분석하는 것 말고도 여러 응답이 있는 변수 간 관계를 보는 것도 가능합니다. 이번에는 **직업체험활동 경험에 따른 장래 희망 교육수준의 차이**를 확인해보겠습니다.

1 먼저 여자만 선택했던 필터를 제거해야 전체 인원에 대한 결과를 확인할 수 있습니다.
❶ Data를 클릭하고 ❷ 'Filter 1'을 오른쪽 클릭한 뒤 ❸ Delete Filter를 클릭하고 ❹ OK를 클릭합니다.

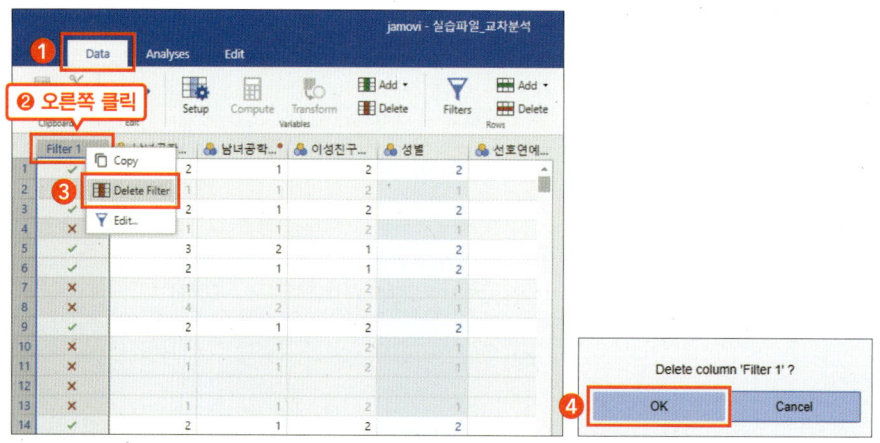

그림 10-28

2 ❶ Analyses 메뉴에서 ❷ Frequencies를 클릭하고 ❸ Independent Samples χ^2 test of association 을 클릭합니다.

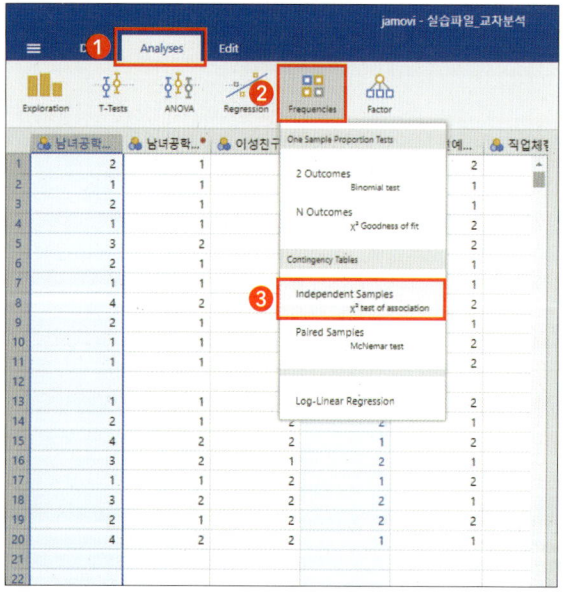

그림 10-29

3 ❶ '장래희망교육수준'을 'Rows'로 옮기고 ❷ '직업체험활동참여'를 'Columns'로 옮깁니다. 이어서 ❸ 'Cells'를 클릭하고 ❹ 'Percentages' 중 독립변수가 투입된 'Column'을 체크합니다.

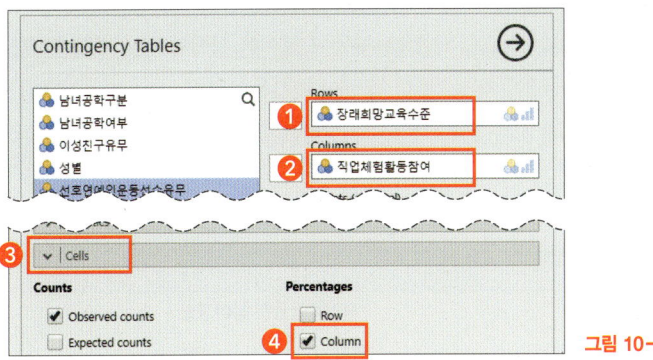

그림 10-30

여기서 잠깐

여기까지 잘 따라왔다면 결과표에서 '장래희망교육수준' 집단 중 -9가 나온 것을 볼 수 있습니다. SECTION 06 '변수 추출과 분석 전 처리'의 '[STEP 4] 결측값 지정'을 복습하면서 장래희망교육수준의 -9값을 결측치로 처리하면 됩니다.

---

4 분석 결과 '미결정(6)'인 집단에서는 직업체험활동에 참여하지 않은 집단(2)의 비율이 높고(18.9%), '4년제 대학 졸업(3)'(60.4%), '석사학위 취득(4)'(7.5%), '박사학위 취득(5)'(6.2%)의 집단까지는 모두 직업체험활동에 참여한 집단(1)의 비율이 높게 나타났습니다. 그리고 이러한 차이가 통계적으로 유의합니다($p<.001$). 즉, 직업체험활동을 하면 희망 교육수준이 높다는 결론을 확인했습니다.

Contingency Tables

Contingency Tables

장래희망교육수준		직업체험활동참여		Total
		1	2	
1	Observed	41	117	158
	% within column	5.0 %	10.2 %	8.0 %
2	Observed	65	127	192
	% within column	7.9 %	11.0 %	9.7 %
3	Observed	500	607	1107
	% within column	60.4 %	52.7 %	55.9 %
4	Observed	62	38	100
	% within column	7.5 %	3.3 %	5.1 %
5	Observed	51	44	95
	% within column	6.2 %	3.8 %	4.8 %
6	Observed	108	218	326
	% within column	13.0 %	18.9 %	16.5 %
Total	Observed	828	1151	1979
	% within column	100.0 %	100.0 %	100.0 %

χ^2 Tests

	Value	df	p
χ^2	60.2	6	< .001
N	1979		

그림 10-31

5 엑셀과 한글을 활용하여 결과표를 작성하고 해석해줍니다.

직업체험활동 참여경험에 따른 장래희망 교육수준의 차이를 검증하기 위해 교차분석(Chi-square test)을 실시하였다. 분석 결과, 직업체험활동에 참여한 경험이 있는 학생은 4년제 대학교 졸업(60.4%), 대학원 석사학위 취득(7.5%), 대학원 박사학위 취득(6.2%)의 비율이 직업체험활동에 참여하지 않은 학생에 비해 높게 나타나, 직업체험활동을 한 학생의 희망 교육수준이 높다고 판단되었다(x^2=60.2, p<.001).

⟨표⟩ 직업체험활동 참여경험에 따른 장래희망 교육수준의 차이

집단		직업체험활동 참여경험		$x^2(p)$
		있다	없다	
장래희망 교육수준	고등학교 졸업	41(5.0%)	117(10.2%)	
	2~3년제 전문대학 졸업	65(7.9%)	127(11.0%)	
	4년제 대학교 졸업	500(60.4%)	607(52.7%)	60.2***
	대학원 석사학위 취득	62(7.5%)	38(3.3%)	(<.001)
	대학원 박사학위 취득	51(6.2%)	44(3.8%)	
	아직 결정하지 않았다	108(13.0%)	218(18.9%)	

*** p<.001

SECTION 11

독립표본 t-test

준비파일

실습파일_t-test.xlsx

독립표본 t-test는 **두 집단의 평균점수 차이를 확인**하는 분석 방법입니다. 두 집단의 평균점수를 직접 눈으로 확인해도 되지만, t-test를 활용하는 이유는 점수가 퍼져 있는 정도에 따라 그 평균 차이가 실제 의미가 없는 차이일 수도 있기 때문입니다.

스마트폰을 많이 사용하면 집중력이 떨어질까요? 스마트폰 사용 여부에 따른 주의집중 문제 점수의 차이를 확인해보겠습니다. 휴대전화 종류에 대한 응답은 3개로 구분되어 있으나 실제 데이터에는 1번과 2번 응답으로만 이루어져 있기 때문에 별다른 변환 작업이 필요하지 않습니다. 그러나 주의집중 문제는 앞에서 했던 것처럼 점수가 높을수록 주의집중 문제 수준이 높다는 의미로 역코딩한 후 합계 점수로 만들어줍니다.

휴대전화 종류	1 스마트폰 2 피처폰 3 어떤 종류인지 모르겠다
칭찬을 받거나 벌을 받아도 금방 다시 주의가 산만해진다	1 매우 그렇다 2 그런 편이다 3 그렇지 않은 편이다 4 전혀 그렇지 않다
문제를 풀 때 문제를 끝까지 읽지 않는 편이다	
오랫동안 집중해야 하는 과제는 하고 싶지 않다	
연필이나 지우개 등, 학용품을 잘 잃어버린다	
주의를 기울이지 않아서 실수를 하거나 사고를 낸다	
공부할 때 차분하게 앉아 있기 힘들다	
글자를 잘 빠뜨리고 쓰는 편이다	

STEP 1 _ 따라하기

1 먼저 실습파일을 불러오겠습니다. ❶ ≡ 버튼을 누르고 ❷ Open 항목 중 ❸ This PC 메뉴에서 ❹ Browse를 클릭한 다음 ❺ 실습파일이 저장된 폴더에서 '실습파일_t-test.xlsx' 파일을 불러옵니다.

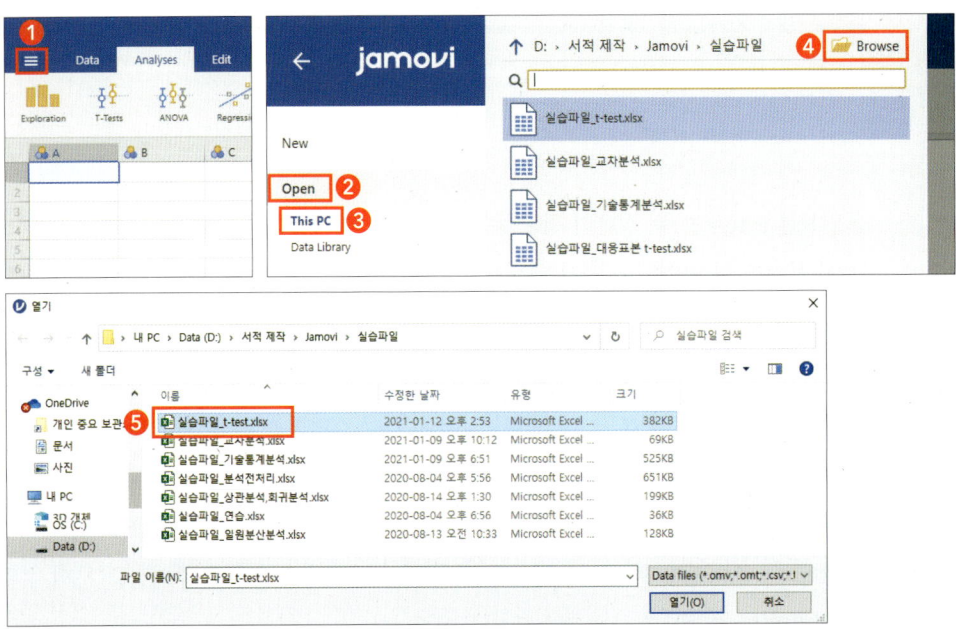

그림 11-1

2 집중력 1에서 7까지 역코딩을 진행해보겠습니다. ❶ '집중력1' 변수를 클릭하고 ❷ Shift 를 누른 채 '집중력7'을 클릭하여 집중력1~7 변수를 선택합니다. ❸ Data 메뉴에서 ❹ Transform 을 클릭합니다.

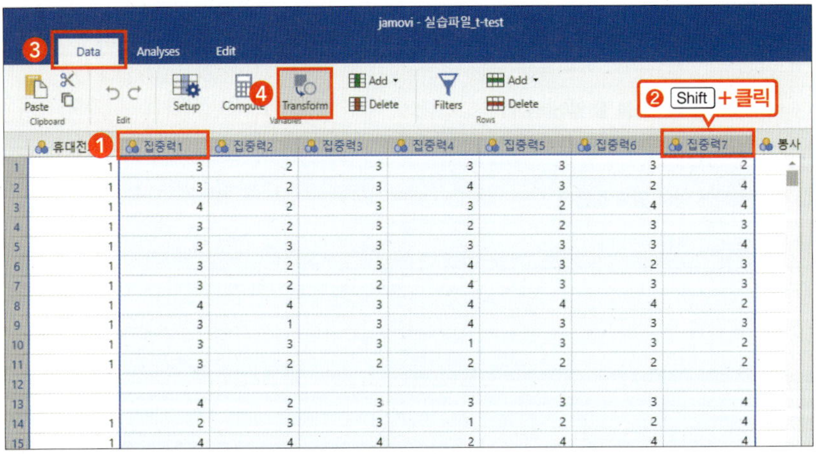

그림 11-2

3 'using transform' 메뉴 중 'Create New Transform...'을 클릭합니다. 이전에 4점 척도를 역코딩한 변수 변환 내용을 저장해둔 게 있다면 그것을 사용해도 됩니다.

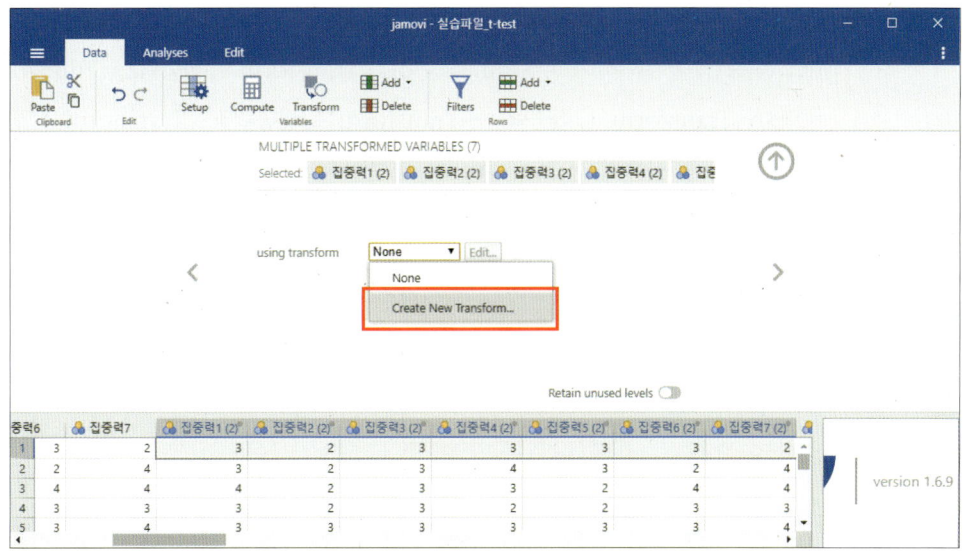

그림 11-3

4 ❶ '+ Add recode condition'을 이용하여 ❷ 1~4점을 4~1점으로 수정하는 함수를 입력합니다. ❸ 'Measure type'을 'Continuous'로 설정하여 독립표본 t-test가 가능하도록 만들어줍니다.

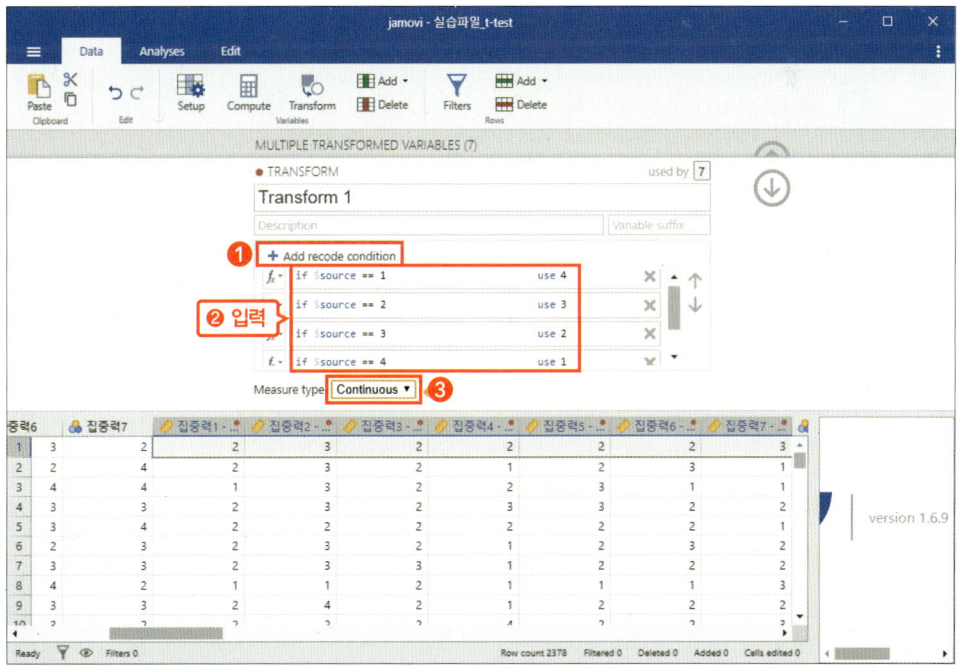

그림 11-4

5　❶ Compute를 클릭하고 ❷ 변수명을 '주의집중합계'로 입력합니다. ❸ 'f_x'를 클릭하고 ❹ 합계 함수를 작성하기 위해 'Functions'에서 'Sum'을 더블클릭합니다. ❺ 'Variables' 칸에 있는 '집중력1 - Transform 1'부터 '집중력7 - Transform 1'까지 하나씩 더블클릭하고 쉼표(,)를 입력하여 '= SUM('집중력1 - Transform 1','집중력2 - Transform 1','집중력3 - Transform 1','집중력4 - Transform 1','집중력5 - Transform 1','집중력6 - Transform 1','집중력7 - Transform 1')' 형태의 함수를 만들어줍니다. ❻ 마지막으로 Enter 를 눌러 실행합니다.

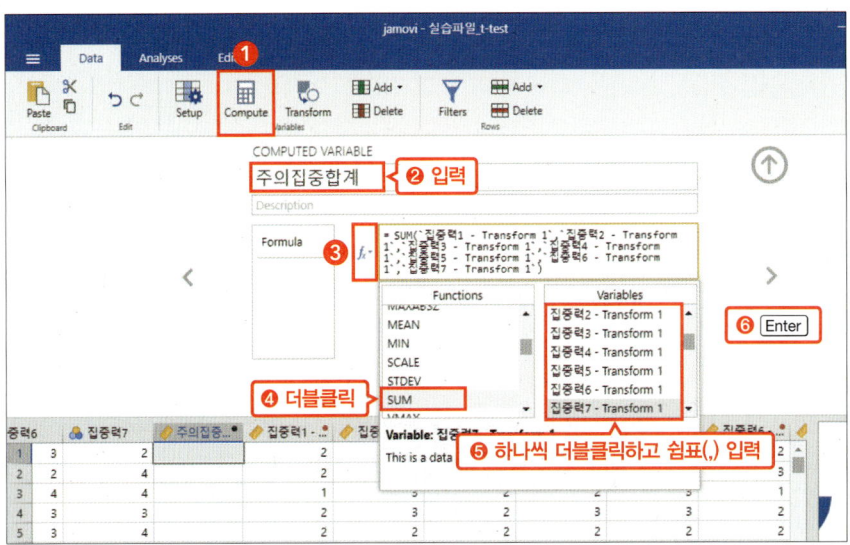

그림 11-5

6　❶ Analyses 메뉴에서 ❷ T-Tests를 클릭하고 ❸ Independent Samples T-Test를 클릭합니다.

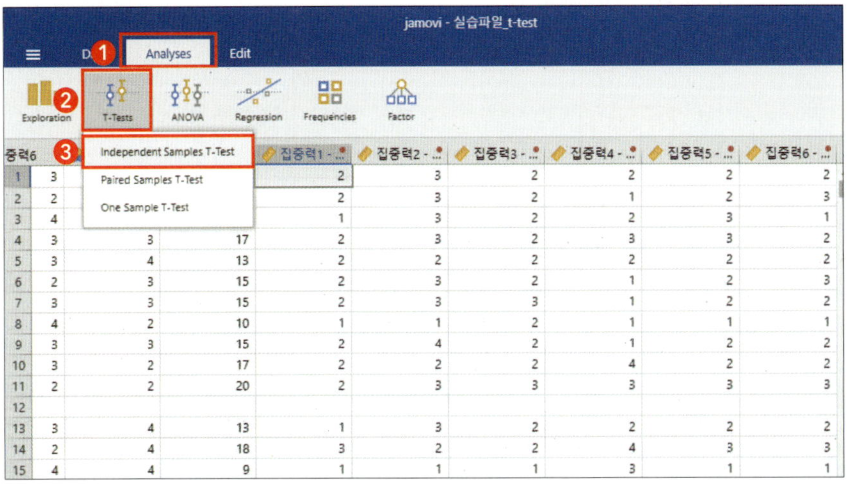

그림 11-6

7 ❶ '휴대전화종류'를 'Grouping Variable'로 옮기고 ❷ '주의집중합계'를 'Dependent Variables'로 옮깁니다. ❸ 두 집단의 평균과 표준편차 등을 확인하기 위해 'Descriptives'에 체크하고 ❹ 두 집단의 등분산 검정을 위해 'Homogeneity test'에 체크한 다음 ❺ 등분산 가정을 만족하지 못할 때 확인하는 'Welch's'에 체크합니다.

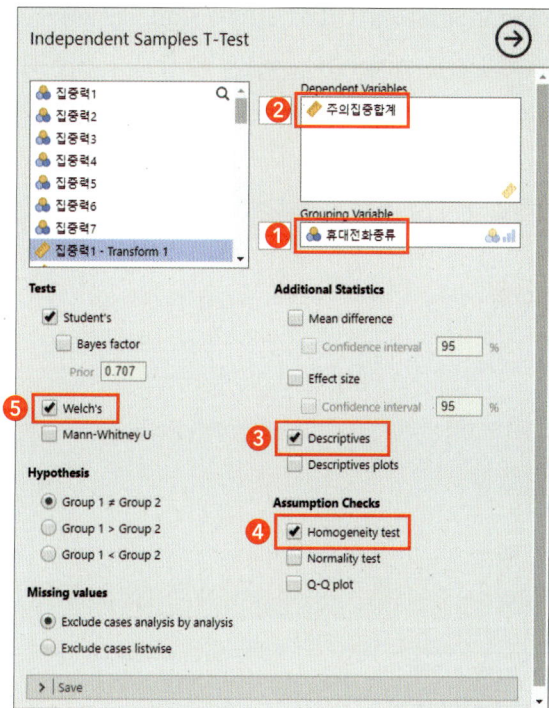

그림 11-7

8 ❶ Group Descriptives 표를 확인하면, 스마트폰을 가진 집단(Group 1)의 평균(Mean)이 14.7, 피처폰을 가진 집단(Group 2)의 평균이 13.8로 스마트폰을 가진 집단의 주의집중 문제가 높게 나타납니다. 이 차이가 통계적으로 유의한지를 확인하려면 먼저 등분산 검정(Homogeneity of Variances Test (Levene's)) 표에서 p값을 확인합니다. p값이 0.05보다 크면 Independent Samples T-Test 표에서 Student's t행의 값을, p값이 0.05보다 작으면 Welch's t행의 값을 가져옵니다. 지금은 ❷ 등분산 검정 표의 p값이 0.05보다 크게 나타나 ❸ Student's t행의 값을 가져옵니다.

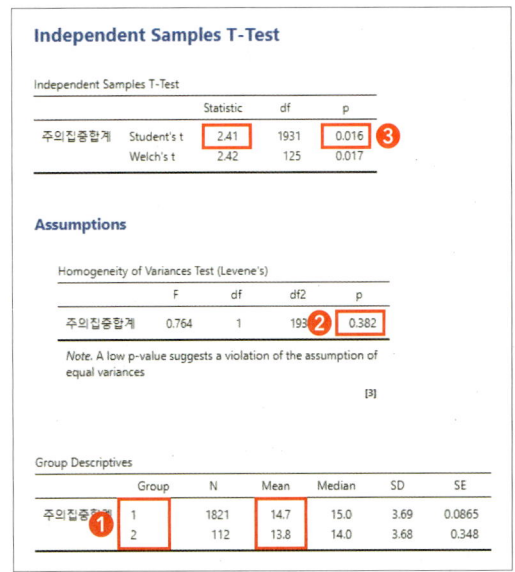

그림 11-8

STEP 2 _ 분석 결과표 작성하기

1 ❶ 결과창의 Independent Samples T-Test 결과표 위에서 오른쪽 클릭하고 ❷ Analysis 항목 중 ❸ Copy를 클릭합니다.

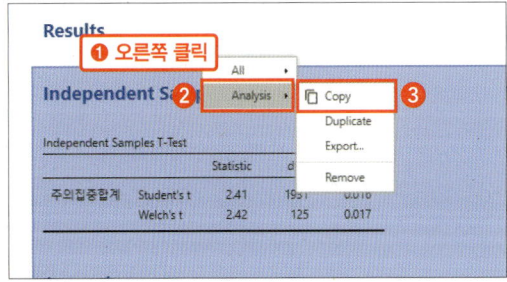

그림 11-9

2 엑셀을 실행하고 붙여넣기합니다.

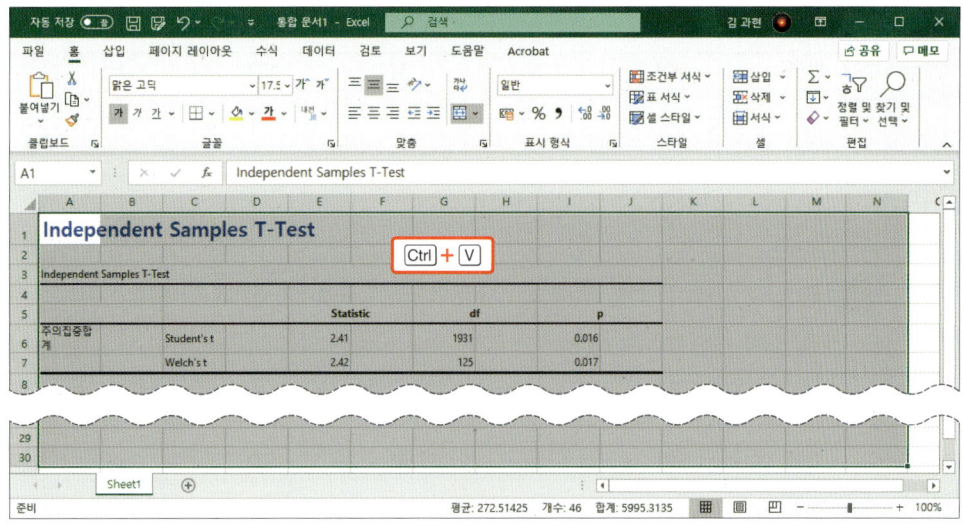

그림 11-10

3 값 사이의 빈칸을 없애겠습니다. 먼저 ❶ B열을 클릭하고 ❷ Ctrl 을 누른 채 비어 있는 나머지 D, F, H, J, L열을 클릭합니다. ❸ Ctrl 을 누른 채 '−' 키를 누르면 선택한 열이 삭제됩니다.

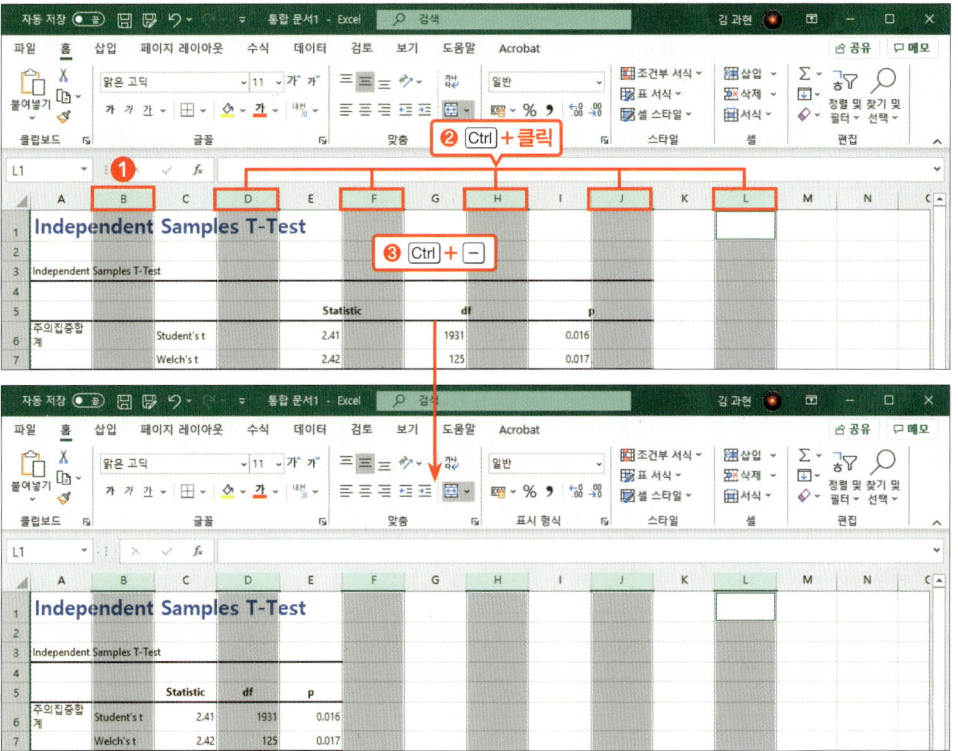

그림 11-11

4 한글 프로그램에서 7칸×4줄 표를 만듭니다. 첫 줄에 집단, 구분, *N*, *M*, *SD*, *t*, *p*를 입력합니다.

집단	구분	*N*	*M*	*SD*	*t*	*p*

그림 11-12

5 ❶ 집단 아래 두 칸을 선택하고 M을 눌러 병합합니다. ❷ 맨 아래 줄을 모두 선택하고 M을 눌러 병합합니다. ❸ t 아래 두 칸을 선택하고 M을 눌러 병합합니다. ❹ p 아래 두 칸을 선택하고 M을 눌러 병합합니다.

집단	구분	*N*	*M*	*SD*	*t*	*p*
❶ 드래그 후 [M]		❷ 드래그 후 [M]			❸ 드래그 후 [M]	❹ 드래그 후 [M]

그림 11-13

6 ❶ 집단에 '휴대전화 종류'를 입력하고 ❷ 구분에 '스마트폰', '피처폰'을 입력합니다. 결과 표에서 Group 1과 2가 각각 스마트폰, 피처폰을 나타내므로 위치에 맞게 입력합니다.

집단	구분	*N*	*M*	*SD*	*t*	*p*
휴대전화 종류	스마트폰					
	피처폰					

그림 11-14

7 엑셀의 Group Descriptives 표에서 N값을 한글 표의 *N*에, Mean값을 *M*에, SD값을 *SD*에 입력합니다.

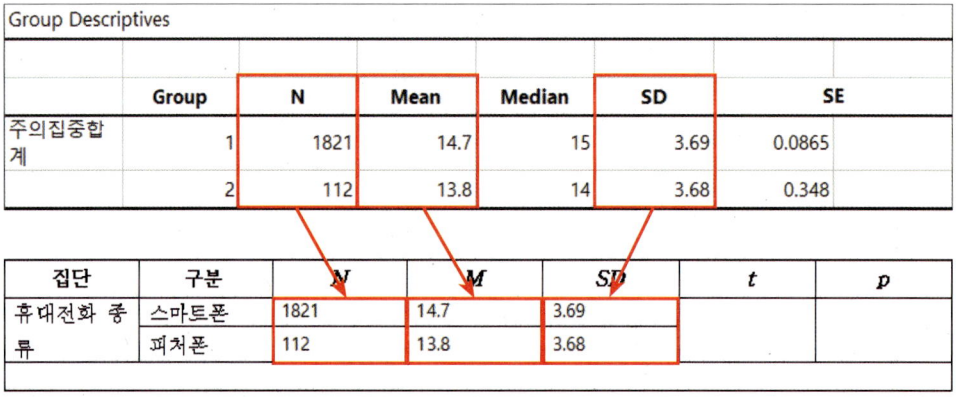

그림 11-15

8. 엑셀의 Independent Samples T-Test 표에서 Student's t의 Statistic값을 한글 표의 *t*에, p값을 *p*에 입력합니다.

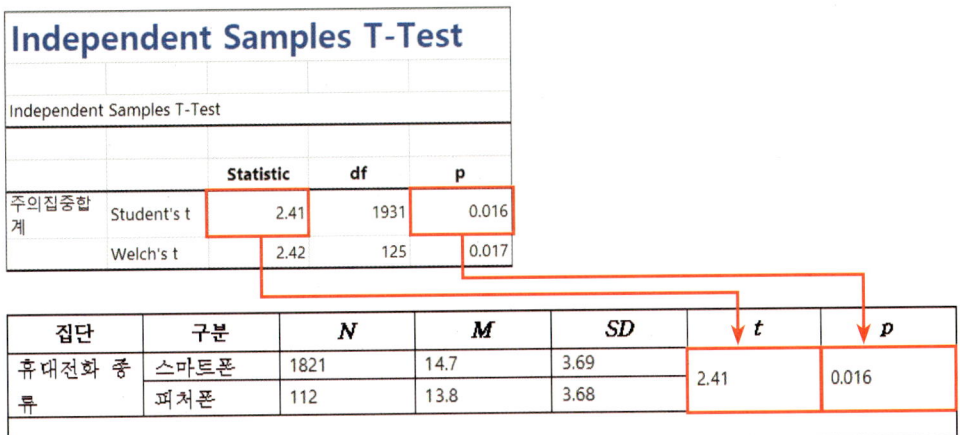

그림 11-16

9. t값 뒤에 p값에 따라 *표를 위첨자로 달아줍니다. p값이 .05 미만일 때는 1개, .01 미만일 때는 2개, .001 미만일 때는 3개를 달아 줍니다. 글자 모양을 통일하고 p값의 일의 자릿수를 삭제합니다. 마지막으로 표 제목을 입력한 뒤 세로줄과 가로줄을 적절하게 없앤 다음, 표 하단에 *표 기준을 제시하면 독립표본 t-test 결과표가 완성됩니다.

<표> 사용하는 휴대전화 종류에 따른 집중력 차이

집단	구분	N	M	SD	t	p
휴대전화 종류	스마트폰	1821	14.7	3.69	2.41*	.016
	피처폰	112	13.8	3.68		

* *p*<.05

그림 11-17

STEP 3 _ 분석 결과표 해석하기

표를 해석해보겠습니다. 먼저 p값을 보면 0.05 미만이므로 사용하는 휴대전화 종류에 따라 집중력에 차이가 있는 것으로 확인됩니다. 다음으로 집단 구분별 평균(M)값을 확인하면, 스마트폰을 사용하는 집단은 14.7, 피처폰을 사용하는 집단은 13.8로 스마트폰을 사용하는 집단의 집중력 문제가 더 높다고 할 수 있습니다. 나머지 값 중 N은 각 휴대전화를 사용하는 사람의 수, SD는 표준편차입니다.

사용하는 휴대전화 종류에 따라 집중력 문제에 차이가 있는지 검증하기 위해 독립표본 t검정(Independent sample t-test)을 실시하였다. 분석 결과, 스마트폰을 사용하는 집단($M=14.7$)은 피처폰을 사용하는 집단($M=13.8$)에 비해 집중력 문제가 높은 것으로 나타났다($t=2.41$, $p<.05$).

〈표〉 사용하는 휴대전화 종류에 따른 집중력 차이

집단	구분	N	M	SD	t	p
휴대전화 종류	스마트폰	1821	14.7	3.69	2.41*	.016
	피처폰	112	13.8	3.68		

* $p<.05$

STEP 4 _ 실습하기 1

연구문제 예시

같은 방식으로 **봉사활동 경험 유무에 따라 공동체의식과 다문화를 수용하는 정도의 평균점수 차이가 있는지**를 확인해보겠습니다. 공동체의식과 다문화 수용도를 역코딩한 합계점수를 만들어 분석을 진행하면 됩니다.

체험활동: 연간 참여경험 유무	연간 참여경험 유무 – 봉사 활동	1 있다 2 없다
지역사회관: 공동체의식	주변에 어려움에 처해 있는 친구가 있다면 적극적으로 도울 수 있다	1 매우 그렇다 2 그런 편이다 3 그렇지 않은 편이다 4 전혀 그렇지 않다
	공휴일에 쉬지 못하더라도 복지기관에서 자원봉사활동을 할 수 있다	
	우리나라보다 경제적으로 어려운 나라를 돕기 위해 기부금을 낼 수 있다	
	지구를 보호하기 위해 물자절약, 쓰레기 분리수거, 재활용 등에 적극적으로 참여할 수 있다	
다문화 수용도	나와 문화적 배경이 다른 사람을 이웃으로 받아들일 수 있다	1 매우 그렇다 2 그런 편이다 3 그렇지 않은 편이다 4 전혀 그렇지 않다
	나와 문화적 배경이 다른 청소년을 같은 반 친구로 받아들일 수 있다	
	나와 문화적 배경이 다른 청소년과 가장 친한 단짝이 될 수 있다	
	이성 친구를 사귀게 된다면, 나와 문화적 배경이 다른 사람을 이성 친구로 사귈 수 있다	
	커서 나와 문화적 배경이 다른 사람과 결혼할 수 있다	

1 먼저 역코딩을 진행하겠습니다. ❶ Data 메뉴를 클릭합니다. ❷ '다문화수용도1'을 클릭한 다음 ❸ [Shift]를 누른 채 '공동체의식4'를 클릭하여 다문화수용도와 공동체의식에 해당하는 변수를 모두 선택합니다. ❹ Transform을 클릭한 다음 ❺ 'using transform' 메뉴에서 기존 4점 척도 역코딩 함수를 이용하거나 'Create New Transform...'을 클릭하여 역코딩해줍니다. ❻ 'Measure type'은 'Continuous'로 설정합니다.

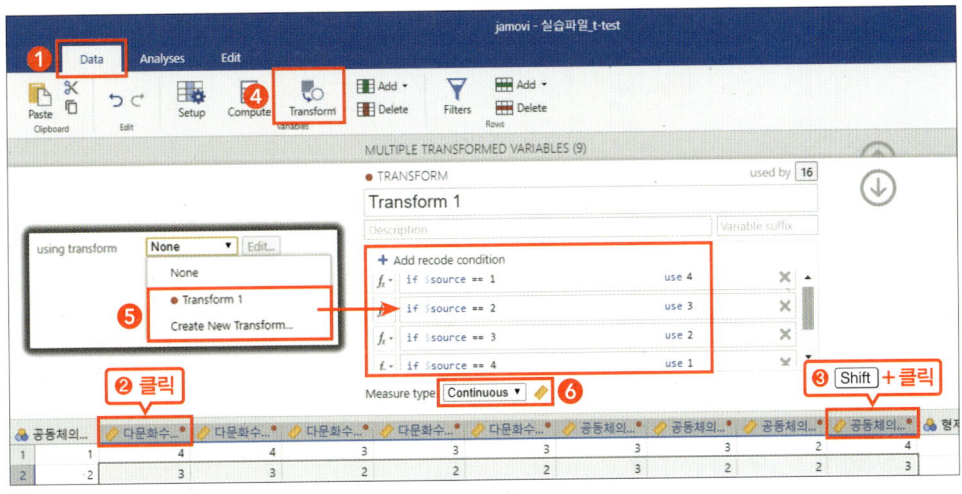

그림 11-18

2 ❶ 맨 앞 '휴대전화종류' 변수에서 아무 칸이나 클릭하고 ❷ Data 메뉴 중 Compute를 클릭합니다. ❸ 변수명을 '다문화수용도합계'로 입력하고 ❹ 'f_x'를 클릭합니다. ❺ 'Functions'에서 'SUM'을 더블클릭하여 함수 창에 입력한 다음 ❻ 'Variables'에서 '다문화수용도1 - Transform x' ~ '다문화수용도5 - Transform x' 변수를 하나씩 더블클릭하고 쉼표(,)로 구분하여 합 변수를 생성합니다. ❼ [Enter]를 눌러 함수를 실행합니다.

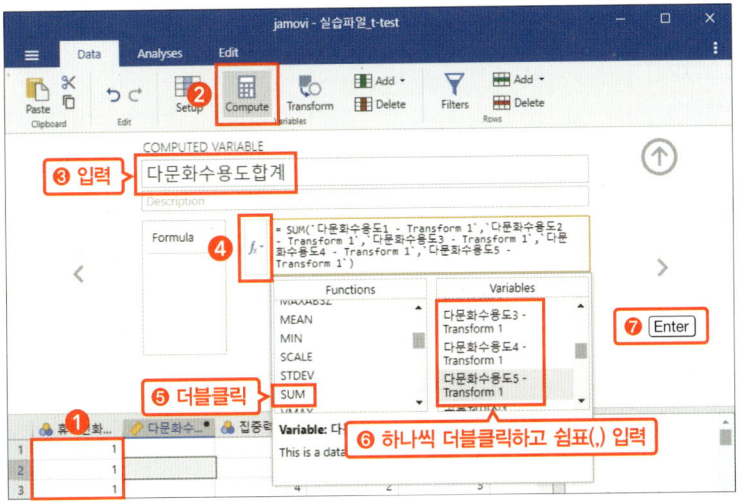

그림 11-19

3 ❶ 만들어진 '다문화수용도합계' 변수에서 아무 칸이나 클릭하고 ❷ Data 메뉴 중 Compute를 클릭합니다. ❸ 변수명을 '공동체의식합계'로 입력하고 ❹ 'f_x'를 클릭합니다. ❺ 'Functions'에서 'SUM'을 더블클릭하여 함수 창에 입력한 다음 ❻ 'Variables'에서 '공동체의식1 - Transform x' ~ '공동체의식4 - Transform x' 변수를 하나씩 더블클릭하고 쉼표(,)로 구분하여 합 변수를 생성합니다. ❼ Enter 를 눌러 함수를 실행합니다.

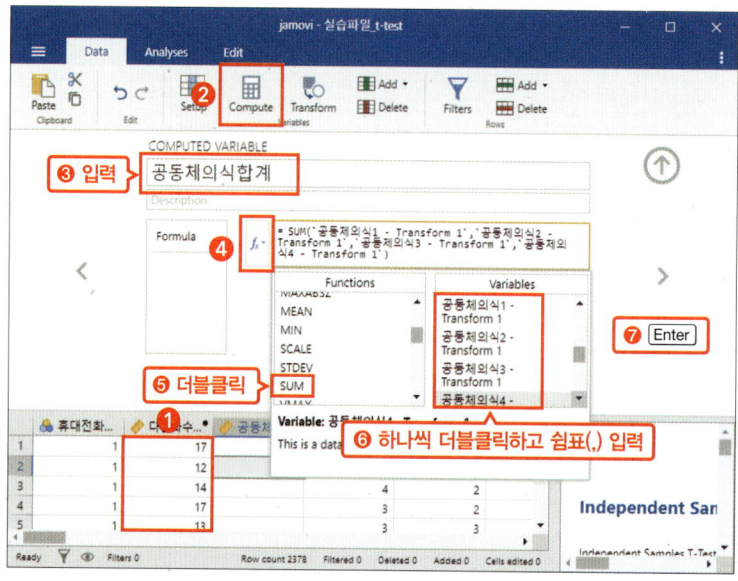

그림 11-20

4 변수 계산이 끝났으면 분석 단계로 넘어갑니다. ❶ Analyses 메뉴에서 ❷ T-Tests를 클릭하고 ❸ Independent Samples T-Test를 클릭합니다.

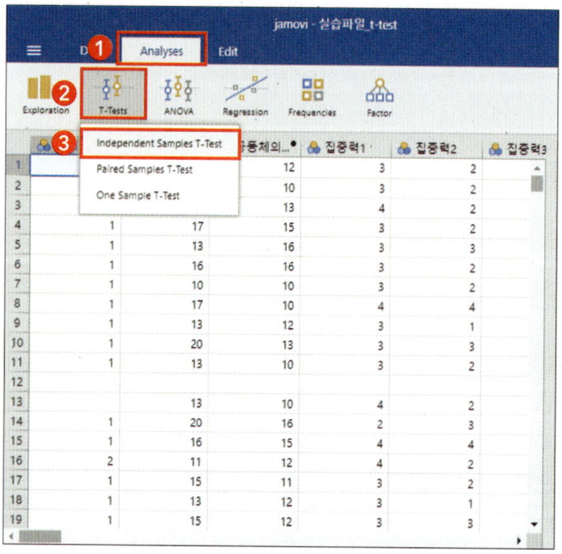

그림 11-21

5 ❶ '다문화수용도합계' 변수와 '공동체의식합계' 변수를 'Dependent Variables'로 옮기고 ❷ '봉사활동유무' 변수를 'Grouping Variable'로 옮겨줍니다. ❸ 'Tests' 항목의 'Welch's'와 ❹ 'Additional Statistics' 항목의 'Descriptives', ❺ 'Assumption Checks' 항목의 'Homogeneity test'에 체크합니다.

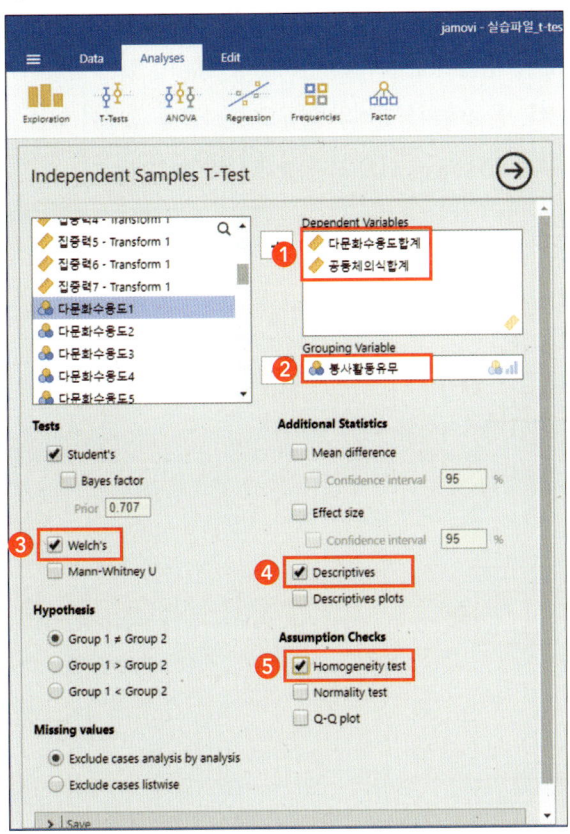

그림 11-22

6 ❶ 결과표에서 먼저 동질성 검정 결과를 확인해보니, 두 변수 모두 p값이 0.05 미만으로 나타났습니다. ❷ 따라서 Independent Samples T-Test 표의 Welch's t값을 확인합니다. 다문화수용도합계와 공동체의식합계 모두 p값이 <.001로 나타나 집단 간 유의한 차이가 있었습니다. ❸ 어느 집단의 평균값이 높은지는 Group Descriptives 표의 Mean 값을 확인합니다. 다문화수용도합계는 봉사활동 경험이 있는 집단(1)의 평균이 16.0, 봉사활동 경험이 없는 집단(2)의 평균이 15.6으로, 봉사활동 경험이 있는 집단의 다문화수용도가 더 높게 나타났습니다. 공동체의식합계의 평균도 봉사활동 경험이 있는 집단(평균 12.7)이 봉사활동 경험이 없는 집단(평균 11.9)보다 높게 나타났습니다.

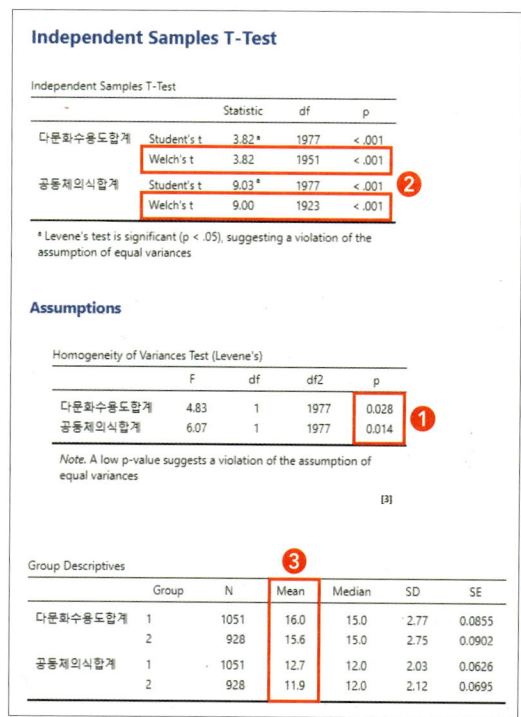

그림 11-23

7 다음과 같이 결과표를 만들고 해석합니다. 이번에는 공통된 집단 구분에 대하여 여러 변수의 차이를 검증하였으므로, 표의 첫 행을 변수, 집단으로 입력합니다.

봉사활동 경험 유무에 따라 다문화를 수용하는 정도와 공동체의식에 차이가 있는지 검증하기 위해 독립표본 t검정(Independent sample t-test)을 실시하였다. 분석 결과, 다문화 수용도는 봉사활동 경험이 있는 집단($M=16.0$)이 경험이 없는 집단($M=15.6$)보다 높게 나타났고($t=3.82$, $p<.001$), 공동체의식은 봉사활동 경험이 있는 집단($M=12.7$)이 경험이 없는 집단($M=11.9$)보다 높게 나타났다($t=9.00$, $p<.001$).

〈표〉 봉사활동 경험에 따른 다문화를 수용하는 정도와 공동체의식의 차이

변수	집단	N	M	SD	t	p
다문화 수용도	봉사활동 경험	1051	16.0	2.77	3.82***	<.001
	봉사활동 미경험	928	15.6	2.75		
공동체의식	봉사활동 경험	1051	12.7	2.03	9.00***	<.001
	봉사활동 미경험	928	11.9	2.12		

*** $p<.001$

STEP 5 _ 실습하기 2

연구문제 예시

독립표본 t-test는 여러 문항으로 구성된 척도 외에 단일 항목이라도 성적, 키, 금액 등 대소 관계를 비교할 수 있는 하나의 연속형 변수에 대한 집단의 차이를 검증할 수도 있습니다. 이번에는 **형제자매 유무에 따라 월평균 용돈과 또래애착에 차이가 있는지** 검증해보겠습니다.

가족구성	형제자매 유무	1 있다 2 없다
용돈	월평균 용돈 (#만원)	
또래애착: 의사소통	내 친구들은 나와 이야기를 나눌 때 내 생각을 존중해준다 내 친구들은 내가 말하는 것에 귀를 기울인다 나는 내 친구들에게 내 고민과 문제에 대해 이야기한다	1 매우 그렇다 2 그런 편이다 3 그렇지 않은 편이다 4 전혀 그렇지 않다

1 월평균 용돈은 하나의 변수로 코딩되어 있으니 변환할 필요가 없지만, 3개 문항으로 구성된 또래애착은 하나의 변수로 만들어야 합니다. ❶ Data 메뉴를 클릭하고 ❷ '또래애착1'을 클릭한 다음 ❸ [Shift]를 누른 채 '또래애착3'을 클릭하여 또래애착에 해당하는 변수를 모두 선택합니다. ❹ Transform을 클릭한 다음 ❺ 'using transform' 메뉴에서 기존의 4점 척도 역코딩 함수를 이용하거나 'Create New Transform...'을 클릭하여 역코딩 해줍니다. ❻ 'Measure type'은 'Continuous'로 설정합니다.

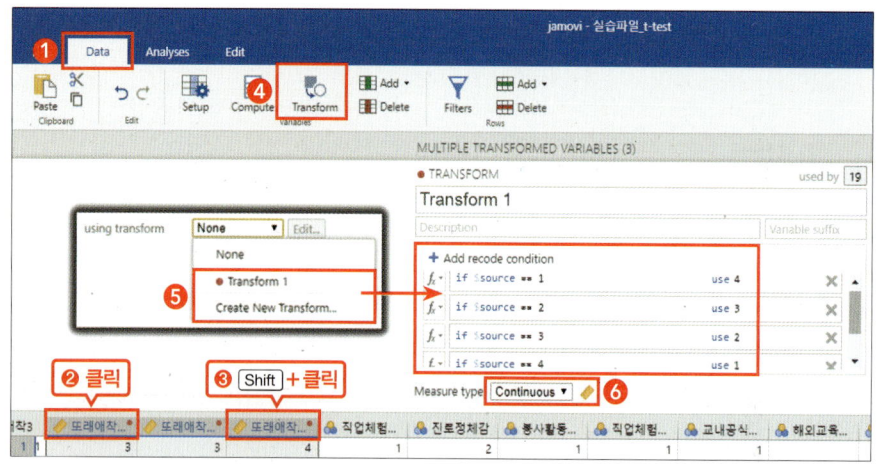

그림 11-24

2 ❶ 또래애착 문항을 합산한 변수가 생성될 위치를 클릭합니다. ❷ Data 메뉴 중 Compute를 클릭합니다. ❸ 변수명을 '또래애착합계'로 입력하고 ❹ 'f_x'를 클릭합니다. ❺ 'Functions'에서 'SUM'을 더블클릭하여 함수 창에 입력한 다음 ❻ 'Variables'에서 '또래애착1 - Transform x' ~ '또래애착3 - Transform x' 변수를 하나씩 더블클릭하고 쉼표(,)로 구분하여 합 변수를 생성합니다. ❼ [Enter]를 눌러 함수를 실행합니다.

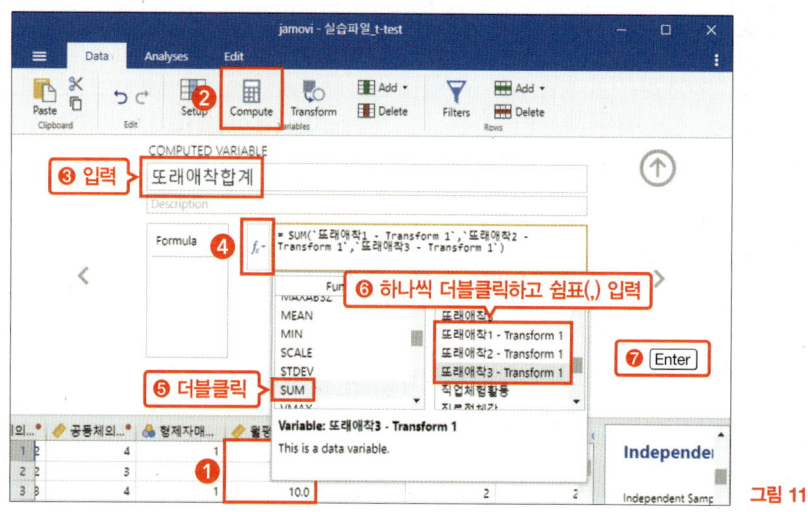

그림 11-25

3 ❶ Analyses 메뉴에서 ❷ T-Tests를 클릭하고 ❸ Independent Samples T-Test를 클릭합니다.

그림 11-26

4 ❶ '월평균용돈' 변수와 '또래애착합계' 변수를 'Dependent Variables'로 옮기고 ❷ '형제자매유무' 변수를 'Grouping Variable'로 옮겨줍니다. ❸ 'Tests' 항목의 'Welch's'와 ❹ 'Additional Statistics' 항목의 'Descriptives', ❺ 'Assumption Checks' 항목의 'Homogeneity test'에 체크합니다.

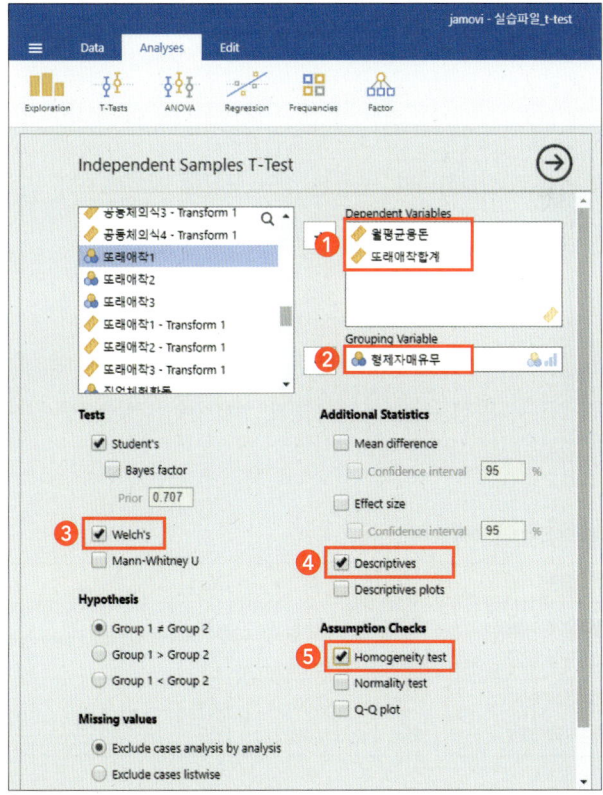

그림 11-27

SECTION 11 독립표본 t-test **193**

5 ❶ 결과표에서 먼저 동질성 검정 결과를 확인해보니, 두 변수 모두 p값이 0.05 이상으로 나타났습니다. ❷ 따라서 Independent Samples T-Test 표의 Student's t값을 확인합니다. 월평균용돈과 또래애착합계 모두 p값이 0.05 이상으로 나타나 집단 간 유의한 차이는 없는 것으로 판단되었습니다.

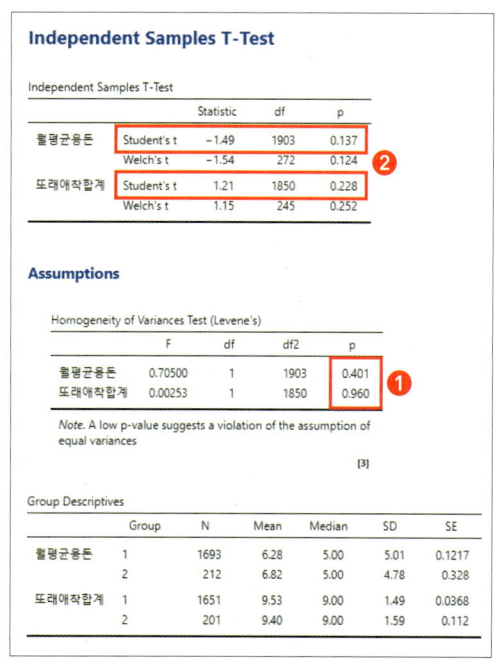

그림 11-28

6 다음과 같이 결과표를 만들고 해석합니다. 공통된 집단 구분에 대하여 여러 변수의 차이를 검증하였으므로 표의 첫 행을 변수, 집단으로 입력합니다.

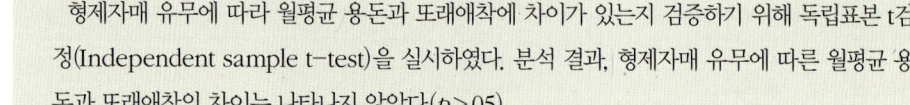

형제자매 유무에 따라 월평균 용돈과 또래애착에 차이가 있는지 검증하기 위해 독립표본 t검정(Independent sample t-test)을 실시하였다. 분석 결과, 형제자매 유무에 따른 월평균 용돈과 또래애착의 차이는 나타나지 않았다($p>.05$).

〈표〉 형제자매 유무에 따른 월평균용돈과 또래애착의 차이

변수	집단	N	M	SD	t	p
월평균 용돈 (단위: 만 원)	형제자매 있음	1693	6.28	5.01	−1.49	.137
	형제자매 없음	212	6.82	4.78		
또래애착	형제자매 있음	1651	9.53	1.49	1.21	.228
	형제자매 없음	201	9.40	1.59		

STEP 6 _ 실습하기 3

연구문제 예시

한국아동·청소년패널조사는 초등학교 1학년, 초등학교 4학년, 중학교 1학년을 대상으로 진행됩니다. 이 중에서 초등학교 4학년과 중학교 1학년에게는 장래에 갖고 싶은 직업 분야가 있는지, 대학에서 전공하고 싶은 구체적인 분야가 있는지 등의 진로정체감을 조사합니다. 이러한 **진로정체감이 직업체험 활동 경험에 따라 차이가 있는지** 검증해보겠습니다.

체험활동: 연간 참여경험 유무	직업체험 활동	1 있다 2 없다
자아인식: 진로정체감	장래에 내가 꼭 하고 싶은 직업 분야가 있다	1 매우 그렇다 2 그런 편이다 3 그렇지 않은 편이다 4 전혀 그렇지 않다
	부모님이 내가 원치 않는 전공학과를 강요하더라도 따르지 않을 것이다	
	나는 장래에 어떤 인생을 살 것인가에 대해 대체로 방향을 정했다	
	대학에 가서 전공하고 싶은 구체적인 분야가 있다	
	나 자신의 인생을 살기 위해서는 소신대로 직업을 결정해야 한다	
	현재 나는 어떤 직업 분야를 좋아하는데, 그 이유가 분명하다	
	어릴 때부터 나는 내가 하고 싶은 직업 분야가 어떤 것인지 알고 있었다	
	다른 사람들에게 나의 미래 계획에 대해 자신 있게 말할 수 있다	

1 진로정체감 문항도 점수가 낮을수록 진로정체감이 높다고 해석되므로, 역코딩한 후 하나의 변수로 계산해주어야 합니다. ❶ Data 메뉴를 클릭하고 ❷ '진로정체감1'을 클릭한 다음 ❸ Shift 를 누른 채 '진로정체감8'을 클릭하여 진로정체감에 해당하는 변수를 모두 선택합니다. ❹ Transform을 클릭한 다음 ❺ 'using transform' 메뉴에서 기존의 4점 척도 역코딩 함수를 이용하거나 'Create New Transform...'을 클릭하여 역코딩해줍니다. ❻ 'Measure type'은 'Continuous'로 설정합니다.

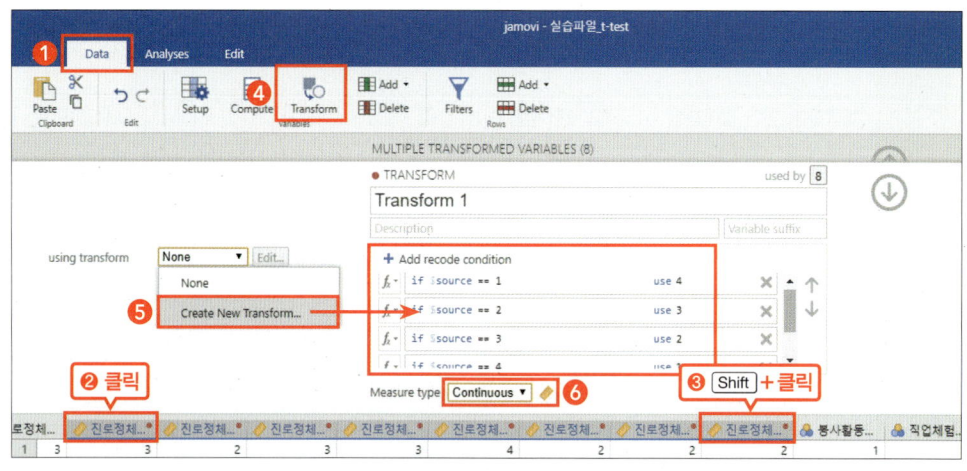

그림 11-29

2 ❶ 진로정체감 문항을 합산한 변수가 생성될 위치를 클릭합니다 ❷ Data 메뉴 중 Compute를 클릭합니다. ❸ 변수명을 '진로정체감합계'로 입력하고 ❹ 'f_x'를 클릭합니다. ❺ 'Functions'에서 'SUM'을 더블클릭하여 함수 창에 입력한 다음 ❻ 'Variables'에서 '진로정체감1 - Transform x' ~ '진로정체감8 - Transform x' 변수를 하나씩 더블클릭하고 쉼표(,)로 구분하여 합 변수를 생성합니다. ❼ Enter 를 눌러 함수를 실행합니다.

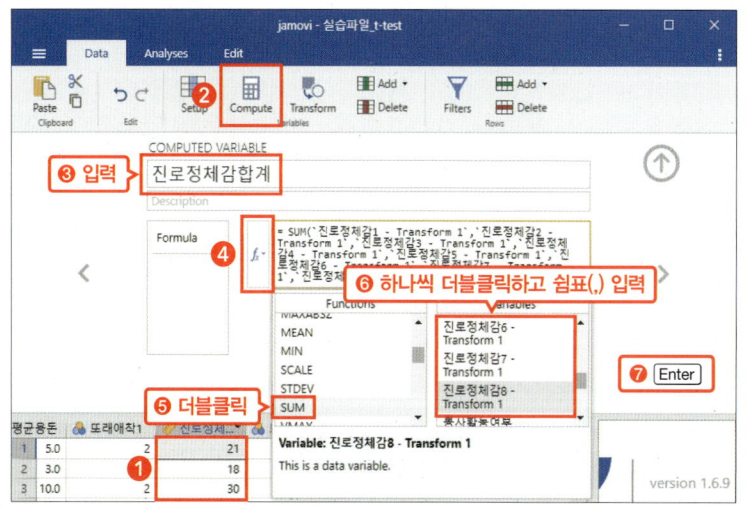

그림 11-30

3 ❶ Analyses 메뉴에서 ❷ T-Tests를 클릭하고 ❸ Independent Samples T-Test를 클릭합니다.

그림 11-31

4 ❶ '진로정체감합계' 변수를 'Dependent Variables'로 옮기고 ❷ '직업체험활동' 변수를 'Grouping Variable'로 옮겨줍니다. ❸ 'Tests' 항목의 'Welch's', ❹ 'Additional Statistics' 항목의 'Descriptives', ❺ 'Assumption Checks' 항목의 'Homogeneity test'에 체크합니다.

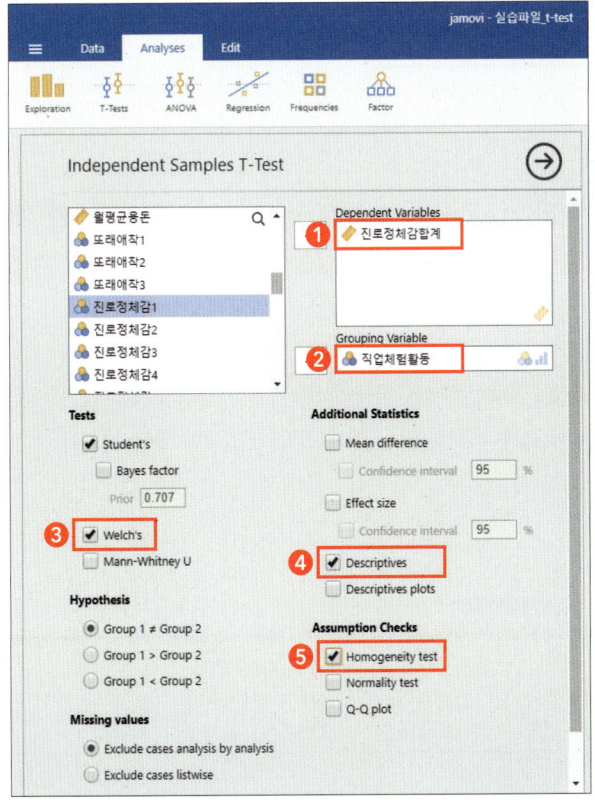

그림 11-32

5 ❶ 결과표에서 먼저 동질성 검정 결과를 확인해보니, 진로정체감합계의 p값이 0.05 이상으로 나타났습니다. ❷ 따라서 Independent Samples T-Test 표의 Student's t값을 확인합니다. 진로정체감합계의 p값이 0.001 미만으로 나타나 집단 간 유의한 차이가 나타났습니다. ❸ Group Descriptives 표에서 평균값을 확인해보니, 직업체험 활동 경험이 있는 집단(1)의 평균은 24.5, 직업체험 활동 경험이 없는 집단(2)의 평균은 23.1로 나타났습니다. 즉, 직업체험 활동 경험이 있는 집단의 진로정체감이 높은 것으로 판단되었습니다.

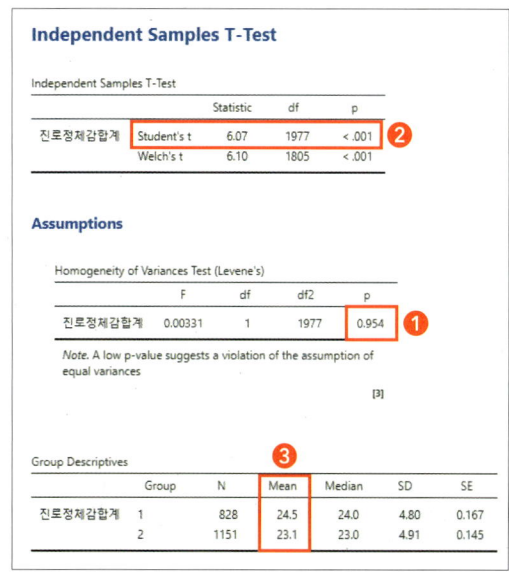

그림 11-33

6 Group Descriptives 표와 Independent Samples T-Test 표에서 필요한 값을 가져와 다음과 같이 결과표를 만들고 해석합니다.

> 직업체험 활동 경험에 따라 진로정체감에 차이가 있는지 검증하기 위해 독립표본 t검정(Independent sample t-test)을 실시하였다. 분석 결과, 직업체험 활동 경험이 있는 집단(M=24.5)은 경험이 없는 집단(M=23.1)에 비해 진로정체감이 높은 것으로 나타났다(t=6.07, p<.001).

〈표〉 직업체험 활동 경험에 따른 진로정체감의 차이

집단	범주	N	M	SD	t	p
직업체험 활동	경험 있음	828	24.5	4.80	6.07***	<.001
	경험 없음	1151	23.1	4.91		

*** p<.001

STEP 7 _ 동일한 변수에 대한 여러 집단의 차이

연구문제 예시

마지막으로 **각종 경험에 따라 삶의 목표에 차이가 있는지** 검증해보겠습니다. 삶의 목표는 혁신성, 물질적인 풍요, 안전, 일과 삶의 균형, 헌신, 사회적 인정, 모험, 정직, 환경 보호, 가정의 행복, 친구관계, 친지관계, 불평등 해소, 부모 역할, 지식 등 다양한 문항으로 구성되어 있지만, 이들을 하나로 묶어 삶의 목표가 높다/낮다로 해석해보겠습니다.

체험활동: 연간 참여경험 유무	봉사활동	1 있다
	직업체험 활동	2 없다
	교내 공식 동아리 활동	
	해외 교육 연간 경험유무	
	종교활동	
삶의 목표	새로운 아이디어를 내고 창조적인 생각과 행동을 하는 것이 중요하다	1 매우 그렇다
	부유하게 살고 값비싼 물건을 많이 소유하는 것이 중요하다	2 그런 편이다
	안전한 동네에서 사는 것이 중요하다	3 그렇지 않은 편이다
	많은 여가 시간을 갖고 자신을 즐기는 것이 중요하다	4 전혀 그렇지 않다
	다른 사람을 돕는 것이 중요하다	
	자신의 분야에서 성공해서 다른 사람에게서 인정을 받는 것이 중요하다	
	모험심과 새로운 도전을 하는 것이 중요하다	
	비난받을 만한 일을 하지 않고 바른 길을 걷는 것이 중요하다	
	환경을 보호하는 것이 중요하다	
	행복한 가정생활을 하는 것이 중요하다	
	좋은 친구들과 우정을 쌓는 것이 중요하다	
	부모님, 친척들과 친밀한 관계를 유지하는 것이 중요하다	
	사회적, 경제적 불평등을 바로 잡는 것이 중요하다	
	좋은 부모가 되는 것이 중요하다	
	좋은 대학에 가는 것이 중요하다	

1 ❶ Data 메뉴를 클릭하고 ❷ '삶의목표_창조적삶'을 클릭한 다음 ❸ [Shift] 를 누른 채 '삶의목표_좋은대학'을 클릭하여 삶의 목표에 해당하는 변수를 모두 선택합니다. ❹ Transform을 클릭한 다음 ❺ 'using transform' 메뉴에서 기존의 4점 척도 역코딩 함수를 이용하거나 'Create New Transform...'을 클릭하여 역코딩해줍니다. ❻ 'Measure type'은 'Continuous'로 설정합니다.

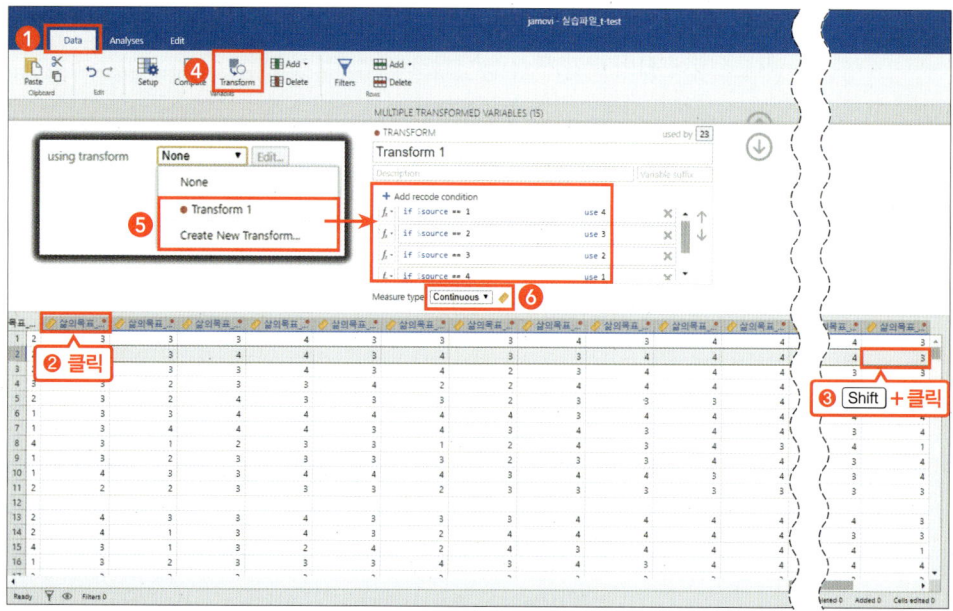

그림 11-34

2 ❶ 삶의 목표 문항을 합산한 변수가 생성될 위치를 클릭하고 ❷ Data 메뉴 중 Compute를 클릭합니다. ❸ 변수명을 '삶의목표합계'로 입력하고 ❹ 'f_x'를 클릭합니다. ❺ 'Functions'에서 'SUM'을 더블클릭하여 함수 창에 입력한 다음 ❻ 'Variables'에서 '삶의목표_창조적삶 - Transform x' ~ '삶의목표_좋은대학 - Transform x' 변수를 하나씩 더블클릭하고 쉼표(,)로 구분하여 합 변수를 생성합니다. ❼ Enter 를 눌러 함수를 실행합니다.

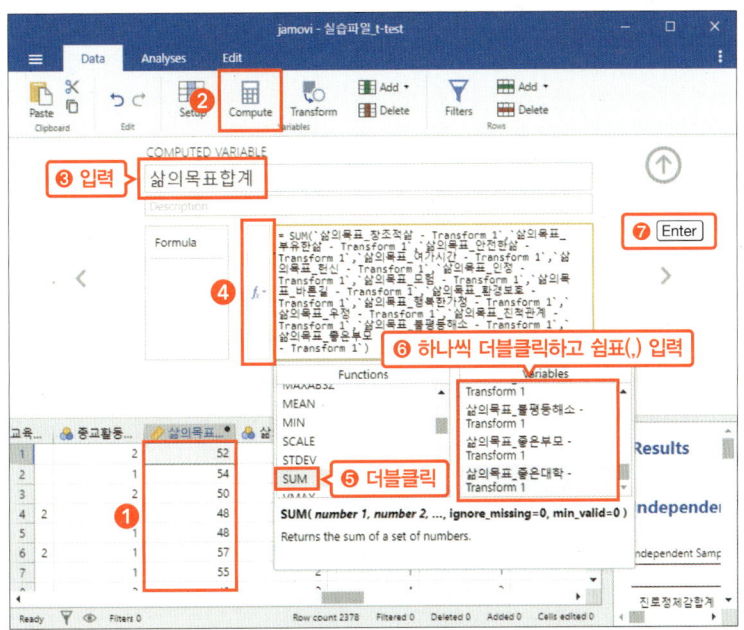

그림 11-35

3 ❶ Analyses 메뉴에서 ❷ T-Tests를 클릭하고 ❸ Independent Samples T-Test를 클릭합니다.

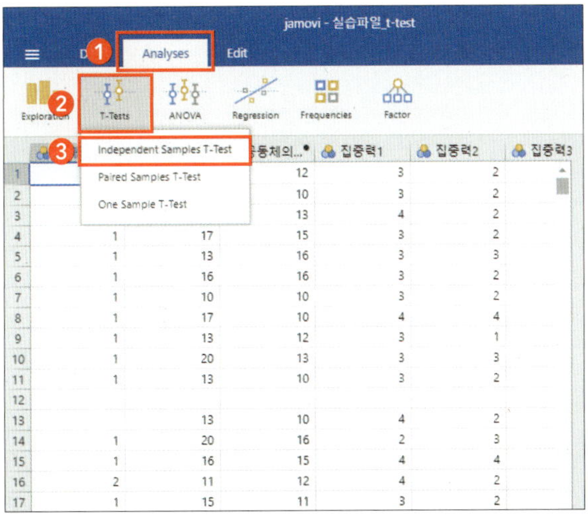

그림 11-36

SECTION 11 독립표본 t-test **201**

4 ❶ '삶의목표합계' 변수를 'Dependent Variables'로 옮기고 ❷ '봉사활동여부' 변수를 'Grouping Variable'로 옮겨줍니다. ❸ 'Tests' 항목의 'Welch's'와 ❹ 'Additional Statistics' 항목의 'Descriptives', ❺ 'Assumption Checks' 항목의 'Homogeneity test'에 체크합니다.

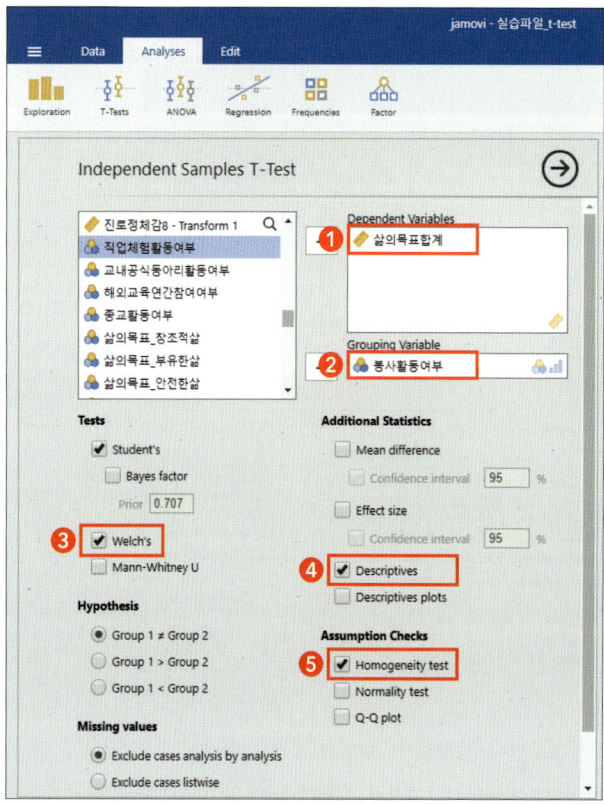

그림 11-37

5 ❶ Independent Samples T-Test 글자 위에서 오른쪽 클릭하여 결과표 전체를 선택하고 ❷ Analysis 항목의 Copy를 클릭합니다. ❸ 엑셀의 새 문서에 붙여넣기하고 ❹ 어떤 집단을 대상으로 분석했는지를 표시하기 위해 '봉사활동여부'를 입력합니다.

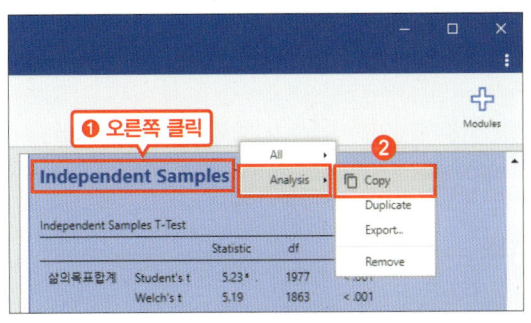

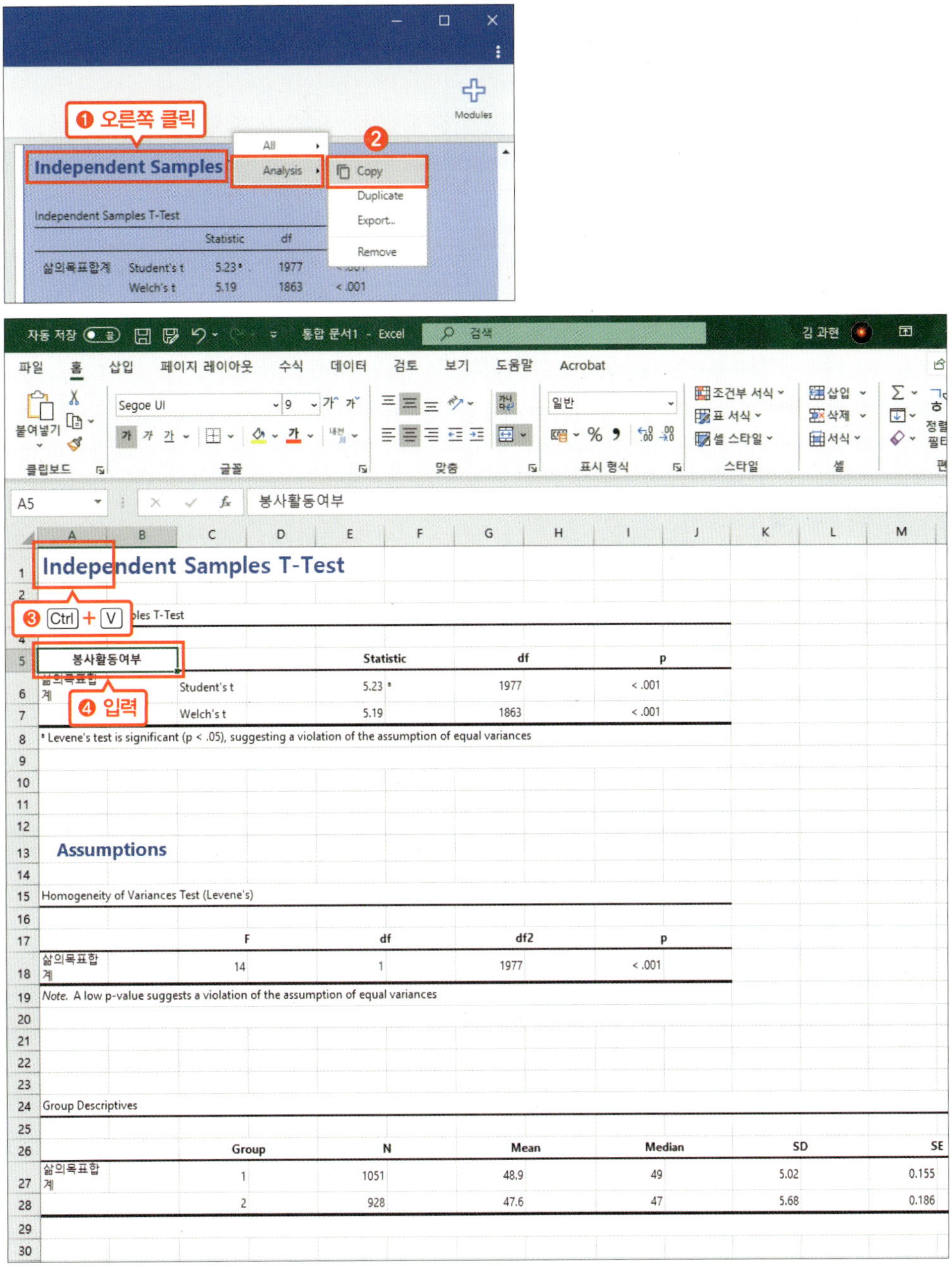

그림 11-38

6 'Grouping Variable'에서 ❶ '봉사활동여부'를 제거하고 ❷ '직업체험활동여부'를 투입합니다.

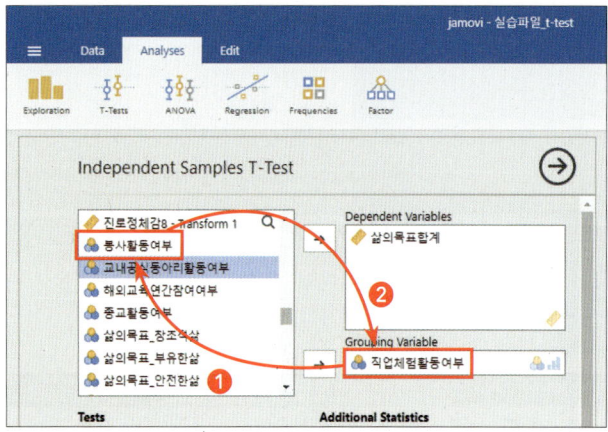

그림 11-39

7 ❶ Independent Samples T-Test 글자 위에서 오른쪽 클릭하여 결과표 전체를 선택하고 ❷ Analysis 항목의 Copy를 클릭합니다. ❸ 엑셀의 '봉사활동여부' 아래 빈칸에 붙여 넣기하고 ❹ 어떤 집단을 대상으로 분석했는지를 표시하기 위해 '직업체험활동여부'를 입력합니다.

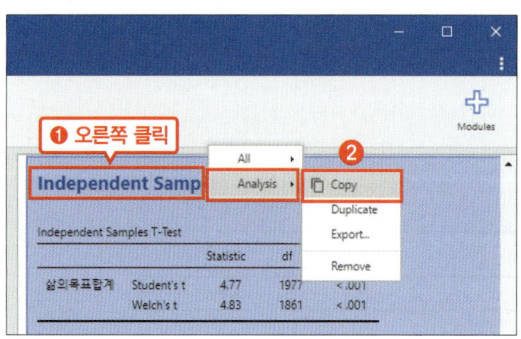

그림 11-40

8 'Grouping Variable'에서 ❶ '직업체험활동여부'를 제거하고 ❷ '교내공식동아리활동여부'를 투입합니다.

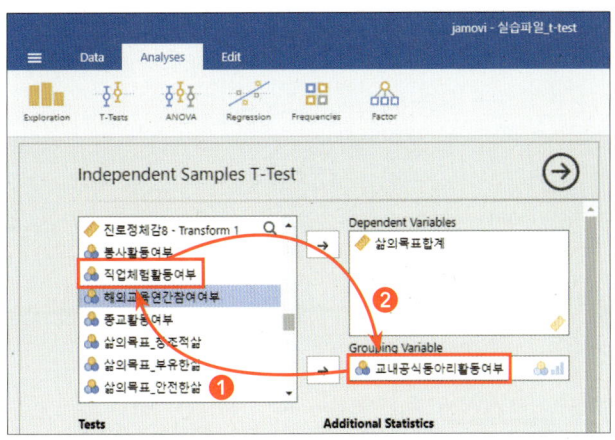

그림 11-41

9 ❶ Independent Samples T-Test 글자 위에서 오른쪽 클릭하여 결과표 전체를 선택하고 ❷ Analysis 항목의 Copy를 클릭합니다. ❸ 엑셀의 '직업체험활동여부' 아래 빈칸에 붙여넣기하고 ❹ 어떤 집단을 대상으로 분석했는지를 표시하기 위해 '교내공식동아리활동여부'를 입력합니다.

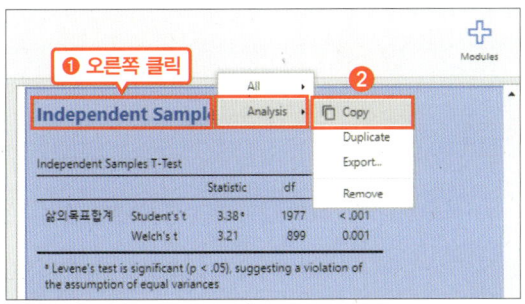

그림 11-42

10 'Grouping Variable'에서 ❶ '교내공식동아리활동여부'를 제거하고 ❷ '해외교육연간참여여부'를 투입합니다.

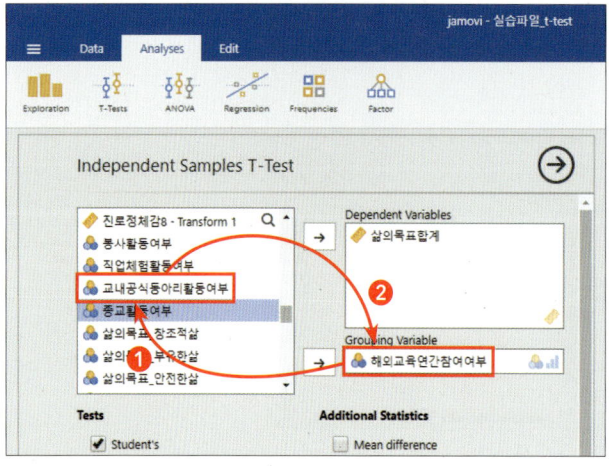

그림 11-43

11 ❶ Independent Samples T-Test 글자 위에서 오른쪽 클릭하여 결과표 전체를 선택하고 ❷ Analysis 항목의 Copy를 클릭합니다. ❸ 엑셀의 '교내공식동아리활동여부' 아래 빈 칸에 붙여넣기하고 ❹ 어떤 집단을 대상으로 분석했는지를 표시하기 위해 '해외교육연간참여여부'를 입력합니다.

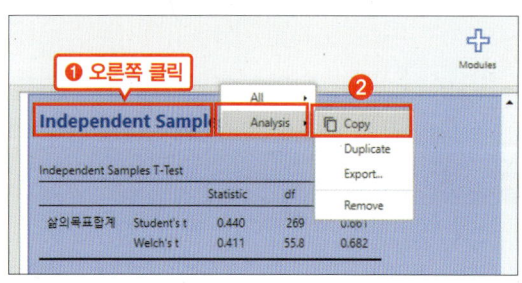

그림 11-44

12 'Grouping Variable'에서 ❶ '해외교육연간참여여부'를 제거하고 ❷ '종교활동여부'를 투입합니다.

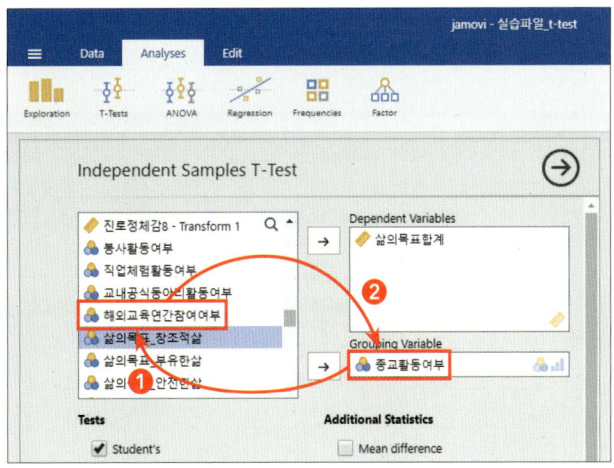

그림 11-45

13 ❶ Independent Samples T-Test 글자 위에서 오른쪽 클릭하여 결과표 전체를 선택하고 ❷ Analysis 항목의 Copy를 클릭합니다. ❸ 엑셀의 '해외교육연간참여여부' 아래 빈칸에 붙여넣기하고 ❹ 어떤 집단을 대상으로 분석했는지를 표시하기 위해 '종교활동여부'를 입력합니다.

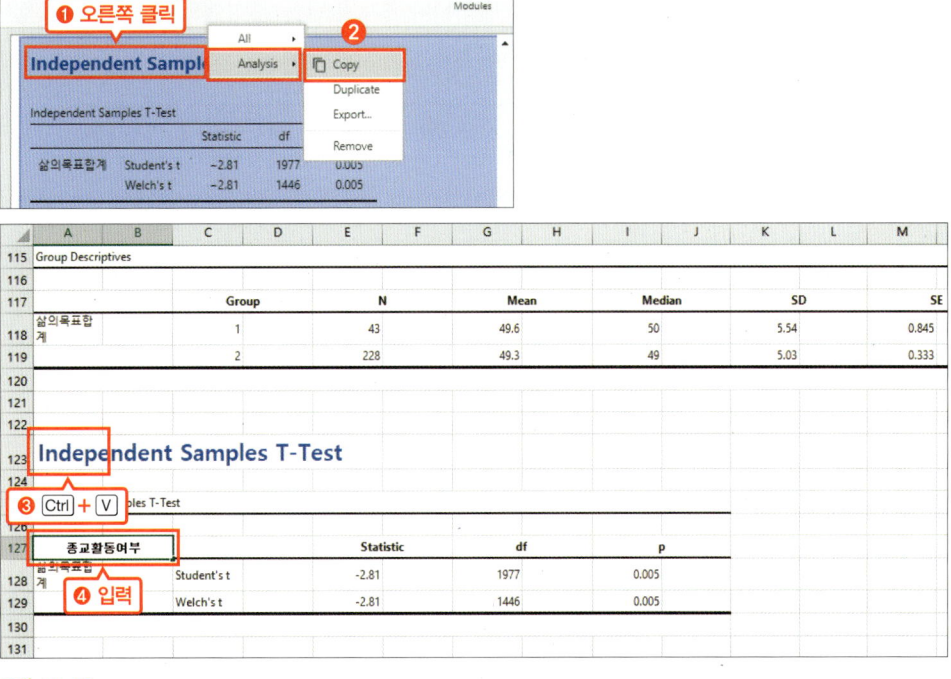

그림 11-46

14 엑셀의 데이터를 쉽게 가져올 수 있도록 하기 위해 빈칸을 없애겠습니다. ❶ B열을 클릭하고 ❷ Ctrl 을 누른 채 D, F, H, J, L, N열을 클릭하여 선택합니다. ❸ 선택한 아무 열 위에서나 오른쪽 클릭하고 ❹ 삭제를 클릭하거나 Ctrl 을 누른 채 ─ 를 눌러 선택한 열을 없애줍니다.

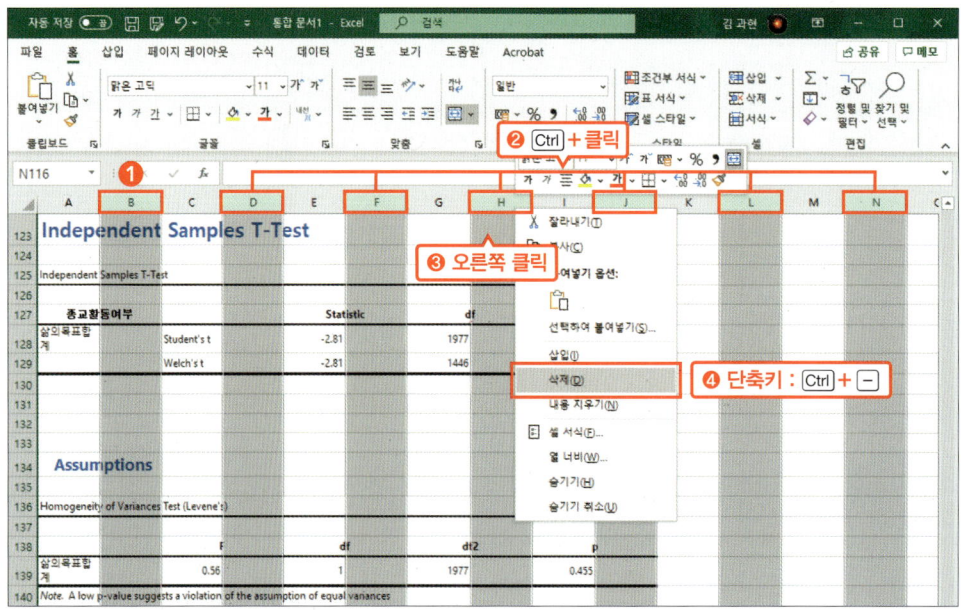

그림 11-47

15 한글 프로그램에 결과표 틀을 만듭니다. 5개 집단을 분석했으므로 첫 행에 '집단', '구분'을 입력합니다.

집단	구분	N	M	SD	t	p

* p<.05, ** p<.01, *** p<.001

그림 11-48

16 엑셀의 첫 행으로 돌아와서 봉사활동여부에 대한 결과를 확인하여 한글 표에 입력합니다. ❶ 동질성 검증 결과표의 p값이 0.05 미만이므로 ❷ Independent Samples T-Test 표에서 Welch's t 행의 값을 가져옵니다.

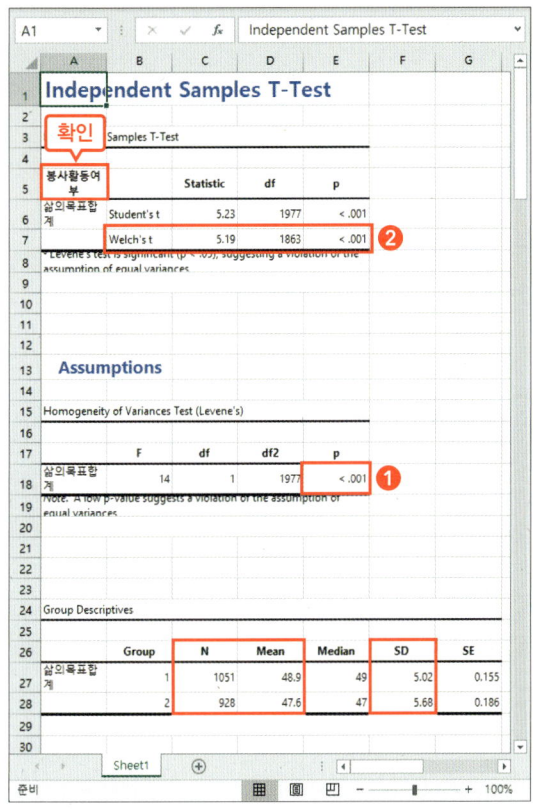

집단	구분	N	M	SD	t	p
봉사활동여부	경험 있음	1051	48.9	5.02	5.19	<.001
	경험 없음	928	47.6	5.68		

* *p*<.05, ** *p*<.01, *** *p*<.001

그림 11-49

17 봉사활동여부 아래에 붙여넣기한 직업체험활동여부에 대한 결과를 확인하여 한글 표에 입력합니다. ❶ 동질성 검증 결과표의 p값이 0.05 이상이므로 ❷ Independent Samples T-Test 표에서 Student's t 행의 값을 가져옵니다.

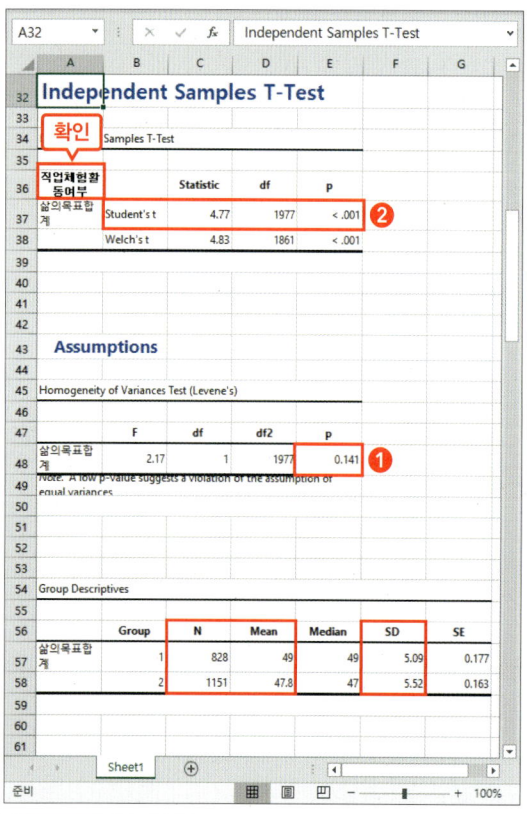

집단	구분	N	M	SD	t	p
봉사활동	경험 있음	1051	48.9	5.02	5.19	<.001
	경험 없음	928	47.6	5.68		
직업체험 활동	경험 있음	828	49.0	5.09	4.77	<.001
	경험 없음	1151	47.8	5.52		

* p<.05, ** p<.01, *** p<.001

그림 11-50

18 직업체험활동여부 아래에 붙여넣기한 교내공식동아리활동여부에 대한 결과를 확인하여 한글 표에 입력합니다. ❶ 동질성 검증 결과표의 p값이 0.05 미만이므로 ❷ Independent Samples T-Test 표에서 Welch's t 행의 값을 가져옵니다.

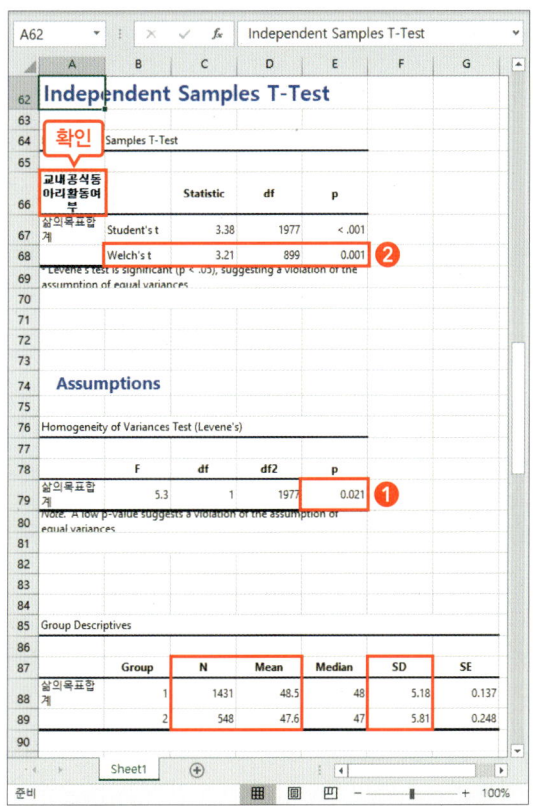

집단	구분	N	M	SD	t	p
봉사활동	경험 있음	1051	48.9	5.02	5.19	<.001
	경험 없음	928	47.6	5.68		
직업체험 활동	경험 있음	828	49.0	5.09	4.77	<.001
	경험 없음	1151	47.8	5.52		
교내 공식 동아리 활동	경험 있음	1431	48.5	5.18	3.21	.001
	경험 없음	548	47.6	5.81		

* $p<.05$, ** $p<.01$, *** $p<.001$

그림 11-51

19 교내공식동아리활동여부 아래에 붙여넣기한 해외교육연간참여여부에 대한 결과를 확인하여 한글 표에 입력합니다. ❶ 동질성 검증 결과표의 p값이 0.05 이상이므로 ❷ Independent Samples T-Test 표에서 Student's t 행의 값을 가져옵니다.

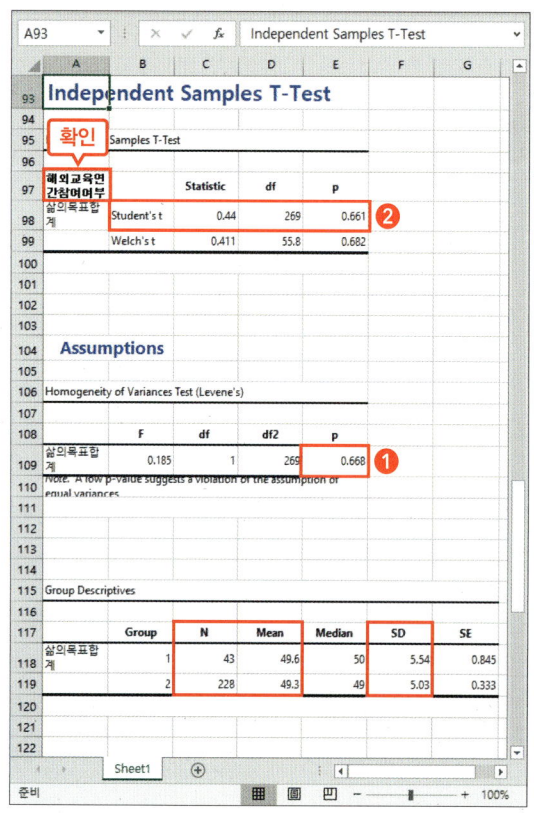

집단	구분	N	M	SD	t	p
봉사활동	경험 있음	1051	48.9	5.02	5.19	<.001
	경험 없음	928	47.6	5.68		
직업체험 활동	경험 있음	828	49.0	5.09	4.77	<.001
	경험 없음	1151	47.8	5.52		
교내 공식 동아리 활동	경험 있음	1431	48.5	5.18	3.21	.001
	경험 없음	548	47.6	5.81		
해외교육 연간 참여	경험 있음	43	49.6	5.54	0.44	.661
	경험 없음	228	49.3	5.03		

* $p<.05$, ** $p<.01$, *** $p<.001$

그림 11-52

20 마지막으로 해외교육연간참여여부 아래에 붙여넣기한 종교활동여부에 대한 결과를 확인하여 한글 표에 입력합니다. ❶ 동질성 검증 결과표의 p값이 0.05 이상이므로 ❷ Independent Samples T-Test 표에서 Student's t 행의 값을 가져옵니다.

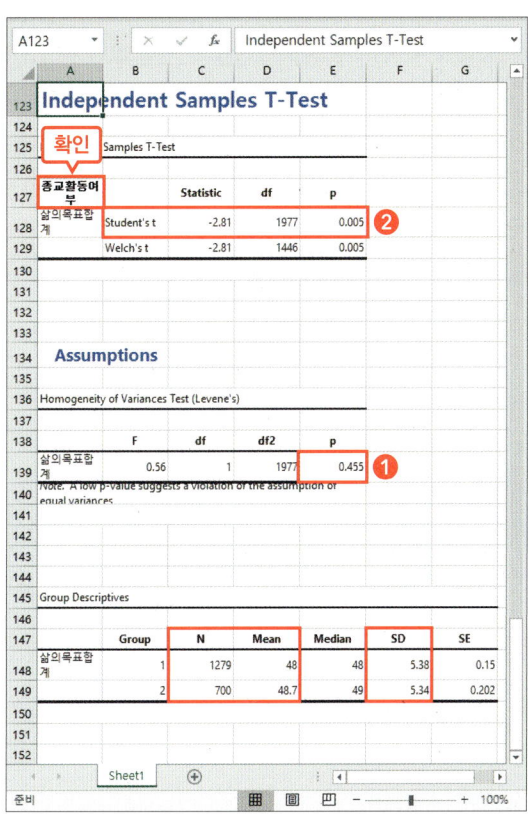

집단	구분	N	M	SD	t	p
봉사활동	경험 있음	1051	48.9	5.02	5.19	<.001
	경험 없음	928	47.6	5.68		
직업체험 활동	경험 있음	828	49.0	5.09	4.77	<.001
	경험 없음	1151	47.8	5.52		
교내 공식 동아리 활동	경험 있음	1431	48.5	5.18	3.21	.001
	경험 없음	548	47.6	5.81		
해외교육 연간 참여	경험 있음	43	49.6	5.54	0.44	.661
	경험 없음	228	49.3	5.03		
종교활동	경험 있음	1279	48.0	5.38	-2.81	.005
	경험 없음	700	48.7	5.34		

* p<.05, ** p<.01, *** p<.001

그림 11-53

21 p값에 따라 t값에 *표를 추가합니다. p값의 유의성 여부(<.05)에 따라 표를 해석하고 표 제목을 붙여줍니다.

고등학교 활동 경험에 따라 삶의 목표에 차이가 있는지 검증하기 위해 독립표본 t검정(Independent sample t-test)을 실시하였다. 분석 결과, 봉사활동(t=5.19, p<.001), 직업체험 활동(t=4.77, p<.001), 교내 공식 동아리 활동(t=3.21, p<.01), 종교활동(t=-2.81, p<.01)에 따라 삶의 목표 차이가 나타났다. 봉사활동, 직업체험 활동, 교내 공식 동아리 활동은 경험이 있는 집단이 경험이 없는 집단에 비해 삶의 목표가 높게 나타났고, 종교활동은 경험이 없는 집단이 경험이 있는 집단에 비해 삶의 목표가 높게 나타났다.

해외교육 연간 참여 경험에 따른 삶의 목표의 차이는 통계적으로 유의하지 않았다(p>.05).

〈표〉 고등학교 활동 경험에 따른 삶의 목표의 차이

집단	구분	N	M	SD	t	p
봉사활동	경험 있음	1051	48.9	5.02	5.19***	<.001
	경험 없음	928	47.6	5.68		
직업체험 활동	경험 있음	828	49.0	5.09	4.77***	<.001
	경험 없음	1151	47.8	5.52		
교내 공식 동아리 활동	경험 있음	1431	48.5	5.18	3.21**	.001
	경험 없음	548	47.6	5.81		
해외교육 연간 참여	경험 있음	43	49.6	5.54	0.44	.661
	경험 없음	228	49.3	5.03		
종교활동	경험 있음	1279	48.0	5.38	-2.81**	.005
	경험 없음	700	48.7	5.34		

** $p<.01$, *** $p<.001$

SECTION 12

대응표본 t-test

준비파일
실습파일_대응표본 t-test.xlsx

대응표본 t-test는 같은 응답자의 두 점수를 비교하여 유의한 차이가 있는지를 확인하는 분석 방법입니다. 실험연구에서는 주로 사전 점수와 사후 점수 등의 연속형 자료를 비교하는 데 사용됩니다. 여기서는 2차 데이터를 활용하기 때문에 첫 실습에서는 중간고사와 기말고사라는 변수를 임의로 만들어서 진행하겠습니다.

STEP 1 _ 따라하기

1 먼저 실습파일을 불러오겠습니다. ❶ ≡ 버튼을 누르고 ❷ Open 항목 중 ❸ This PC 메뉴에서 ❹ Browse를 클릭한 다음 ❺ 실습파일이 저장된 폴더에서 '실습파일_대응표본 t-test.xlsx' 파일을 불러옵니다.

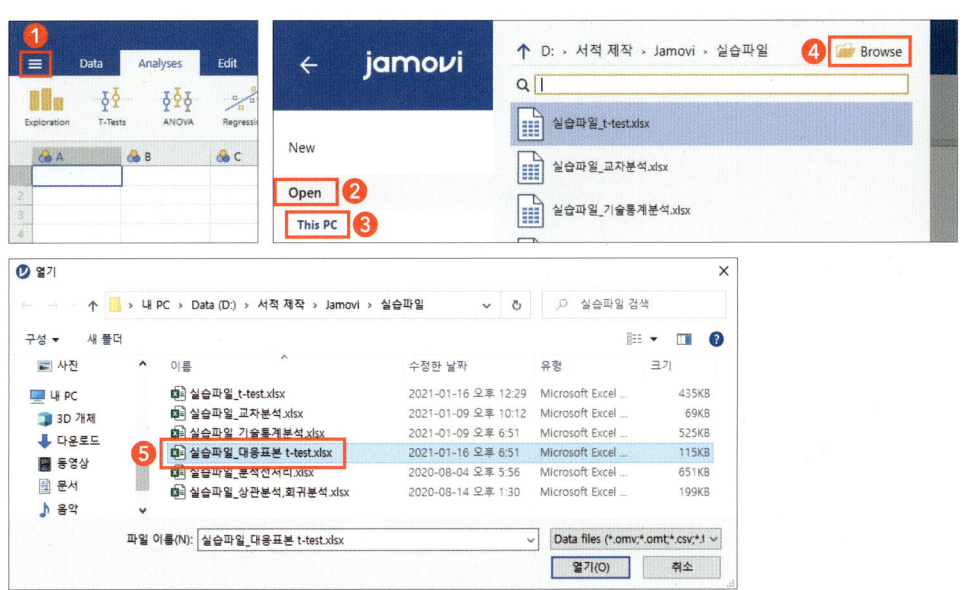

그림 12-1

2 ❶ Analyses 메뉴에서 ❷ T-Tests를 클릭하고 ❸ Paired Samples T-Test를 클릭합니다.

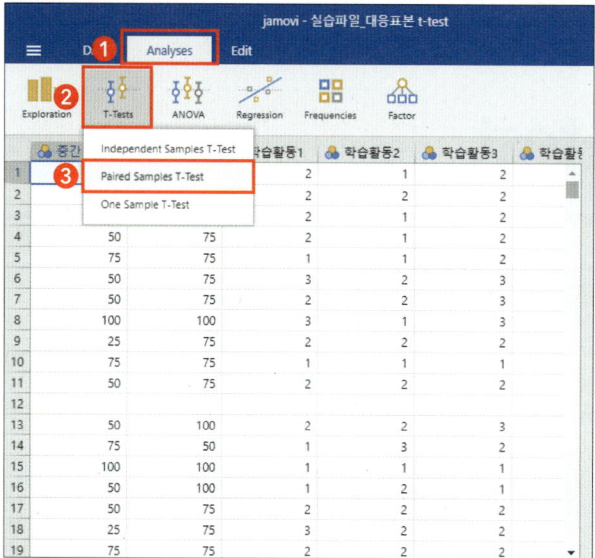

그림 12-2

3 ❶ '중간고사' 변수를 클릭하고 ❷ 'Paired Variables'로 옮깁니다.

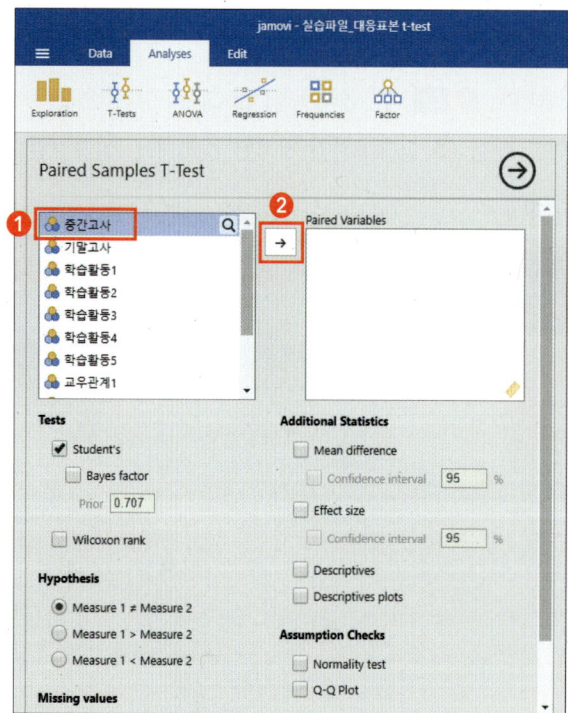

그림 12-3

4 ❶ '기말고사' 변수를 클릭하고 ❷ 'Paired Variables'로 옮깁니다. ❸ 중간고사와 기말고사 각각의 평균점수와 점수 차이를 확인하기 위해 'Additional Statistics' 항목의 'Mean difference'와 ❹ 'Descriptives'에 체크합니다.

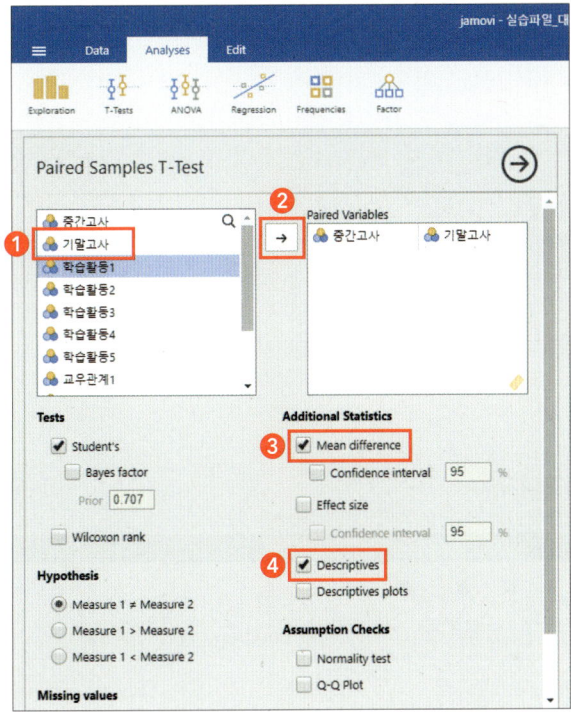

그림 12-4

5 ❶ 중간고사 평균점수는 68.1점, 기말고사 평균점수는 75.4점으로 학생들은 기말고사 때 더 좋은 점수를 받았습니다. ❷ 이러한 차이가 통계적으로 유의한지 확인하기 위해 p값을 확인해야 합니다. p값은 <.001로 0.05 미만으로 나타나 통계적으로 유의한 차이가 있었습니다.

Paired Samples T-Test

Paired Samples T-Test

			statistic	df	p	Mean difference	SE difference
중간고사	기말고사	Student's t	−15.6	1978	<.001	−7.25	0.463

Descriptives

	N	Mean	Median	SD	SE
중간고사	1979	68.1	75	18.9	0.426
기말고사	1979	75.4	75	18.2	0.409

그림 12-5

STEP 2 _ 분석 결과표 작성하기

1 ❶ 결과창의 Paired Samples T-Test 결과표 위에서 오른쪽 클릭하고 ❷ Analysis 항목 중 ❸ Copy를 클릭합니다.

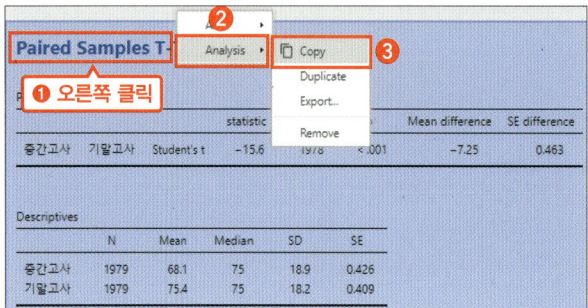

그림 12-6

2 엑셀을 실행하고 붙여넣기합니다.

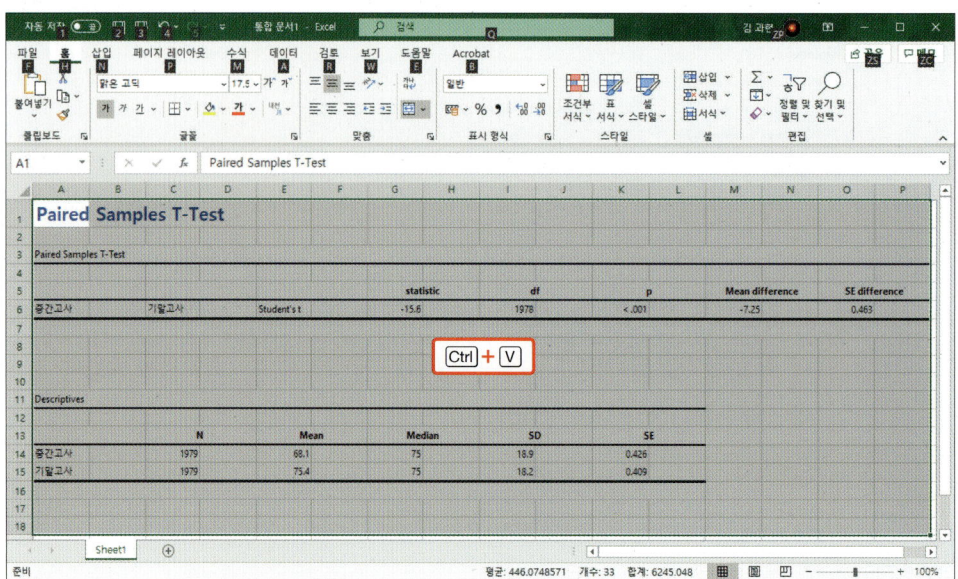

그림 12-7

3 값 사이의 빈칸을 없애 표를 정리하겠습니다. ❶ B열을 클릭하고 ❷ [Ctrl]을 누른 채 비어 있는 나머지 D, F, H, J, L, N, P열을 클릭합니다. ❸ 선택한 열 중 아무 열 위에서나 오른쪽 클릭하고 ❹ 삭제를 클릭하거나 [Ctrl]을 누른 채 [−]를 누르면 선택한 열이 삭제됩니다.

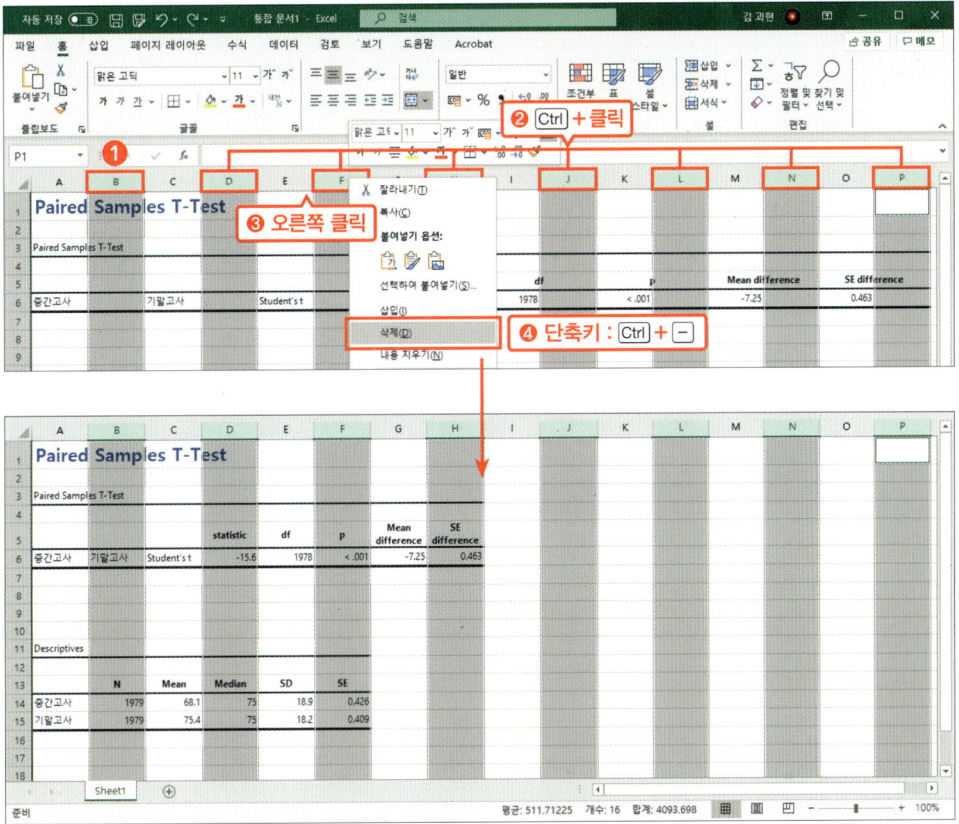

그림 12-8

4 한글 프로그램에서 6칸×4줄로 된 표를 만듭니다. 첫 줄에 변수, N, M, SD, t, p를 입력합니다.

변수	N	M	SD	t	p

그림 12-9

5 ❶ 변수 칸에 '중간고사', '기말고사'를 입력합니다. ❷ t, p 칸과 맨 아랫줄을 각각 선택하고 ❸ Ⓜ을 눌러 병합합니다.

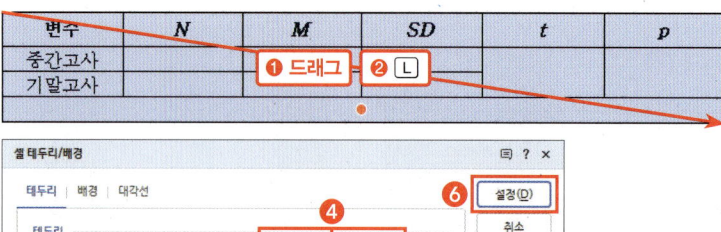

그림 12-10

6 ❶ 전체 칸을 선택하고 ❷ Ⓛ을 눌러 셀 테두리/배경 창을 엽니다. ❸ '종류'는 '없음'으로 선택하고 ❹ 모든 세로선과 ❺ 맨 밑 가로선을 선택합니다. ❻ 설정(D)을 클릭합니다.

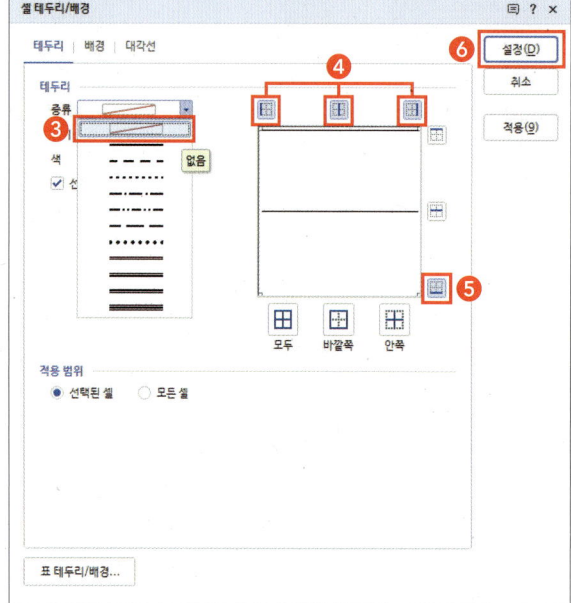

그림 12-11

7 같은 방식으로 중간고사와 기말고사 사이의 가로줄도 없애줍니다.

변수	N	M	SD	t	p
중간고사					
기말고사					

변수	N	M	SD	t	p
중간고사					
기말고사					

그림 12-12

8 엑셀에 붙여넣기한 결과표에서 N, Mean, SD, statistic, p값을 한글 표의 N, M, SD, t, p에 각각 입력합니다. 복사-붙여넣기한 다음 글꼴을 수정해도 괜찮습니다.

Paired Samples T-Test

Paired Samples T-Test

			statistic	df	p	Mean difference	SE difference
중간고사	기말고사	Student's t	-15.6	1978	<.001	-7.25	0.463

Descriptives

	N	Mean	Median	SD	SE
중간고사	1979	68.1	75	18.9	0.426
기말고사	1979	75.4	75	18.2	0.409

변수	N	M	SD	t	p
중간고사	1979	68.1	18.9	-15.6	<.001
기말고사	1979	75.4	18.2		

그림 12-13

9 마지막으로 표 제목을 붙여준 다음 p값에 따라 t값에 *표를 위첨자로 붙이고 표 하단에 *표의 의미를 제시합니다.

<표> 중간고사와 기말고사 점수의 차이

변수	N	M	SD	t	p
중간고사	1979	68.1	18.9	-15.6***	<.001
기말고사	1979	75.4	18.2		

*** p<.001

그림 12-14

STEP 3 _ 분석 결과표 해석하기

대응표본 t검정 결과에서도 교차분석, 독립표본 t검정과 마찬가지로 p값에 따라 유의한 차이가 결정됩니다. 아래 결과표를 보면 **p값이 0.05 미만**이므로, 중간고사와 기말고사 점수에는 통계적으로 유의한 차이가 있는 것으로 나타났습니다. 다음으로 **중간고사와 기말고사의 평균(M)**값을 확인하면, **중간고사는 평균 68.1점, 기말고사는 평균 75.4점**으로 기말고사의 평균이 높았습니다.

중간고사와 기말고사 점수에 차이가 있는지 검증하기 위해 대응표본 t검정(Paired sample t-test)을 실시하였다. 분석 결과, 중간고사(M=68.1)보다 기말고사(M=75.4) 점수가 높게 나타났다(t=-15.6, p<.001).

〈표〉 중간고사와 기말고사 점수의 차이

변수	N	M	SD	t	p
중간고사	1979	68.1	18.9	-15.6***	<.001
기말고사	1979	75.4	18.2		

*** p<.001

STEP 4 _ 실습하기

이번에는 **학생들이 학교에서 공부하는 것과 친구와 노는 것 중 어느 것을 더 많이 하는지** 확인해보겠습니다. 이를 측정하기 위해 한국아동·청소년패널조사 7차 자료에서 '학교적응: 학습활동' 항목과 '학교적응: 교우관계' 항목을 채택했습니다.

학교적응: 학습활동	학교 수업 시간이 재미있다	1 매우 그렇다 2 그런 편이다 3 그렇지 않은 편이다 4 전혀 그렇지 않다
	학교 숙제를 빠뜨리지 않고 한다	
	수업 시간에 배운 내용을 잘 알고 있다	
	모르는 것이 있을 때 다른 사람(부모님이나 선생님 또는 친구들)에게 물어본다	
	공부 시간에 딴짓을 한다	
학교적응: 교우관계	우리 반 아이들과 잘 어울린다	1 매우 그렇다 2 그런 편이다 3 그렇지 않은 편이다 4 전혀 그렇지 않다
	친구와 다투었을 때 먼저 사과한다	
	친구가 교과서나 준비물을 안 가져왔을 때 함께 보거나 빌려 준다	
	친구가 하는 일을 방해한다	
	놀이나 모둠활동을 할 때 친구들이 내 말을 잘 따라 준다	

코드북을 확인해보면, 학습활동 1~4에 해당하는 문항은 점수가 낮을수록 학습활동이 잘되고 있는 것으로 해석되고, 교우관계 1, 2, 3, 5에 해당하는 문항 역시 점수가 낮을수록 교우관계가 좋은 것으로 해석됩니다. 이들 문항을 역코딩한 후 합산하여 분석해보겠습니다.

1 ❶ Data 메뉴에서 ❷ '학습활동1' 변수를 클릭하고 ❸ Shift 를 누른 채 '학습활동4' 변수를 클릭하여 학습활동1~4 변수를 모두 선택합니다. ❹ Transform을 클릭합니다.

그림 12-15

2 ❶ 'using transform' 메뉴에서 'Create New Transform...'을 클릭하고 ❷ '+ Add recode condition'을 클릭하여 ❸ 4점 척도 역코딩 변수를 생성합니다. ❹ 'Measure type'은 'Continuous'로 설정합니다.

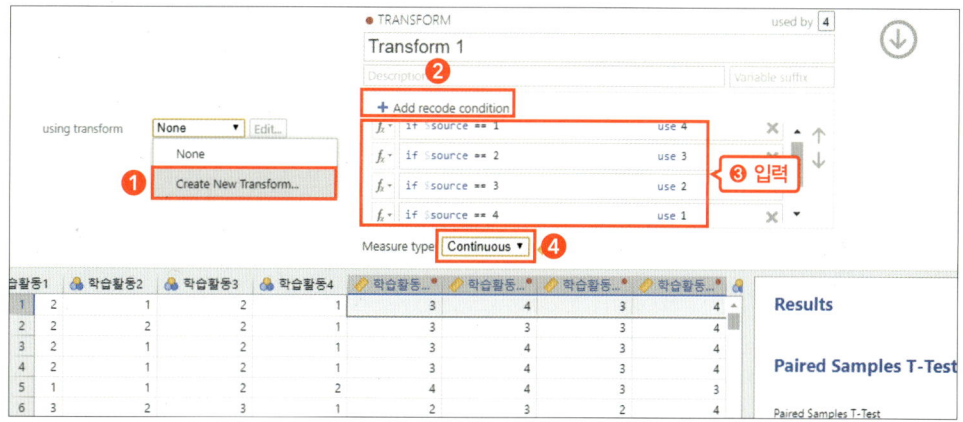

그림 12-16

3 ❶ '교우관계1' 변수를 클릭하고 ❷ Ctrl 을 누른 채 '교우관계2', '교우관계3', '교우관계5' 변수를 클릭하여 '교우관계4'를 제외한 변수를 선택합니다. ❸ Transform을 클릭합니다.

그림 12-17

4 'using transform' 메뉴에서 'Transform 1'을 클릭하면 '교우관계1', '교우관계2', '교우관계3', '교우관계5' 변수의 역코딩 함수가 만들어집니다. 'Create New Transform...'을 클릭하여 직접 만들어도 됩니다.

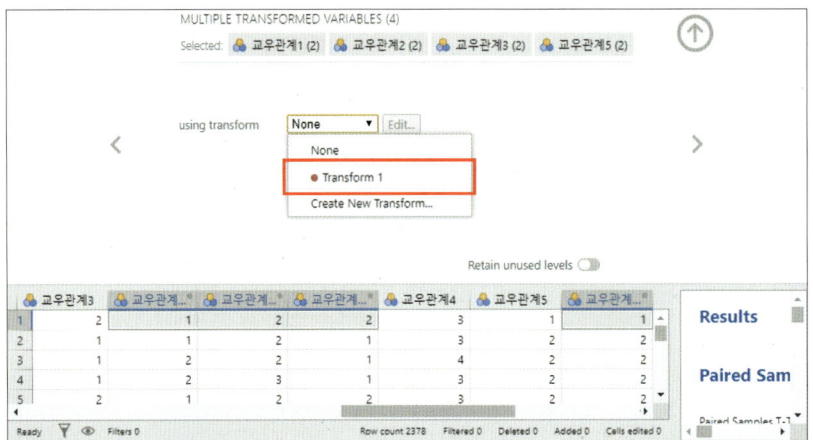

그림 12-18

5 분석할 때는 변수가 앞쪽에 있는 것이 찾기 편합니다. ❶ 기말고사 변수의 아무 칸이나 클릭하고 ❷ Compute를 클릭한 뒤 ❸ 변수명을 '학습활동합계'로 입력합니다. ❹ 'f_x'를 클릭하고 ❺ 'Functions' 항목 중 'SUM'을 더블클릭하여 함수 창에 입력한 뒤 ❻ 'Variables' 목록에서 '학습활동1 - Transform 1', '학습활동2 - Transform 1', '학습활동3 - Transform 1', '학습활동4 - Transform 1', '학습활동5' 변수를 각각 더블클릭하고 쉼표(,)로 구분하여 함수 창에 입력합니다. ❼ Enter 를 눌러 함수를 실행합니다.

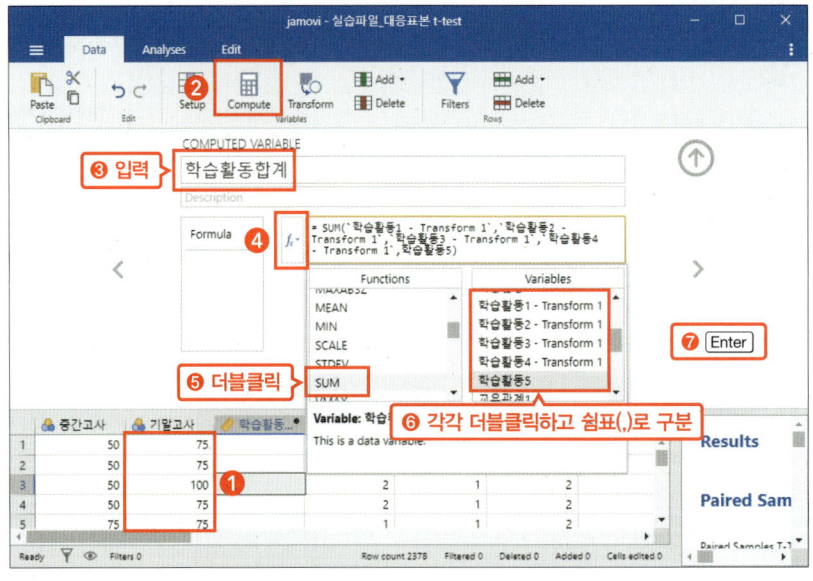

그림 12-19

6 ❶ 만들어진 '학습활동합계' 변수의 아무 칸이나 클릭하고 ❷ Compute를 클릭한 뒤 ❸ 변수명을 '교우관계합계'로 입력합니다. ❹ 'f_x'를 클릭합니다. ❺ 'Functions' 항목 중 'SUM'을 더블클릭하여 함수 창에 입력한 뒤 ❻ 'Variables' 목록에서 '교우관계1 - Transform 1', '교우관계2 - Transform 1', '교우관계3 - Transform 1', '교우관계4', '교우관계5- Transform 1' 변수를 각각 더블클릭하고 쉼표(,)로 구분하여 함수 창에 입력합니다. ❼ Enter 를 눌러 함수를 실행합니다.

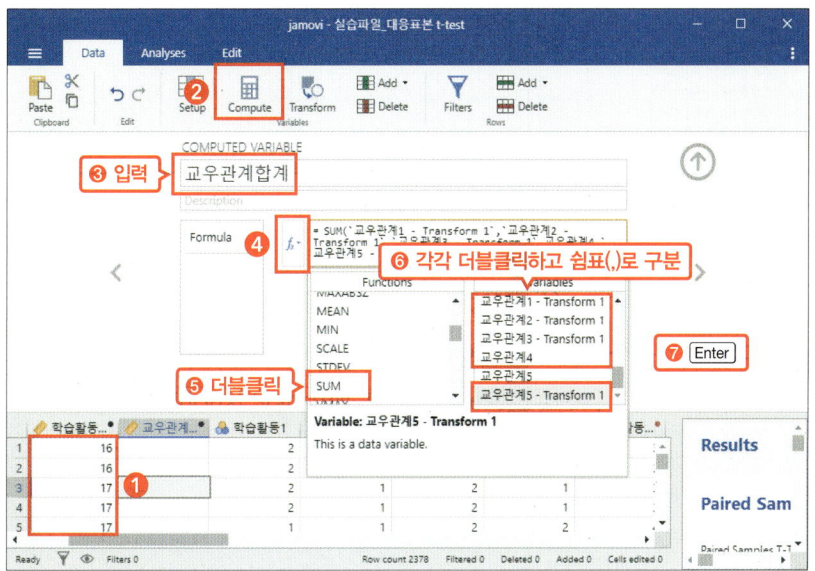

그림 12-20

7 ❶ Analyses 메뉴에서 ❷ T-Tests를 클릭하고 ❸ Paired Samples T-Test를 클릭합니다.

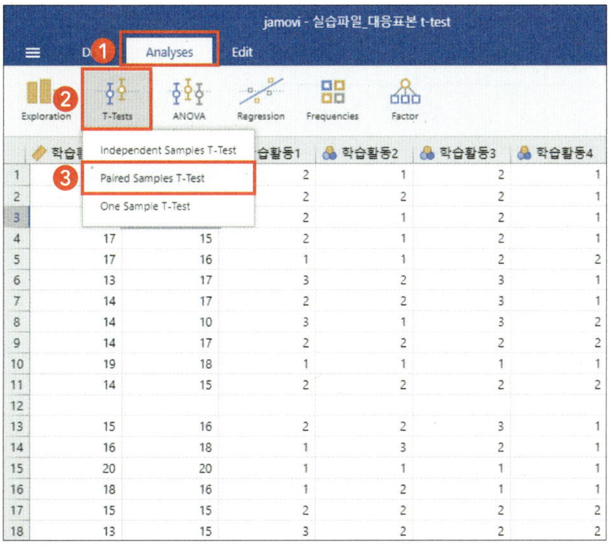

그림 12-21

8 ❶ '학습활동합계' 변수와 '교우관계합계' 변수를 'Paired Variables'로 옮기고 ❷ 'Additional Statistics' 항목 중 'Mean difference'와 ❸ 'Descriptives'에 체크합니다.

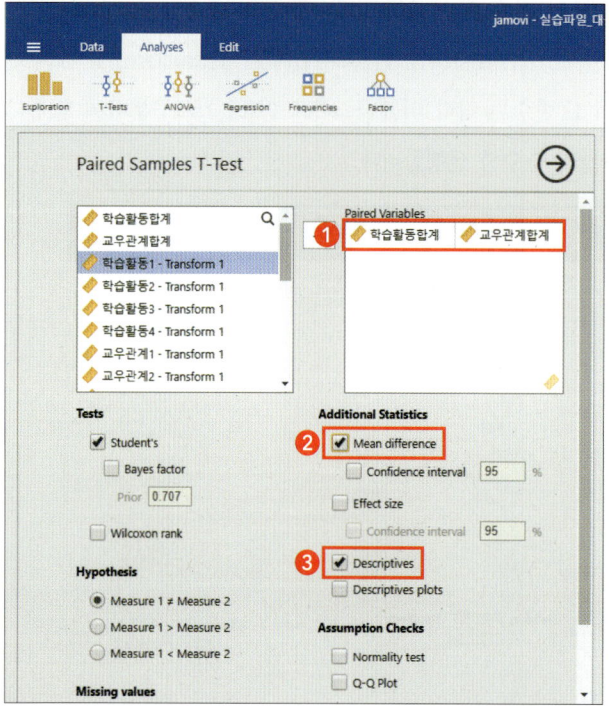

그림 12-22

9 엑셀을 이용하거나 직접 입력하여 결과표를 한글 표로 만들어줍니다.

Paired Samples T-Test

Paired Samples T-Test

			statistic	df	p	Mean difference	SE difference
학습활동합계	교우관계합계	Student's t	-28.6	1964	< .001	-1.51	0.0527

Descriptives

	N	Mean	Median	SD	SE
학습활동합계	1965	14.5	15.0	2.63	0.0593
교우관계합계	1965	16.0	16.0	1.94	0.0437

변수	*N*	*M*	*SD*	*t*	*p*
학습활동	1965	14.5	2.63	-28.6***	<.001
교우관계	1965	16.0	1.94		

*** p<.001

그림 12-23

10 표 제목을 붙이고 해석해보겠습니다. 먼저 p값을 보면 <.001로 0.05 미만이므로, 학습활동과 교우관계 간에는 차이가 있는 것으로 나타났습니다. 다음으로 학습활동과 교우관계의 평균(M)값을 확인하면, 학습활동은 평균 14.5점, 교우관계는 평균 16.0점으로 교우관계의 평균이 높았습니다. 즉, 학생들은 학교에서 공부하는 것보다는 친구와 노는 것을 더 많이 한다고 볼 수 있습니다.

학습활동과 교우관계 간에 차이가 있는지 검증하기 위해 대응표본 t검정(Paired sample t-test)을 실시하였다. 분석 결과, 학습활동($M=14.5$)보다 교우관계($M=16.0$) 수준이 더 높게 나타났다($t=-28.6$, $p<.001$).

〈표〉 학습활동과 교우관계 간의 차이

변수	N	M	SD	t	p
학습활동	1965	14.5	2.63	−28.6***	<.001
교우관계	1965	16.0	1.94		

*** $p<.001$

SECTION 13

분산분석(ANOVA)

준비파일
실습파일_일원분산분석.xlsx

일원배치 분산분석(One-way ANOVA) 은 세 집단 이상의 점수 차이를 확인하는 방법입니다. 즉, 두 집단의 평균점수 차이를 확인할 때는 독립표본 t-test를 활용하지만, 점수 차이를 확인할 집단의 수가 더 많아지면 일원분산분석을 활용합니다.

연구문제 예시

학교 과목 중에 체육 과목이 있습니다. 체육 시간은 학생들의 건강에 도움이 될까요? 한국아동·청소년패널조사 자료를 활용하여 **체육 시간이 우리 건강에 정말 도움이 되는지** 검증해보겠습니다.

건강	체육시간 중 운동시간	1 없다
		2 1시간
		3 2시간
		4 3시간
		5 4시간 이상
건강	건강상태 평가	1 매우 건강하다
		2 건강한 편이다
		3 건강하지 못한 편이다
		4 매우 건강하지 못하다

건강상태 평가 변수는 점수가 높을수록 건강하지 못하다는 뜻으로 해석됩니다. 따라서 역코딩하여 분석을 진행하겠습니다.

STEP 1 _ 따라하기

1 먼저 실습파일을 불러오겠습니다. ❶ ≡ 버튼을 누르고 ❷ Open 항목 중 ❸ This PC 메뉴에서 ❹ Browse를 클릭한 다음 ❺ 실습파일이 저장된 폴더에서 '실습파일_일원분산분석.xlsx' 파일을 불러옵니다.

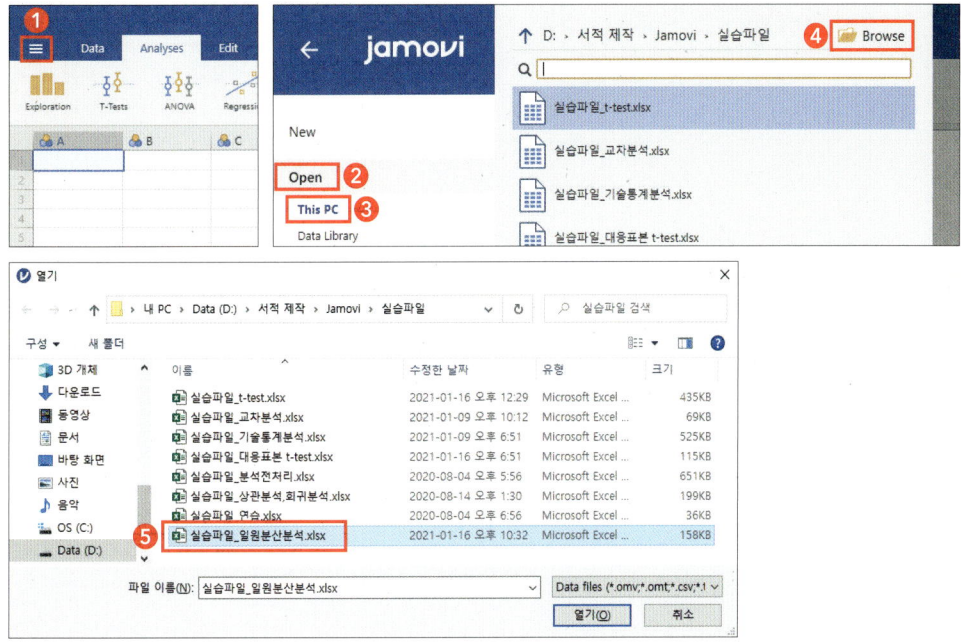

그림 13-1

2 ❶ Data 메뉴에서 ❷ '건강상태평가' 변수를 클릭하고 ❸ Transform을 클릭합니다.

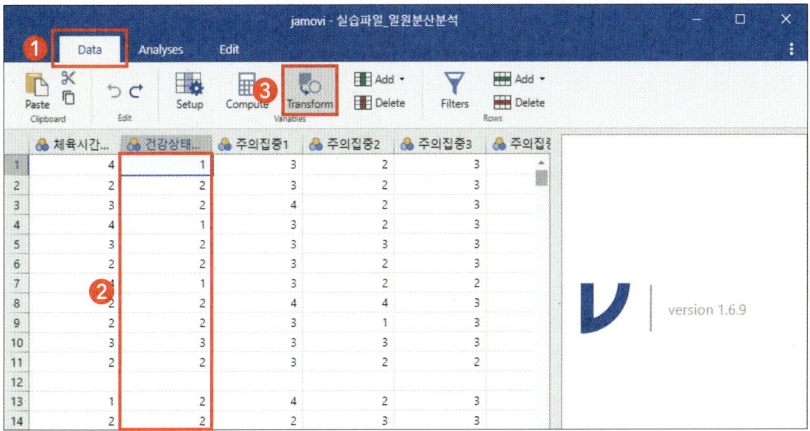

그림 13-2

3 ❶ 'using transform' 항목에서 ❷ 'New Transform…'을 클릭하고 ❸ '+ Add recode condition' 버튼을 클릭하여 ❹ 4점 역코딩 함수를 입력합니다. ❺ 'Measure type'은 'Continuous'로 설정합니다.

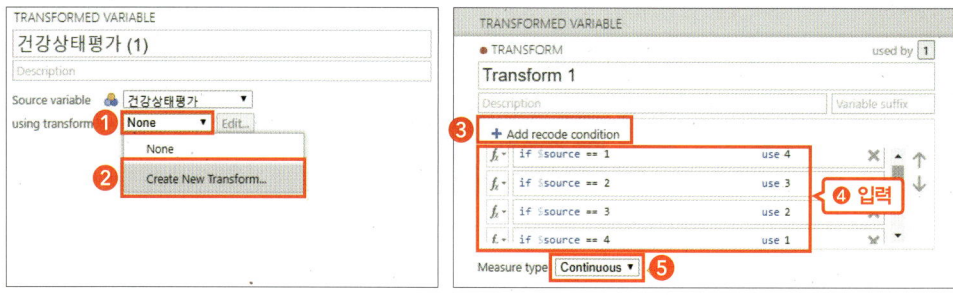

그림 13-3

4 ❶ Analyses 메뉴에서 ❷ ANOVA를 클릭하고 ❸ One-Way ANOVA를 클릭합니다.

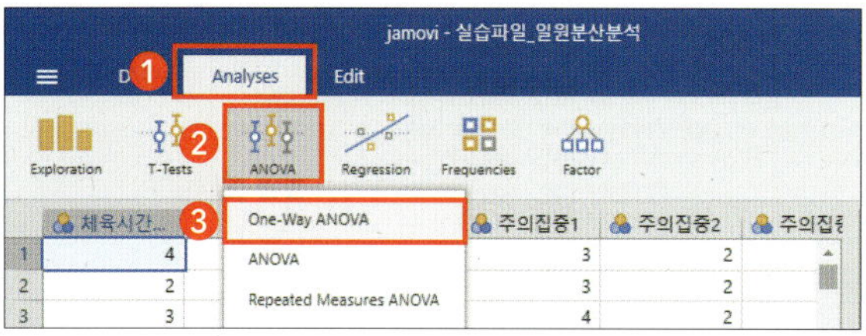

그림 13-4

5 ❶ '체육시간중운동시간' 변수를 'Grouping Variable'로 옮기고 ❷ 역코딩한 '건강상태평가 - Transform 1' 변수를 'Dependent Variables'로 이동합니다. ❸ 집단별 평균을 확인하기 위해 'Additional Statistics' 항목 중 'Descriptives table'에 체크하고 ❹ 동질성 검정을 위해 'Assumption Checks' 항목 중 'Homogeneity test'에 체크합니다.

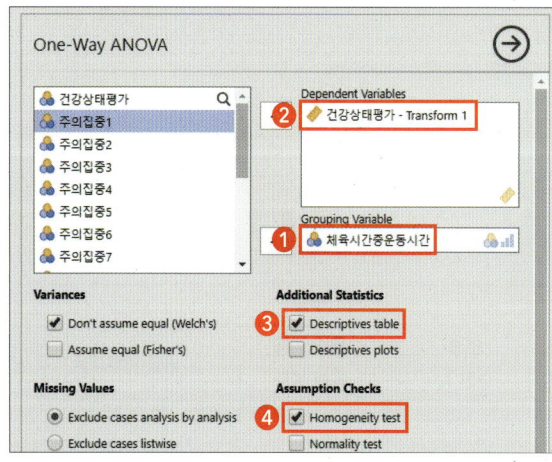

그림 13-5

6 ❶ 결과표에서 먼저 F값의 유의성을 확인합니다. p값이 <.001로 나타나 집단 간 차이가 통계적으로 유의한 것을 알 수 있습니다. ❷ 집단별 평균을 확인하면, 체육시간에 운동시간이 없는 집단(1)부터 4시간 이상(5)까지 운동시간이 길어질수록 건강상태를 높게 평가하고 있음을 볼 수 있습니다.

One-Way ANOVA

One-Way ANOVA (Welch's)

	F	df1	df2	p
건강상태평가 - Transform 1	24.7	4	699	<.001

Group Descriptives

	체육시간중운동시간	N	Mean	SD	SE
건강상태평가 - Transform 1	1	340	3.16	0.640	0.0347
	2	479	3.18	0.545	0.0249
	3	699	3.31	0.550	0.0208
	4	276	3.41	0.542	0.0327
	5	171	3.59	0.550	0.0420

그림 13-6

그런데 독립표본 t-test의 경우 차이가 통계적으로 유의하면 두 집단의 평균점수를 비교하여 점수가 높은 집단을 판단하면 되지만, 일원분산분석에서는 1집단과 2집단, 1집단과 3집단, 1집단과 4집단 등 비교 집단이 많아 어느 집단 간 차이가 통계적으로 유의한 것인지를 확인하기 어렵습니다. 따라서 일원분산분석에서는 사후검정을 실시합니다. 사후검정에서는 각 집단의 분산이 같은지 다른지에 따라, 즉 등분산 여부에 따라 다른 분석 방법을 적용합니다.

7 등분산 여부를 확인해보겠습니다. Assumption Checks 결과의 Homogeneity of Variances Test (Levene's)에서의 p값이 0.05보다 높으면 집단 간 차이가 없는 것으로 판단하여 등분산을 가정하고, p값이 0.05보다 낮으면 집단 간 유의한 차이가 있는 것으로 판단하여 등분산을 가정하지 않습니다. 현재 결과는 p<.001로 집단 간 차이가 나타나 등분산을 가정하지 않습니다.

Assumption Checks

Homogeneity of Variances Test (Levene's)

	F	df1	df2	p
건강상태평가 - Transform 1	7.11	4	1960	<.001

그림 13-7

8 ❶ 분석 옵션 창에서 'Post-Hoc Tests'를 클릭하고 ❷ 등분산을 가정하지 않는 경우에 실시하는 'Games-Howell (unequal variances)'에 체크합니다. 만약 등분산 검정 결과, p값이 0.05 이상으로 나타나 등분산 가정을 만족했다면 'Tukey (equal variances)'에 체크합니다.

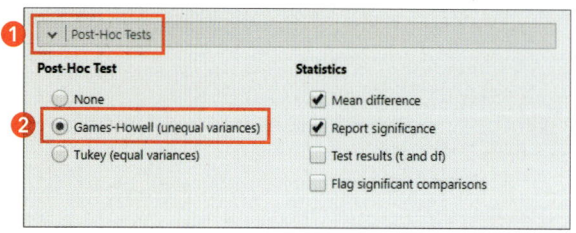

그림 13-8

9 사후검정 결과, 1집단과 3, 4, 5집단의 평균 차이가 통계적으로 유의하였고, 2집단과 3, 4, 5집단, 3집단과 5집단, 4집단과 5집단의 평균 차이가 통계적으로 유의한 것으로 나타납니다($p<.05$).

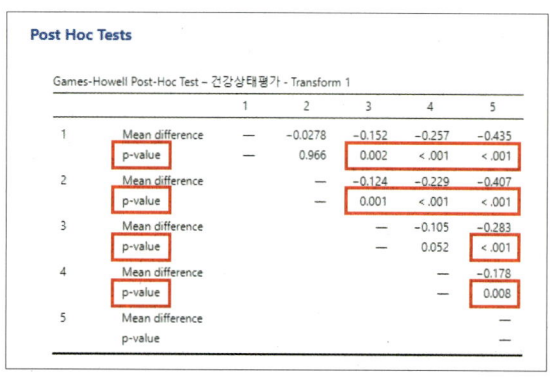

그림 13-9

Group Descriptives 표의 평균값과 함께 비교하여 등호로 표시하면 다음과 같습니다.

$$1 < 3, 4, 5 \qquad\qquad 3 < 5$$
$$2 < 3, 4, 5 \qquad\qquad 4 < 5$$

여기서 1집단과 2집단은 통계적으로 유의한 차이가 나타나지 않았으므로($p=.966$),

$$1, 2 < 3, 4, 5$$

와 같이 묶어서 표현할 수 있습니다. 3집단과 4집단도 유의한 차이가 없었으므로($p=.052$)

$$1, 2 < 3, 4 < 5$$

와 같이 표현할 수 있습니다.

STEP 2 _ 분석 결과표 작성하기

1 ❶ 결과창의 One-Way ANOVA 결과표 위에서 오른쪽 클릭하고 ❷ Analysis 항목 중 ❸ Copy를 클릭합니다.

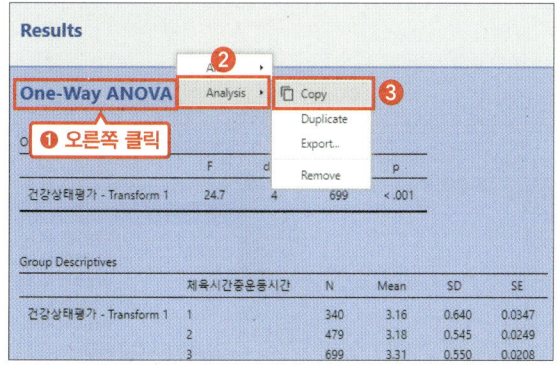

그림 13-10

2 엑셀을 실행하고 붙여넣기합니다.

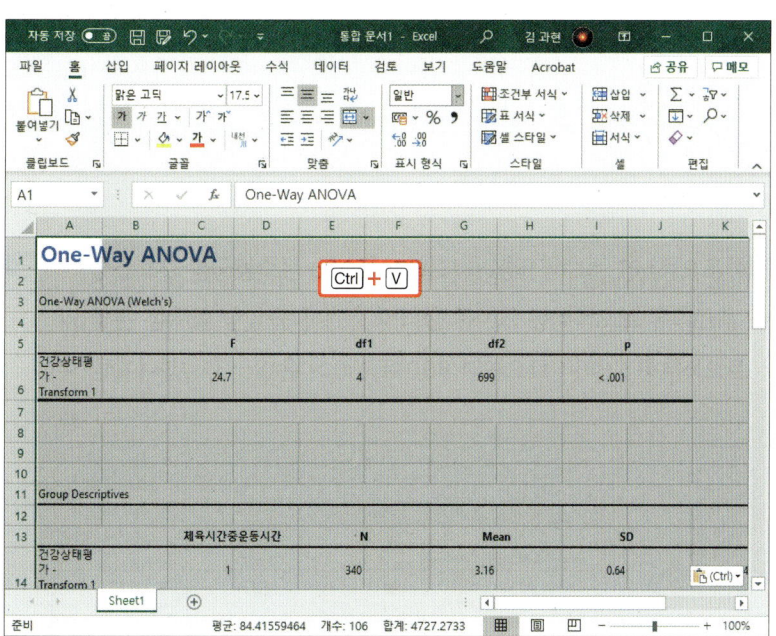

그림 13-11

3 값 사이의 빈칸을 없애 표를 정리하겠습니다. ❶ B열을 클릭하고 ❷ Ctrl 을 누른 채 비어 있는 나머지 D, F, H, J, L, N열을 클릭합니다. ❸ 선택한 열 중 아무 열 위에서나 오른쪽 클릭한 뒤 ❹ 삭제를 클릭하거나 Ctrl 을 누른 채 - 를 누르면 선택한 열이 삭제됩니다.

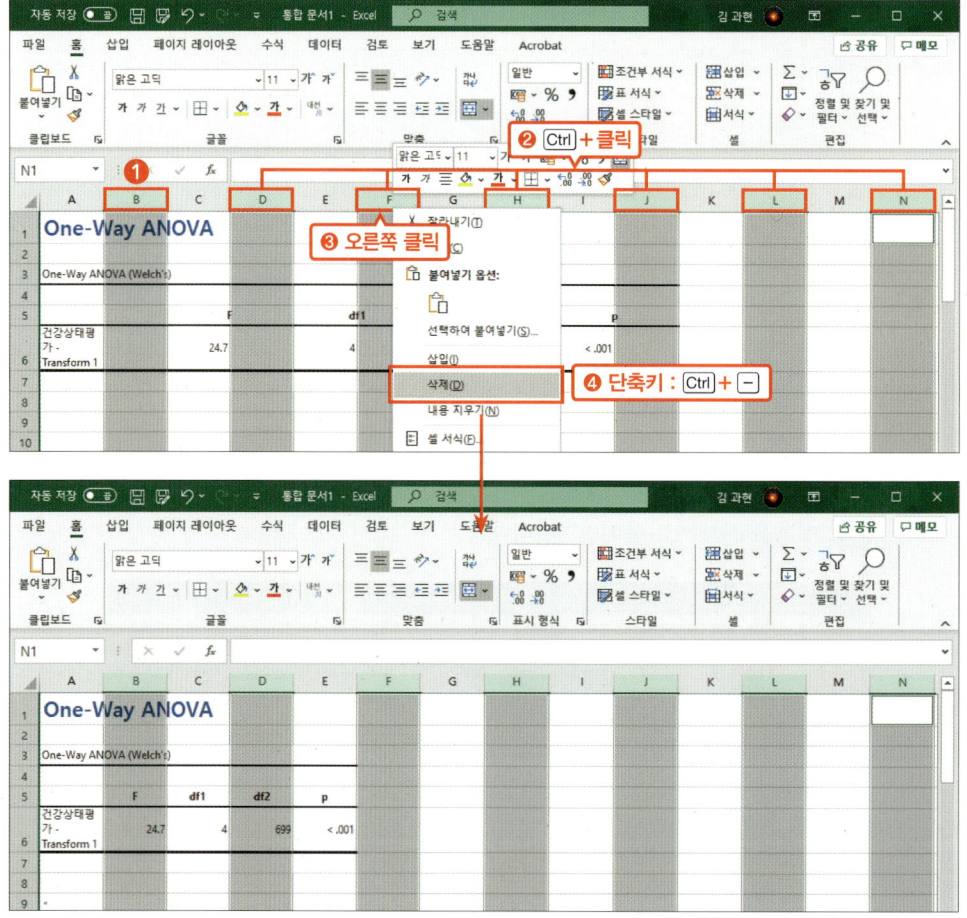

그림 13-12

4 한글 프로그램에서 7칸×7줄 표를 만듭니다. 첫 줄에 집단, 구분, N, M, SD, F, p를 입력합니다.

집단	구분	N	M	SD	F	p

그림 13-13

5 ❶ 집단, F, p 칸과 맨 아랫줄을 각각 선택하고 ❷ M 을 눌러 병합합니다.

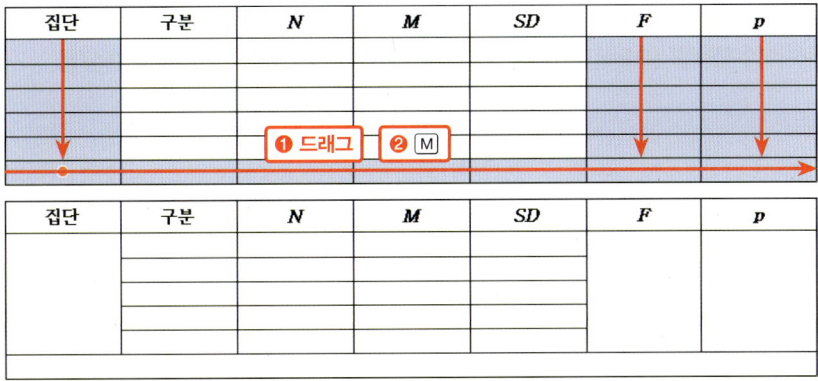

그림 13-14

6 ❶ 전체 칸을 선택하고 ❷ L 을 눌러 셀 테두리/배경 창을 엽니다. ❸ '종류'를 '없음'으로 선택하고 ❹ 모든 세로선과 ❺ 맨 밑 가로선을 선택합니다. ❻ 설정(D)을 클릭합니다.

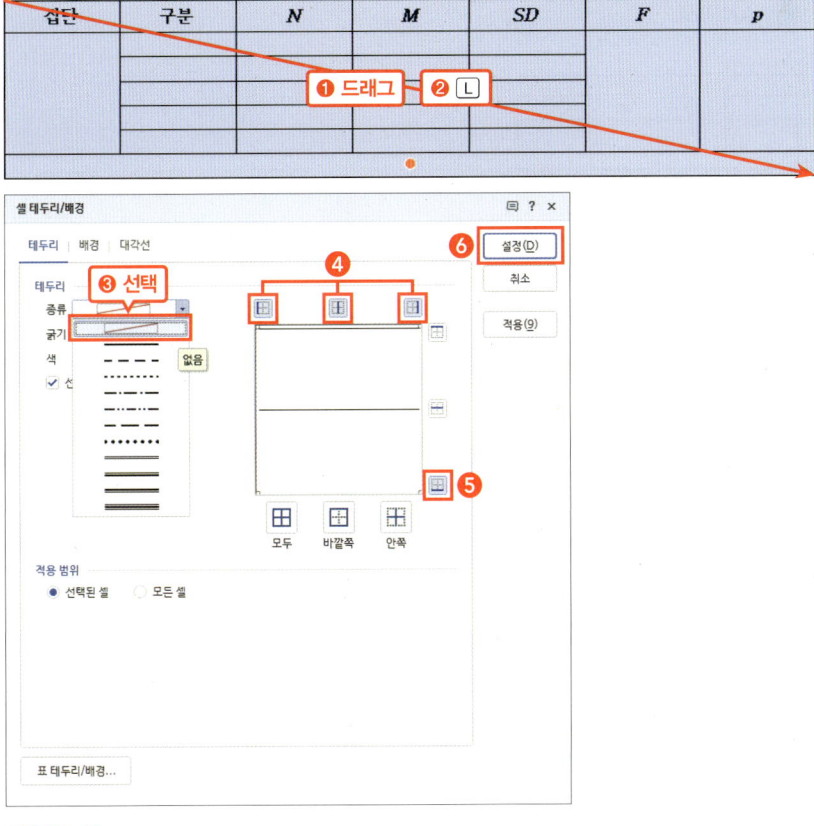

그림 13-15

7 같은 방식으로 표 안의 가로줄도 없애줍니다.

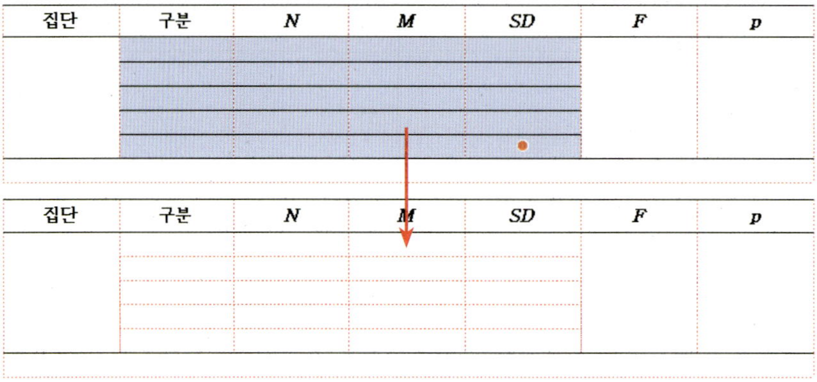

그림 13-16

8 엑셀에 붙여넣기한 결과표에서 F, p, N, Mean, SD값을 한글 표의 *F*, *p*, *N*, *M*, *SD*에 입력합니다. 복사–붙여넣기한 다음 글꼴을 수정해도 괜찮습니다.

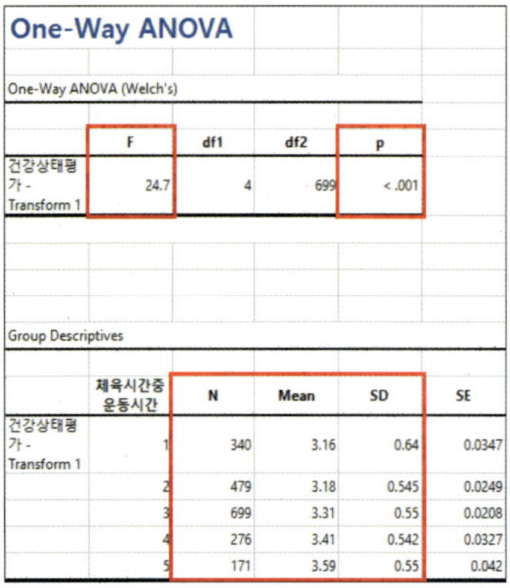

One-Way ANOVA

One-Way ANOVA (Welch's)

	F	df1	df2	p
건강상태평가 - Transform 1	24.7	4	699	<.001

Group Descriptives

	체육시간중 운동시간	N	Mean	SD	SE
건강상태평가 - Transform 1	1	340	3.16	0.64	0.0347
	2	479	3.18	0.545	0.0249
	3	699	3.31	0.55	0.0208
	4	276	3.41	0.542	0.0327
	5	171	3.59	0.55	0.042

집단	구분	*N*	*M*	*SD*	*F*	*p*
		340	3.16	0.64		
		479	3.18	0.545		
		699	3.31	0.55	24.7	<.001
		276	3.41	0.542		
		171	3.59	0.55		

그림 13-17

9 집단에 '체육시간 중 운동시간'을 입력하고 코드북을 참고하여 1~5에 해당하는 값을 구분에 입력합니다. M, SD값의 자릿수를 통일하고 p값에 따라 F값에 *표를 위첨자로 붙입니다. 표 하단에는 *표의 의미를 제시합니다.

집단	구분	N	M	SD	F	p
체육시간 중 운동시간	없다	340	3.16	0.64	24.7***	<.001
	1시간	479	3.18	0.55		
	2시간	699	3.31	0.55		
	3시간	276	3.41	0.54		
	4시간 이상	171	3.59	0.55		

*** $p<.001$

그림 13-18

10 구분에 입력한 값 옆에 사후검정 결과(1, 2 < 3, 4 < 5)를 참고하여 알파벳 소문자 a, b, c를 위첨자로 달아줍니다. 가장 평균이 작고 집단 간 차이가 없는 것으로 나타난 없다(1)와 1시간(2) 옆에는 소문자 a를, 다음으로 묶인 2시간(3)과 3시간(4) 옆에는 소문자 b를, 가장 평균이 큰 집단인 4시간 이상(5) 옆에는 소문자 c를 달아줍니다. 표 아래에 사후검정 결과, 소문자 a 집단보다 b 집단이, b 집단보다 c 집단의 평균이 크게 나타났다고 표현해 줍니다.

집단	구분	N	M	SD	F	p
체육시간 중 운동시간	없다^a	340	3.16	0.64	24.7***	<.001
	1시간^a	479	3.18	0.55		
	2시간^b	699	3.31	0.55		
	3시간^b	276	3.41	0.54		
	4시간 이상^c	171	3.59	0.55		

post-hoc: a<b<c
*** $p<.001$

그림 13-19

11 마지막으로 표 제목을 붙인 다음 칸의 크기를 조절합니다.

<표> 체육시간 중 운동시간에 따른 건강상태의 차이

집단	구분	N	M	SD	F	p
체육시간 중 운동시간	없다^a	340	3.16	0.64	24.7***	<.001
	1시간^a	479	3.18	0.55		
	2시간^b	699	3.31	0.55		
	3시간^b	276	3.41	0.54		
	4시간 이상^c	171	3.59	0.55		

post-hoc: a<b<c
*** $p<.001$

그림 13-20

아무도 가르쳐주지 않는 Tip

크기를 조절할 칸에 커서를 두고 F5를 눌러 셀 커서로 바꾼 뒤, Ctrl 을 누른 채 방향키를 누르면 칸 크기를 조절할 수 있습니다.

STEP 3 _ 분석 결과표 해석하기

먼저 p값을 확인하면 0.05 미만이므로, 체육시간 중 운동시간의 길이에 따라 건강상태에는 차이가 있음을 알 수 있습니다. 다음으로 집단 간 차이를 확인하기 위해 사후검정 결과를 보면, 체육시간 중 운동시간이 없다와 1시간에 위첨자 a가 붙어 있으므로 가장 평균치가 낮은 집단으로 판단됩니다. 다음으로 2시간과 3시간인 경우에는 위첨자 b가 붙어 있어, 운동시간이 없거나 1시간인 경우보다 건강상태 평균이 높다고 판단됩니다. 4시간 이상인 경우에는 위첨자 c가 붙어 있으므로 건강상태 평균이 가장 높은 집단으로 판단되었습니다.

> 체육시간 중 운동시간의 길이에 따라 개인의 건강상태에 차이가 있는지 검증하기 위해 일원분산분석(One-way ANOVA)을 실시하였다. 분석 결과, 체육시간 중 운동시간에 따라 건강상태의 차이는 통계적으로 유의한 것으로 나타났다($F=24.7$, $p<.001$). 사후검정 결과, 체육시간 중 운동시간이 1시간 이하인 경우에 비해 2~3시간의 건강상태가 더 높게 나타났고, 2~3시간에 비해 4시간 이상 집단의 건강상태가 더 높게 나타났다.

〈표〉 체육시간 중 운동시간에 따른 건강상태의 차이

집단	구분	N	M	SD	F	p
체육시간 중 운동시간	없다[a]	340	3.16	0.64	24.7***	<.001
	1시간[a]	479	3.18	0.55		
	2시간[b]	699	3.31	0.55		
	3시간[b]	276	3.41	0.54		
	4시간 이상[c]	171	3.59	0.55		

post-hoc analysis: a<b<c
*** $p<.001$

STEP 4 _ 실습하기

앞에서는 신체적 건강에 대한 내용을 확인했습니다. 이번에는 **운동시간에 따라 정신적인 부분인 주의집중력과 성인용 매체 몰입도에 차이가 있는지** 확인해보겠습니다.

건강	체육시간 중 운동시간	1 없다 2 1시간 3 2시간 4 3시간 5 4시간 이상
정서문제: 주의집중	칭찬을 받거나 벌을 받아도 금방 다시 주의가 산만해진다	1 매우 그렇다 2 그런 편이다 3 그렇지 않은 편이다 4 전혀 그렇지 않다
	문제를 풀 때 문제를 끝까지 읽지 않는 편이다	
	오랫동안 집중해야 하는 과제는 하고 싶지 않다	
	연필이나 지우개 등, 학용품을 잘 잃어버린다	
	주의를 기울이지 않아서 실수를 하거나 사고를 낸다	
	공부할 때 차분하게 앉아 있기 힘들다	
	글자를 잘 빠뜨리고 쓰는 편이다	
성인용 매체: 몰입도	처음 마음먹었던 것보다 더 오래 이용하게 된다	1 매우 그렇다 2 그런 편이다 3 그렇지 않은 편이다 4 전혀 그렇지 않다
	성인 매체를 이용하느라 해야 할 일이나 학업을 소홀히 한다	
	골치 아픈 생각을 잊기 위해 이용한다	
	다시 이용하고 싶은 충동을 느낄 때가 많다	
	성인 매체를 이용하느라 밤늦게까지 잠을 못 잔다	
	평소에도 성인 매체에 대한 생각으로 꽉 차 있다	
	친구들과 놀기보다는 성인 매체를 이용하는 것이 더 좋다	
	우울하고 신경이 날카롭다가도 성인 매체를 이용하게 되면 그런 기분이 사라진다	

주의집중 변수는 점수가 높을수록 집중력이 높다는 의미로 해석되므로 역코딩을 진행하지 않습니다. 그러나 성인용 매체 몰입도는 점수가 낮을수록 몰입도가 높다고 해석되기 때문에 역코딩을 진행합니다. 이후 각각 합계 변수를 생성하여 분석하겠습니다.

1 ❶ Data 메뉴에서 ❷ '성인용매체몰입도1'을 클릭하고 ❸ Shift 를 누른 채 '성인용매체몰입도8'을 클릭하여 성인용매체몰입도에 해당하는 변수를 모두 선택합니다. ❹ Transform 을 클릭한 다음 ❺ 'using transform' 메뉴에서 '건강상태평가' 변수를 역코딩했을 때 사용한 4점 척도 역코딩 함수를 이용하거나 'Create New Transform...'을 클릭하여 역코딩합니다. ❻ 'Measure type'은 'Continuous'로 설정합니다.

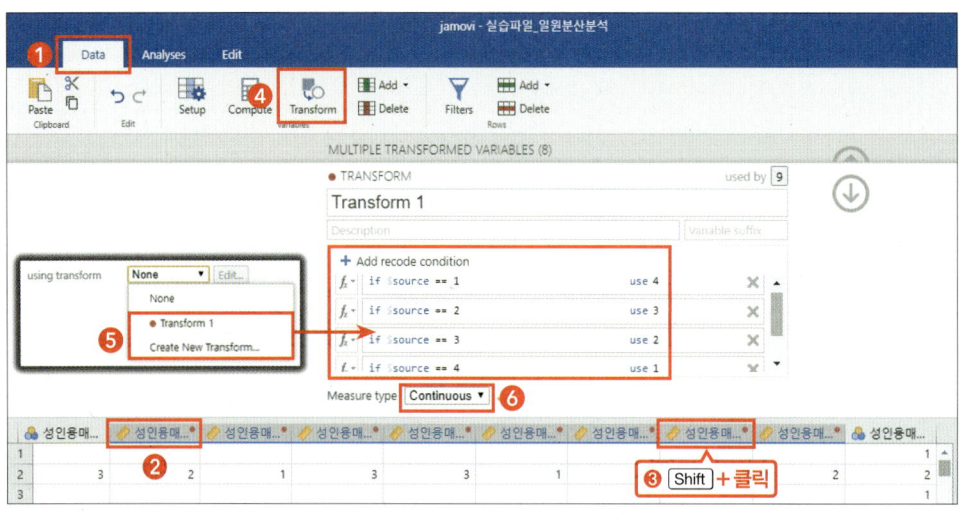

그림 13-21

2 ❶ 주의집중 문항을 합산한 변수가 생성될 위치를 클릭하고 ❷ Data 메뉴 중 Compute를 클릭합니다. ❸ 변수명을 '주의집중합계'로 입력하고 ❹ 'f_x'를 클릭합니다. ❺ 'Functions'에서 'SUM'을 더블클릭하여 함수 창에 입력한 다음 ❻ 'Variables'에서 '주의집중1' ~ '주의집중7' 변수를 하나씩 더블클릭하고 쉼표(,)로 구분하여 합 변수를 생성합니다. ❼ Enter 를 눌러 함수를 실행합니다.

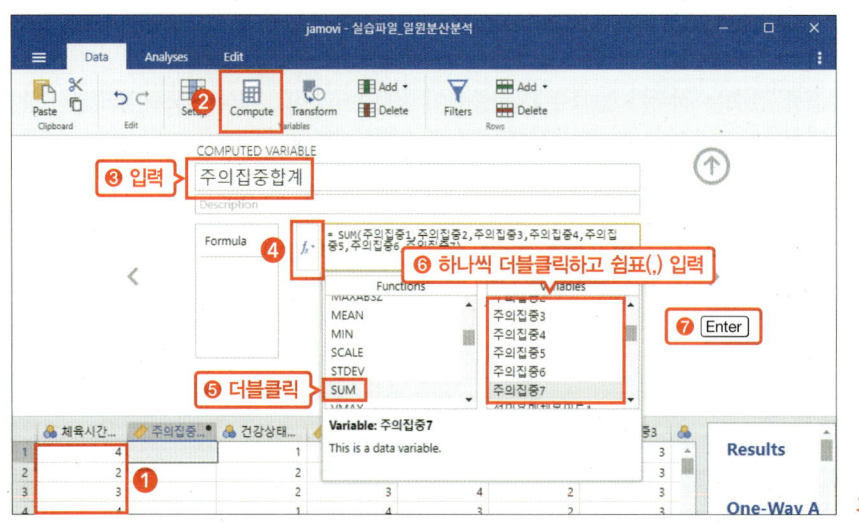

그림 13-22

3 ❶ 성인용매체몰입도 문항을 합산한 변수가 생성될 위치를 클릭하고 ❷ Data 메뉴 중 Compute를 클릭합니다. ❸ 변수명을 '성인용매체몰입도합계'로 입력하고 ❹ 'f_x'를 클릭합니다. ❺ 'Functions'에서 'SUM'을 더블클릭하여 함수 창에 입력한 다음 ❻ 'Variables'에서 '성인용매체몰입도1 – Transform x' ~ '성인용매체몰입도8 – Transform x' 변수를 하나씩 더블클릭하고 쉼표(,)로 구분하여 합 변수를 생성합니다. ❼ Enter 를 눌러 함수를 실행합니다.

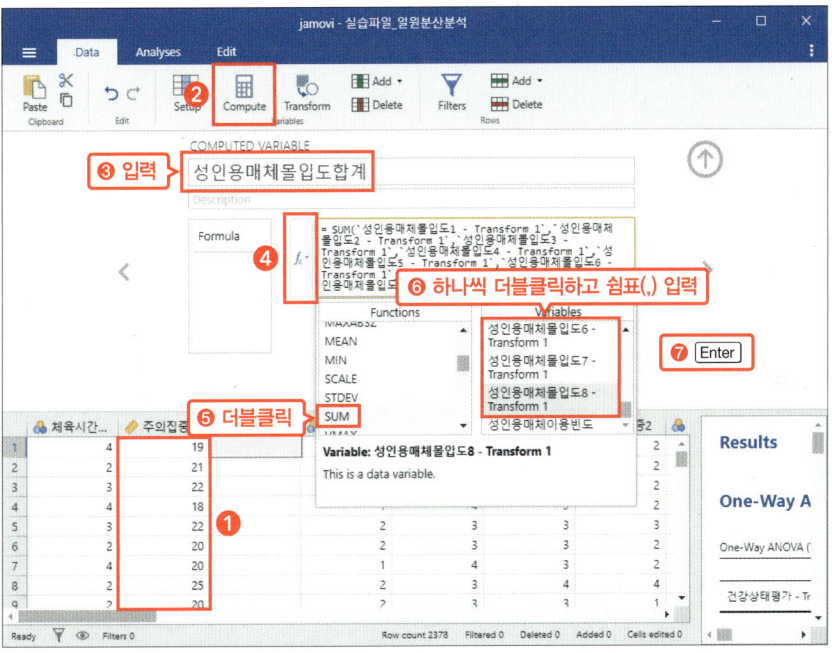

그림 13-23

4 ❶ Analyses 메뉴에서 ❷ ANOVA를 클릭하고 ❸ One-Way ANOVA를 클릭합니다.

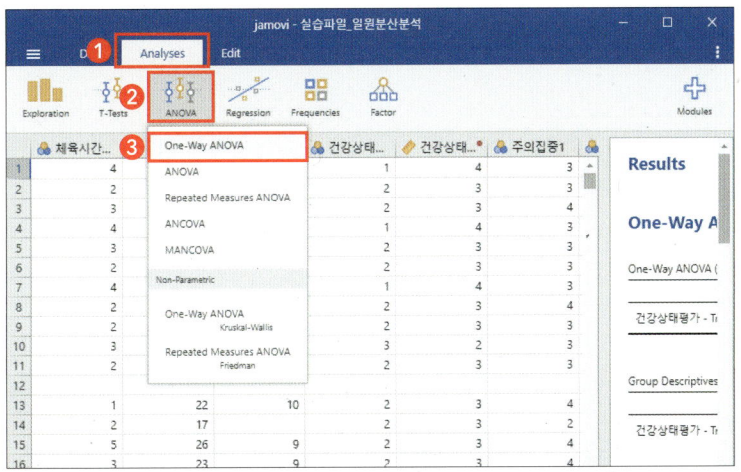

그림 13-24

5 ❶ '체육시간중운동시간' 변수를 'Grouping Variable'로 옮기고 ❷ '주의집중합계' 변수와 '성인용매체몰입도합계' 변수를 'Dependent Variables'로 이동합니다. ❸ 집단별 평균을 확인하기 위해 'Additional Statistics' 항목 중 'Descriptives table'에 체크하고 ❹ 동질성 검정을 위해 'Assumption Checks' 항목 중 'Homogeneity test'에 체크합니다.

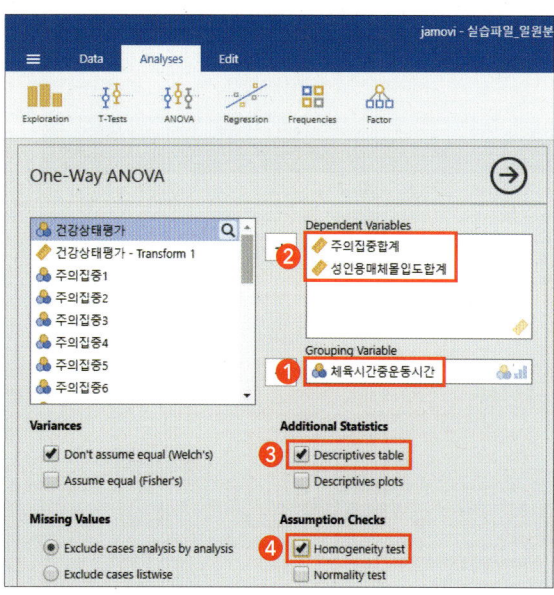

그림 13-25

6 ❶ 결과표에서 먼저 F값의 유의성을 확인합니다. 주의집중합계는 p값이 <.001로 나타나 집단 간 차이가 통계적으로 유의하지만, 성인용매체몰입도합계는 p값이 0.05 이상으로 나타나 집단 간 차이가 없다는 것을 알 수 있습니다. ❷ p값이 유의하게 나타난 주의집중합계의 집단별 평균을 확인하면, 체육시간 중 운동시간이 2시간인 집단(3)이 가장 높은 주의집중력을 보이고, 운동시간이 없는 집단(1)이 가장 낮은 주의집중력을 보였습니다.

One-Way ANOVA

One-Way ANOVA (Welch's)

	F	df1	df2	p
주의집중합계	3.098	4	68	0.015
성인용매체몰입도합계	0.251	4	159	0.909

Group Descriptives

	체육시간중운동시간	N	Mean	SD	SE
주의집중합계	1	340	19.9	3.64	0.197
	2	47	20.1	3.50	0.160
	3	699	20.7	3.56	0.135
	4	276	20.4	3.91	0.236
	5	171	20.4	4.11	0.314
성인용매체몰입도합계	1	59	12.9	5.02	0.654
	2	86	13.3	4.91	0.529
	3	159	13.1	4.05	0.321
	4	80	12.7	3.67	0.410
	5	42	13.0	3.29	0.508

그림 13-26

7 다음으로 등분산 여부를 확인합니다. Assumption Checks 결과의 Homogeneity of Variances Test (Levene's)표에서 주의집중합계의 p값을 확인한 결과, p<.05로 집단 간 차이가 나타나 등분산을 가정하지 않습니다.

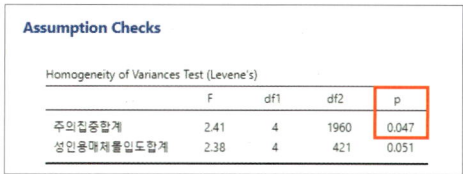

그림 13-27

8 ① 분석 옵션 창에서 'Post-Hoc Tests'를 클릭하고 ② 등분산을 가정하지 않는 경우에 실시하는 'Games-Howell (unequal variances)'에 체크합니다.

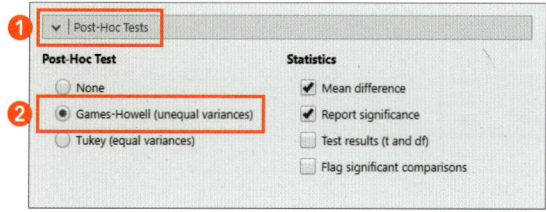

그림 13-28

9 사후검정 결과표에서 집단 간 p값을 확인한 결과, 1집단과 3집단 간에서만 유의한 차이가 나타났습니다($p<.05$). 평균값을 확인하면 3집단이 1집단보다 주의집중합계 평균이 높습니다.

그림 13-29

SECTION 13 분산분석(ANOVA) **243**

10 한글 프로그램에서 결과표를 작성합니다. 1개의 집단변수에 대한 2개 변수의 평균 차이를 검증했으므로 첫 줄에 '변수', '집단'을 입력합니다. 두 변수는 가로줄로 구분해줍니다. 결과표의 F, p, N, Mean, SD값을 각각 한글 표의 *F*, *p*, *N*, *M*, *SD*에 입력합니다. 주의집중력의 F값에는 p값에 따라 ※표 하나를 위첨자로 달아줍니다.

One-Way ANOVA

One-Way ANOVA (Welch's)

	F	df1	df2	p
주의집중합계	3.098	4	688	0.015
성인용매체몰입도합계	0.251	4	159	0.909

Group Descriptives

	체육시간중운동시간	N	Mean	SD	SE
주의집중합계	1	340	19.9	3.64	0.197
	2	479	20.1	3.50	0.160
	3	699	20.7	3.56	0.135
	4	276	20.4	3.91	0.236
	5	171	20.4	4.11	0.314
성인용매체몰입도합계	1	59	12.9	5.02	0.654
	2	86	13.3	4.91	0.529
	3	159	13.1	4.05	0.321
	4	80	12.7	3.67	0.410
	5	42	13.0	3.29	0.508

변수	집단	*N*	*M*	*SD*	*F*	*p*
주의집중력	없다	340	19.9	3.64		
	1시간	479	20.1	3.5		
	2시간	699	20.7	3.56	3.098*	.015
	3시간	276	20.4	3.91		
	4시간 이상	171	20.4	4.11		
성인용 매체 몰입도	없다	59	12.9	5.02		
	1시간	86	13.3	4.91		
	2시간	159	13.1	4.05	0.251	.909
	3시간	80	12.7	3.67		
	4시간 이상	42	13	3.29		

* *p*<.05

그림 13-30

11 사후검정에서 유의한 차이가 있었던 주의집중력의 없다와 2시간 옆에 평균값이 낮은 순서대로 위첨자 a, b를 달아줍니다. 표 아래에 사후검정 결과, 소문자 a 집단보다 b 집단의 평균이 크게 나타났다고 표현해줍니다.

변수	집단	N	M	SD	F	p
주의집중력	없다[a]	340	19.9	3.64	3.098*	.015
	1시간	479	20.1	3.5		
	2시간[b]	699	20.7	3.56		
	3시간	276	20.4	3.91		
	4시간 이상	171	20.4	4.11		
성인용 매체 몰입도	없다	59	12.9	5.02	0.251	.909
	1시간	86	13.3	4.91		
	2시간	159	13.1	4.05		
	3시간	80	12.7	3.67		
	4시간 이상	42	13	3.29		

post-hoc analysis: a<b
* $p<.05$

그림 13-31

12 표 제목을 정하고 다음과 같이 해석합니다.

체육시간 중 운동시간의 길이에 따라 주의집중력과 성인용 매체 몰입도에 차이가 있는지 검증하기 위해 일원분산분석(One-way ANOVA)을 실시하였다. 분석 결과, 체육시간 중 운동시간에 따른 주의집중력의 차이는 통계적으로 유의한 것으로 나타났다($F=3.098$, $p<.05$). 사후검정 결과, 체육시간 중 운동시간이 2시간($M=20.7$)인 경우가 없는 경우($M=19.9$)에 비해 주의집중력이 더 높게 나타났다.

체육시간 중 운동시간의 길이에 따른 성인용 매체 몰입도의 차이는 통계적으로 유의하지 않았다($p>.05$).

〈표〉 체육시간 중 운동시간에 따른 심리상태의 차이

변수	구분	N	M	SD	F	p
주의집중력	없다[a]	340	3.16	0.64	3.098*	.015
	1시간	479	3.18	0.55		
	2시간[b]	699	3.31	0.55		
	3시간	276	3.41	0.54		
	4시간 이상	171	3.59	0.55		
성인용 매체 몰입도	없다	59	12.9	5.02	0.251	.909
	1시간	86	13.3	4.91		
	2시간	159	13.1	4.05		
	3시간	80	12.7	3.67		
	4시간 이상	42	13	3.29		

post-hoc analysis: a<b
* $p<.05$

SECTION 14

상관관계 분석

준비파일
실습파일_상관분석.xlsx

상관관계 분석은 **연속변수 간 상관관계를 확인**할 때 활용하는 분석 방법입니다. 즉, 어느 한 변수의 점수가 높을 때 다른 변수의 점수가 함께 높은지 혹은 반대로 낮은지를 확인할 수 있습니다.

연구문제 예시

부모는 자녀를 양육할 때 애정을 가지고 양육할 수도 있고, 비일관된 태도를 보이며 양육할 수도 있습니다. 이러한 **양육 태도의 수준이 높거나 낮을 때, 자녀의 성적과 관계가 있을지** 검증해 보겠습니다.

양육방식 I : 애정	나의 의견을 존중해 주신다	1 매우 그렇다
	내게 좋아한다는 표현을 하신다	2 그런 편이다
	내가 힘들어 할 때 용기를 주신다	3 그렇지 않은 편이다
	나에게 칭찬을 잘 해 주신다	4 전혀 그렇지 않다
양육방식 I : 비일관성	같은 일이라도 어떤 때는 야단을 치시고 어떤 때는 안 치신다	1 매우 그렇다
	부모님(보호자)의 기분이 내키는 대로 나를 대하신다	2 그런 편이다
	손님이 오거나 외출했을 때, 나에 대한 부모님(보호자)의 태도가 평소와 다르다	3 그렇지 않은 편이다
		4 전혀 그렇지 않다

STEP 1 _ 따라하기

1 먼저 실습파일을 불러오겠습니다. ❶ ≡ 버튼을 누르고 ❷ Open 항목 중 ❸ This PC 메뉴에서 ❹ Browse를 클릭한 다음 ❺ 실습파일이 저장된 폴더에서 '실습파일_상관분석.xlsx' 파일을 불러옵니다.

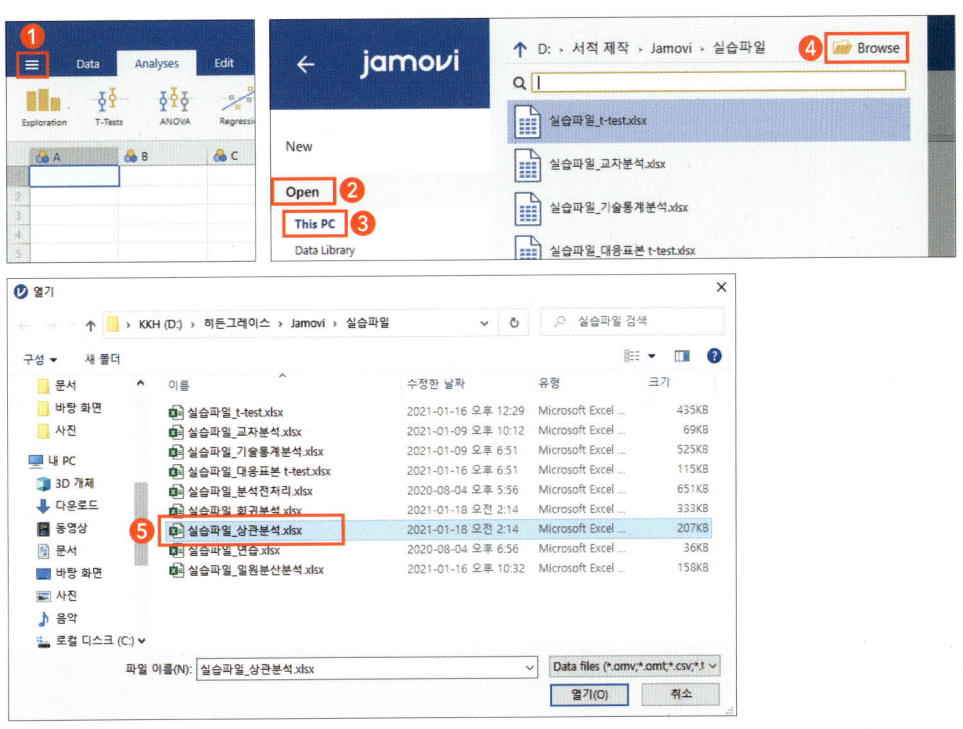

그림 14-1

2 애정적 양육방식과 비일관적 양육방식 모두 점수가 낮을수록 해당 양육방식의 정도가 높다고 해석되므로 먼저 역코딩을 진행합니다. ❶ Data 메뉴에서 ❷ '양육_애정1' 변수를 클릭하고 ❸ Shift 를 누른 채 '양육_비일관성3' 변수를 클릭하여 양육과 관련된 변수를 모두 선택합니다. ❹ Transform을 클릭합니다.

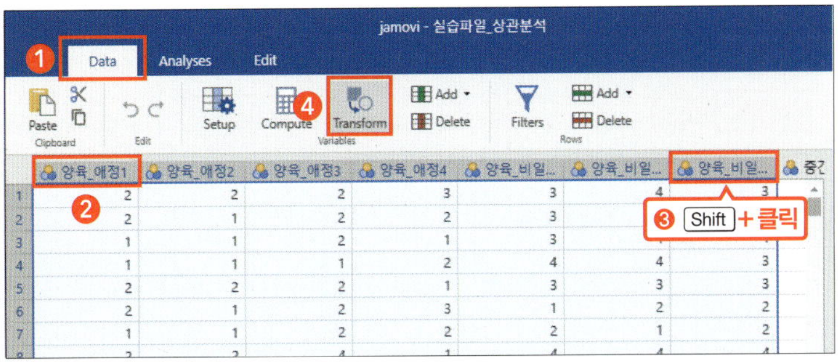

그림 14-2

SECTION 14 상관관계 분석 **247**

3 ❶ 'using transform' 메뉴에서 'Create New Transform…'을 클릭하고 ❷ '+ Add recode condition'을 클릭하여 ❸ 4점 척도 역코딩 변수를 생성합니다. ❹ 'Measure type'은 'Continuous'로 설정합니다.

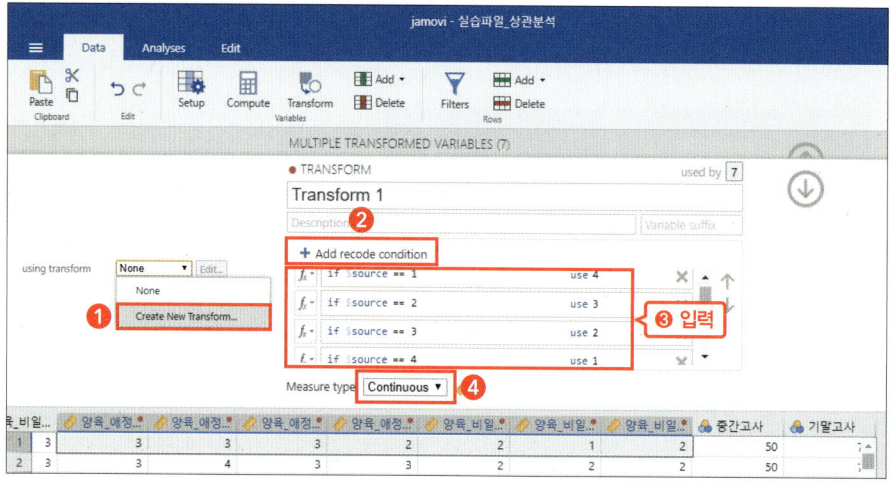

그림 14-3

4 먼저 애정에 해당하는 양육태도의 합산 변수를 만들겠습니다. ❶ 변수 만들 곳을 클릭하고 ❷ Data 메뉴 중 Compute를 클릭합니다. ❸ 변수명을 '애정합계'로 입력하고 ❹ 'f_x'를 클릭합니다. ❺ 'Functions'에서 'SUM'을 더블클릭하여 함수 창에 입력한 다음 ❻ 'Variables'에서 '양육_애정1 – Transform 1'~'양육_애정4 Transform 1' 변수를 하나씩 더블클릭하고 쉼표(,)로 구분하여 합 변수를 생성합니다. ❼ [Enter]를 눌러 함수를 실행합니다.

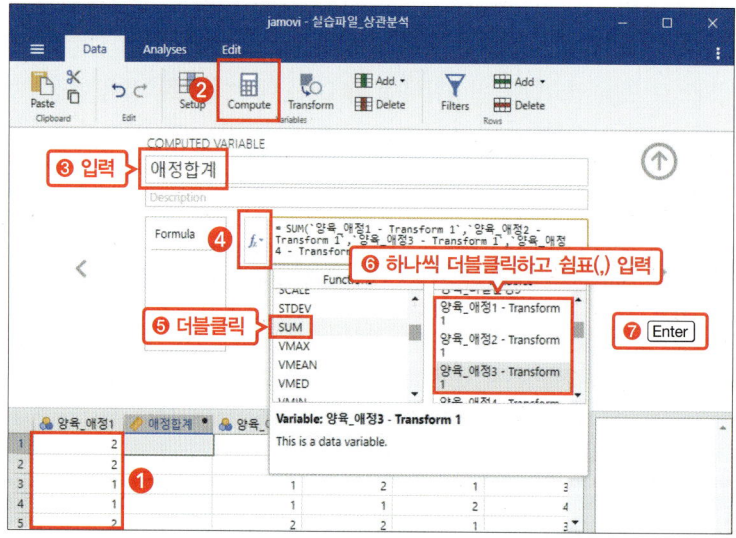

그림 14-4

5 다음으로 비일관성에 해당하는 양육태도의 합산 변수를 만들겠습니다. ❶ 변수 만들 곳을 클릭하고 ❷ Data 메뉴 중 Compute를 클릭합니다. ❸ 변수명을 '비일관성합계'로 입력하고 ❹ 'f_x'를 클릭합니다. ❺ 'Functions'에서 'SUM'을 더블클릭하여 함수 창에 입력한 다음 ❻ 'Variables'에서 '양육_비일관성1 - Transform 1'~'양육_비일관성3 Transform 1' 변수를 하나씩 더블클릭하고 쉼표(,)로 구분하여 합 변수를 생성합니다. ❼ Enter 를 눌러 함수를 실행합니다.

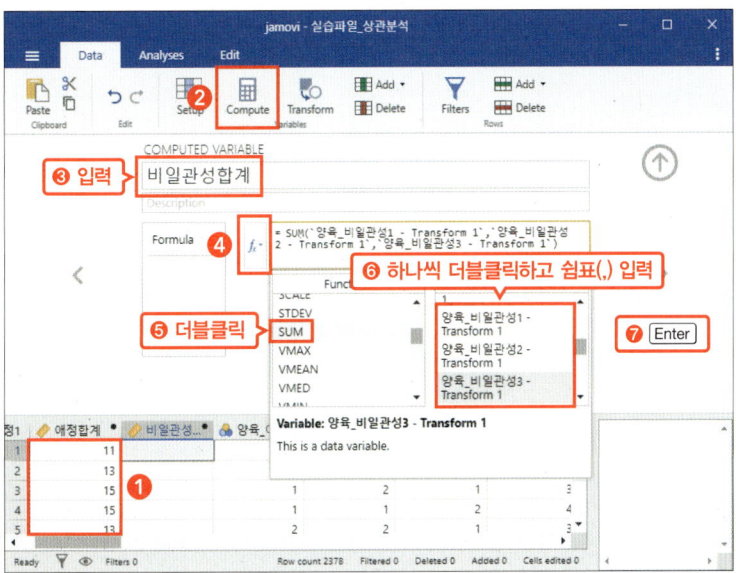

그림 14-5

6 ❶ Analyses 메뉴 중 ❷ Regression을 클릭한 다음 ❸ Correlation Matrix를 클릭합니다.

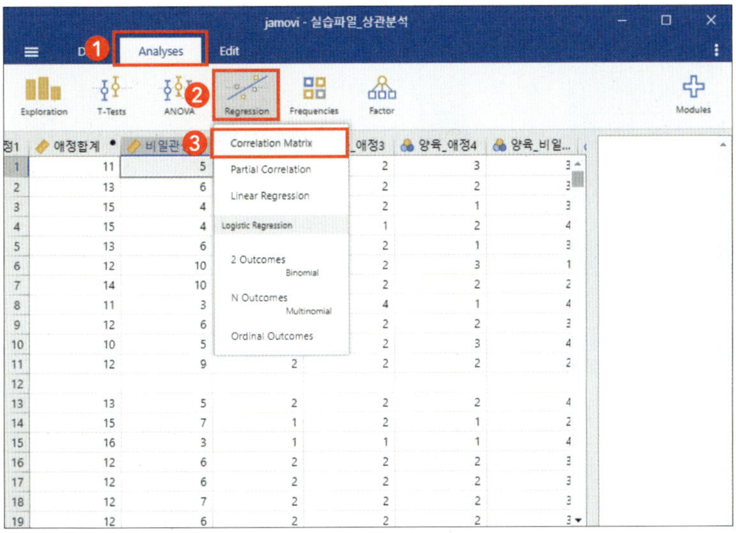

그림 14-6

7 '애정합계', '비일관성합계', '중간고사', '기말고사'를 오른쪽으로 옮깁니다.

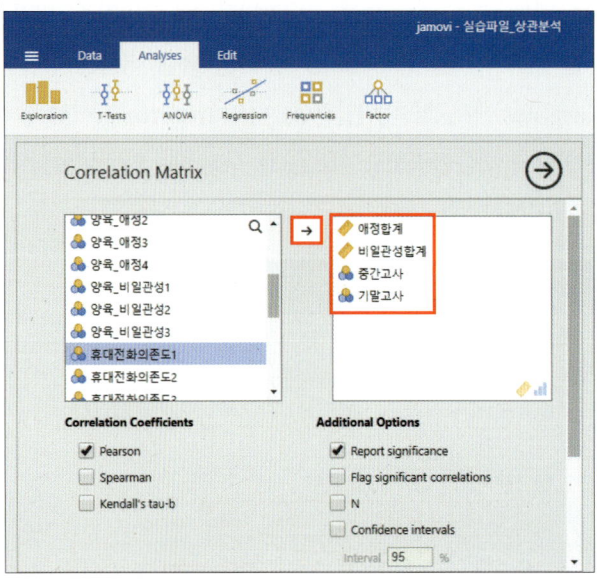

그림 14-7

STEP 2 _ 분석 결과표 작성하기

1 ❶ 결과창의 Correlation Matrix 결과표 위에서 오른쪽 클릭하고 ❷ Analysis 항목 중 ❸ Copy를 클릭합니다.

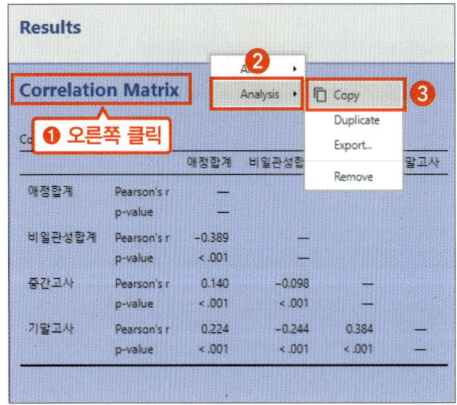

그림 14-8

2 엑셀을 실행하고 붙여넣기합니다.

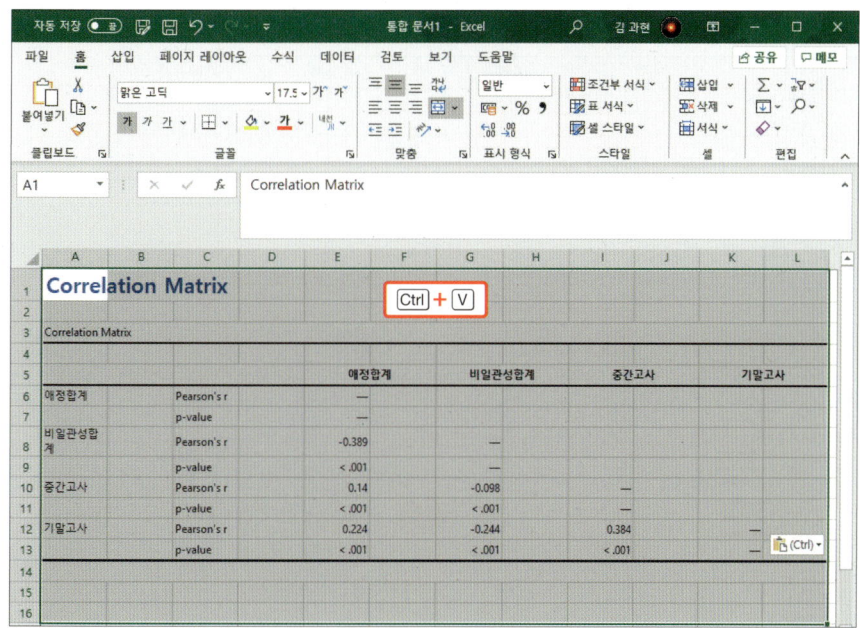

그림 14-9

3 분석한 변수 4개 + 제목 줄 + 별(*)표 기준까지 넣을 수 있도록 한글 프로그램에서 6줄× 5칸 표를 만듭니다. 첫 줄에 결과표에 따라 '애정', '비일관성', '중간고사', '기말고사'를 입력하고 세로 첫 줄에도 마찬가지 순서로 입력합니다.

	애정	비일관성	중간고사	기말고사
애정				
비일관성				
중간고사				
기말고사				

그림 14-10

4 ❶ 맨 아랫줄을 선택하고 ❷ M 을 눌러 병합합니다.

	애정	비일관성	중간고사	기말고사
애정				
비일관성				
중간고사				
기말고사		❶ 드래그	❷ M	

	애정	비일관성	중간고사	기말고사
애정				
비일관성				
중간고사				
기말고사				

그림 14-11

5　❶ 전체 칸을 선택하고 ❷ Ⓛ을 눌러 셀 테두리/배경 창을 엽니다. ❸ '종류'를 '없음'으로 선택하고 ❹ 모든 세로선과 ❺ 맨 밑 가로선을 선택합니다. ❻ 설정(D)을 클릭합니다.

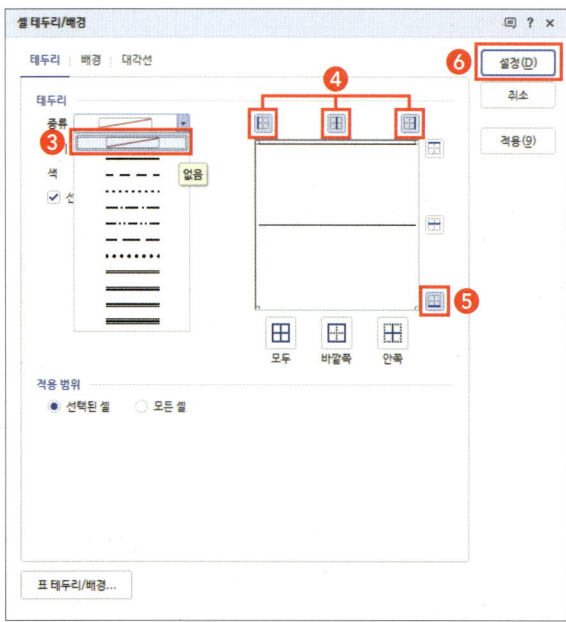

그림 14-12

6　같은 방식으로 표 안의 가로줄도 없애줍니다.

그림 14-13

7 엑셀에 붙여넣기한 결과표에서 Pearson's r값만 한글 표에 입력합니다. 자신끼리의 상관관계는 1로 입력합니다. 아랫줄의 p값은 수치를 직접 제시하지 않고, 입력한 r값 옆에 <.05일 때는 * 1개, <.01일 때는 ** 2개, <.001일 때는 *** 3개를 위첨자로 달아줍니다.

Correlation Matrix

Correlation Matrix

		애정합계	비일관성합계	중간고사	기말고사
애정합계	Pearson's r	—			
	p-value	—			
비일관성합계	Pearson's r	-0.389	—		
	p-value	< .001	—		
중간고사	Pearson's r	0.14	-0.098	—	
	p-value	< .001	< .001	—	
기말고사	Pearson's r	0.224	-0.244	0.384	—
	p-value	< .001	< .001	< .001	—

	애정	비일관성	중간고사	기말고사
애정	1			
비일관성	-.389***	1		
중간고사	.140***	-.098***	1	
기말고사	.224***	-.244***	.384***	1

*** $p<.001$

그림 14-14

8 표 제목을 정하고 칸 크기를 조절합니다.

<표> 양육태도와 성적 사이의 관계

	애정	비일관성	중간고사	기말고사
애정	1			
비일관성	-.389***	1		
중간고사	.140***	-.098***	1	
기말고사	.224***	-.244***	.384***	1

*** $p<.001$

그림 14-15

STEP 3 _ 분석 결과표 해석하기

상관분석 표를 해석할 때는 **가로 행과 세로 열이 교차되는 지점**의 값을 확인합니다. 즉, 애정과 비일관성 사이의 상관계수는 애정 열과 비일관성 행이 교차하는 -.389***가 됩니다. **상관계수의 부호가 양(+)의 값**이면 해당 계수의 열과 행에 해당하는 변수끼리는 양의 상관관계 혹은 정(+)적 상관관계를 보이며 **한 변수가 증가할 때 다른 변수도 증가하는 경향이 있다**고 이해하면 됩니다. **상관계수의 부호가 음(-)의 값**이면 해당 변수끼리는 음의 상관관계 혹은 부(-)적 상관관계를 보이며 한 **변수가 증가할 때 다른 변수는 감소하는 경향이 있다**고 이해하면 됩니다. 하지만 이러한 관계는 통계적으로 유의해야($p<.05$) 합니다.

애정적 양육태도는 중간고사 성적과 기말고사 성적 모두와 유의한 양의 상관관계를 보였으므로 부모의 애정적 양육태도 수준이 높을수록 자녀의 성적은 좋아진다고 할 수 있습니다. 반면, 부모의 비일관적 양육태도는 중간고사 성적, 기말고사 성적과 유의한 음의 상관관계를 보였으므로, 비일관적 양육태도 수준이 높을수록 중간고사와 기말고사 성적은 낮아진다고 할 수 있습니다.

> 양육태도와 성적 사이의 관계를 검증하기 위해 Pearson의 상관관계 분석을 실시하였다.
>
> 애정은 중간고사 성적($r=.140$, $p<.001$), 기말고사 성적($r=.224$, $p<.001$)과 유의한 양(+)의 상관관계를 보였고 비일관성($r=-.389$, $p<.001$)과는 유의한 음(-)의 상관관계를 보였다.
>
> 비일관성은 중간고사 성적($r=-.098$, $p<.001$), 기말고사 성적($r=-.244$, $p<.001$)과 유의한 음(-)의 상관관계를 보였다.
>
> 중간고사 성적은 기말고사 성적($r=.384$, $p<.001$)과 유의한 양(+)의 상관관계를 보였다.
>
> 〈표〉 양육태도와 성적 사이의 관계
>
> | | 애정 | 비일관성 | 중간고사 | 기말고사 |
> |---|---|---|---|---|
> | 애정 | 1 | | | |
> | 비일관성 | -.389*** | 1 | | |
> | 중간고사 | .140*** | -.098*** | 1 | |
> | 기말고사 | .224*** | -.244*** | .384*** | 1 |
>
> *** $p<.001$

STEP 4 _ 실습하기

연습문제 예시

스마트폰 보급률이 높아지면서 스마트폰 중독 문제가 새로운 사회문제로 떠오르고 있습니다. 휴대전화는 개인적인 기기이다 보니 부모님의 통제권에서 벗어나는 경우가 많습니다. 특히, 휴대전화를 통해 청소년들이 접해서는 안 될 정보까지 호기심으로 접촉하는 경우도 있습니다. 이번에는 **청소년의 휴대전화 의존도와 성인용 매체 몰입도 사이의 관계**를 확인하겠습니다.

휴대전화: 의존도	점점 더 많은 시간을 휴대전화를 사용하며 보내게 된다	1 매우 그렇다
	휴대전화를 가지고 나가지 않으면 불안하다	2 그런 편이다
	휴대전화로 한참 동안 아무에게서도 연락이 오지 않으면 불안하다	3 그렇지 않은 편이다
		4 전혀 그렇지 않다
	휴대전화로 이것저것 하다 보면 시간 가는 줄 모른다	
	혼자 있을 때 휴대전화가 없으면 심심해서 견딜 수가 없다	
	휴대전화가 없으면 불편해서 살 수 없다	
성인용 매체: 몰입도	처음 마음먹었던 것보다 더 오래 이용하게 된다	1 매우 그렇다
	성인 매체를 이용하느라 해야 할 일이나 학업을 소홀히 한다	2 그런 편이다
	골치 아픈 생각을 잊기 위해 이용한다	3 그렇지 않은 편이다
	다시 이용하고 싶은 충동을 느낄 때가 많다	4 전혀 그렇지 않다
	성인 매체를 이용하느라 밤늦게까지 잠을 못 잔다	
	평소에도 성인 매체에 대한 생각으로 꽉 차 있다	
	친구들과 놀기보다는 성인 매체를 이용하는 것이 더 좋다	
	우울하고 신경이 날카롭다가도 성인 매체를 이용하게 되면 그런 기분이 사라진다	

1 먼저 휴대전화 의존도와 성인용 매체 몰입도는 점수가 낮을수록 의존 수준, 몰입 수준이 높다고 해석되므로 역코딩을 진행한 뒤 각각 하나의 변수로 계산합니다. ❶ Data 메뉴에서 ❷ '휴대전화의존도1' 변수를 클릭하고 ❸ Shift 를 누른 채 '성인용매체몰입도8' 변수를 클릭하여 휴대전화 의존도 및 성인용 매체 몰입도와 관련된 변수를 모두 선택합니다. ❹ Transform을 클릭합니다.

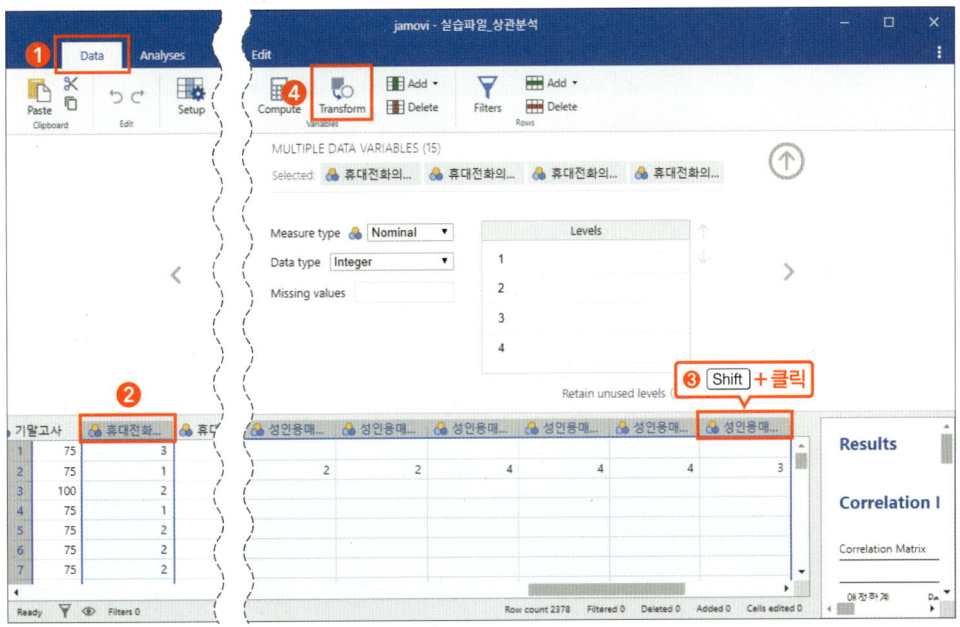

그림 14-16

2 ❶ 'using transform' 메뉴에서 'Create New Transform…'을 클릭하거나 양육태도를 역코딩했던 함수를 이용합니다. ❷ '+ Add recode condition'을 클릭하여 ❸ 4점 척도 역코딩 변수를 생성합니다. ❹ 'Measure type'은 'Continuous'로 설정합니다.

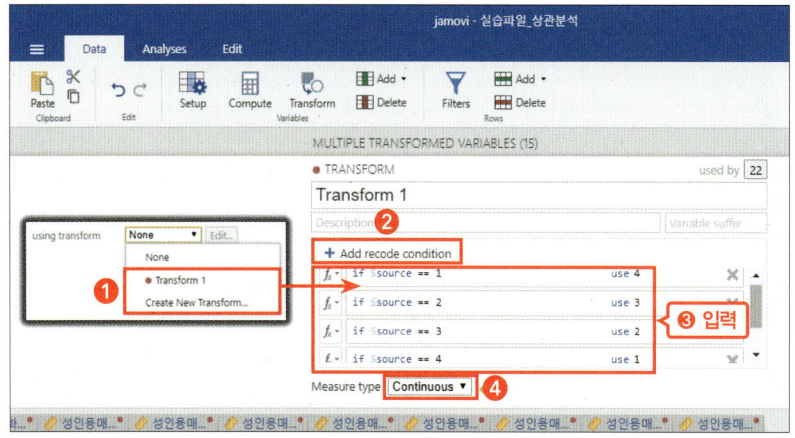

그림 14-17

3 먼저 휴대전화 의존도의 합산 변수를 만들겠습니다. ❶ 변수 만들 곳을 클릭하고 ❷ Data 메뉴 중 Compute를 클릭합니다. ❸ 변수명을 '휴대전화의존도합계'로 입력하고 ❹ 'f_x'를 클릭합니다. ❺ 'Functions'에서 'SUM'을 더블클릭하여 함수 창에 입력한 다음 ❻ 'Variables'에서 '휴대전화의존도1 - Transform x' ~ '휴대전화의존도7 Transform x' 변수를 하나씩 더블클릭하고 쉼표(,)로 구분하여 합 변수를 생성합니다. ❼ Enter 를 눌러 함수를 실행합니다.

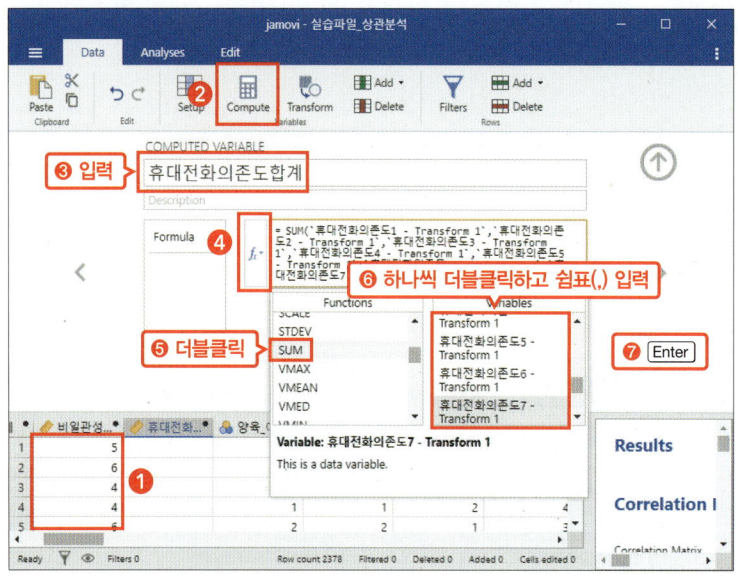

그림 14-18

4 다음으로 성인용 매체 몰입도의 합산 변수를 만들겠습니다. ❶ 변수 만들 곳을 클릭하고 ❷ Data 메뉴 중 Compute를 클릭합니다. ❸ 변수명을 '성인용매체몰입도 합계'로 입력하고 ❹ 'f_x'를 클릭합니다. ❺ 'Functions'에서 'SUM'을 더블클릭하여 함수 창에 입력한 다음 ❻ 'Variables'에서 '성인용매체몰입도1 – Transform x' ~ '성인용매체몰입도8 Transform x' 변수를 하나씩 더블클릭하고 쉼표(,)로 구분하여 합 변수를 생성합니다. ❼ Enter 를 눌러 함수를 실행합니다.

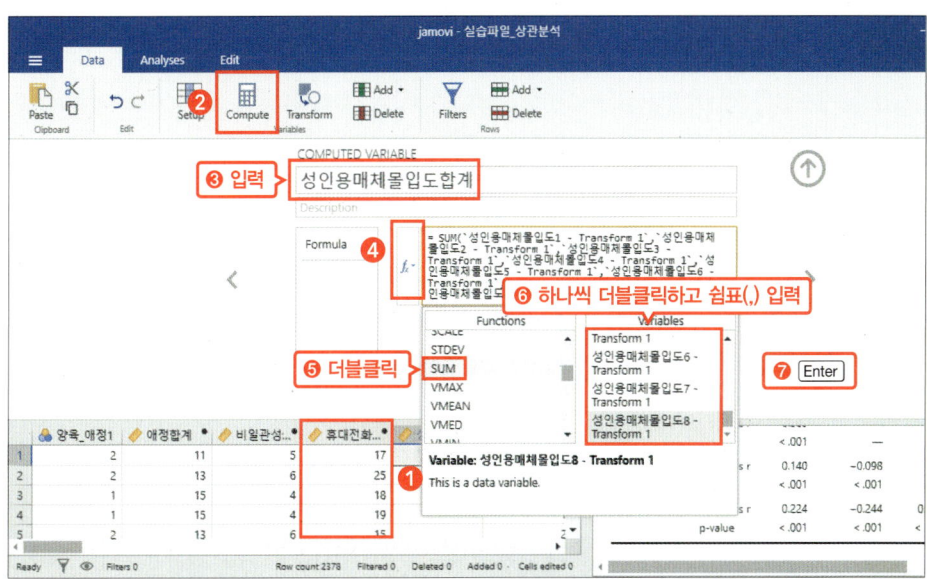

그림 14-19

5 ❶ Analyses 메뉴 중 ❷ Regression을 클릭한 다음 ❸ Correlation Matrix를 클릭합니다.

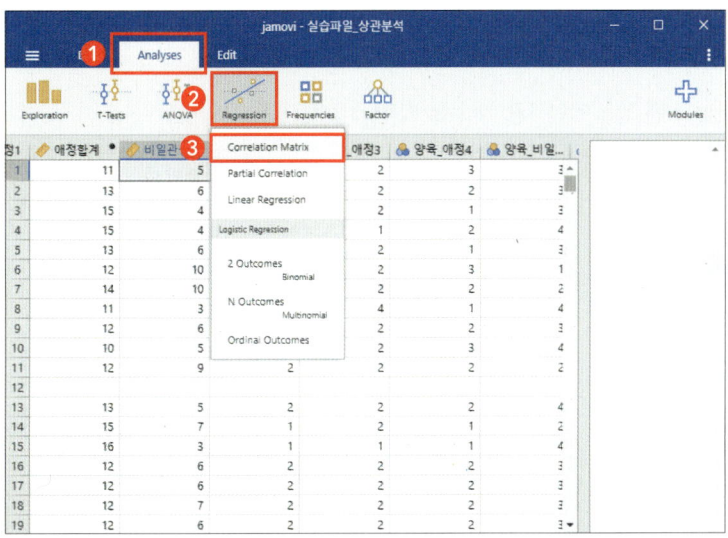

그림 14-20

6 '휴대전화의존도합계' 변수와 '성인용매체몰입도' 변수를 오른쪽으로 옮깁니다.

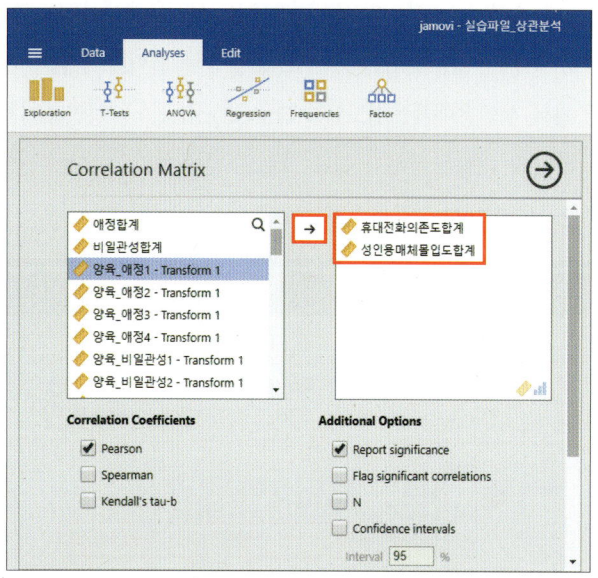

그림 14-21

7 한글 프로그램에서 다음과 같이 4줄×3칸 표를 만들고 '휴대전화 의존도'와 '성인용 매체 몰입도'를 가로, 세로 첫 줄에 입력합니다.

	휴대전화 의존도	성인용 매체 몰입도
휴대전화 의존도		
성인용 매체 몰입도		

그림 14-22

8 ❶ 결과표에서 Pearson's r에 해당하는 값을 입력하고 p값에 따라 *표를 위첨자로 달아줍니다. ❷ 표 맨 밑줄에는 *표 개수에 따라 p값의 기준을 입력합니다.

	휴대전화 의존도	성인용 매체 몰입도
휴대전화 의존도	1	
성인용 매체 몰입도	❶ .297***	1
❷ *** $p<.001$		

그림 14-23

9 다음과 같이 표 제목을 입력하고 해석합니다.

휴대전화 의존도와 성인용 매체 몰입도 사이의 관계를 검증하기 위해 Pearson의 상관관계 분석을 실시하였다. 분석 결과, 휴대전화 의존도와 성인용 매체 몰입도 간에는 유의한 양(+)의 상관관계가 나타났다($r=.297$, $p<.001$).

〈표〉 휴대전화 의존도와 성인용 매체 몰입도 사이의 관계

	휴대전화 의존도	성인용 매체 몰입도
휴대전화 의존도	1	
성인용 매체 몰입도	.297***	1

*** $p<.001$

SECTION 15

준비파일
실습파일_회귀분석.xlsx

단순회귀분석

회귀분석은 독립변수(예측 변수)가 종속변수(결과 변수)에 미치는 영향을 확인하는 분석 방법으로, 이 중 **단순회귀분석은 하나의 독립변수와 하나의 종속변수 간 관계**를 확인하는 분석 방법입니다. SECTION 14에서 진행한 상관분석은 단순히 두 변수 사이에 관계가 있는지만 확인할 수 있지만, 회귀분석은 독립변수가 1단위 증가할 때, 종속변수가 몇 단위 증가하는지 확인할 수 있습니다.

연구문제 예시

단순회귀분석을 연습하기 위해 양육방식 '애정'을 독립변수로, '삶의 만족도'를 종속변수로 한 모형을 분석하여 **부모의 애정적 양육방식이 청소년 삶의 만족에 미치는 영향**을 확인하고자 합니다. 즉, 애정적 양육방식이 1점 증가할 때, 삶의 만족도는 몇 점 증가하는지 검증해보겠습니다.

양육방식 I: 애정	나의 의견을 존중해 주신다	1 매우 그렇다
	내게 좋아한다는 표현을 하신다	2 그런 편이다
	내가 힘들어 할 때 용기를 주신다	3 그렇지 않은 편이다
	나에게 칭찬을 잘 해 주신다	4 전혀 그렇지 않다
삶의 만족도	나는 사는 게 즐겁다	1 매우 그렇다
	나는 걱정거리가 별로 없다	2 그런 편이다
	나는 내 삶이 행복하다고 생각한다	3 그렇지 않은 편이다
		4 전혀 그렇지 않다

STEP 1 _ 따라하기

1. 먼저 실습파일을 불러오겠습니다. ❶ ≡ 버튼을 누르고 ❷ Open 항목 중 ❸ This PC 메뉴에서 ❹ Browse를 클릭한 다음 ❺ 실습파일이 저장된 폴더에서 '실습파일_회귀분석.xlsx' 파일을 불러옵니다.

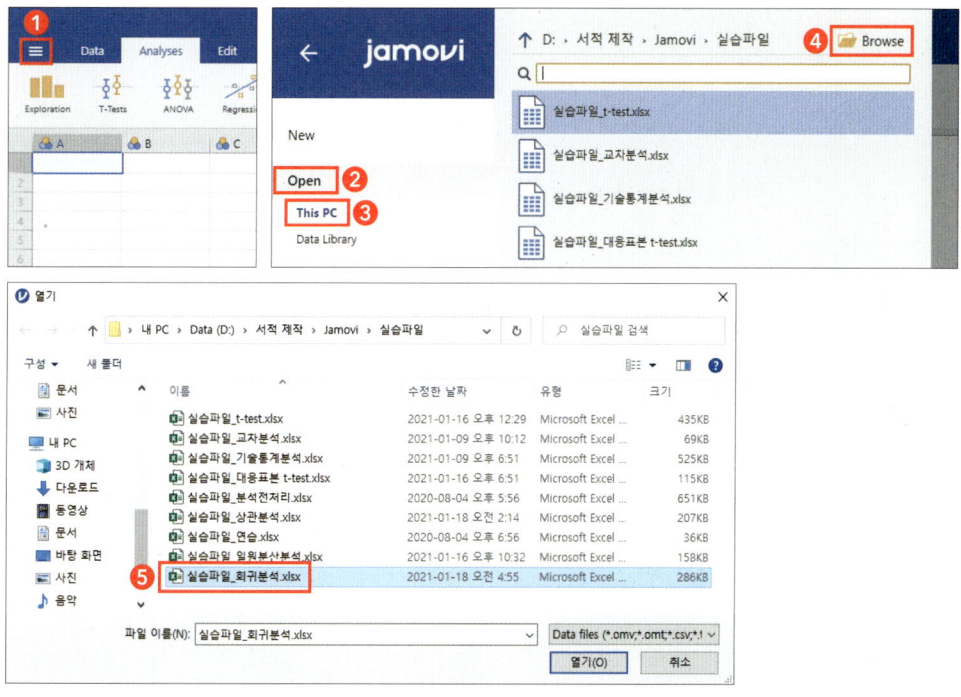

그림 15-1

2. 애정적 양육태도는 점수가 낮을수록 높은 수준으로 해석됩니다. 따라서 역코딩한 다음 하나의 변수로 합쳐줍니다. ❶ Data 메뉴에서 ❷ '양육_애정1' 변수를 클릭하고 ❸ Shift 를 누른 채 '양육_애정4' 변수를 클릭하여 양육_애정과 관련된 모든 변수를 선택합니다. ❹ Transform을 클릭합니다.

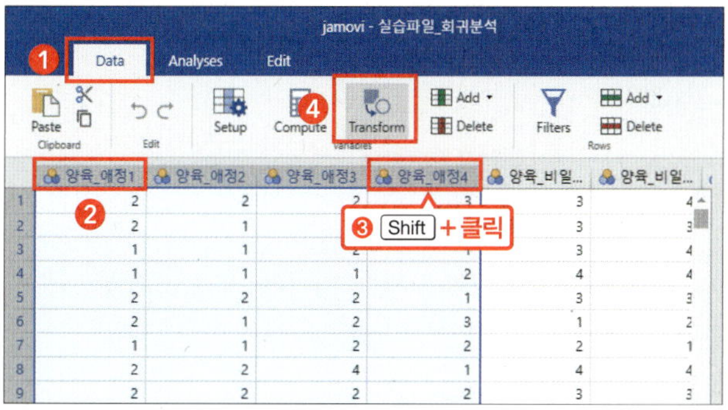

그림 15-2

3 ❶ 'using transform' 메뉴에서 'Create New Transform…'을 클릭합니다. ❷ '+ Add recode condition'을 클릭하여 ❸ 4점 척도 역코딩 변수를 생성합니다. ❹ 'Measure type'은 'Continuous'로 설정합니다.

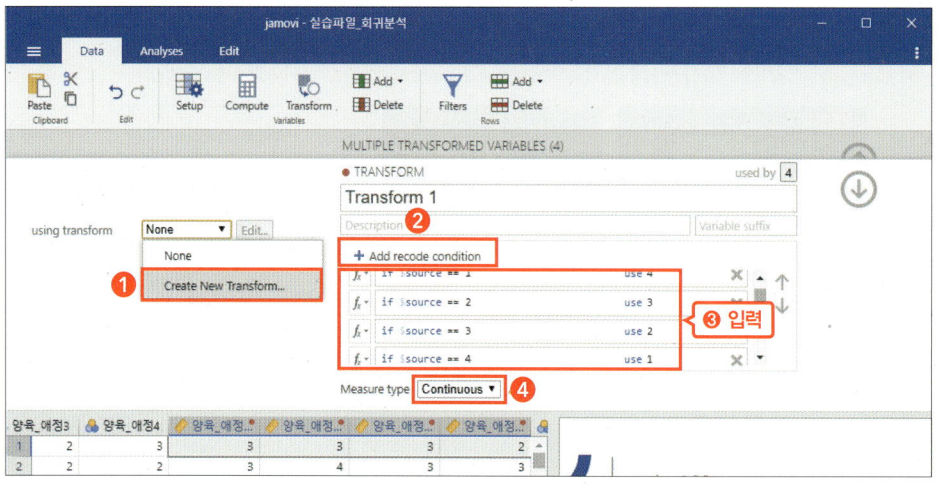

그림 15-3

4 ❶ 되도록 앞쪽에 애정적 양육태도를 합친 변수를 생성하기 위해 '양육_애정1'에서 아무 값이나 클릭합니다. ❷ Compute를 클릭하고 ❸ 변수명을 '애정적양육태도'로 입력합니다. ❹ 'f_x'를 클릭하면 표시되는 함수 목록 중 ❺ 'SUM'을 더블클릭하여 함수 창에 입력합니다. 이어서 ❻ '양육_애정1 – Transform 1' ~ '양육_애정4 Transform 1' 변수를 하나씩 더블클릭하고 쉼표(,)로 구분하여 합 변수를 생성합니다. ❼ Enter 를 눌러 함수를 실행합니다.

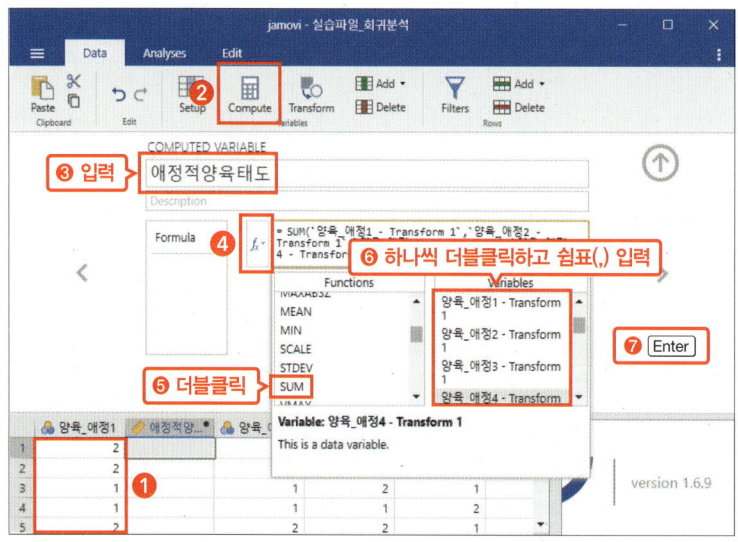

그림 15-4

5 다음으로 청소년 삶의 만족도 변수도 역코딩한 다음 하나의 변수로 합치겠습니다. ❶ Data 메뉴에서 ❷ '삶의만족도1' 변수를 클릭하고 ❸ Shift 를 누른 채 '삶의만족도3' 변수를 클릭하여 삶의만족도 변수 전체를 선택합니다. ❹ Transform을 클릭합니다.

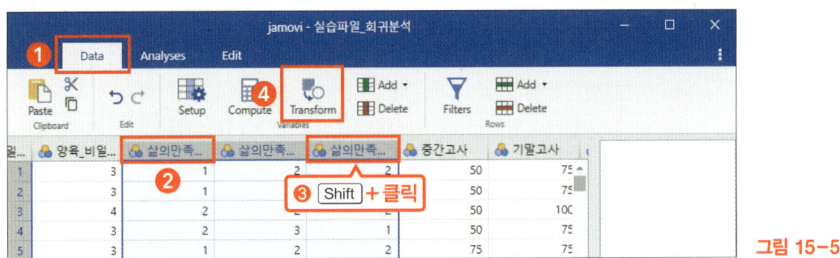

그림 15-5

6 애정적 양육태도와 마찬가지로 4점 척도를 역코딩하는 것이므로 'using transform' 메뉴에서 방금 생성한 'Transform 1'을 클릭합니다.

그림 15-6

7 ❶ 애정적양육태도 다음에 삶의 만족도를 합친 변수를 생성하기 위해 애정적양육태도의 아무 값이나 클릭합니다. ❷ Compute를 클릭하고 ❸ 변수명을 '삶의만족도'로 입력합니다. ❹ 'f_x'를 클릭하면 표시되는 함수 목록 중 ❺ SUM을 더블클릭하여 함수 창에 입력합니다. 이어서 ❻ '삶의만족도1 – Transform 1' ~ '삶의만족도3 Transform 1' 변수를 하나씩 더블클릭하고 쉼표(,)로 구분하여 합 변수를 생성합니다. ❼ Enter 를 눌러 함수를 실행합니다.

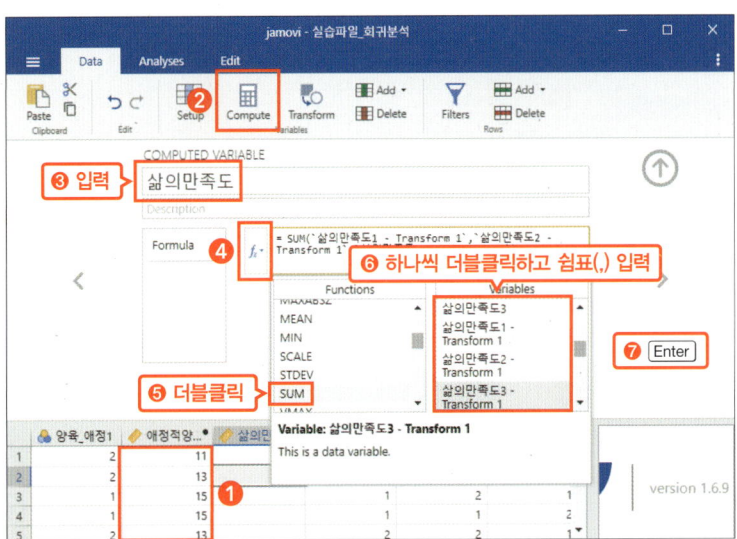

그림 15-7

SECTION 15 단순회귀분석 **263**

8 ❶ Analyses 메뉴에서 ❷ Regression을 클릭하고 ❸ Linear Regression을 클릭합니다.

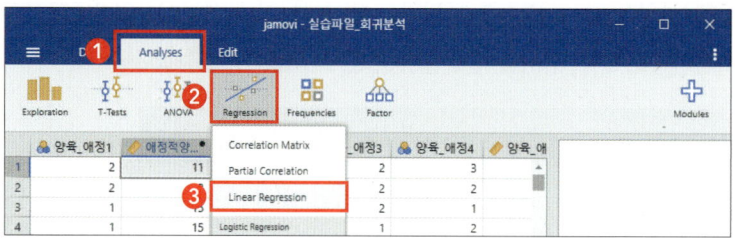

그림 15-8

여기서 잠깐

Dependent Variable과 Covariates에는 **연속형 변수**만 투입할 수 있고, **Factors**에는 **범주형 변수**만 투입할 수 있습니다. 회귀분석을 진행할 때, 독립변수가 범주형 변수라면 Factors에 투입해야 합니다. 이번 분석에서는 독립변수와 종속변수 모두 연속형 변수를 사용하므로 Dependent Variable과 Covariates에만 변수를 투입하면 됩니다.

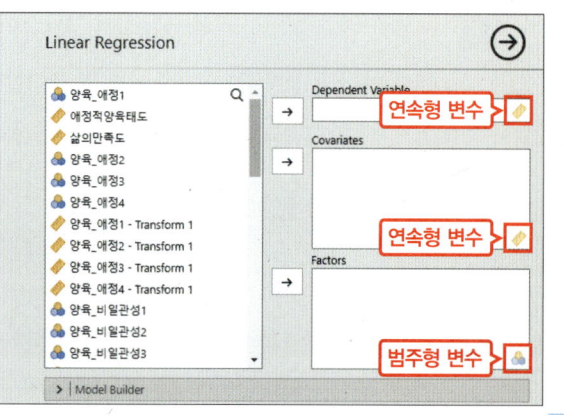

그림 15-9

---

9 ❶ 'Covariates'에 '애정적양육태도'를 투입하고 ❷ 'Dependent Variable'에 '삶의만족도'를 투입합니다. ❸ 'Assumption Checks'를 클릭합니다.

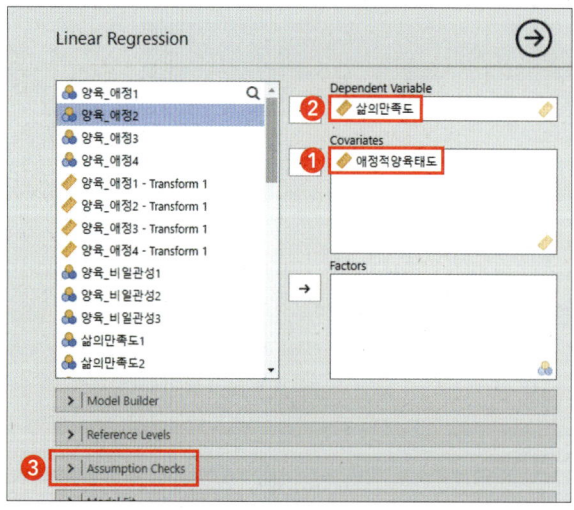

그림 15-10

10 ❶ 잔차의 독립성 검정을 위해 'Assumption Checks' 항목 중 'Autocorrelation test'에 체크하고 ❷ 'Model Fit'을 클릭합니다.

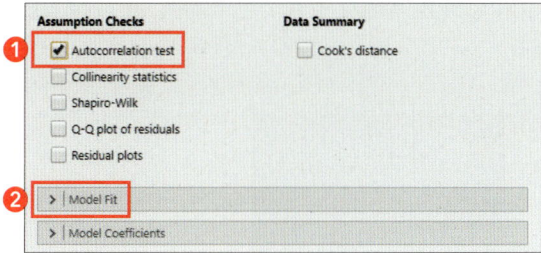

그림 15-11

11 ❶ 모형의 설명력을 확인하기 위해 'Fit Measures'에서 'R', 'R^2', 'Adjusted R^2'에 체크합니다. ❷ 전체 모형 적합도를 확인하기 위해 'Overall Model Test'에서 'F test'에 체크합니다. ❸ 'Model Coefficients'를 클릭합니다.

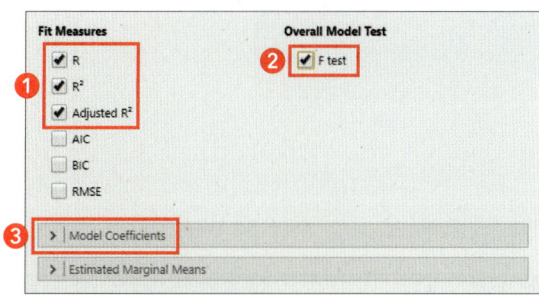

그림 15-12

12 표준화 회귀계수를 확인하기 위해 'Standardized Estimate'에서 'Standardized estimate'에 체크합니다.

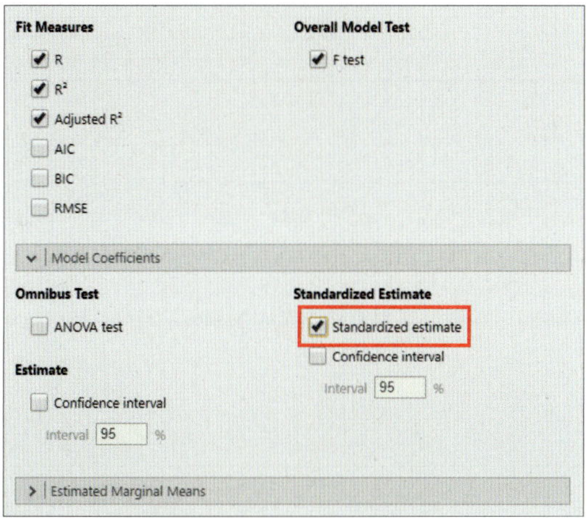

그림 15-13

SECTION 15 단순회귀분석 **265**

STEP 2 _ 분석 결과표 작성하기

1 ❶ 결과창의 Linear Regression 결과표 위에서 오른쪽 클릭하고 ❷ Analysis 항목 중 ❸ Copy를 클릭합니다.

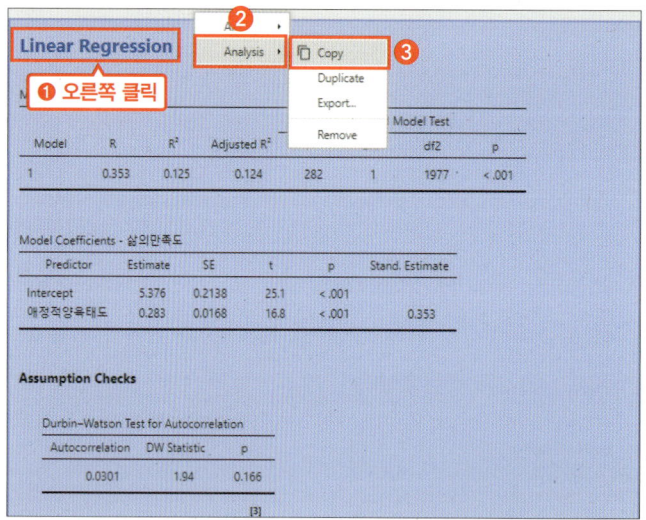

그림 15-14

2 엑셀을 실행하고 붙여넣기합니다.

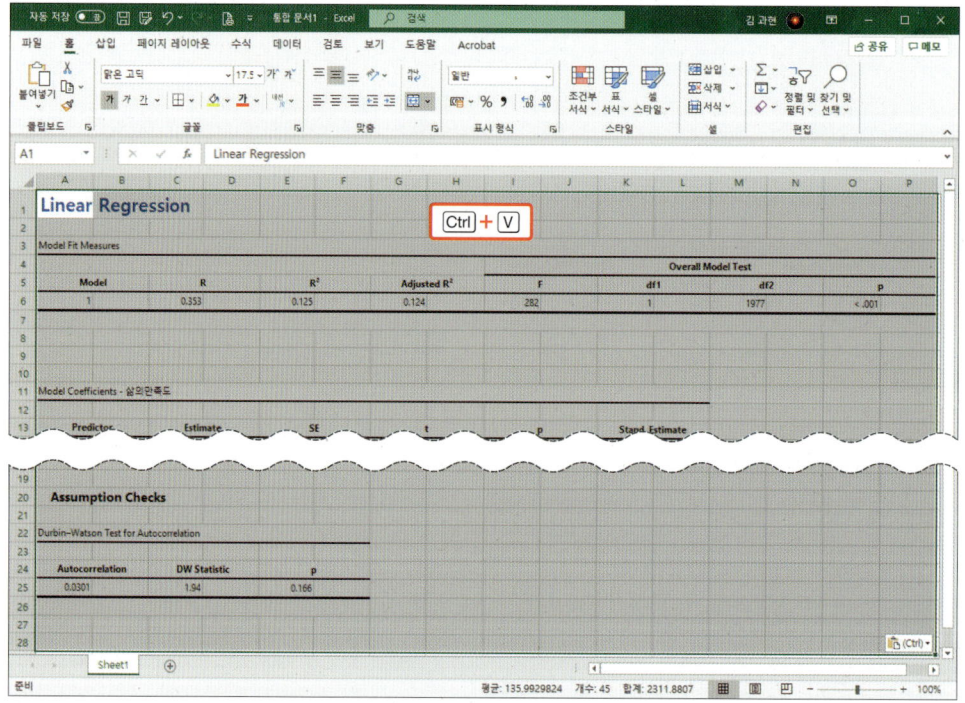

그림 15-15

3 상수, 분석한 변수 1개 + 제목 줄 + 별(※)표 기준까지 넣을 수 있도록 한글에서 5줄×6칸 표를 만들고 첫 줄에 독립변수, B, SE, β, t, p를 입력합니다. 베타(β) 기호는 Ctrl을 누른 채 F10을 눌러 문자표 창을 띄운 다음, 그리스어 분류에서 찾을 수 있습니다.

독립변수	B	SE	β	t	p

그림 15-16

4 ❶ 맨 아랫줄을 선택하고 ❷ M을 눌러 병합합니다.

독립변수	B	SE	β	t	p
			❶ 드래그	❷ M	

독립변수	B	SE	β	t	p

그림 15-17

5 ❶ 아래에서 두 번째 줄을 선택하고 ❷ M을 눌러 병합합니다.

독립변수	B	SE	β	t	p
			❶ 드래그	❷ M	

독립변수	B	SE	β	t	p

그림 15-18

6 ❶ 전체 칸을 선택하고 ❷ Ⓛ을 눌러 셀 테두리/배경 창을 엽니다. ❸ '종류'를 '없음'으로 선택하고 ❹ 모든 세로선과 ❺ 맨 밑 가로선을 선택합니다. ❻ 설정(D)을 클릭합니다.

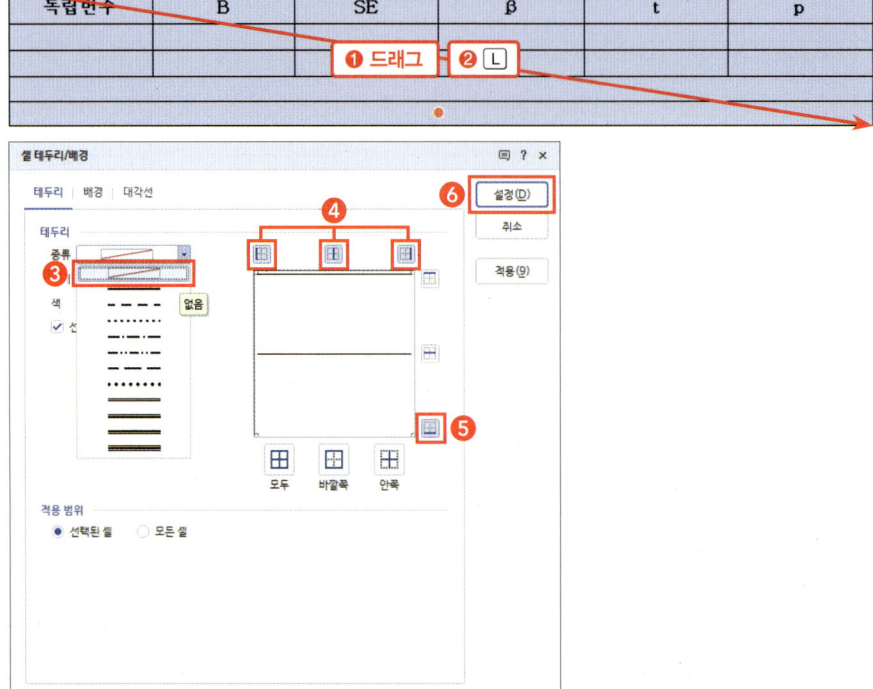

그림 15-19

7 같은 방식으로, 병합하지 않은 칸의 가로줄도 없애줍니다.

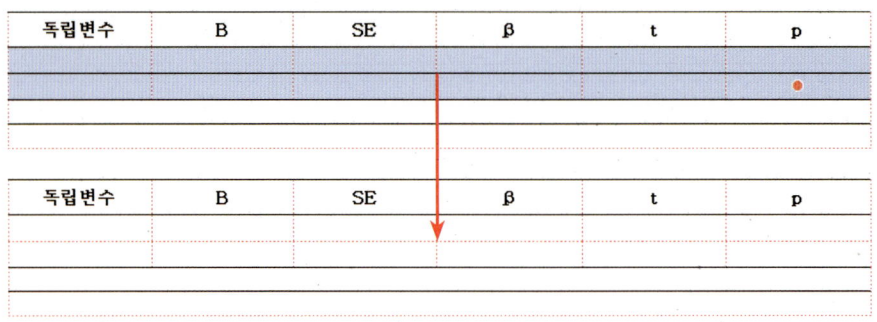

그림 15-20

8 엑셀에 붙여넣기한 결과표에서 값을 가져오기 쉽도록 빈 열을 삭제합니다. ❶ 첫 번째 비어 있는 열인 B를 클릭하고 ❷ Ctrl을 누른 채 D, F, H, J, L, N, P 열을 클릭하여 선택합니다. ❸ 선택한 열 중 아무 열 위에서나 오른쪽 클릭하고 ❹ 삭제를 클릭하거나 Ctrl을 누른 채 -를 누르면 선택한 열이 삭제됩니다.

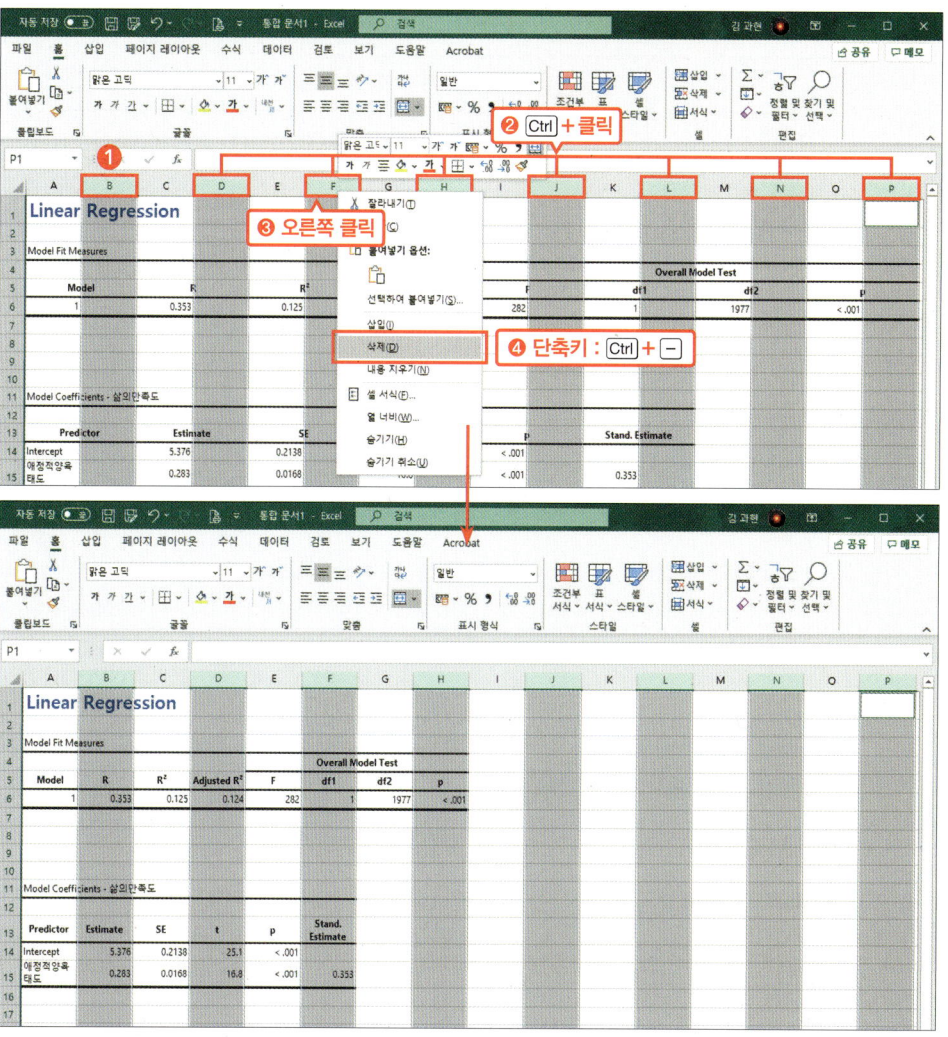

그림 15-21

9 한글 표의 독립변수 열에 '(상수)', '애정적 양육태도'를 입력합니다.

독립변수	B	SE	β	t	p
(상수)					
애정적 양육태도					

그림 15-22

10 엑셀의 Model Fit Measures 표에서 ❶ F값과 ❷ p값, ❸ R^2, 수정된 R^2(Adjusted R^2) 값을 변수 아랫줄에 입력합니다.

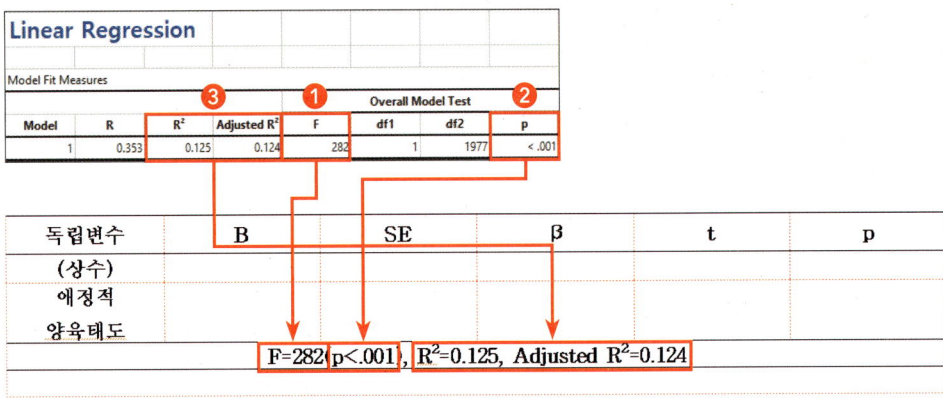

그림 15-23

아무도 가르쳐주지 않는 Tip

R^2에서 2와 같은 위첨자는 글자 모양에서 설정할 수 있습니다. 한글 창 상단의 **서식** 메뉴에서 **글자 모양**을 클릭한 다음, '속성' 항목의 오른쪽 끝에서 세 번째 위치에 있는 위첨자를 클릭하고 **설정**을 누른 다음 2를 입력합니다. 또는 먼저 2를 입력하여 선택한 다음 서식 메뉴 중 '가' 글자가 사각형 오른쪽 위에 있는 아이콘을 찾아 클릭해도 됩니다.

11 Assumption Checks 표에서 DW Statistic값을 수정된 R^2값 다음에 'Durbin-Watson=' 형식으로 입력합니다.

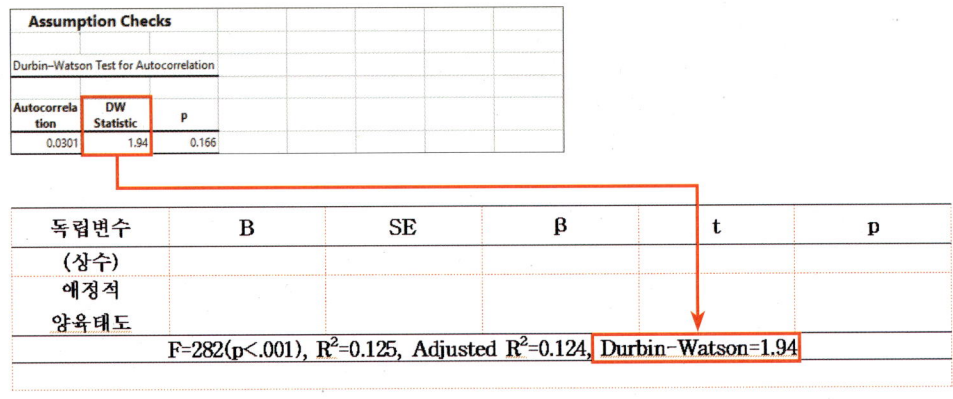

그림 15-24

12 Model Coefficients – 삶의만족도 표에서 ❶ Estimate값을 B에, ❷ SE값을 SE에, ❸ t값을 t에, ❹ p값을 p에, ❺ Stand. Estimate값을 β에 입력합니다.

독립변수	B	SE	β	t	p
(상수)	5.376	0.2138		25.1	<.001
애정적 양육태도	0.283	0.0168	0.353	16.8	<.001

F=282(p<.001), R²=0.125, Adjusted R²=0.124, Durbin-Watson=1.94

그림 15-25

13 ❶ p값에 따라 t값에 *표를 위첨자로 달고 ❷ 맨 아랫줄에 *표 기준을 표시합니다.

독립변수	B	SE	β	t	p
(상수)	5.376	0.2138		25.1***	<.001
애정적 양육태도	0.283	0.0168	0.353	16.8***	<.001

F=282(p<.001), R²=0.125, Adjusted R²=0.124, Durbin-Watson=1.94
*** p<.001

그림 15-26

14 글자 모양과 칸 크기를 조절하고 표 제목을 정하여 마무리합니다. 표 안의 값은 가능하면 소수점 아래 셋째 자리까지 표기해주세요.

<표> 애정적 양육태도가 청소년의 성적 만족도에 미치는 영향

독립변수	B	SE	β	t	p
(상수)	5.376	0.214		25.100***	<.001
애정적 양육태도	0.283	0.017	0.353	16.800***	<.001

F=282.000(p<.001), R²=0.125, Adjusted R²=0.124, Durbin-Watson=1.940
*** p<.001

그림 15-27

아무도 가르쳐주지 않는 Tip

크기를 조절할 칸에 커서를 두고 F5를 눌러 셀 커서로 바꾼 뒤, Ctrl을 누른 채 방향키를 누르면 칸 크기를 조절할 수 있습니다.

STEP 3 _ 분석 결과표 해석하기

회귀분석표를 해석할 때는 먼저 모형적합도를 확인합니다. 모형적합도를 확인하는 지수로는 F값의 p값과 R²(설명력) 수준, Durbin-Watson값이 있습니다. F값의 p값은 0.05보다 낮아야 하며 R²은 일반적으로 0.1(10%)보다 높을 때 양호한 것으로 판단합니다. 회귀분석은 직선의 기울기를 도출하는 분석인데요, Durbin-Watson값은 도출된 직선과 실제 응답 사이의 잔차가 유효한지 판단하는 기준입니다. 이 값은 0~4 범위의 값으로 나타나며, 2에 가까울수록 잔차의 독립성이 확보되었다고 판단합니다. 여기서는 1.940으로 2에 매우 가까운 값이 나왔습니다.

다음으로 독립변수가 종속변수에 미치는 영향을 확인합니다. 애정적 양육태도의 p값이 0.001 미만이므로 영향력은 유의한 것으로 확인되었고, B값이 0.283으로 양(+)의 값을 가지므로 애정적 양육태도가 높을수록 청소년의 성적 만족도는 높아진다(증가한다)고 해석할 수 있습니다. 해석에는 베타(β)값을 사용하는데요, 베타값은 다중회귀분석에서 자세히 설명하겠습니다.

> 애정적 양육태도가 청소년의 성적 만족도에 미치는 영향력을 검증하기 위해 단순회귀분석을 실시하였다.
>
> 회귀모형을 검증한 결과, $F=282.000(p<.001)$으로 회귀모형이 적합했으며, 모형의 설명력은 약 12.5%로 나타났다($R^2=0.125$). Durbin-Watson 통계량은 1.940으로 2에 근사한 값을 보여 잔차의 독립성 가정에 문제가 없었다.
>
> 회귀계수의 유의성 검증 결과, 애정적 양육태도는 청소년의 성적 만족도에 유의한 정(+)의 영향을 미치는 것으로 나타났다($β=0.353$, $p<.001$). 즉, 애정적 양육태도 수준이 높을수록 청소년의 성적 만족도는 높아진다고 할 수 있다.

〈표〉 애정적 양육태도가 청소년의 성적 만족도에 미치는 영향

독립변수	B	SE	β	t	p
(상수)	5.376	0.214		25.100***	<.001
애정적 양육태도	0.283	0.017	0.353	16.800***	<.001

$F=282.000(p<.001)$, $R^2=0.125$, Adjusted $R^2=0.124$, Durbin-Watson=1.940

*** $p<.001$

아무도 가르쳐주지 않는 Tip

(상수)는 절편을 의미합니다. 이것은 독립변수의 수준이 0일 때 종속변수에 대한 예측값이 됩니다. 보편적으로 표에 제시하기는 하지만 따로 설명하지 않는 경우가 많습니다.

STEP 4 _ 실습하기

연구문제 예시

단순회귀분석을 연습하기 위해 양육방식 '애정'을 독립변수로, '중간고사' 성적을 종속변수로 한 모형을 분석하여 **애정적 양육방식이 성적에 미치는 영향**을 확인하고자 합니다. 즉, 애정적 양육방식이 1점 증가할 때, 성적은 몇 점 증가하는지 검증해보겠습니다. jamovi 프로그램을 닫지 않았다면 ⑤부터 진행하면 됩니다.

양육방식 I: 애정	나의 의견을 존중해 주신다	1 매우 그렇다
	내게 좋아한다는 표현을 하신다	2 그런 편이다
	내가 힘들어 할 때 용기를 주신다	3 그렇지 않은 편이다
	나에게 칭찬을 잘 해 주신다	4 전혀 그렇지 않다
중간고사 점수		100점 만점

1 먼저 실습파일을 불러오겠습니다. ❶ ≡ 버튼을 누르고 ❷ Open 항목 중 ❸ This PC 메뉴에서 ❹ Browse를 클릭한 다음 ❺ 실습파일이 저장된 폴더에서 '실습파일_회귀분석.xlsx' 파일을 불러옵니다.

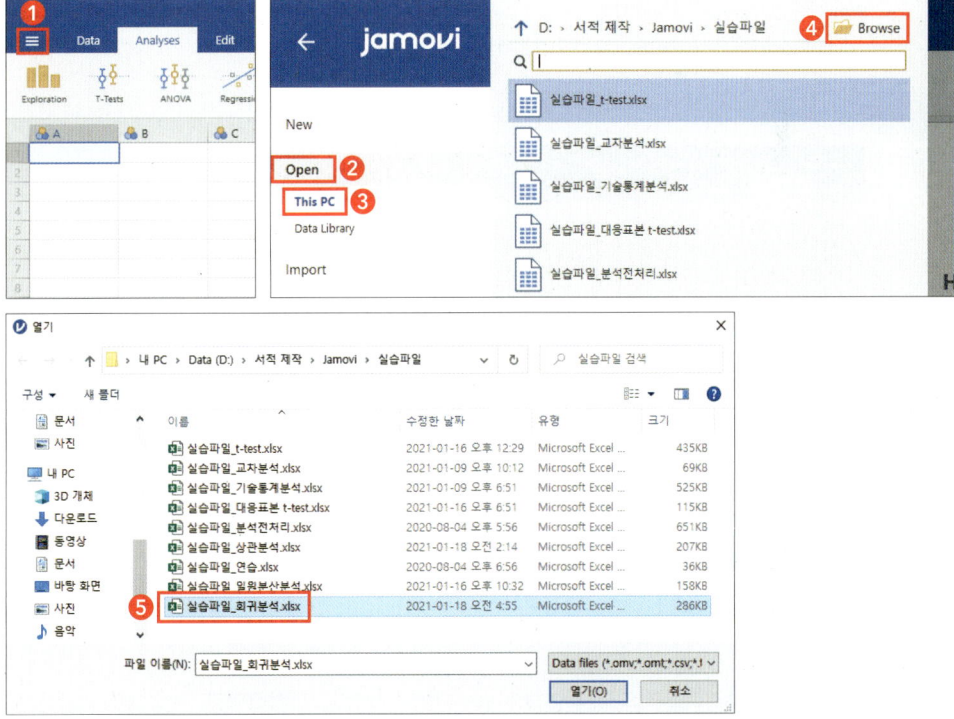

그림 15-28

2 애정적 양육태도는 점수가 낮을수록 높은 수준으로 해석됩니다. 따라서 역코딩한 다음 하나의 변수로 합쳐줍니다. ❶ Data 메뉴에서 ❷ '양육_애정1' 변수를 클릭하고 ❸ [Shift]를 누른 채 '양육_애정4' 변수를 클릭하여 양육_애정 변수를 전부 선택합니다. ❹ Transform을 클릭합니다.

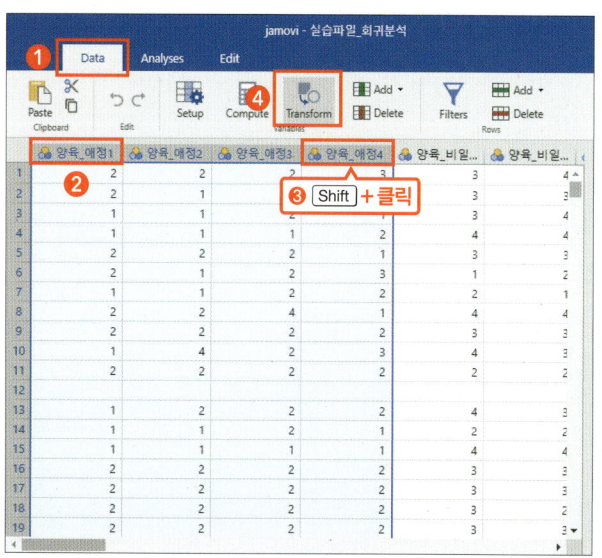

그림 15-29

3 ❶ 'using transform' 메뉴에서 'Create New Transform...'을 클릭합니다. ❷ '+ Add recode condition'을 클릭하여 ❸ 4점 척도 역코딩 변수를 생성합니다. ❹ 'Measure type'은 'Continuous'로 설정합니다.

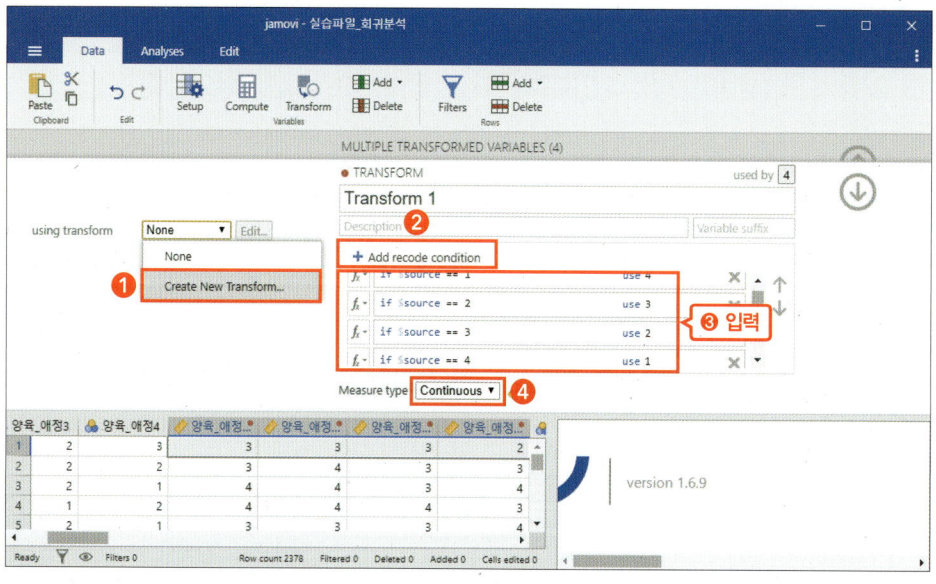

그림 15-30

4 ① 되도록 앞쪽에 애정적 양육태도를 합친 변수를 생성하기 위해 '양육_애정1'에서 아무 값이나 클릭합니다. ② Compute를 클릭하고 ③ 변수명을 '애정적양육태도'로 입력합니다. ④ 'fx'를 클릭하면 표시되는 함수 목록 중 ⑤ SUM을 더블클릭하여 함수 창에 입력한 다음 ⑥ '양육_애정1 - Transform 1' ~ '양육_애정4 Transform 1' 변수를 하나씩 더블클릭하고 쉼표(,)로 구분하여 합 변수를 생성합니다. ⑦ Enter 를 눌러 함수를 실행합니다.

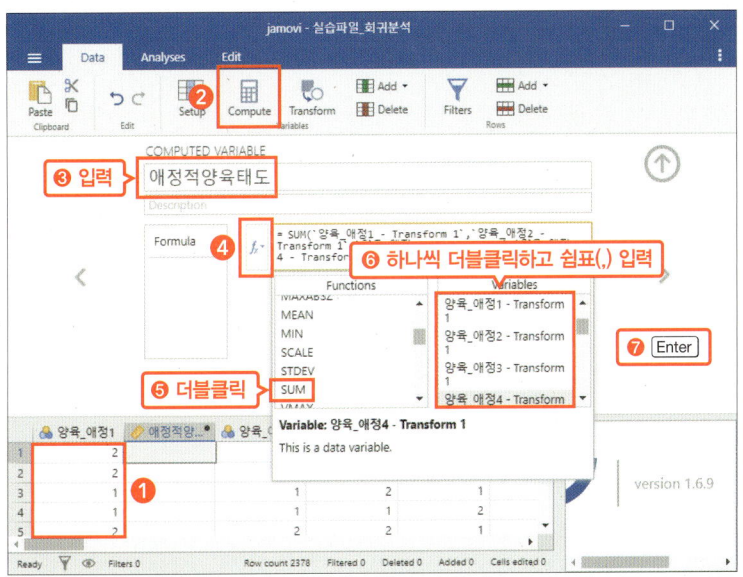

그림 15-31

5 ① Analyses 메뉴에서 ② Regression을 클릭하고 ③ Linear Regression을 클릭합니다.

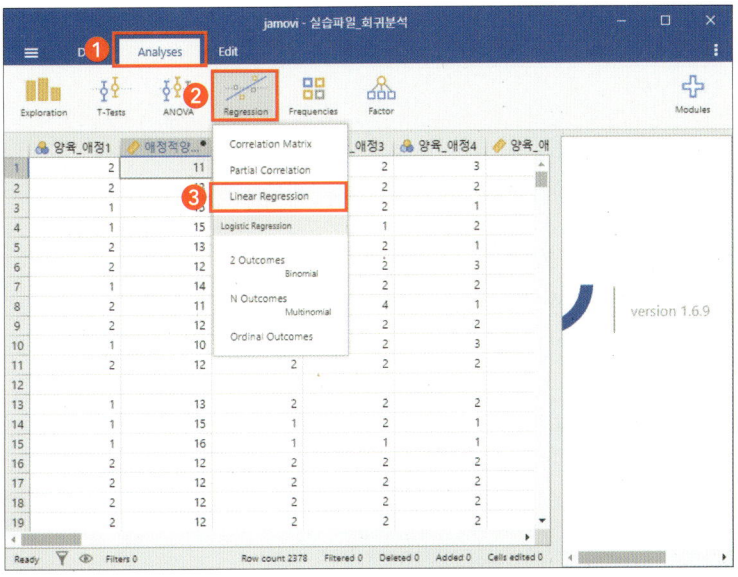

그림 15-32

6 ❶ 'Covariates'에 '애정적양육태도'를 투입하고 ❷ 'Dependent Variable'에 '중간고사'를 투입합니다. ❸ 'Assumption Checks'를 클릭합니다.

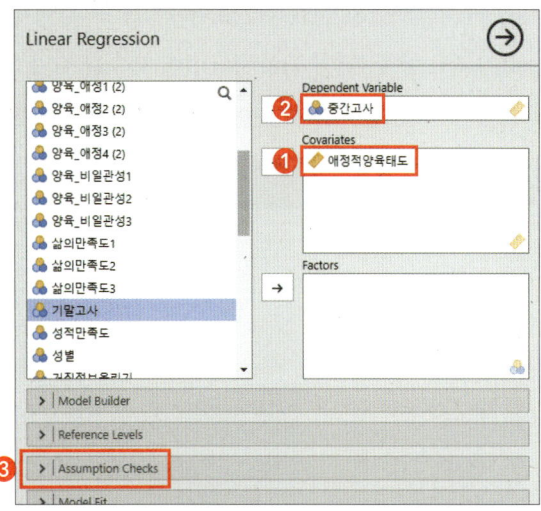

그림 15-33

7 ❶ 잔차의 독립성 검정을 위해 'Assumption Checks' 항목 중 'Autocorrelation test'에 체크하고 ❷ 'Model Fit'을 클릭합니다.

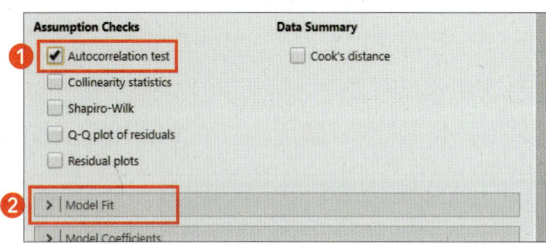

그림 15-34

8 ❶ 모형의 설명력을 확인하기 위해 'Fit Measures'에서 'R', 'R^2', 'Adjusted R^2'에 체크합니다. ❷ 전체 모형 적합도를 확인하기 위해 'Overall Model Test'에서 'F test'에 체크합니다. ❸ 'Model Coefficients'를 클릭합니다.

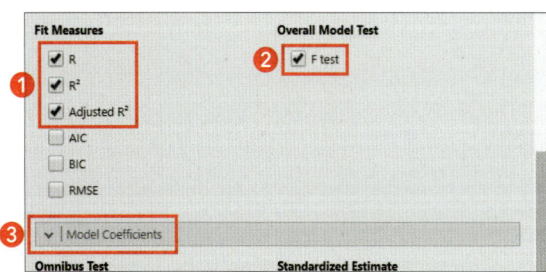

그림 15-35

9 표준화 회귀계수를 확인하기 위해 'Standardized Estimate'에서 'Standardized estimate'에 체크합니다.

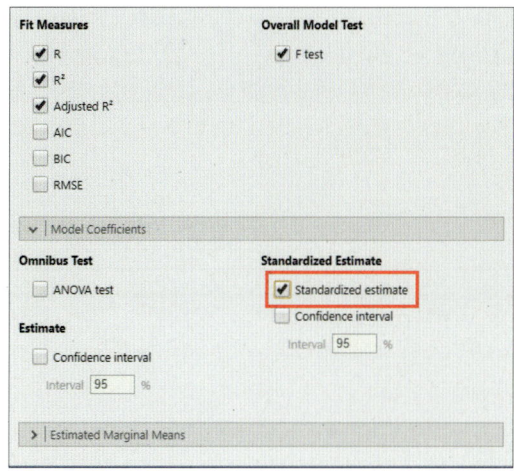

그림 15-36

STEP 5 _ 분석 결과표 작성하기

1 ❶ 결과창의 Linear Regression 결과표 위에서 오른쪽 클릭하고 ❷ Analysis 항목 중 ❸ Copy를 클릭합니다.

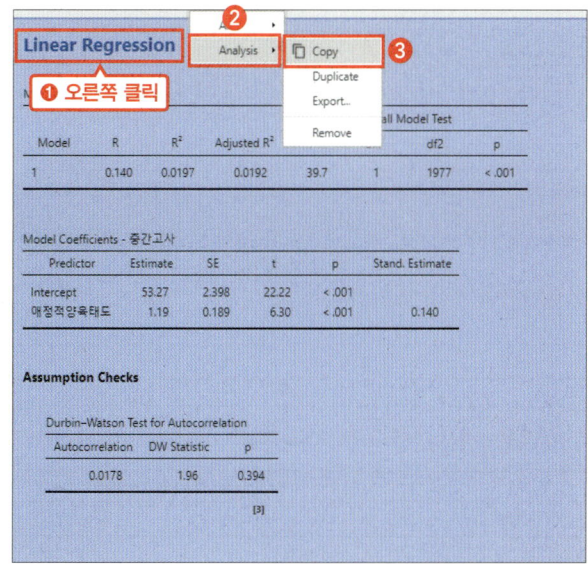

그림 15-37

2 엑셀을 실행하고 붙여넣기합니다.

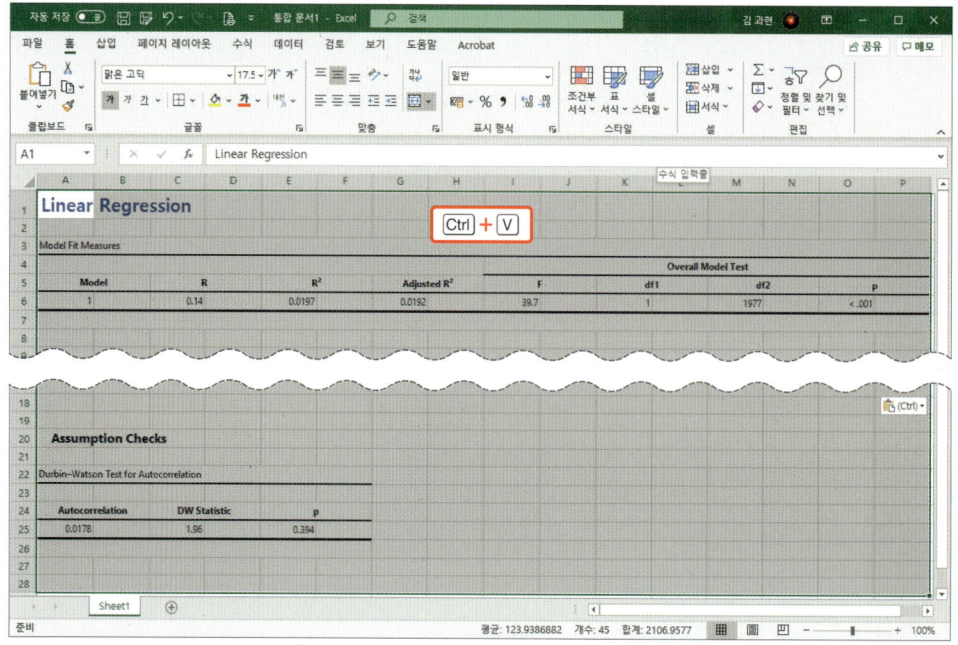

그림 15-38

3 상수, 분석한 변수 1개 + 제목 줄 + 별(※)표 기준까지 넣을 수 있도록 한글 프로그램에서 5줄 ×6칸 표를 만들고 첫 줄에 독립변수, B, SE, β, t, p를 입력합니다. 베타(β) 기호는 Ctrl을 누른 채 F10을 눌러 문자표 창을 띄운 다음, 그리스어 분류에서 찾을 수 있습니다.

독립변수	B	SE	β	t	p

그림 15-39

4 ❶ 맨 아랫줄을 선택하고 ❷ M을 눌러 병합합니다.

독립변수	B	SE	β	t	p
		❶ 드래그 ❷ M			

독립변수	B	SE	β	t	p

그림 15-40

5 ❶ 아래에서 두 번째 줄도 선택하고 ❷ M을 눌러 병합합니다.

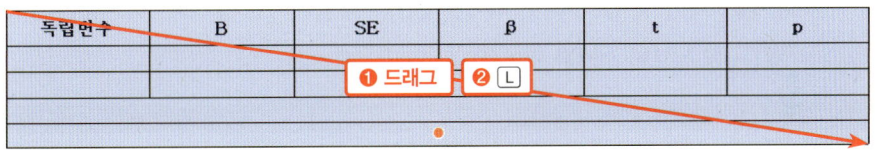

그림 15-41

6 ❶ 전체 칸을 선택하고 ❷ L을 눌러 셀 테두리/배경 창을 엽니다. ❸ '종류'를 '없음'으로 선택하고 ❹ 모든 세로선과 ❺ 맨 밑 가로선을 선택합니다. ❻ 설정(D)을 클릭합니다.

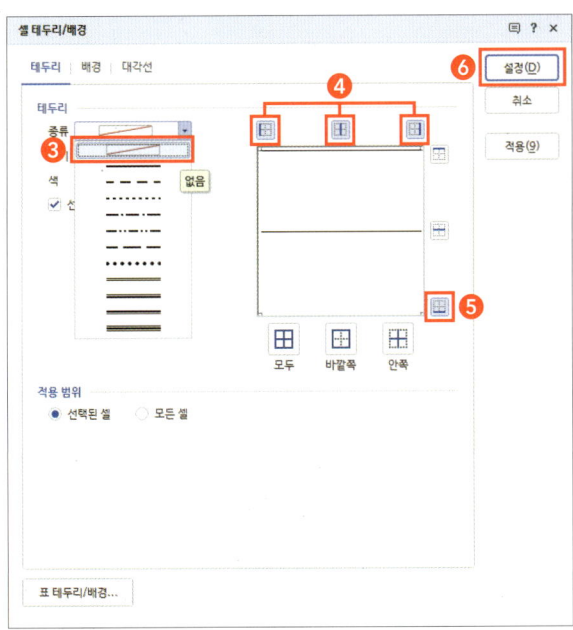

그림 15-42

7 같은 방식으로, 병합하지 않은 칸의 가로줄도 없애줍니다.

독립변수	B	SE	β	t	p

독립변수	B	SE	β	t	p

그림 15-43

8 엑셀에 붙여넣기한 결과표에서 값을 가져오기 쉽도록 빈 열을 삭제합니다. ❶ 첫 번째 비어 있는 열인 B를 클릭하고 ❷ Ctrl 을 누른 채 D, F, H, J, L, N, P 열을 클릭하여 선택합니다. ❸ 선택한 열 중 아무 열 위에서나 오른쪽 클릭하고 ❹ 삭제를 클릭하거나 Ctrl 을 누른 채 ─ 를 누르면 선택한 열이 삭제됩니다.

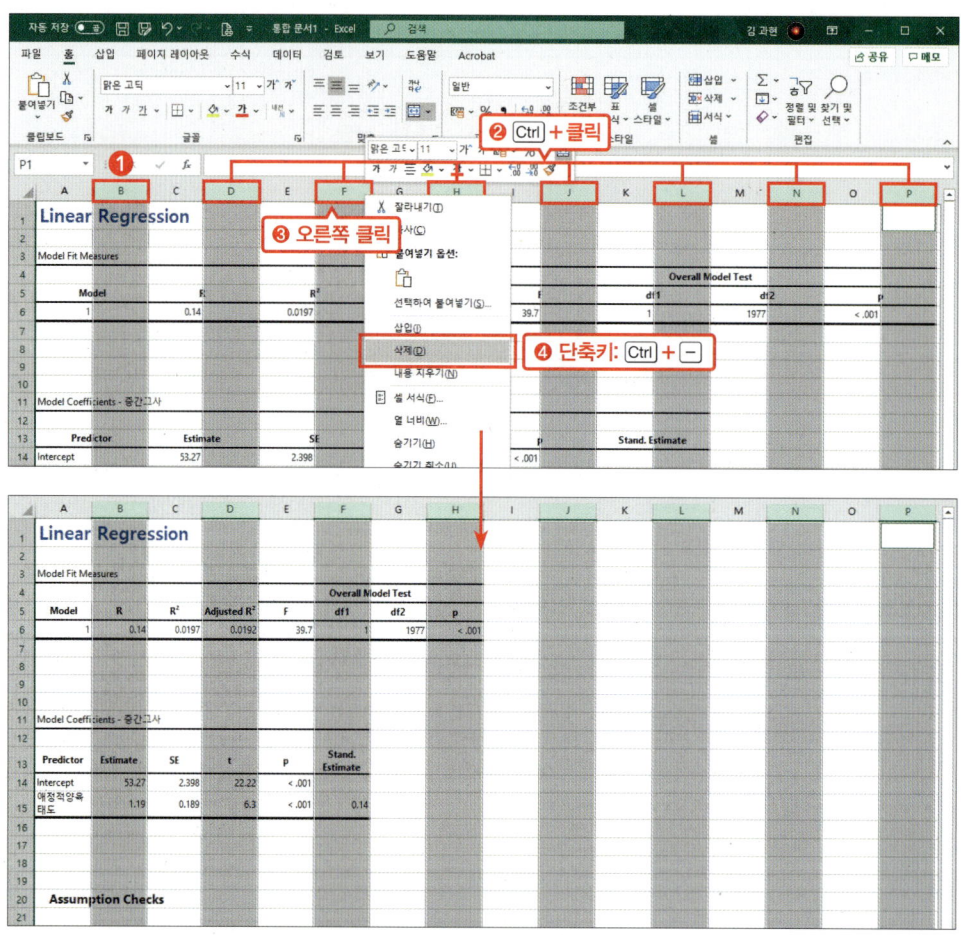

그림 15-44

9 한글 표의 독립변수 열에 '(상수)', '애정적 양육태도'를 입력합니다.

독립변수	B	SE	β	t	p
(상수)					
애정적 양육태도					

그림 15-45

10 엑셀의 Model Fit Measures 표에서 ❶ F값과 ❷ p값, ❸ R^2, 수정된 R^2(Adjusted R^2) 값을 변수 아랫줄에 입력합니다.

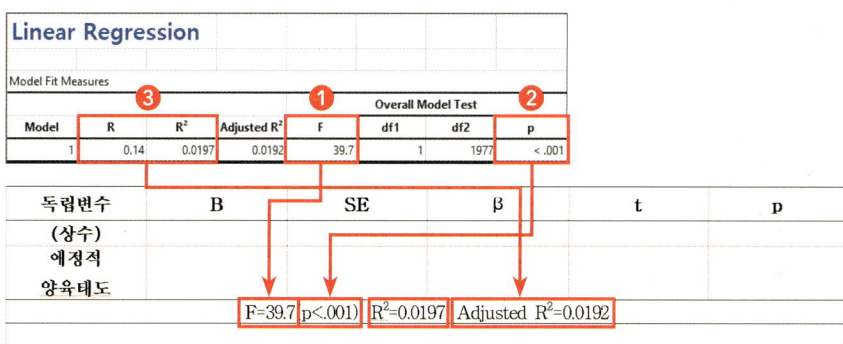

그림 15-46

아무도 가르쳐주지 않는 Tip

R^2에서 2와 같은 위첨자는 글자 모양에서 설정할 수 있습니다. 한글 창 상단의 **서식** 메뉴에서 **글자 모양**을 클릭한 다음, '속성' 항목의 오른쪽 끝에서 세 번째 위치에 있는 위첨자를 클릭하고 **설정**을 누른 다음 2를 입력합니다. 또는 먼저 2를 입력하여 선택한 다음 서식 메뉴 중 '가' 글자가 사각형 오른쪽 위에 있는 아이콘을 찾아 클릭해도 됩니다.

11 Assumption Checks 표에서 DW Statistic값을 수정된 R^2값 다음에 'Durbin-Watson=' 형식으로 입력합니다.

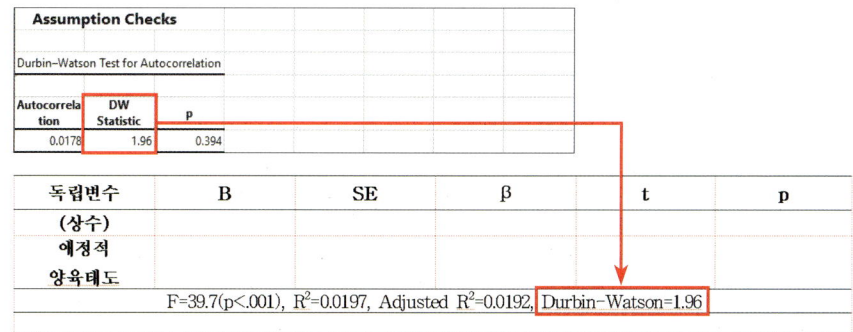

그림 15-47

12 Model Coefficients – 중간고사 표에서 ❶ Estimate값을 B에, ❷ SE값을 SE에, ❸ t값을 t에, ❹ p값을 p에, ❺ Stand. Estimate값을 β에 입력합니다.

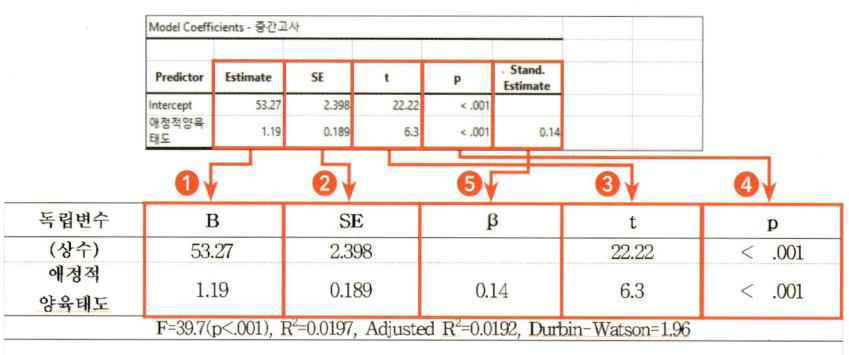

그림 15-48

13 ❶ p값에 따라 t값에 *표를 위첨자로 달고 ❷ 맨 아랫줄에 *표 기준을 표시합니다.

독립변수	B	SE	β	t	p
(상수)	53.27	2.398		22.22***	< .001
애정적 양육태도	1.19	0.189	0.14	6.3***	< .001

$F=39.7(p<.001)$, $R^2=0.0197$, Adjusted $R^2=0.0192$, Durbin-Watson=1.96

*** $p<.001$

그림 15-49

14 글자 모양과 칸 크기를 조절하고 표 제목을 정하여 마무리합니다. 표 안의 값은 가능하면 소수점 아래 셋째 자리까지 표기해주세요.

<표> 애정적 양육태도가 중간고사 성적에 미치는 영향

독립변수	B	SE	β	t	p
(상수)	53.270	2.398		22.220***	<.001
애정적 양육태도	1.190	0.189	0.140	6.300***	<.001

$F=39.700(p<.001)$, $R^2=0.020$, Adjusted $R^2=0.019$, Durbin-Watson=1.960

*** $p<.001$

그림 15-50

15 표를 해석해보겠습니다. 먼저 모형적합도를 확인합니다. 모형적합도에서는 F값의 p값이 유의한지와 Adjusted R^2(설명력) 수준, Durbin-Watson값을 확인합니다. p값은 <.001로 유의하였지만 설명력이 낮은 편으로 나타났습니다. 다음으로 Durbin-Watson값은 1.960으로 2에 매우 가까운 값이 나왔습니다. 설명력은 낮은 편이지만 모형적합도에 직접적인 관계가 없다는 관점도 있고, p값과 Durbin-Watson값이 기준을 만족하였으므로 이 모형은 적합하다고 판단하였습니다.

다음으로 독립변수가 종속변수에 미치는 영향을 확인합니다. 애정적 양육태도의 p값이 0.001 미만이므로 영향력은 유의한 것으로 확인되었고, B값이 1.190으로 양(+)의 값을 가지므로 애정적 양육태도가 높을수록 중간고사 성적은 높아진다(증가한다)고 해석할 수 있습니다.

애정적 양육태도가 중간고사 성적에 미치는 영향력을 검증하기 위해 단순회귀분석을 실시하였다.

회귀모형을 검증한 결과, F=39.700(p<.001)으로 회귀모형이 적합했으며, 모형의 설명력은 약 2%로 나타났다(R^2=0.020). Durbin-Watson 통계량은 1.960으로 2에 근사한 값을 보여 잔차의 독립성 가정에 문제가 없었다.

회귀계수의 유의성 검증 결과, 애정적 양육태도는 중간고사 성적에 유의한 정(+)의 영향을 미치는 것으로 나타났다(β=0.140, p<.001). 즉, 애정적 양육태도 수준이 높을수록 중간고사 성적은 높아진다고 할 수 있다.

⟨표⟩ 애정적 양육태도가 중간고사 성적에 미치는 영향

독립변수	B	SE	β	t	p
(상수)	53.270	2.398		22.220***	<.001
애정적 양육태도	1.190	0.189	0.140	6.300***	<.001

F=39.700(p<.001), R^2=0.020, Adjusted R^2=0.019, Durbin-Watson=1.960

*** p<.001

SECTION 16

다중회귀분석

준비파일
실습파일_회귀분석.xlsx

다중회귀분석은 2개 이상의 독립변수를 투입하여 종속변수에 미치는 영향력을 확인하는 분석 방법입니다. 특히, 다중회귀분석 결과에서는 투입되는 변수들 서로의 영향력을 고정시킨 추정값을 보여주기 때문에 영향력을 비교하거나 통제변수를 넣을 때 활용하는 경우가 많습니다. 즉, 여러 독립변수 중에서 종속변수에 영향을 미치는 변수가 무엇이며, 그중에서 가장 큰 영향을 미치는 변수가 무엇인지 검증할 때 주로 사용합니다.

연구문제 예시

다중회귀분석을 연습하기 위해 양육방식 '애정'과 '비일관성'을 독립변수로, '삶의 만족도'를 종속변수로 한 모형을 분석하여 **부모의 어떤 양육방식이 청소년 삶의 만족도에 영향을 미치는지** 확인하고자 합니다. 즉, 애정적 양육방식과 비일관적 양육방식이 삶의 만족도에 미치는 영향을 검증해보겠습니다.

양육방식 I: 애정	나의 의견을 존중해 주신다	1 매우 그렇다
	내게 좋아한다는 표현을 하신다	2 그런 편이다
	내가 힘들어 할 때 용기를 주신다	3 그렇지 않은 편이다
	나에게 칭찬을 잘 해 주신다	4 전혀 그렇지 않다
양육방식 I: 비일관성	같은 일이라도 어떤 때는 야단을 치시고 어떤 때는 안 치신다	1 매우 그렇다
	부모님(보호자)의 기분이 내키는 대로 나를 대하신다	2 그런 편이다
	손님이 오거나 외출했을 때, 나에 대한 부모님(보호자)의 태도가 평소와 다르다	3 그렇지 않은 편이다
		4 전혀 그렇지 않다
삶의 만족도	나는 사는 게 즐겁다	1 매우 그렇다
	나는 걱정거리가 별로 없다	2 그런 편이다
	나는 내 삶이 행복하다고 생각한다	3 그렇지 않은 편이다
		4 전혀 그렇지 않다

STEP 1 _ 따라하기

1 먼저 실습파일을 불러오겠습니다. ❶ ≡ 버튼을 누르고 ❷ Open 항목 중 ❸ This PC 메뉴에서 ❹ Browse를 클릭한 다음 ❺ 실습파일이 저장된 폴더에서 '실습파일_회귀분석.xlsx' 파일을 불러옵니다.

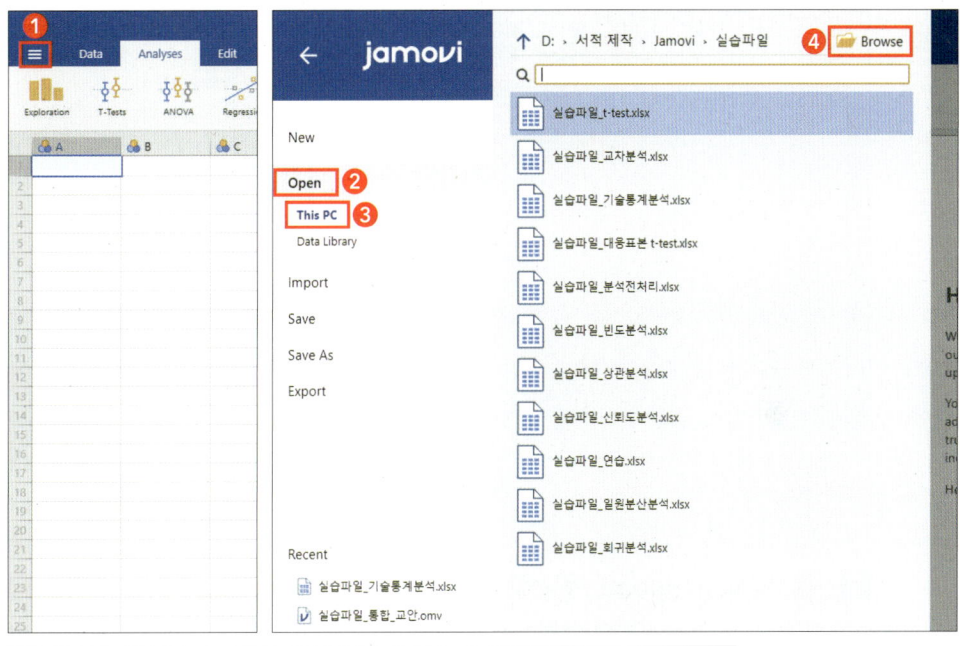

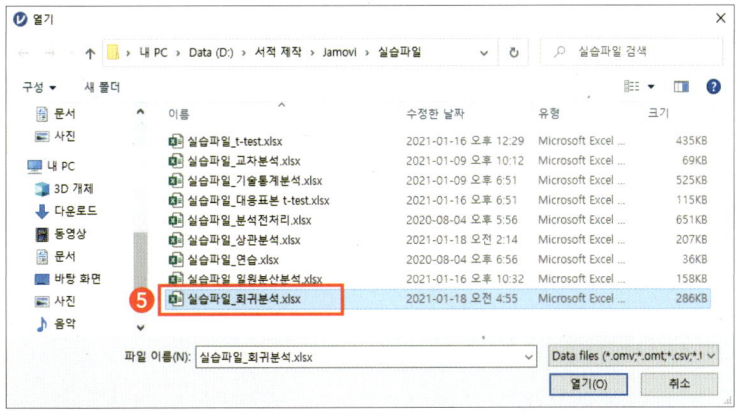

그림 16-1

아무도 가르쳐주지 않는 Tip

SECTION 15에서 '애정적양육태도' 변수를 만들고 곧바로 넘어왔다면 ❺로 넘어가 비일관적양육태도를 만드는 부분부터 진행해도 됩니다.

SECTION 16 다중회귀분석 **285**

2 애정적 양육태도는 점수가 낮을수록 높은 수준으로 해석됩니다. 따라서 역코딩한 다음 하나의 변수로 합쳐줍니다. ❶ Data 메뉴에서 ❷ '양육_애정1' 변수를 클릭하고 ❸ [Shift]를 누른 채 '양육_애정4 변수'를 클릭하여 양육_애정 변수 전체를 선택합니다. ❹ Transform을 클릭합니다.

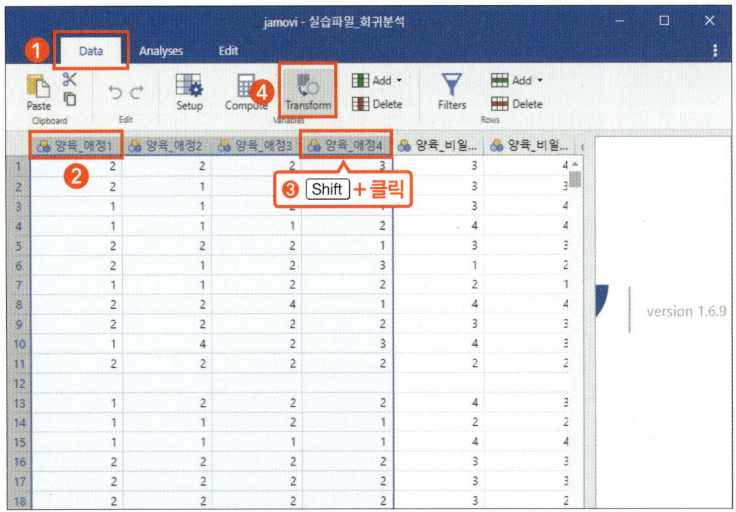

그림 16-2

3 ❶ 'using transform' 메뉴에서 'Create New Transform...'을 클릭합니다. ❷ '+ Add recode condition'을 클릭하여 ❸ 4점 척도 역코딩 변수를 생성합니다. ❹ 'Measure type'은 'Continuous'로 설정합니다.

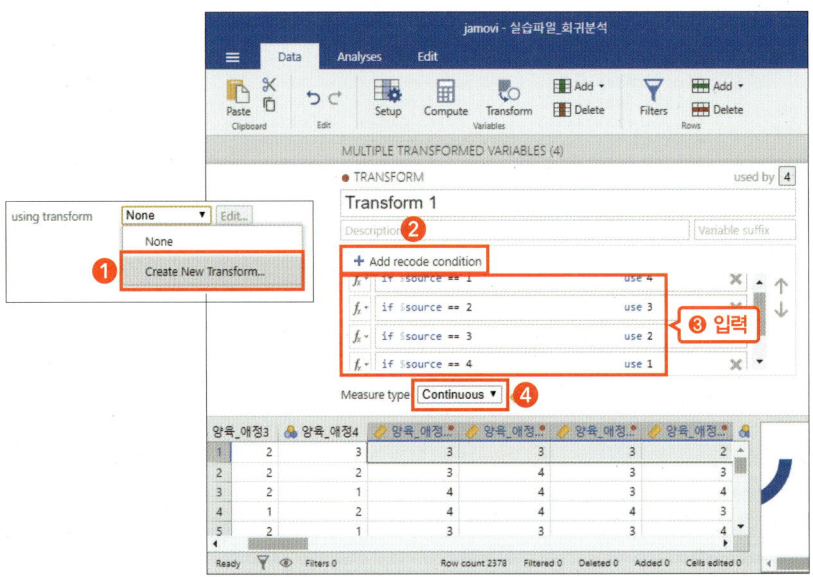

그림 16-3

4 ❶ 되도록 앞쪽에 애정적 양육태도를 합친 변수를 생성하기 위해 '양육_애정1'에서 아무 값이나 클릭합니다. ❷ Compute를 클릭하고 ❸ 변수명을 '애정적양육태도'로 입력합니다. ❹ 'f_x'를 클릭하면 표시되는 함수 목록 중 ❺ 'SUM'을 더블클릭하여 함수 창에 입력한 다음 ❻ '양육_애정1 – Transform 1' ~ '양육_애정4 Transform 1' 변수를 하나씩 더블클릭하고 쉼표(,)로 구분하여 합 변수를 생성합니다. ❼ Enter 를 눌러 함수를 실행합니다.

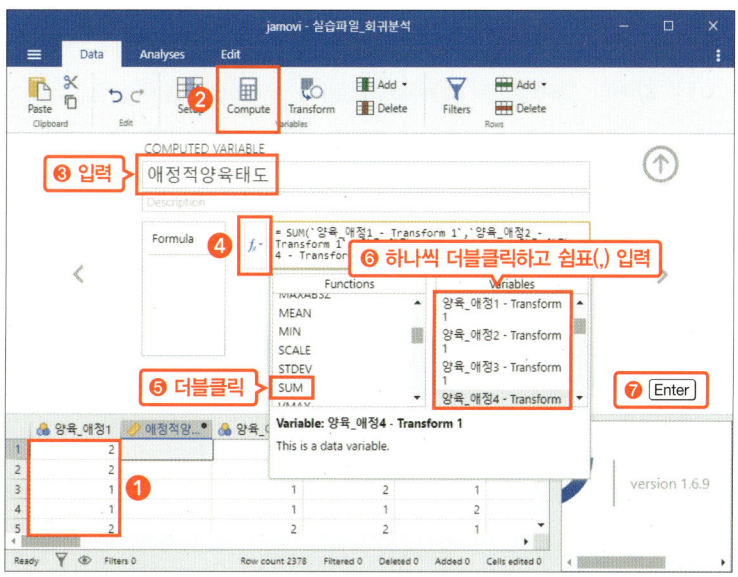

그림 16-4

5 비일관적 양육태도도 점수가 낮을수록 높은 수준으로 해석됩니다. 따라서 역코딩한 다음 하나의 변수로 합쳐줍니다. ❶ Data 메뉴에서 ❷ '양육_비일관성1' 변수를 클릭하고 ❸ Shift 를 누른 채 '양육_비일관성3' 변수를 클릭하여 양육_비일관성 변수 전체를 선택합니다. ❹ Transform을 클릭합니다.

그림 16-5

6 애정적 양육태도와 마찬가지로 4점 척도를 역코딩하는 것이므로 'using transform' 메뉴에서 방금 생성한 'Transform 1'을 클릭합니다.

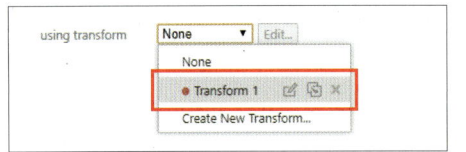

그림 16-6

7 ❶ 애정적양육태도 다음에 비일관적 양육태도를 합친 변수를 생성하기 위해 '애정적양육태도'에서 아무 값이나 클릭합니다. ❷ Compute를 클릭하고 ❸ 변수명을 '비일관적양육태도'로 입력합니다. ❹ 'f_x'를 클릭하면 표시되는 함수 목록 중 ❺ 'SUM'을 더블클릭하여 함수 창에 입력한 다음 ❻ '양육_비일관성1 - Transform 1' ~ '양육_비일관성3 - Transform 1' 변수를 하나씩 더블클릭하고 쉼표(,)로 구분하여 합 변수를 생성합니다. ❼ Enter 를 눌러 함수를 실행합니다.

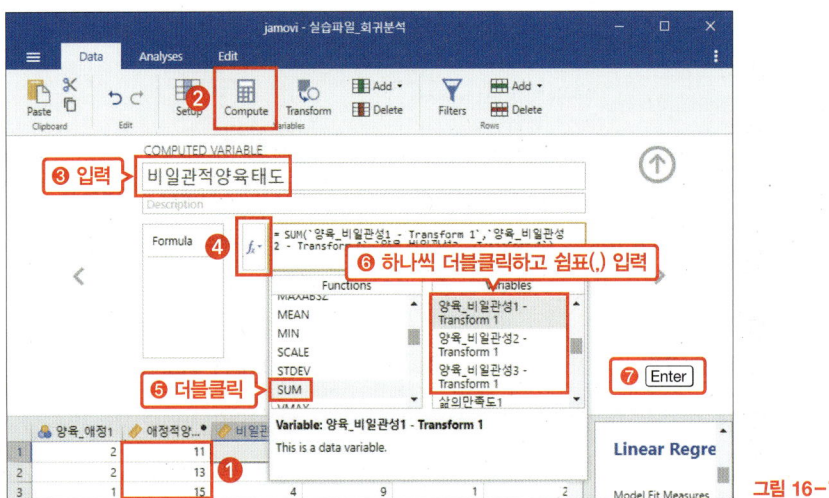

그림 16-7

8 삶의만족도도 점수가 낮을수록 높은 수준으로 해석됩니다. 따라서 역코딩한 다음 하나의 변수로 합쳐줍니다. ❶ Data 메뉴에서 ❷ '삶의만족도1' 변수를 클릭하고 ❸ Shift 를 누른 채 '삶의만족도3' 변수를 클릭하여 삶의만족도 변수 전체를 선택합니다. ❹ Transform 을 클릭합니다.

그림 16-8

9 마찬가지로 4점 척도를 역코딩하는 것이므로 'using transform' 메뉴에서 'Transform 1'을 클릭합니다.

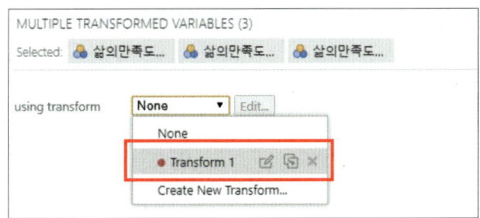

그림 16-9

10 ❶ 비일관적양육태도 다음에 삶의만족도를 합친 변수를 생성하기 위해 '비일관적양육태도'의 아무 값이나 클릭합니다. ❷ Compute를 클릭하고 ❸ 변수명을 '삶의만족도'로 입력합니다. ❹ 'f_x'를 클릭하면 표시되는 함수 목록 중 ❺ 'SUM'을 더블클릭하여 함수 창에 입력한 다음 ❻ '삶의만족도1 - Transform 1' ~ '삶의만족도3 - Transform 1' 변수를 하나씩 더블클릭하고 쉼표(,)로 구분하여 합 변수를 생성합니다. ❼ Enter 를 눌러 함수를 실행합니다.

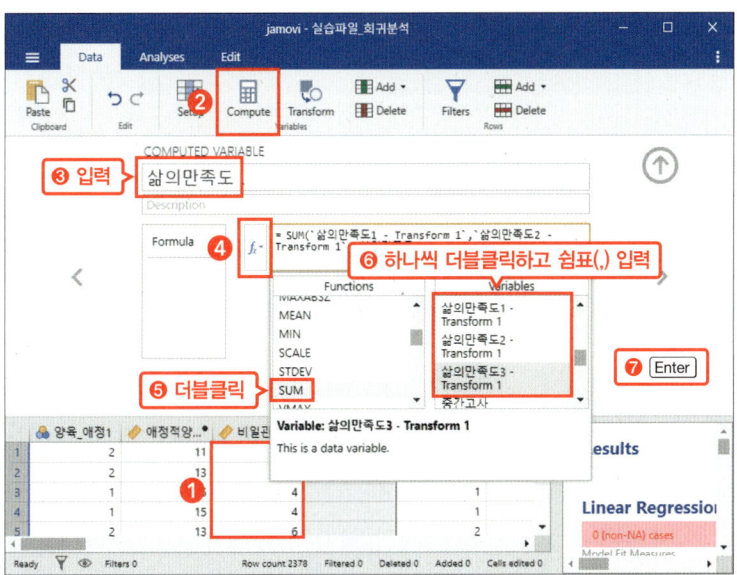

그림 16-10

SECTION 16 다중회귀분석 **289**

11 ❶ Analyses 메뉴에서 ❷ Regression을 클릭하고 ❸ Linear Regression을 클릭합니다.

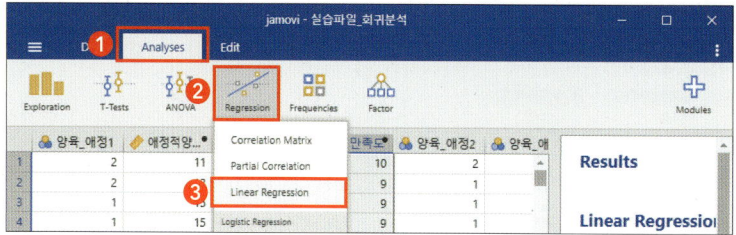

그림 16-11

12 ❶ '애정적양육태도' 변수와 '비일관적양육태도' 변수를 'Covariates'로 옮기고 ❷ '삶의만족도' 변수를 'Dependent Variable'로 옮긴 다음 ❸ 'Assumption Checks'를 클릭합니다.

그림 16-12

13 ❶ 잔차의 독립성 검정을 위해 'Autocorrelation test'에 체크하고 ❷ 다중공선성 검정을 위해 'Collinearity statistics'에 체크합니다. 다중공선성이란 다중회귀분석에서 독립변수끼리 상관성이 높을 때 분석에 부정적인 영향을 주는 것을 의미합니다. ❸ 'Model Fit'을 클릭합니다.

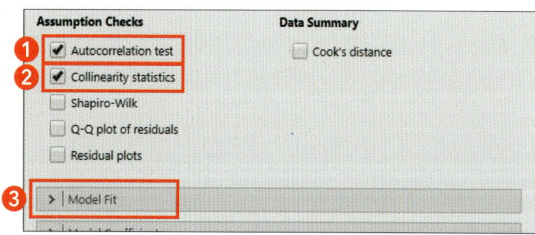

그림 16-13

14 ❶ 'Fit Measures'의 'Adjusted R^2'과 ❷ 'Overall Model Test'의 'F test'에 체크합니다. ❸ 'Model Coefficients'를 클릭합니다.

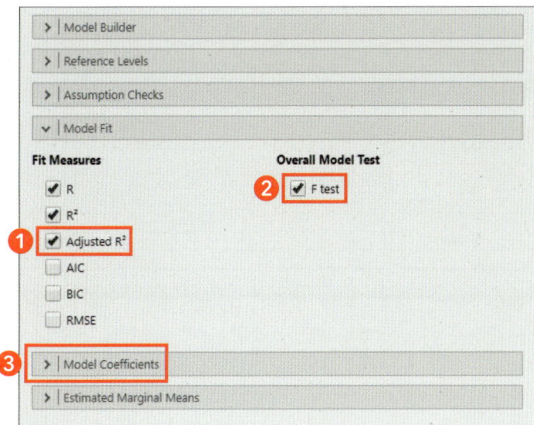

그림 16-14

15 'Standardized estimate'에 체크합니다.

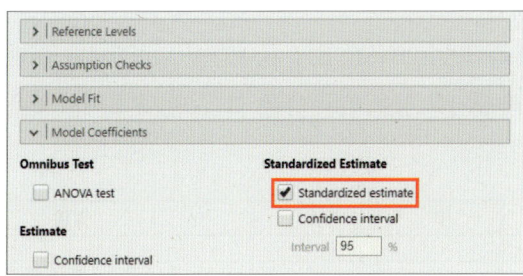

그림 16-15

STEP 2 _ 분석 결과표 작성하기

1 ❶ 결과창의 Linear Regression 결과표 위에서 오른쪽 클릭하고 ❷ Analysis 항목 중 ❸ Copy를 클릭합니다.

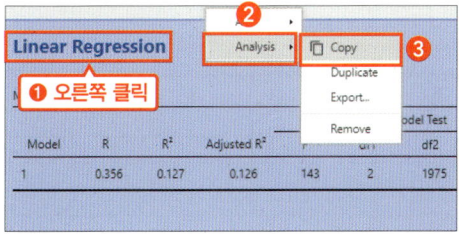

그림 16-16

2 엑셀을 실행하고 붙여넣기합니다.

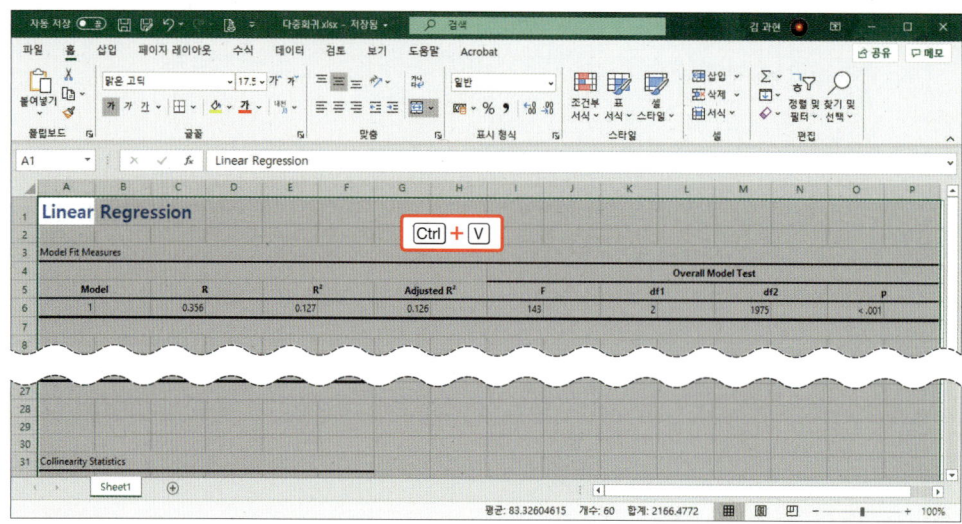

그림 16-17

3 상수, 분석한 변수 2개 + 제목 줄 + 별(*)표 기준까지 넣을 수 있도록 한글 프로그램에서 6줄×7칸 표를 만들고 첫 줄에 독립변수, B, SE, β, t, p, VIF를 입력합니다. 베타(β) 기호는 Ctrl을 누른 채 F10을 눌러 문자표 창을 띄운 다음, 그리스어 분류에서 찾을 수 있습니다.

독립변수	B	SE	β	t	p	VIF

그림 16-18

4 ❶ 맨 아랫줄을 선택하고 ❷ M을 눌러 병합합니다.

독립변수	B	SE	β	t	p	VIF

독립변수	B	SE	β	t	p	VIF

그림 16-19

5 ❶ 아래에서 두 번째 줄도 선택하고 ❷ M 을 눌러 병합합니다.

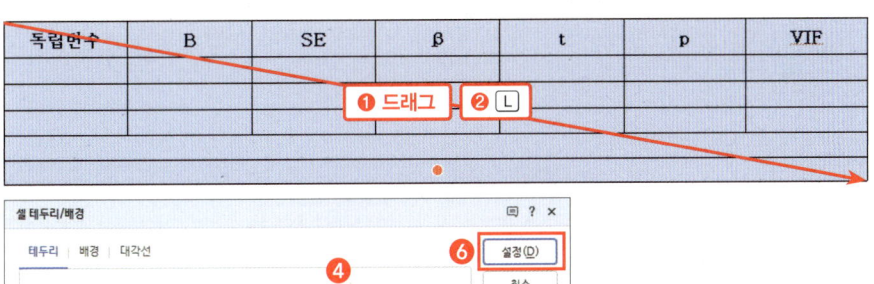

그림 16-20

6 ❶ 전체 칸을 선택하고 ❷ L 을 눌러 셀 테두리/배경 창을 엽니다. ❸ '종류'를 '없음'으로 선택하고 ❹ 모든 세로선과 ❺ 맨 밑 가로선을 선택합니다. ❻ 설정(D)을 클릭합니다.

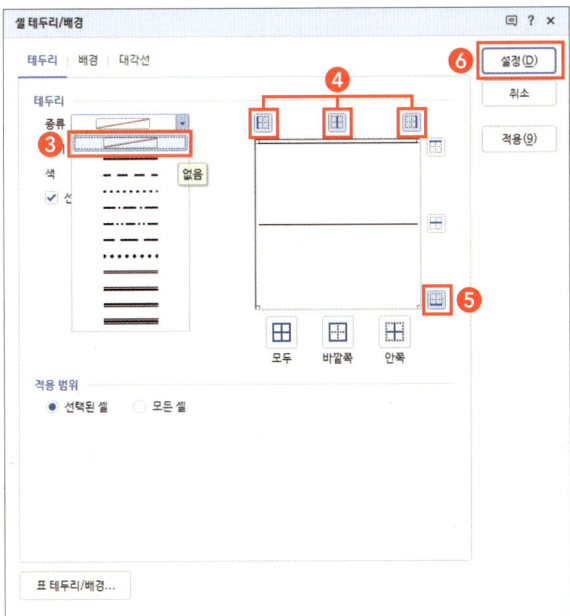

그림 16-21

SECTION 16 다중회귀분석

7 같은 방식으로, 병합하지 않은 칸의 가로줄도 없애줍니다.

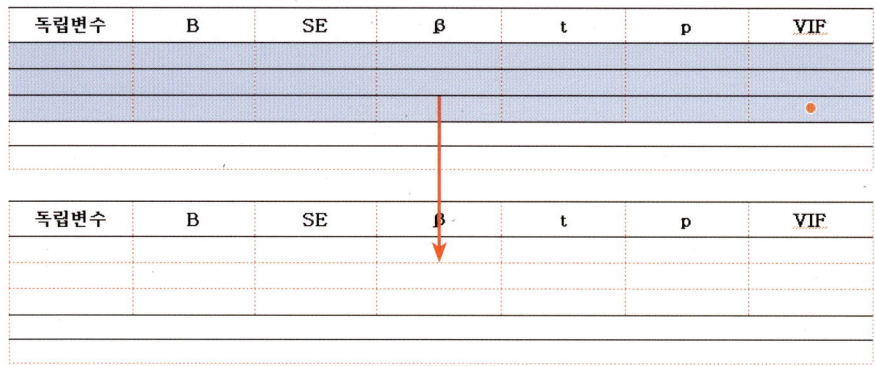

그림 16-22

8 엑셀에 붙여넣기한 결과표에서 값을 가져오기 쉽도록 빈 열을 삭제합니다. ❶ 첫 번째 비어 있는 열인 B를 클릭하고 ❷ Ctrl 을 누른 채 D, F, H, J, L, N, P 열을 클릭하여 선택합니다. ❸ 선택한 열 중 아무 열 위에서나 오른쪽 클릭하고 ❹ 삭제를 클릭하거나 키보드의 Ctrl 을 누른 채 - 를 누르면 선택한 열이 삭제됩니다.

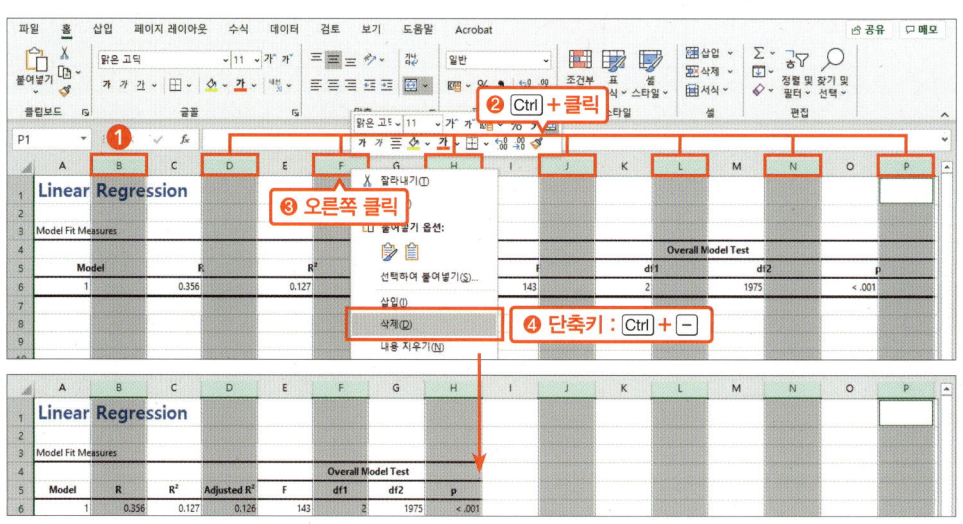

그림 16-23

9 한글 표의 독립변수 열에 '(상수)', '애정적 양육태도', '비일관적 양육태도'를 입력합니다.

독립변수	B	SE	β	t	p	VIF
(상수)						
애정적 양육태도						
비일관적 양육태도						

그림 16-24

10 엑셀의 Model Fit Measures 표에서 ❶ F값과 ❷ p값, ❸ R^2, 수정된 R^2(Adjusted R^2) 값을 변수 아랫줄에 입력합니다.

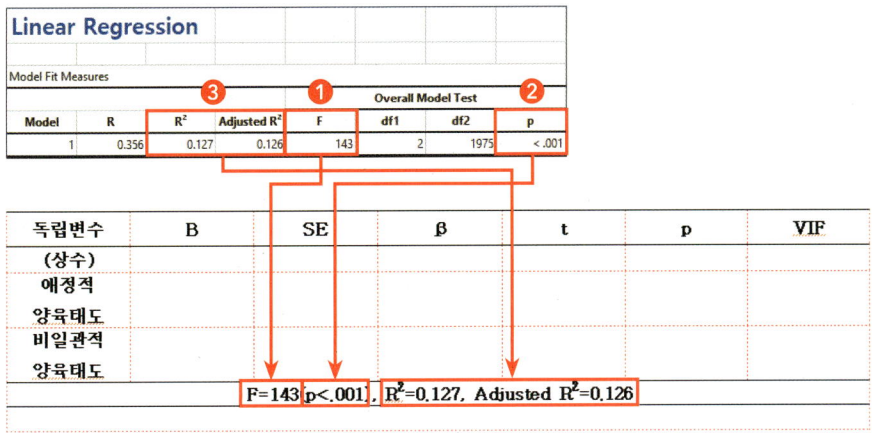

그림 16-25

아무도 가르쳐주지 않는 Tip

R^2에서 2와 같은 위첨자는 글자 모양에서 설정할 수 있습니다. 한글 창 상단의 **서식** 메뉴에서 **글자 모양**을 클릭한 다음, '속성' 항목의 오른쪽 끝에서 세 번째 위치에 있는 위첨자를 클릭하고 **설정**을 누른 다음 2를 입력합니다. 또는 먼저 2를 입력하여 선택한 다음 서식 메뉴 중 '가' 글자가 사각형 오른쪽 위에 있는 아이콘을 찾아 클릭해도 됩니다.

11 Assumption Checks 표에서 DW Statistic값을 수정된 R^2값 다음에 'Durbin-Watson=' 형식으로 입력합니다.

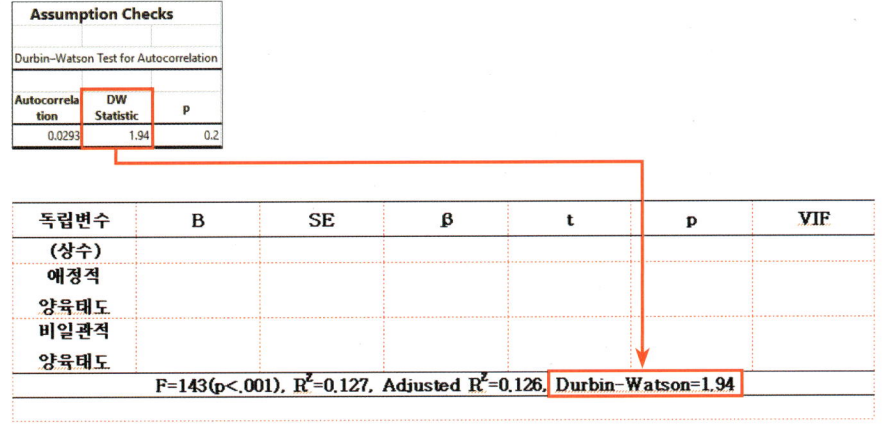

그림 16-26

12 Model Coefficients – 삶의만족도 표에서 ❶ Estimate값을 B에, ❷ SE값을 SE에, ❸ t값을 t에, ❹ p값을 p에, ❺ Stand. Estimate값을 β에 입력합니다.

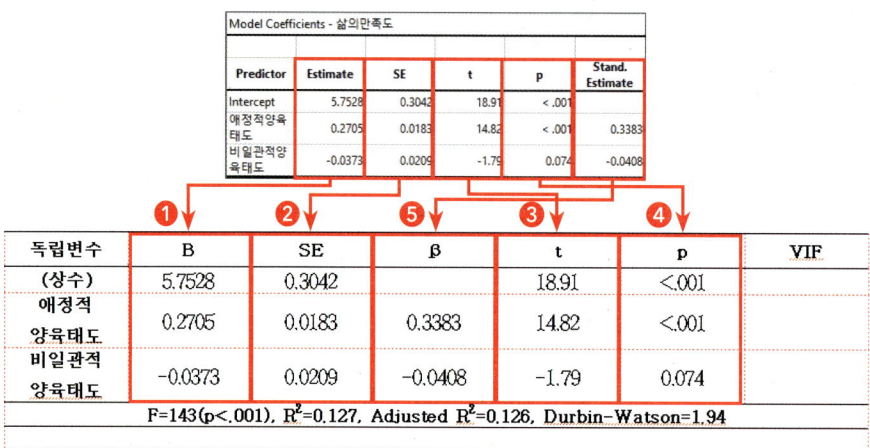

독립변수	B	SE	β	t	p	VIF
(상수)	5.7528	0.3042		18.91	<.001	
애정적 양육태도	0.2705	0.0183	0.3383	14.82	<.001	
비일관적 양육태도	-0.0373	0.0209	-0.0408	-1.79	0.074	
F=143(p<.001), R^2=0.127, Adjusted R^2=0.126, Durbin-Watson=1.94						

그림 16-27

13 Collinearity Statistics 표의 VIF값을 가져옵니다.

독립변수	B	SE	β	t	p	VIF
(상수)	5.7528	0.3042		18.91	<.001	
애정적 양육태도	0.2705	0.0183	0.3383	14.82	<.001	1.18
비일관적 양육태도	-0.0373	0.0209	-0.0408	-1.79	0.074	1.18
F=143(p<.001), R^2=0.127, Adjusted R^2=0.126, Durbin-Watson=1.94						

그림 16-28

14 ❶ p값에 따라 t값에 *표를 위첨자로 달고 ❷ 맨 아랫줄에 *표 기준을 표시합니다.

독립변수	B	SE	β	t	p	VIF
(상수)	5.7528	0.3042		18.91***	<.001	
애정적 양육태도	0.2705	0.0183	0.3383	14.82***	<.001	1.18
비일관적 양육태도	-0.0373	0.0209	-0.0408	-1.79	0.074	1.18
F=143(p<.001), R^2=0.127, Adjusted R^2=0.126, Durbin-Watson=1.94						
*** p<.001						

그림 16-29

15 글자 모양과 칸 크기를 조절하고 표 제목을 정하여 마무리합니다. 표 안의 값은 가능하면 소수점 아래 셋째 자리까지 표기해주세요.

<표> 부모의 양육태도가 청소년 삶의 만족도에 미치는 영향

독립변수	B	SE	β	t	p	VIF
(상수)	5.753	0.304		18.910***	<.001	
애정적 양육태도	0.271	0.018	0.338	14.820***	<.001	1.180
비일관적 양육태도	-0.037	0.021	-0.041	-1.790	.074	1.180

$F=143.000(p<.001)$, $R^2=0.127$, Adjusted $R^2=0.126$, Durbin-Watson=1.940

*** $p<.001$

그림 16-30

아무도 가르쳐주지 않는 Tip

크기를 조절할 칸에 커서를 두고 F5를 눌러 셀 커서로 바꾼 뒤, Ctrl을 누른 채 방향키를 누르면 칸 크기를 조절할 수 있습니다.

STEP 3 _ 분석 결과표 해석하기

다중회귀분석 결과는 단순회귀분석과 마찬가지로 먼저 모형적합도를 확인합니다. 모형적합도에서는 F값의 p값이 유의한지와 Adjusted R^2(설명력) 수준, Durbin-Watson값에 더하여 VIF값을 확인합니다.

F값의 p값은 0.05보다 낮아야 하며 R^2은 일반적으로 0.1(10%)보다 높을 때 양호한 것으로 판단합니다. 다음으로 Durbin-Watson값은 2에 가까울수록 잔차의 독립성이 확보되었다고 판단합니다. 여기서는 1.940으로 2에 매우 가까운 값이 나왔습니다. 다중회귀분석에서 추가된 모형적합도의 마지막 단계로 VIF값을 확인합니다. VIF값은 독립변수들 간의 유사성을 나타내는 지수인데요, 10 이상의 값이 나타난다면 해당 독립변수는 다른 독립변수와 지나치게 높은 유사성을 보이는 것으로 간주하여 분석에서 제외하고 재분석해야 합니다.

다음으로 독립변수가 종속변수에 미치는 영향을 확인합니다. 애정적 양육태도의 p값이 0.001 미만이므로 영향력은 유의한 것으로 확인되었고, B값이 0.283으로 양(+)의 값을 가지므로 애정적 양육태도가 높을수록 청소년 삶의 만족도는 높아진다(증가한다)고 해석할 수 있습니다. 만약 비일관적 양육태도의 p값도 0.05 미만으로 유의하게 나타났다면 어떤 양육태도가 청소년 삶의 만족도에 더 큰 영향을 미치는지 확인하기 위해 베타(β)값의 절댓값을 비교합니다. β값은 회귀분석에서 상대적인 영향력이라고 하는데요, 고등학교 영어성적이 100점 만점인데 1점 오르는 것과 토익 점수 990점 만점에서 1점 오르는 것은 똑같이 1점 오르는 것이지만 의미가 다르겠죠? 그래서 다른 변수들 간의 기준을 일치시켜 영향력의 크기를 비교할 수 있도록 조정해야 하며, 이것이 β값으로 나타납니다. B값은 해당 독립변수가 1점 증가할 때 종속변수는 몇 점 증가/감소하는지를 나타내는 값으로, '절대적인 영향력'이라고 합니다.

부모의 양육태도가 청소년 삶의 만족도에 미치는 영향력을 검증하기 위해 다중회귀분석을 실시하였다.

회귀모형을 검증한 결과, $F=143.000(p<.001)$으로 회귀모형이 적합했으며, 모형의 설명력은 약 12.7%로 나타났다($R^2=0.127$). Durbin-Watson 통계량은 1.940으로 2에 근사한 값을 보여 잔차의 독립성 가정에 문제가 없었다. 또한 분산팽창지수(VIF)는 10 미만으로 다중공선성 문제는 나타나지 않았다.

회귀계수의 유의성 검증 결과, 애정적 양육태도는 청소년 삶의 만족도에 유의한 정(+)의 영향을 미치는 것으로 나타났다($\beta=0.338$, $p<.001$). 즉, 애정적 양육태도 수준이 높을수록 청소년 삶의 만족도는 높아진다고 할 수 있다.

비일관적 양육태도는 청소년 삶의 만족도에 유의한 영향을 미치지 않았다($p>.05$).

〈표〉 부모의 양육태도가 청소년 삶의 만족도에 미치는 영향

독립변수	B	SE	β	t	p	VIF
(상수)	5.753	0.304		18.910***	<.001	
애정적 양육태도	0.271	0.018	0.338	14.820***	<.001	1.180
비일관적 양육태도	-0.037	0.021	-0.041	-1.790	.074	1.180

$F=143.000(p<.001)$, $R^2=0.127$, Adjusted $R^2=0.126$, Durbin-Watson=1.940

*** $p<.001$

STEP 4 _ 실습하기

연구문제 예시

이번에는 **애정적 양육방식과 비일관적 양육방식이 청소년의 학교 성적에 어떻게 영향을 미치는지** 검증해보겠습니다. [STEP 1]에서 생성한 두 변수를 그대로 사용합니다.

양육방식 I: 애정	나의 의견을 존중해 주신다	1 매우 그렇다
	내게 좋아한다는 표현을 하신다	2 그런 편이다
	내가 힘들어 할 때 용기를 주신다	3 그렇지 않은 편이다
	나에게 칭찬을 잘 해 주신다	4 전혀 그렇지 않다
양육방식 I: 비일관성	같은 일이라도 어떤 때는 야단을 치시고 어떤 때는 안 치신다	1 매우 그렇다
	부모님(보호자)의 기분이 내키는 대로 나를 대하신다	2 그런 편이다
	손님이 오거나 외출했을 때, 나에 대한 부모님(보호자)의 태도가 평소와 다르다	3 그렇지 않은 편이다
		4 전혀 그렇지 않다
기말고사 성적	평균	0~100점

1 ❶ Analyses 메뉴에서 ❷ Regression을 클릭하고 ❸ Linear Regression을 클릭합니다.

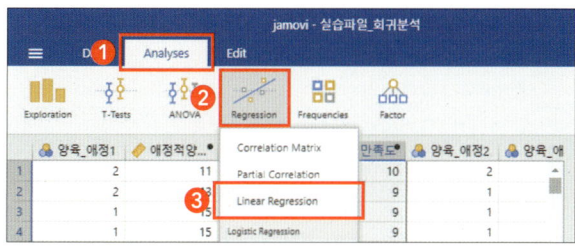

그림 16-31

2 ❶ '애정적양육태도' 변수와 '비일관적양육태도' 변수를 'Covariates'로 옮기고 ❷ '기말고사' 변수를 'Dependent Variable'로 옮긴 다음 ❸ 'Assumption Checks'를 클릭합니다.

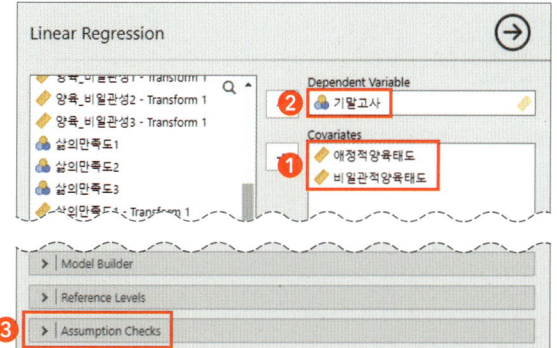

그림 16-32

3 ❶ 잔차의 독립성 검정을 위해 'Autocorrelation test'에 체크하고 ❷ 다중공선성 검정을 위해 'Collinearity statistics'에 체크합니다. ❸ 'Model Fit'을 클릭합니다.

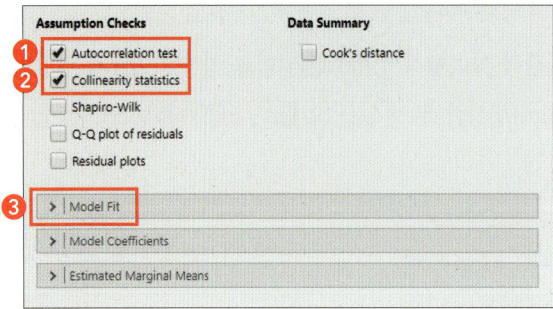

그림 16-33

4 ❶ 'Fit Measures'의 'Adjusted R^2'과 ❷ 'Overall Model Test'의 'F test'에 체크합니다. ❸ 'Model Coefficients'를 클릭합니다.

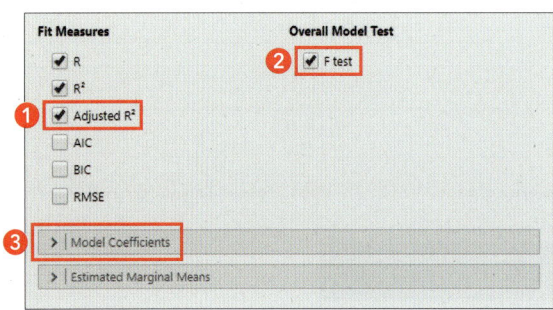

그림 16-34

5 'Standardized estimate'에 체크합니다.

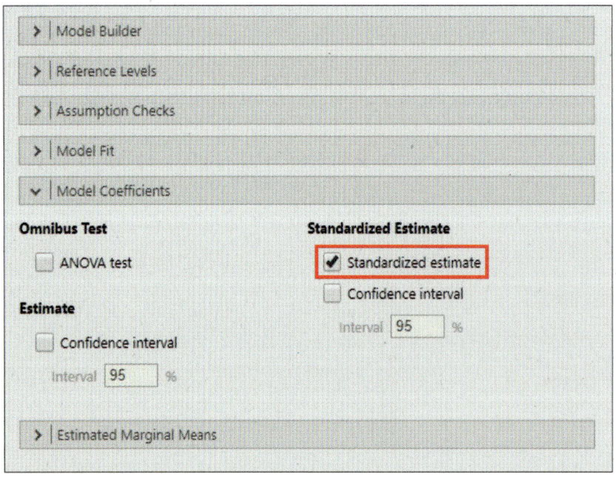

그림 16-35

6 ❶ 결과창의 Linear Regression 결과표 위에서 오른쪽 클릭하고 ❷ Analysis 항목 중 ❸ Copy를 클릭합니다.

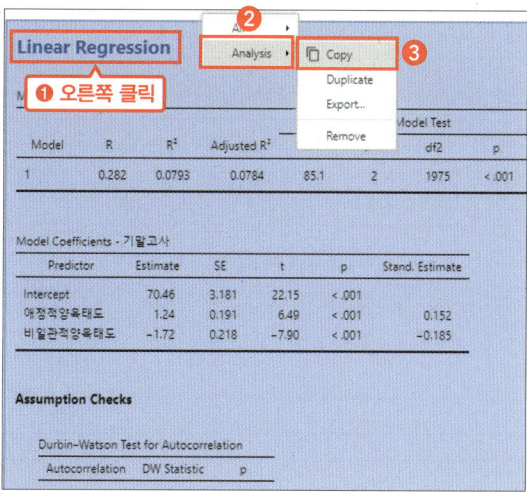

그림 16-36

7 엑셀을 실행하고 붙여넣기합니다.

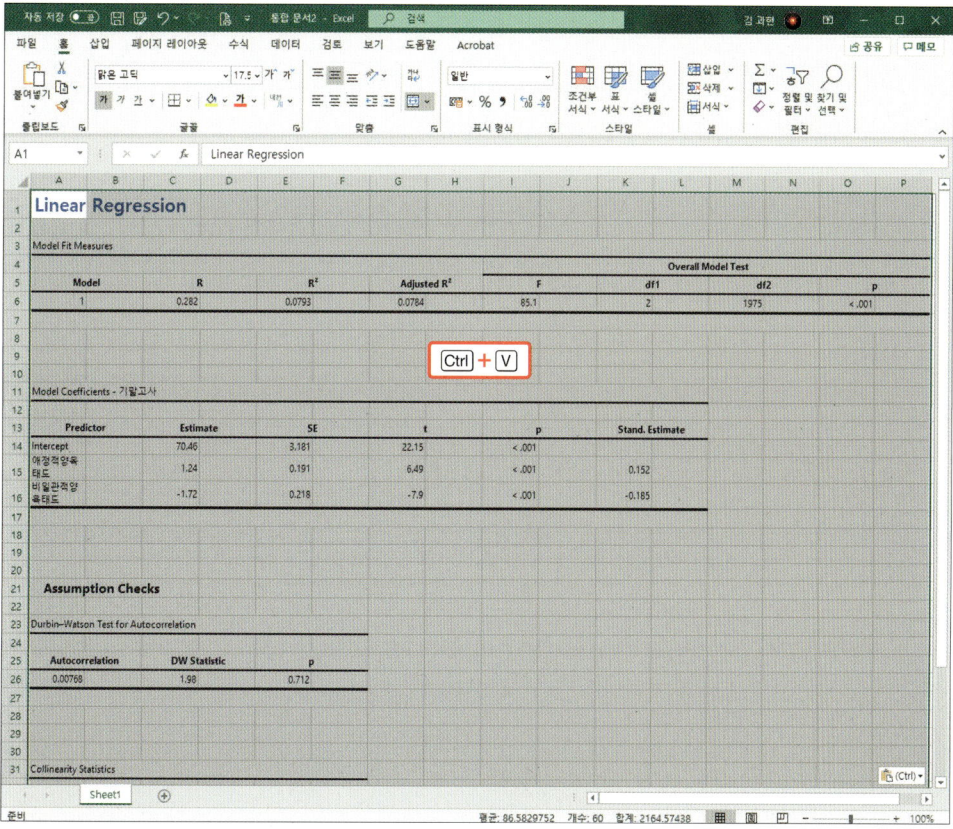

그림 16-37

8 상수, 분석한 변수 2개 + 제목 줄 + 별(*)표 기준까지 넣을 수 있도록 한글에서 6줄×7칸 표를 만들고 첫 줄에 독립변수, B, SE, β, t, p, VIF를 입력합니다. 베타(β) 기호는 Ctrl을 누른 채 F10을 눌러 문자표 창을 띄운 다음, 그리스어 분류에서 찾을 수 있습니다.

독립변수	B	SE	β	t	p	VIF

그림 16-38

9 ❶ 맨 아랫줄을 선택하고 ❷ M을 눌러 병합합니다.

독립변수	B	SE	β	t	p	VIF

❶ 드래그 ❷ M

독립변수	B	SE	β	t	p	VIF

그림 16-39

10 ❶ 아래에서 두 번째 줄도 선택하고 ❷ M을 눌러 병합합니다.

독립변수	B	SE	β	t	p	VIF

❶ 드래그 ❷ M

독립변수	B	SE	β	t	p	VIF

그림 16-40

11 ❶ 전체 칸을 선택하고 ❷ ⓛ을 눌러 셀 테두리/배경 창을 엽니다. ❸ '종류'를 '없음'으로 선택하고 ❹ 모든 세로선과 ❺ 맨 밑 가로선을 선택합니다. ❻ 설정(D)을 클릭합니다.

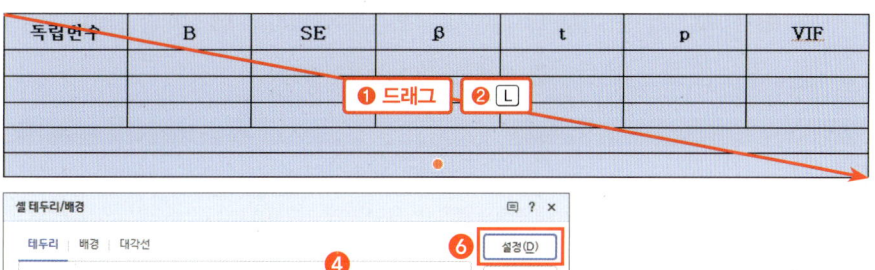

그림 16-41

12 같은 방식으로, 병합하지 않은 칸의 가로줄도 없애줍니다.

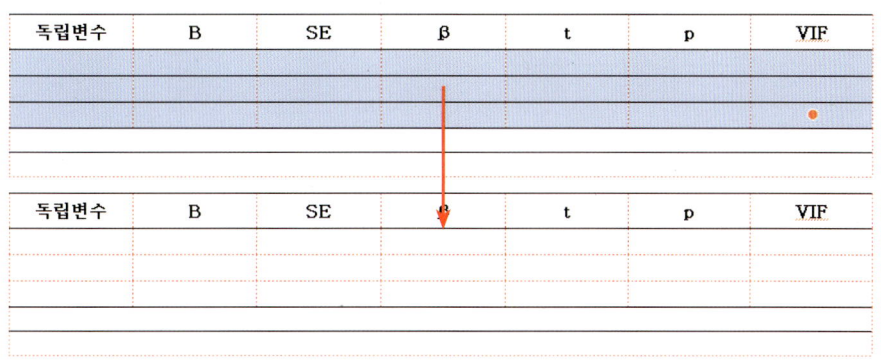

그림 16-42

SECTION 16 다중회귀분석

13 엑셀에 붙여넣기한 결과표에서 값을 가져오기 쉽도록 빈 열을 삭제합니다. ❶ 첫 번째 비어 있는 열인 B를 클릭하고 ❷ Ctrl 누른 채 D, F, H, J, L, N, P 열을 클릭하여 선택합니다. ❸ 선택한 열 중 아무 열 위에서나 오른쪽 클릭하고 ❹ 삭제를 클릭하거나 키보드의 Ctrl 을 누른 채 ─ 를 누르면 선택한 열이 삭제됩니다.

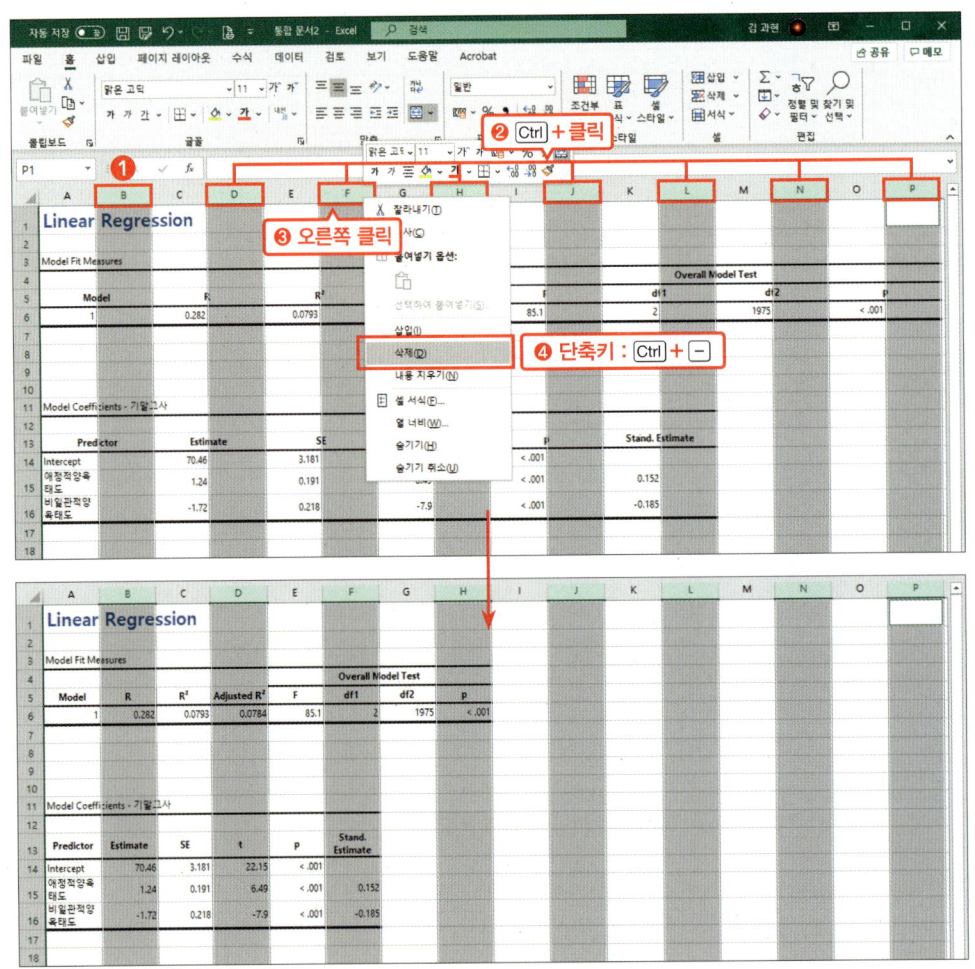

그림 16-43

14 한글 표의 독립변수 열에 '(상수)', '애정적 양육태도', '비일관적 양육태도'를 입력합니다.

독립변수	B	SE	β	t	p	VIF
(상수)						
애정적 양육태도						
비일관적 양육태도						

그림 16-44

15 엑셀의 Model Fit Measures 표에서 ❶ F값과 ❷ p값, ❸ R^2, 수정된 R^2(Adjusted R^2) 값을 변수 아랫줄에 입력합니다.

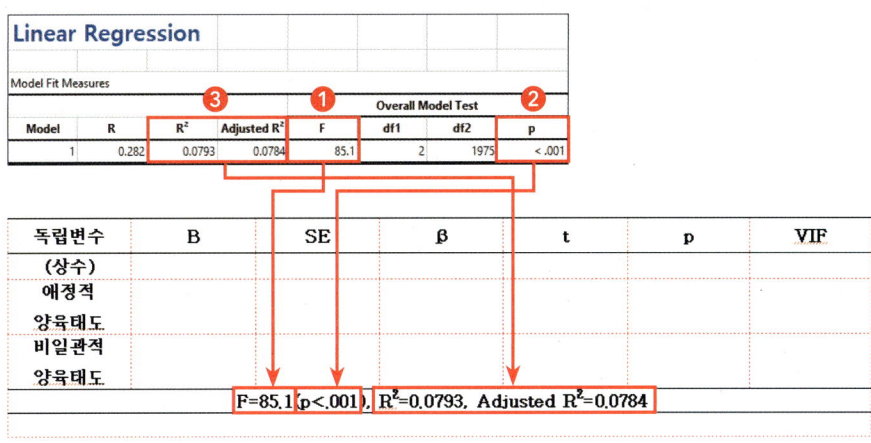

그림 16-45

아무도 가르쳐주지 않는 Tip

R^2에서 2와 같은 위첨자는 글자 모양에서 설정할 수 있습니다. 한글 창 상단의 **서식** 메뉴에서 **글자 모양**을 클릭한 다음, '속성' 항목의 오른쪽 끝에서 세 번째 위치에 있는 위첨자를 클릭하고 **설정**을 누른 다음 2를 입력합니다. 또는 먼저 2를 입력하여 선택한 다음 서식 메뉴 중 '가' 글자가 사각형 오른쪽 위에 있는 아이콘을 찾아 클릭해도 됩니다.

16 Assumption Checks 표에서 DW Statistic값을 수정된 R^2값 다음에 'Durbin-Watson=' 형식으로 입력합니다.

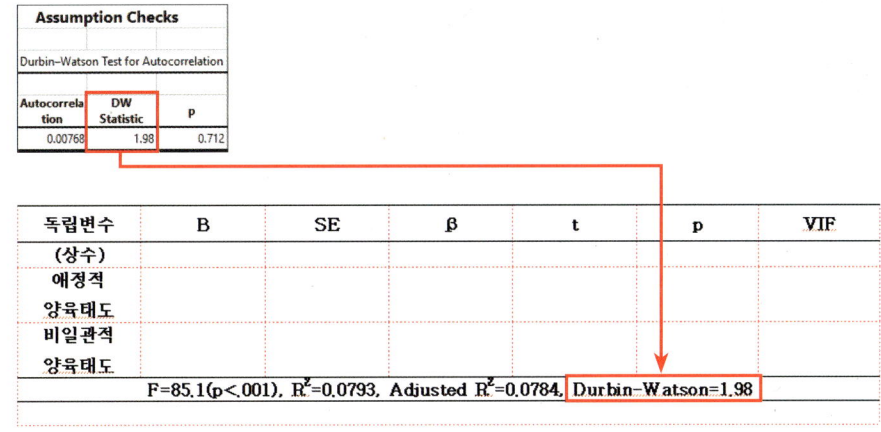

그림 16-46

17 Model Coefficients – 기말고사 표에서 ❶ Estimate값을 B에, ❷ SE값을 SE에, ❸ t값을 t에, ❹ p값을 p에, ❺ Stand. Estimate값을 β에 입력합니다.

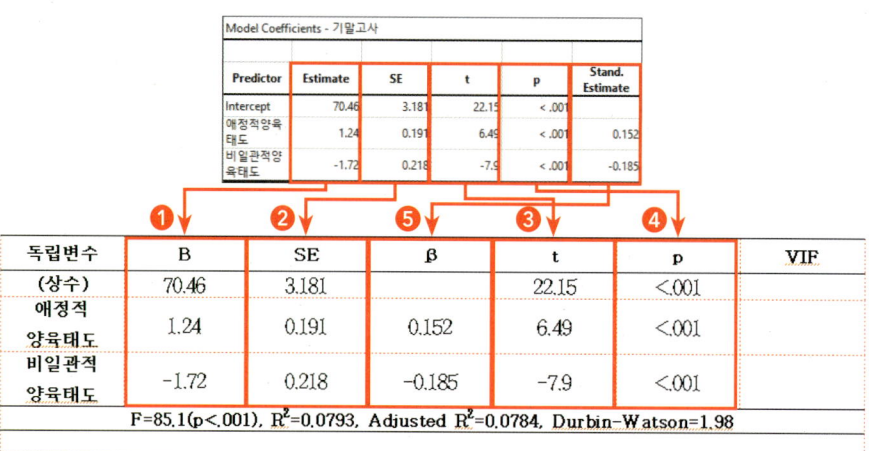

독립변수	B	SE	β	t	p	VIF
(상수)	70.46	3.181		22.15	<.001	
애정적 양육태도	1.24	0.191	0.152	6.49	<.001	
비일관적 양육태도	-1.72	0.218	-0.185	-7.9	<.001	

F=85.1(p<.001), R^2=0.0793, Adjusted R^2=0.0784, Durbin-Watson=1.98

그림 16-47

18 Collinearity Statistics 표의 VIF값을 가져옵니다.

	VIF	Tolerance
애정적양육태도	1.18	0.849
비일관적양육태도	1.18	0.849

독립변수	B	SE	β	t	p	VIF
(상수)	70.46	3.181		22.15	<.001	
애정적 양육태도	1.24	0.191	0.152	6.49	<.001	1.18
비일관적 양육태도	-1.72	0.218	-0.185	-7.9	<.001	1.18

F=85.1(p<.001), R^2=0.0793, Adjusted R^2=0.0784, Durbin-Watson=1.98

그림 16-48

19 ❶ p값에 따라 t값에 *표를 위첨자로 달고 ❷ 맨 아랫줄에 *표 기준을 표시합니다.

독립변수	B	SE	β	t	p	VIF
(상수)	70.46	3.181		22.15***	<.001	
애정적 양육태도	1.24	0.191	0.152	6.49***	<.001	1.18
비일관적 양육태도	-1.72	0.218	-0.185	-7.9***	<.001	1.18

F=85.1(p<.001), R^2=0.0793, Adjusted R^2=0.0784, Durbin-Watson=1.98

*** *p*<.001

그림 16-49

20 글자 모양과 칸 크기를 조절하고 표 제목을 정하여 마무리합니다. 표 안의 값은 가능하면 소수점 아래 셋째 자리까지 표기해주세요.

<표> 부모의 양육태도가 성적에 미치는 영향

독립변수	B	SE	β	t	p	VIF
(상수)	70.460	3.181		22.150***	<.001	
애정적 양육태도	1.240	0.191	0.152	6.490***	<.001	1.180
비일관적 양육태도	-1.720	0.218	-0.185	-7.900***	<.001	1.180

F=85.100(p<.001), R^2=0.079, Adjusted R^2=0.078, Durbin-Watson=1.980

*** p<.001

그림 16-50

아무도 가르쳐주지 않는 Tip

크기를 조절할 칸에 커서를 두고 F5 를 눌러 셀 커서로 바꾼 뒤, Ctrl 을 누른 채 방향키를 누르면 칸 크기를 조절할 수 있습니다.

---

21 표를 해석해보겠습니다. 먼저 모형적합도에서는 F값의 p값이 <.001로 유의하였으며, R^2은 0.079로 나타났습니다. Durbin-Watson값은 1.980으로 2에 매우 가까운 값이 나왔습니다. 모형적합도의 마지막 단계로 VIF값을 확인했더니 모두 10 미만으로 양호하였습니다.

다음으로 독립변수가 종속변수에 미치는 영향을 확인합니다. 애정적 양육태도의 p값이 0.001 미만이므로 영향력은 유의한 것으로 확인되었고, B값이 1.240으로 양(+)의 값을 가지므로 애정적 양육태도가 높을수록 자녀의 성적은 높아진다고 해석할 수 있습니다. 비일관적 양육태도의 p값도 0.001 미만으로 유의하게 나타났으며, B값이 -1.720으로 음(-)의 값을 가지므로 비일관적 양육태도가 높을수록 자녀의 성적은 낮아진다고 해석할 수 있습니다. 마지막으로 베타(β)값의 절댓값을 비교해보니, 애정적 양육태도는 0.152, 비일관적 양육태도는 0.185로 애정적 양육태도보다 비일관적 양육태도가 성적에 더 큰 영향을 미치는 것으로 판단됩니다.

부모의 양육태도가 성적에 미치는 영향력을 검증하기 위해 다중회귀분석을 실시하였다.

회귀모형을 검증한 결과, $F=85.100(p<.001)$으로 회귀모형이 적합했으며, 모형의 설명력은 약 7.9%로 나타났다($R^2=0.079$). Durbin-Watson 통계량은 1.980으로 2에 근사한 값을 보여 잔차의 독립성 가정에 문제가 없었다. 또한 분산팽창지수(VIF)는 10 미만으로 다중공선성 문제는 나타나지 않았다.

회귀계수의 유의성 검증 결과, 애정적 양육태도는 성적에 유의한 정(+)의 영향을 미치는 것으로 나타났고($\beta=0.152$, $p<.001$), 비일관적 양육태도는 성적에 유의한 부(-)의 영향을 미치는 것으로 나타났다($\beta=-0.185$, $p<.001$). 즉, 애정적 양육태도 수준이 높을수록 자녀의 성적은 높아진다고 할 수 있고, 비일관적 양육태도 수준이 높을수록 자녀의 성적은 낮아진다고 할 수 있다.

비일관적 양육태도, 애정적 양육태도 순으로 자녀의 성적에 큰 영향을 미치는 것으로 나타났다.

〈표〉 부모의 양육태도가 성적에 미치는 영향

독립변수	B	SE	β	t	p	VIF
(상수)	70.460	3.181		22.150***	<.001	
애정적 양육태도	1.240	0.191	0.152	6.490***	<.001	1.180
비일관적 양육태도	-1.720	0.218	-0.185	-7.900***	<.001	1.180

$F=85.100(p<.001)$, $R^2=0.079$, Adjusted $R^2=0.078$, Durbin-Watson=1.980

*** $p<.001$

SECTION 17

로지스틱 회귀분석

준비파일
실습파일_회귀분석.xlsx

회귀분석은 연속변수가 연속변수에 미치는 영향을 확인하는 데 주로 쓰이지만, **종속변수가 명목변수일 때는 로지스틱 회귀분석을 통해 독립변수와 종속변수의 관계를 확인**할 수 있습니다. 로지스틱 회귀분석은 '발생할 가능성' 혹은 '해당할 확률'이 '몇 배 증가/감소하는지 검증하는데요, 이를 위해 종속변수는 0과 1, 1과 2 등 2개의 응답으로 코딩되어야 합니다. 보통은 사건이 일어나지 않은 경우나 종속변수에 해당하지 않는 경우를 0으로, 사건이 발생했거나 종속변수에 해당하는 경우를 1로 코딩합니다.

연구문제 예시

로지스틱 회귀분석을 연습하기 위해 성적 만족 여부에 영향을 미치는 요인을 확인해보겠습니다. 애정적 양육방식과 비일관적 양육방식 정도, 중간고사 성적과 기말고사 성적, 삶의 만족도를 독립변수로, 성별을 통제변수로, 성적 만족 여부를 종속변수로 한 모형을 분석하여 **자녀가 성적에 만족하는 데에 어떤 요인이 영향을 미치는지** 확인하고자 합니다.

전체 성적 만족도	1 매우 그렇다 2 그런 편이다 3 그렇지 않은 편이다 4 전혀 그렇지 않다

먼저 기존에 분석했던 성적만족도 변수를 만족(1)과 불만족(0)으로 구분한 이분형 변수로 변환합니다. 그리고 '애정적양육태도', '비일관적양육태도', '중간고사', '기말고사', '삶의만족도', '성별'을 연속형과 범주형에 따라 독립변수의 적절한 위치에 투입한 후 이분형 변수로 변환한 '성적만족여부'를 종속변수로 투입하여 변수 간 관계를 확인해보겠습니다.

STEP 1 _ 따라하기

1 먼저 실습파일을 불러오겠습니다. ❶ ≡ 버튼을 누르고 ❷ Open 항목 중 ❸ This PC 메뉴에서 ❹ Browse를 클릭한 다음 ❺ 실습파일이 저장된 폴더에서 '실습파일_회귀분석.xlsx' 파일을 불러옵니다.

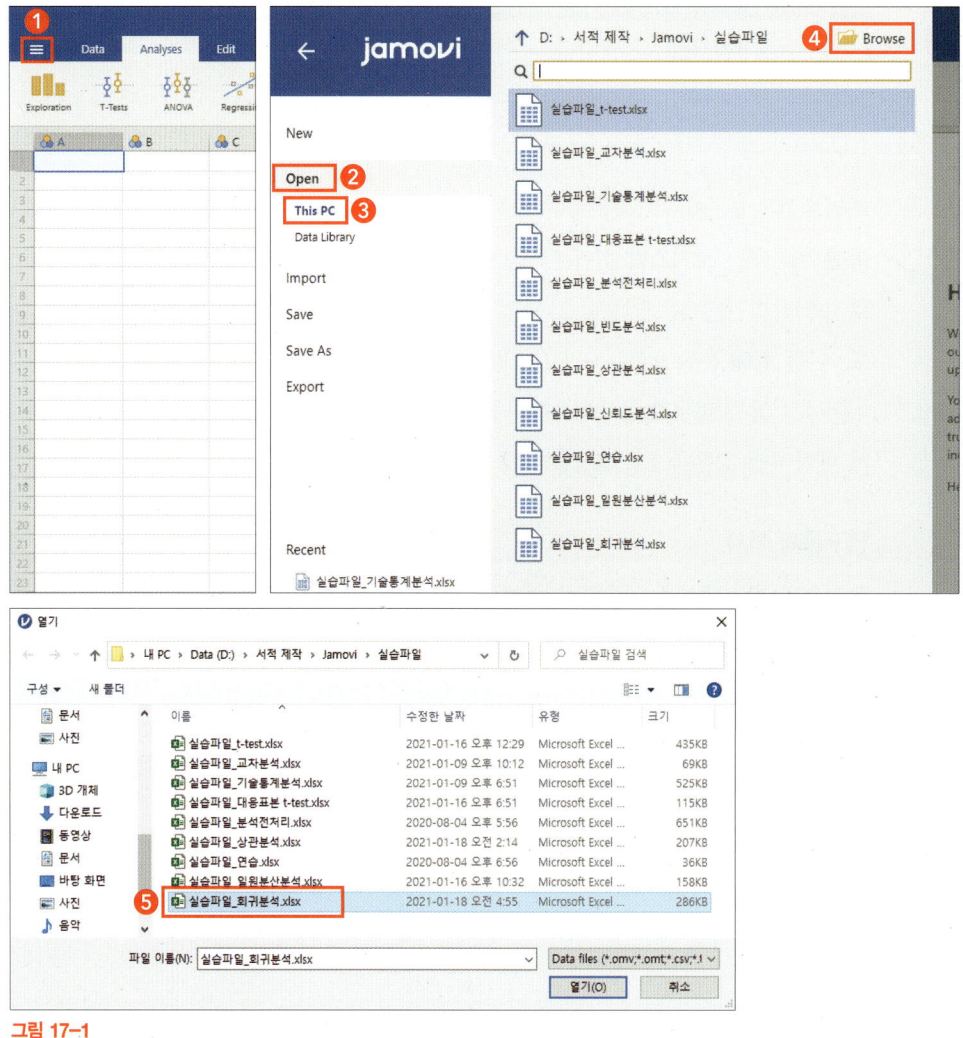

그림 17-1

아무도 가르쳐주지 않는 Tip

SECTION 16에서 애정적양육태도, 비일관적양육태도, 삶의만족도 변수를 만들고 저장한 파일이 있다면 **7**로 넘어가 성적만족여부 변수를 만드는 부분부터 진행해도 됩니다.

2 애정적 양육태도, 비일관적 양육태도, 삶의 만족도는 점수가 낮을수록 높은 수준으로 해석됩니다. 따라서 역코딩한 다음 각각 하나의 변수로 합쳐줍니다. ❶ Data 메뉴에서 ❷ '양육_애정1' 변수를 클릭합니다. ❸ 세 변수에 해당하는 문항들이 모두 이어져 있으므로 Shift 를 누른 채 '삶의만족도3' 변수를 클릭하여 그 사이에 있는 모든 변수를 선택합니다. ❹ Transform을 클릭합니다.

그림 17-2

3 ❶ 'using transform' 메뉴에서 'Create New Transform…'을 클릭합니다. ❷ '+ Add recode condition'을 클릭하여 ❸ 4점 척도 역코딩 변수를 생성합니다. ❹ 'Measure type'은 'Continuous'로 설정합니다.

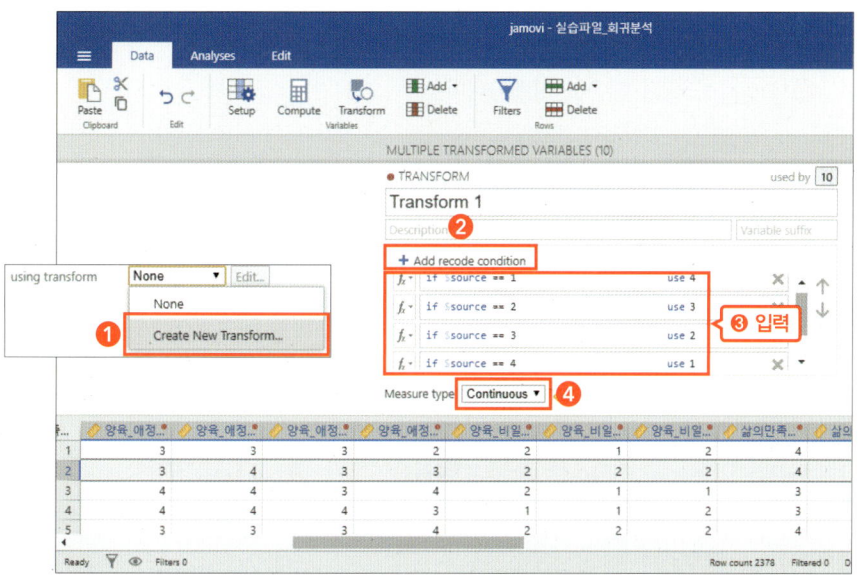

그림 17-3

4 ❶ 되도록 앞쪽에 애정적 양육태도를 합친 변수를 생성하기 위해 '양육_애정1'에서 아무 값이나 클릭합니다. ❷ Compute를 클릭하고 ❸ 변수명을 '애정적양육태도'로 입력합니다. ❹ 'f_x'를 클릭하면 표시되는 함수 목록 중 ❺ 'SUM'을 더블클릭하여 함수 창에 입력한 다음 ❻ '양육_애정1 – Transform 1' ~ '양육_애정4 – Transform 1' 변수를 하나씩 더블클릭하고 쉼표(,)로 구분하여 합 변수를 생성합니다. ❼ Enter 를 눌러 함수를 실행합니다.

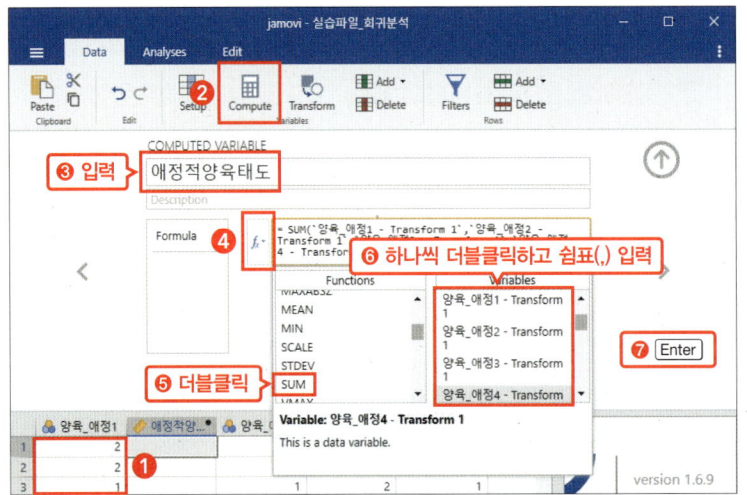

그림 17-4

5 ❶ 애정적양육태도 다음에 비일관적 양육태도를 합친 변수를 생성하기 위해 '애정적양육태도'에서 아무 값이나 클릭합니다. ❷ Compute를 클릭하고 ❸ 변수명을 '비일관적양육태도'로 입력합니다. ❹ 'f_x'를 클릭하면 표시되는 함수 목록 중 ❺ 'SUM'을 더블클릭하여 함수 창에 입력한 다음 ❻ '양육_비일관성1 – Transform 1' ~ '양육_비일관성3 – Transform 1' 변수를 하나씩 더블클릭하고 쉼표(,)로 구분하여 합 변수를 생성합니다. ❼ Enter 를 눌러 함수를 실행합니다.

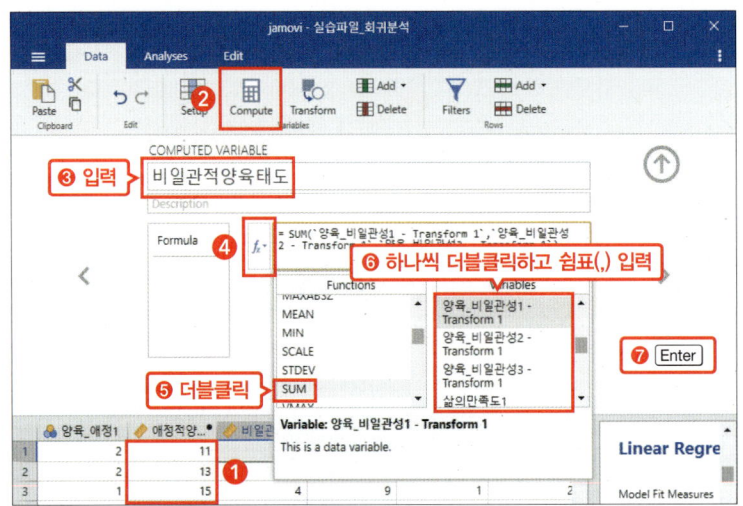

그림 17-5

6 ❶ 비일관적양육태도 다음에 삶의 만족도를 합친 변수를 생성하기 위해 '비일관적양육태도'에서 아무 값이나 클릭합니다. ❷ Compute를 클릭하고 ❸ 변수명을 '삶의만족도'로 입력합니다. ❹ 'f_x'를 클릭하면 표시되는 함수 목록 중 ❺ 'SUM'을 더블클릭하여 함수 창에 입력한 다음 ❻ '삶의만족도1 − Transform 1' ~ '삶의만족도3 − Transform 1' 변수를 하나씩 더블클릭하고 쉼표(,)로 구분하여 합 변수를 생성합니다. ❼ Enter 를 눌러 함수를 실행합니다.

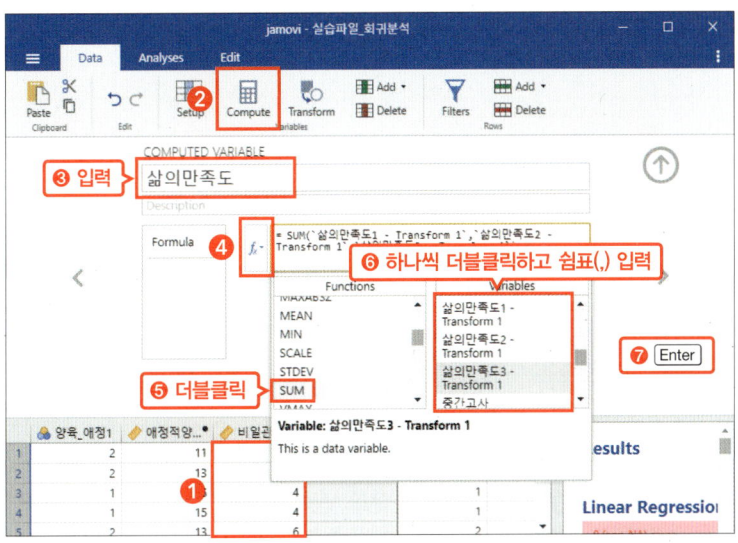

그림 17-6

7 성적만족도를 이분형 명목변수로 바꾸겠습니다. ❶ Data 메뉴를 클릭하고 ❷ '성적만족도'에서 아무 값이나 클릭한 다음 ❸ Transform을 클릭합니다.

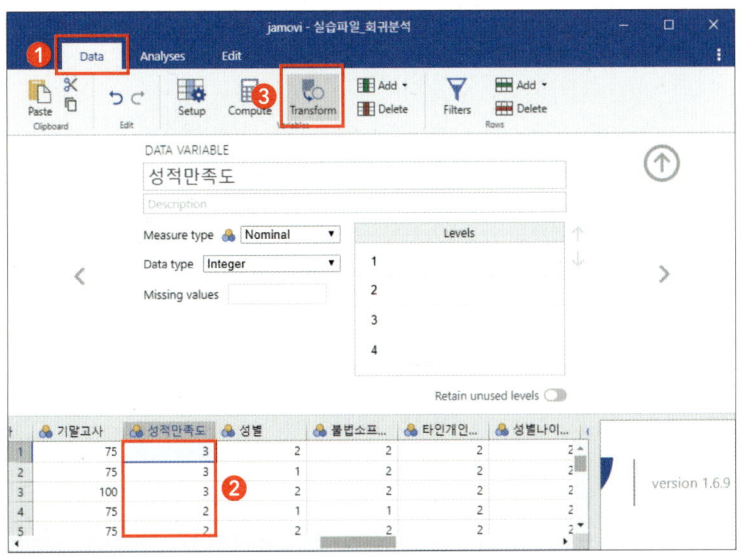

그림 17-7

8 ❶ 변수명을 '성적만족여부'로 입력하고 ❷ 'using transform' 메뉴에서 'Create New Transform...'을 클릭합니다.

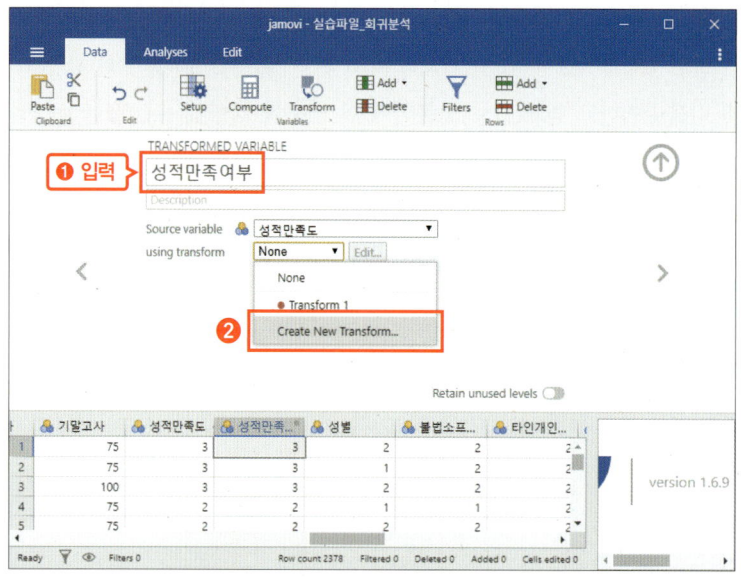

그림 17-8

9 '1 매우 만족한다', '2 만족하는 편이다' 응답을 만족한다고 간주하여 1로, '3 만족하지 않는 편이다', '4 전혀 만족하지 않는다' 응답을 만족하지 않는다고 간주하여 0으로 코딩하겠습니다. ❶ '+ Add recode condition'을 클릭합니다. ❷ 부등호 중 이하를 뜻하는 '<='을 선택하고 ❸ '2'를 입력한 다음 ❹ 'use' 뒤에 '1'을 입력하면 2 이하의 응답을 1로 코딩하라는 명령이 설정됩니다.

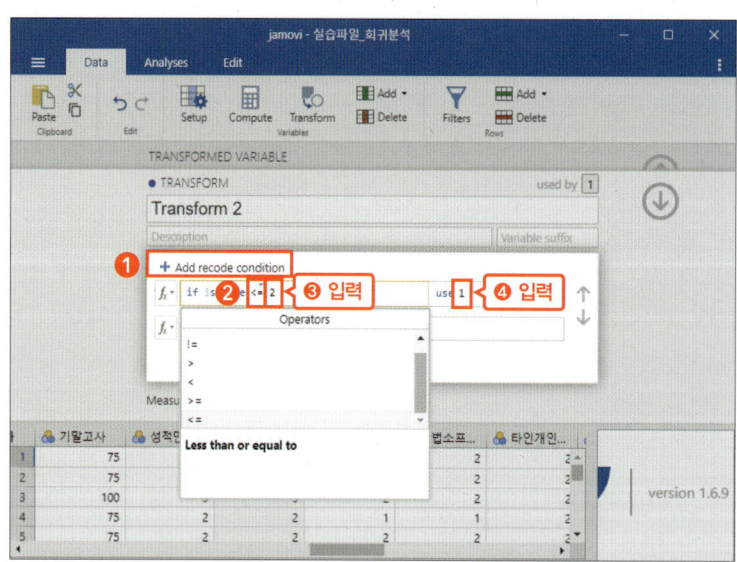

그림 17-9

10 ❶ 다시 '+ Add recode condition'을 클릭합니다. ❷ 부등호 중 이상을 뜻하는 '>='을 선택하고 ❸ '3'을 입력한 다음 ❹ 'use' 뒤에 '0'을 입력하면 3 이상의 응답을 0으로 코딩하라는 명령이 설정됩니다.

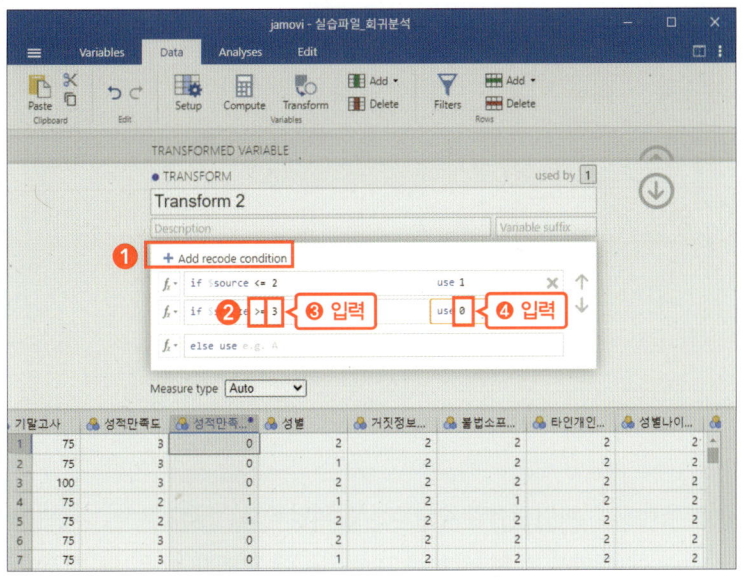

그림 17-10

11 마지막으로 'Measure type'은 명목형인 'Nominal'로 설정합니다.

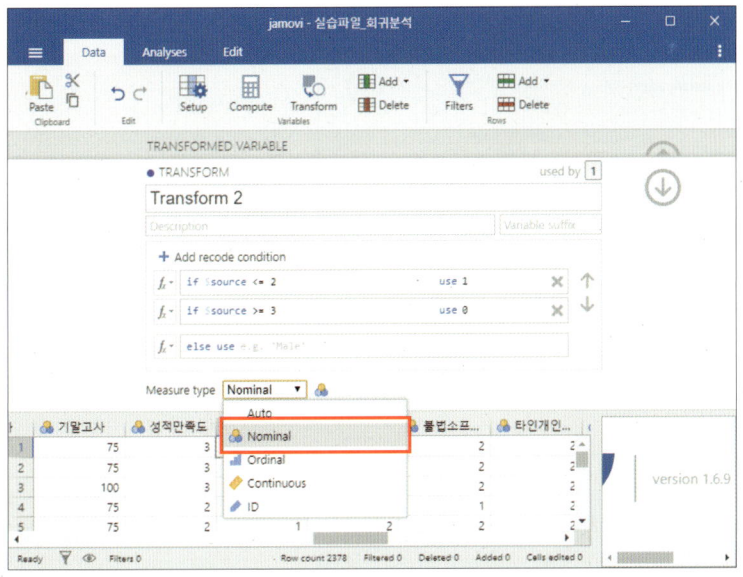

그림 17-11

12 ❶ Analyses 메뉴에서 ❷ Regression을 클릭하고 ❸ 이분형 로지스틱을 뜻하는 2 Outcomes Binomial을 클릭합니다.

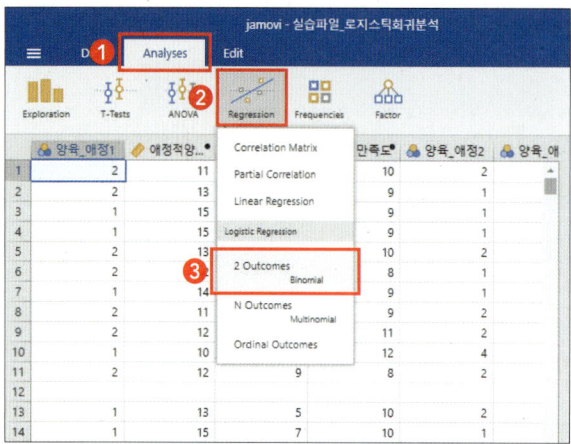

그림 17-12

13 ❶ '애정적양육태도', '비일관적양육태도', '삶의만족도', '중간고사', '기말고사' 변수를 'Covariates'에 투입하고 ❷ '성별'을 'Factors'에 투입한 다음 ❸ '성적만족여부'를 'Dependent Variable'에 투입합니다. ❹ 'Reference Levels'를 클릭합니다.

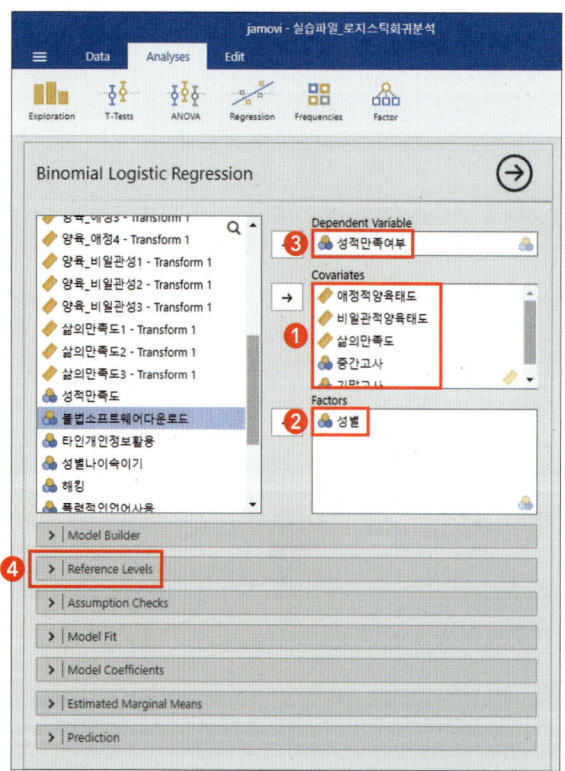

그림 17-13

14 명목변수를 투입하면 변수별로 비교할 기준을 설정해야 합니다. ❶ '성적만족여부'는 만족하지 않는 집단에 비해 만족하는 집단의 결과를 확인하겠습니다. 따라서 만족하지 않는 응답으로 코딩한 '0'을 'Reference Level'로 설정하고 ❷ '성별'은 남학생에 비해 여학생의 결과를 확인하기 위해 '1'을 'Reference Level'로 설정합니다. ❸ 'Model Fit'을 클릭합니다.

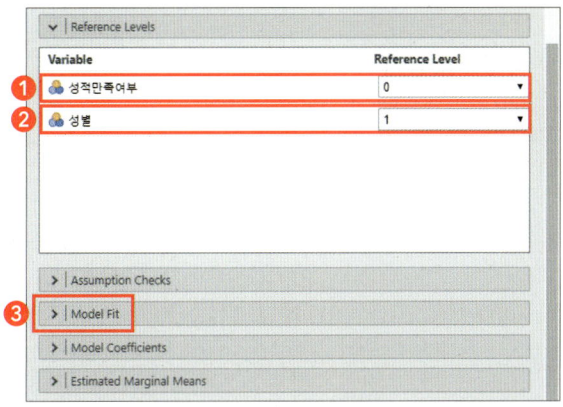

그림 17-14

15 ❶ 'Fit Measures' 항목 중 'Overall model test'에 체크하고 ❷ 'Pseudo R^2' 항목 중 'Nagelkerke's R^2'에 체크합니다. ❸ 'Model Coefficients'를 클릭합니다.

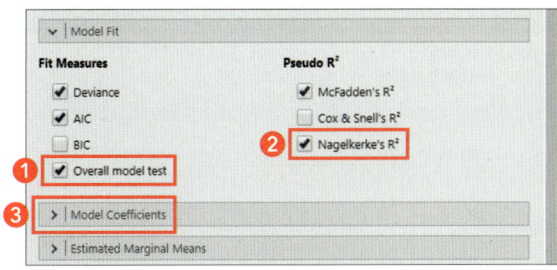

그림 17-15

16 'Odds Ratio' 항목에서 ❶ 'Odds ratio'와 ❷ 'Confidence interval'에 체크합니다.

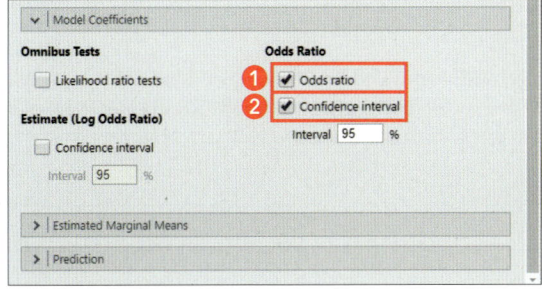

그림 17-16

SECTION 17 로지스틱 회귀분석

STEP 2 _ 분석 결과표 작성하기

1 ❶ 결과창의 Binomial Logistic Regression 결과표 위에서 오른쪽 클릭하고 ❷ Analysis 항목 중 ❸ Copy를 클릭합니다.

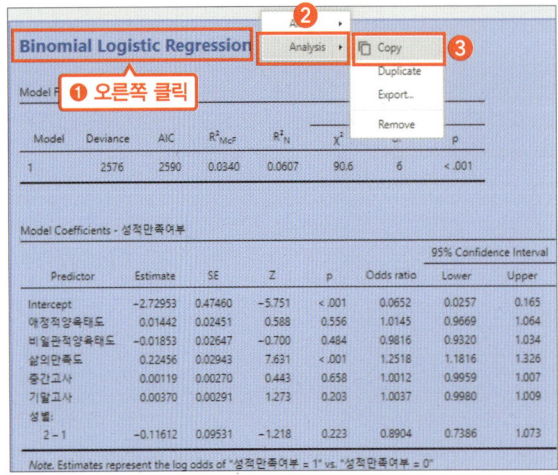

그림 17-17

2 엑셀을 실행하고 붙여넣기합니다.

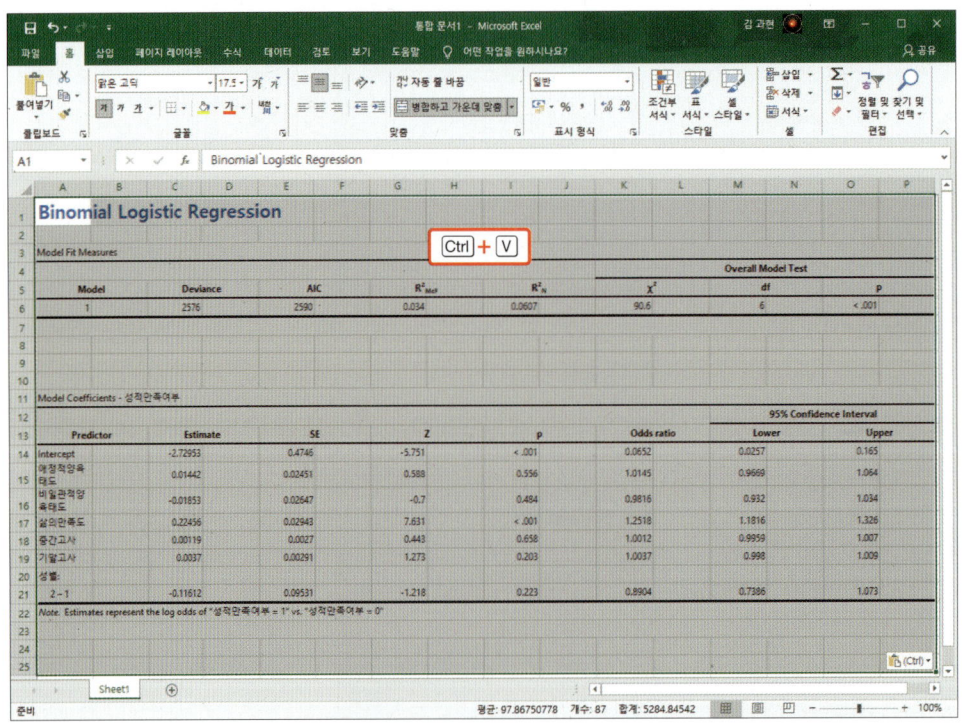

그림 17-18

3 상수, 분석한 변수 6개 + 제목 줄 + 별(*)표 기준까지 넣을 수 있게 한글에서 10줄× 8칸 표를 만들고 첫 줄에 독립변수, B, SE, OR, Z, p, LLCI, ULCI를 입력합니다. OR 은 Odds ratio(오즈비), LLCI는 Lower limit of confidence interval(신뢰구간 하한), ULCI는 Upper limit of confidence interval(신뢰구간 상한)의 약자입니다.

독립변수	B	SE	OR	Z	p	LLCI	ULCI

그림 17-19

4 ❶ 맨 아랫줄을 선택하고 ❷ M을 눌러 병합합니다.

독립변수	B	SE	OR	Z	p	LLCI	ULCI
			❶ 드래그	❷ M			

독립변수	B	SE	OR	Z	p	LLCI	ULCI

그림 17-20

5 ❶ 아래에서 두 번째 줄도 선택하고 ❷ M을 눌러 병합합니다.

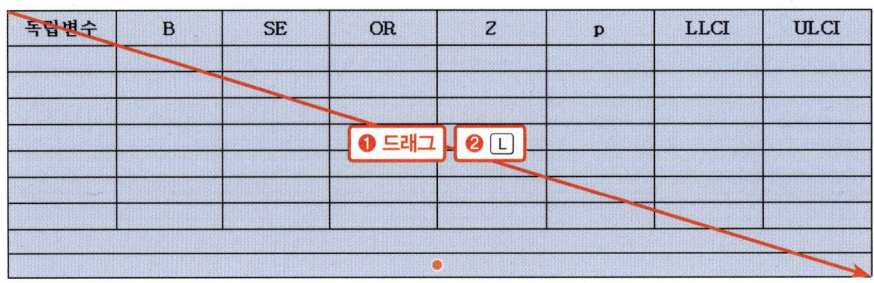

그림 17-21

6 ❶ 전체 칸을 선택하고 ❷ L을 눌러 셀 테두리/배경 창을 엽니다. ❸ '종류'를 '없음'으로 선택하고 ❹ 모든 세로선과 ❺ 맨 밑 가로선을 선택합니다. ❻ 설정(D)을 클릭합니다.

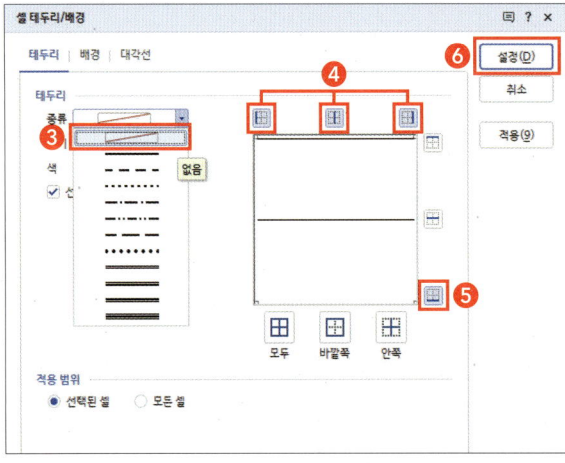

그림 17-22

7 같은 방식으로, 병합하지 않은 칸의 가로줄도 없애줍니다.

독립변수	B	SE	OR	Z	p	LLCI	ULCI

독립변수	B	SE	OR	Z	p	LLCI	ULCI

그림 17-23

8 엑셀에 붙여넣기한 결과표에서 값을 가져오기 쉽도록 빈 열을 삭제합니다. ❶ 첫 번째 비어 있는 열인 B를 클릭하고 ❷ Ctrl 을 누른 채 D, F, H, J, L, N, P 열을 클릭하여 선택합니다. ❸ 선택한 열 중 아무 열 위에서나 오른쪽 클릭하고 ❹ 삭제를 클릭하거나 Ctrl 을 누른 채 - 를 누르면 선택한 열이 삭제됩니다.

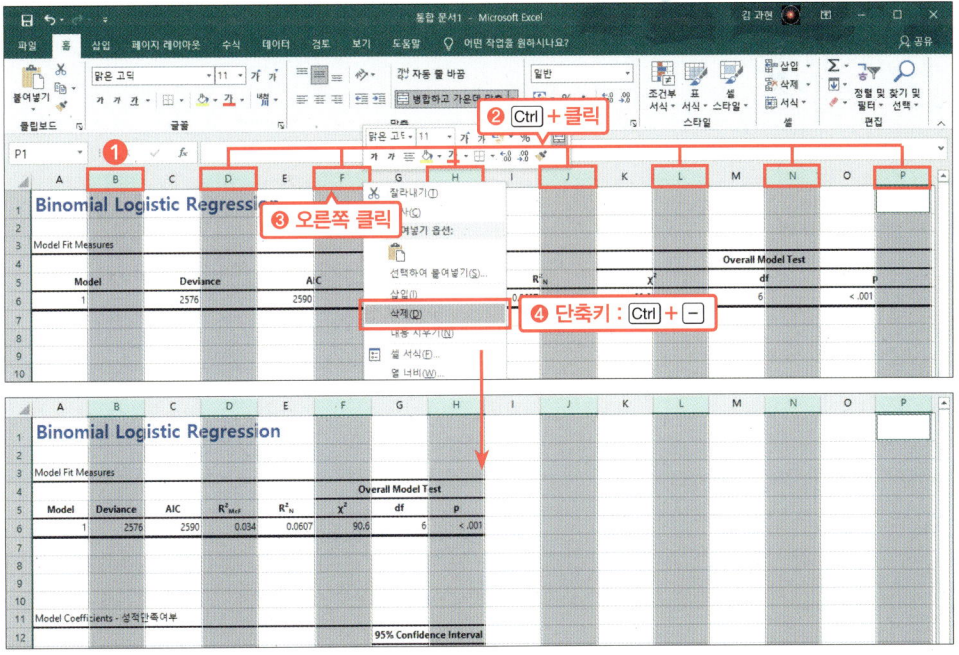

그림 17-24

SECTION 17 로지스틱 회귀분석

9 한글 표의 독립변수 열에 '(상수)', '애정적 양육태도', '비일관적 양육태도', '삶의 만족도', '중간고사 점수', '기말고사 점수', '성별(Ref=남자)'을 입력합니다.

독립변수	B	SE	OR	Z	p	LLCI	ULCI
(상수)							
애정적 양육태도							
비일관적 양육태도							
삶의 만족도							
중간고사 점수							
기말고사 점수							
성별(Ref=남자)							

그림 17-25

10 엑셀의 Model Fit Measures 표에서 ❶ x^2값과 ❷ p값, ❸ R^2_N값을 변수 아랫줄에 입력합니다. R^2_N값은 'Nagelkerke's R^2=' 형태로 입력합니다.

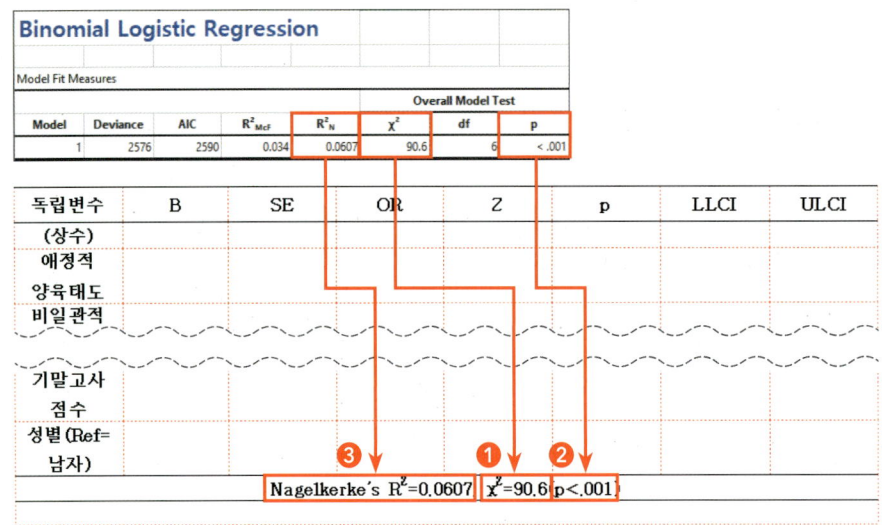

그림 17-26

아무도 가르쳐주지 않는 Tip

R^2에서 2와 같은 위첨자는 글자 모양에서 설정할 수 있습니다. 한글 창 상단의 **서식** 메뉴에서 **글자 모양**을 클릭한 다음, '속성' 항목의 오른쪽 끝에서 세 번째 위치에 있는 위첨자를 클릭하고 **설정**을 누른 다음 2를 입력합니다. 또는 먼저 2를 입력하여 선택한 다음 서식 메뉴 중 '가' 글자가 사각형 오른쪽 위에 있는 아이콘을 찾아 클릭해도 됩니다.

11 Model Coefficients – 성적만족여부 표에서 ① Estimate값을 B에, ② SE값을 SE에, ③ Odds ratio값을 OR에, ④ Z값을 Z에, ⑤ p값을 p에, ⑥ 95% Confidence Interval Lower, Upper 값을 LLCI, ULCI에 입력합니다.

Model Coefficients - 성적만족여부

						95% Confidence Interval	
Predictor	Estimate	SE	Z	p	Odds ratio	Lower	Upper
Intercept	-2.72953	0.4746	-5.751	< .001	0.0652	0.0257	0.165
애정적양육태도	0.01442	0.02451	0.588	0.556	1.0145	0.9669	1.064
비일관적양육태도	-0.01853	0.02647	-0.7	0.484	0.9816	0.932	1.034
삶의만족도	0.22456	0.02943	7.631	< .001	1.2518	1.1816	1.326
중간고사	0.00119	0.0027	0.443	0.658	1.0012	0.9959	1.007
기말고사	0.0037	0.00291	1.273	0.203	1.0037	0.998	1.009
성별:							
2 – 1	-0.11612	0.09531	-1.218	0.223	0.8904	0.7386	1.073

Note. Estimates represent the log odds of "성적만족여부 = 1" vs. "성적만족여부 = 0"

독립변수	B ①	SE ②	OR ③	Z ④	p ⑤	LLCI ⑥	ULCI
(상수)	-2.72953	0.4746	0.0652	-5.751	<.001	0.0257	0.165
애정적 양육태도	0.01442	0.02451	1.0145	0.588	0.556	0.9669	1.064
비일관적 양육태도	-0.01853	0.02647	0.9816	-0.7	0.484	0.932	1.034
삶의 만족도	0.22456	0.02943	1.2518	7.631	<.001	1.1816	1.326
중간고사 점수	0.00119	0.0027	1.0012	0.443	0.658	0.9959	1.007
기말고사 점수	0.0037	0.00291	1.0037	1.273	0.203	0.998	1.009
성별 (Ref=남자)	-0.11612	0.09531	0.8904	-1.218	0.223	0.7386	1.073
Nagelkerke's R^2=0.0607, χ^2=90.6(p<.001)							

그림 17–27

12 ① p값에 따라 t값에 *표를 위첨자로 달고 ② 맨 아랫줄에 *표 기준을 표시합니다.

독립변수	B	SE	OR	Z ①	p	LLCI	ULCI
(상수)	-2.72953	0.4746	0.0652	-5.751***	<.001	0.0257	0.165
애정적 양육태도	0.01442	0.02451	1.0145	0.588	0.556	0.9669	1.064
비일관적 양육태도	-0.01853	0.02647	0.9816	-0.7	0.484	0.932	1.034
삶의 만족도	0.22456	0.02943	1.2518	7.631***	<.001	1.1816	1.326
중간고사 점수	0.00119	0.0027	1.0012	0.443	0.658	0.9959	1.007
기말고사 점수	0.0037	0.00291	1.0037	1.273	0.203	0.998	1.009
성별 (Ref=남자)	-0.11612	0.09531	0.8904	-1.218	0.223	0.7386	1.073
Nagelkerke's R^2=0.0607, χ^2=90.6(p<.001)							
② *** *p*<.001							

그림 17–28

13 글자 모양과 칸 크기를 조절하고 표 제목을 정하여 마무리합니다. 표 안의 값은 가능하면 소수점 아래 셋째 자리까지 표기해주세요.

<표> 성적만족 여부에 영향을 미치는 요인

독립변수	B	SE	OR	Z	p	LLCI	ULCI
(상수)	-2.730	0.475	0.065	-5.751***	<.001	0.026	0.165
애정적 양육태도	0.014	0.025	1.015	0.588	.556	0.967	1.064
비일관적 양육태도	-0.019	0.027	0.982	-0.700	.484	0.932	1.034
삶의 만족도	0.224	0.029	1.252	7.631***	<.001	1.182	1.326
중간고사 점수	0.001	0.003	1.001	0.443	.658	0.996	1.007
기말고사 점수	0.004	0.003	1.004	1.273	.203	0.998	1.009
성별(Ref=남자)	-0.116	0.095	0.890	-1.218	.223	0.739	1.073
Nagelkerke's R^2=0.061, χ^2=90.600(p<.001)							

*** p<.001

그림 17-29

아무도 가르쳐주지 않는 Tip

크기를 조절할 칸에 커서를 두고 F5를 눌러 셀 커서로 바꾼 뒤, Ctrl을 누른 채 방향키를 누르면 칸 크기를 조절할 수 있습니다.

STEP 3 _ 분석 결과표 해석하기

로지스틱 회귀분석에서 모형적합도는 x^2값의 p값이 유의한지(p<.05)로 판단합니다. 설명력을 나타내는 R^2은 일반적으로 Nagelkerke's R^2값을 사용합니다.

다음으로 독립변수가 종속변수에 미치는 영향을 확인합니다. 단순회귀, 다중회귀분석에서는 B값과 β값의 부호로 독립변수의 증가에 따른 종속변수의 증가/감소를 판단했는데요, 로지스틱 회귀분석은 OR값으로 판단합니다. 어떤 논문에서는 OR값을 Exp(B)로 표기하기도 합니다. 이 값은 배수의 개념입니다. 곱하기 1은 자기 자신과 같은 값이죠? 따라서 1을 기준으로 1보다 크면 증가, 1보다 작으면 감소를 나타냅니다.

삶의 만족도의 p값이 0.001 미만이므로 영향력은 유의한 것으로 확인되었습니다. OR값이 1.252로 1 이상의 값을 가지므로 삶의 만족도가 1점 증가하면 자신의 성적에 만족할 가능성이 1.252배 증가한다고 해석할 수 있습니다.

성적만족 여부에 영향을 미치는 요인을 검증하기 위해 로지스틱 회귀분석을 실시하였다.

회귀모형을 검증한 결과, $x^2=90.600(p<.001)$으로 회귀모형이 적합했으며, 모형의 설명력은 약 6.1%로 나타났다(Nagelkerke's $R^2=0.061$).

회귀계수의 유의성 검증 결과, 삶의 만족도가 1점 증가하면 성적에 만족할 가능성이 1.252배 증가하는 것으로 나타났다($OR=1.252$, $p<.001$).

애정적 양육태도, 비일관적 양육태도, 중간고사 점수, 기말고사 점수, 성별은 성적만족 여부에 유의한 영향을 미치지 않았다($p>.05$).

〈표〉 성적만족 여부에 영향을 미치는 요인

독립변수	B	SE	OR	Z	p	LLCI	ULCI
(상수)	-2.730	0.475	0.065	-5.751***	<.001	0.026	0.165
애정적 양육태도	0.014	0.025	1.015	0.588	.556	0.967	1.064
비일관적 양육태도	-0.019	0.027	0.982	-0.700	.484	0.932	1.034
삶의 만족도	0.224	0.029	1.252	7.631***	<.001	1.182	1.326
중간고사 점수	0.001	0.003	1.001	0.443	.658	0.996	1.007
기말고사 점수	0.004	0.003	1.004	1.273	.203	0.998	1.009
성별(Ref=남자)	-0.116	0.095	0.890	-1.218	.223	0.739	1.073

Nagelkerke's $R^2=0.061$, $X^2=90.600(p<.001)$

*** $p<.001$

STEP 4 _ 실습하기

연구문제 예시

다음 연구문제로 부모의 비일관적 양육태도가 자녀에게 어떤 영향을 미치는지 확인해보겠습니다. 즉, 비일관적 양육태도를 독립변수로, 각종 비행 행동을 종속변수로 한 모형을 분석하여 **부모의 비일관적 양육태도가 자녀의 비행 행동을 유발하는지** 확인하고자 합니다.

사이버비행: 연간 경험여부	채팅/게시판 등에 일부러 거짓정보 올리기	1 있다
	불법 소프트웨어 다운받아 사용하기	2 없다
	다른 사람의 아이디나 주민번호를 허락 없이 사용하기	
	채팅하면서 성별이나 나이 속이기	
	다른 사람 컴퓨터나 웹사이트 해킹하기	
	채팅/게시판 등에서 욕이나 폭력적인 언어 사용하기	
비행: 연간 행동경험 유무	담배 피우기	1 있다
	술 마시기	2 없다
	무단결석	
	가출	
	성관계	

비일관적 양육태도 변수를 이전 실습 과정에서 생성했다는 가정 아래 분석을 진행하겠습니다.

1 ❶ Analyses 메뉴에서 ❷ Regression을 클릭하고 ❸ 이분형 로지스틱을 뜻하는 2 Outcomes Binomial을 클릭합니다.

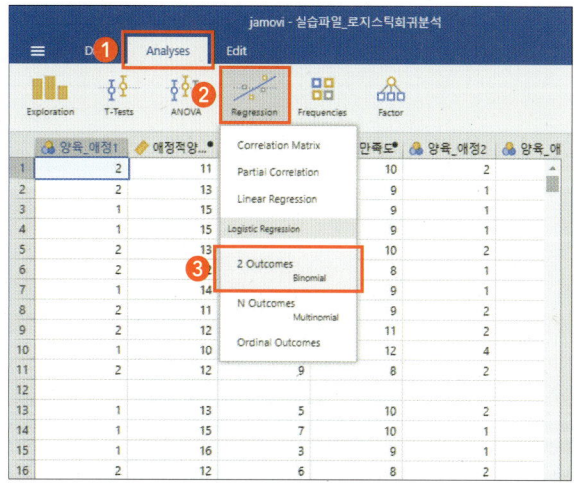

그림 17-30

2 ❶ '비일관적양육태도' 변수를 'Covariates'에 투입하고 ❷ '거짓정보올리기'를 'Dependent Variable'에 투입합니다. ❸ 'Reference Levels'를 클릭합니다.

그림 17-31

3 '거짓정보올리기'의 기준값을 1로 설정하면 경험이 있는 경우에 비해 없는 경우의 값을 확인하게 됩니다. 해석은 경험이 없는 경우에 비해 있는 경우로 하는 것이 용이하므로 ❶ 'Reference Level'을 '2'로 설정하겠습니다. ❷ 'Model Fit'을 클릭합니다.

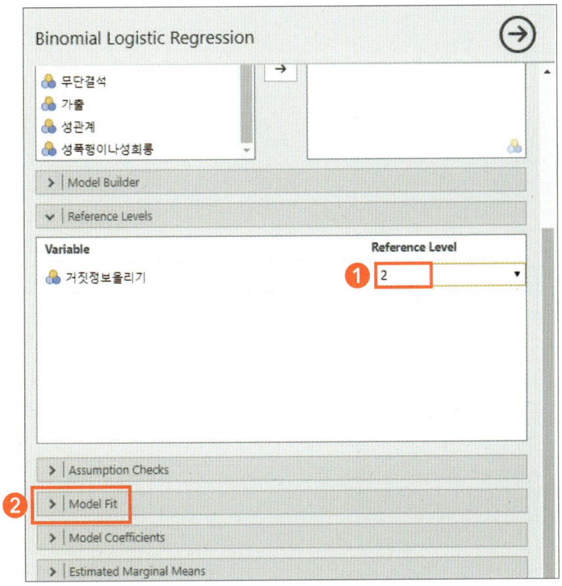

그림 17-32

4 ❶ 'Fit Measures' 항목 중 'Overall model test'에 체크하고 ❷ 'Pseudo R²' 항목 중 'Nagelkerke's R²'에 체크한 후 ❸ 'Model Coefficients'를 클릭합니다.

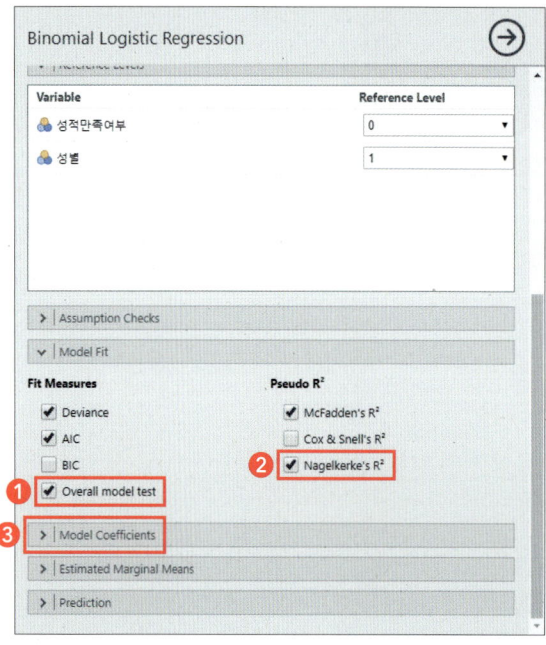

그림 17-33

5 'Odds Ratio' 항목에서 ❶ 'Odds ratio'와 ❷ 'Confidence interval'에 체크합니다.

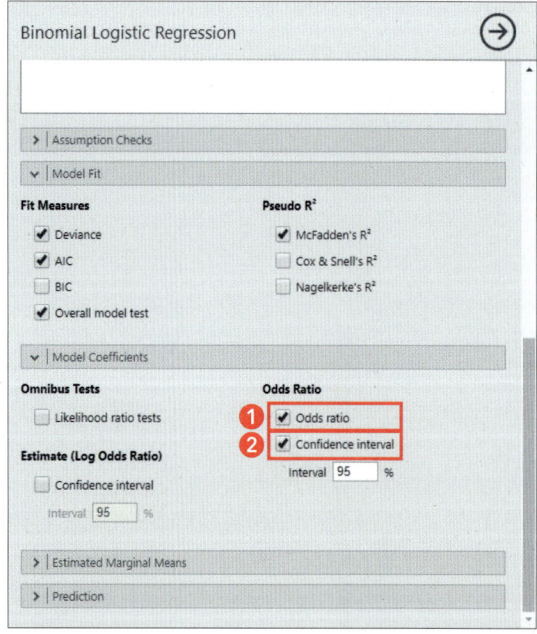

그림 17-34

6 한글 프로그램에서 다음과 같이 9칸 표를 만들고, 하나의 독립변수가 여러 종속변수에 미치는 영향을 검증하는 것이므로 첫 줄에 독립변수가 아닌 종속변수, B, SE, OR, Z, p, LLCI, ULCI, $x^2(R^2_N)$를 입력합니다. 독립변수가 여러 개이고 종속변수가 1개일 경우에는 x^2값과 R^2값은 하나만 나오지만, 지금처럼 독립변수가 1개이고 종속변수가 여러 개일 경우에는 독립변수 수에 따라 x^2값과 R^2값의 개수가 달라집니다.

종속변수	B	SE	OR	Z	p	LLCI	ULCI	x^2 (R^2_N)

그림 17-35

7 ❶ 종속변수 자리에 '거짓정보 올리기'를 입력합니다. ❷ 한글 표의 맨 오른쪽에 Model Fit Measures 표의 x^2값을 입력하고 p값에 따라 ∗표를 위첨자로 달아줍니다. ❸ Model Coefficients - 거짓정보올리기 표에서 비일관적양육태도 행에 있는 값만 가져옵니다.

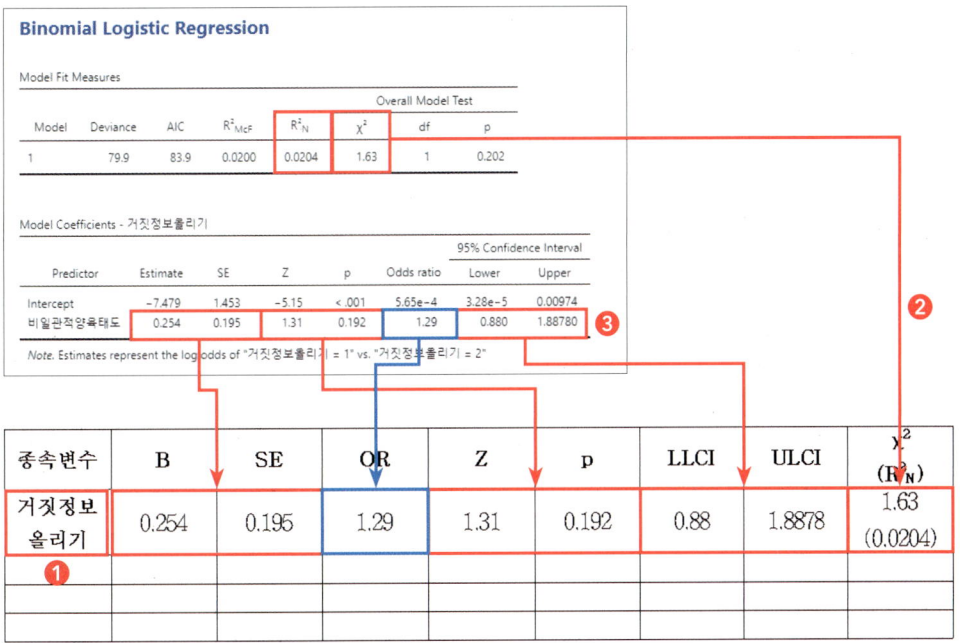

그림 17-36

8 나머지 불법소프트웨어 다운로드, 타인 개인정보 활용, 성별·나이 속이기, 해킹, 폭력적인 언어 사용, 흡연, 음주, 무단결석, 가출, 성관계 변수도 각각 종속변수(Dependent Variable)에 투입하여 한글 표에 정리합니다. 줄이 모자라면 표 안에서 [Ctrl]을 누른 채 [Enter]를 누르세요. 그러면 커서가 있는 줄과 같은 모양의 칸으로 구분된 행이 하나씩 늘어납니다. Reference Levels에서 기준값을 2로 바꿔야 한다는 것을 잊지 마세요.

종속변수	B	SE	OR	Z	p	LLCI	ULCI	x^2 (R^2_N)
거짓정보 올리기	0.254	0.195	1.29	1.31	0.192	0.88	1.8878	1.63 (0.0204)
불법소프트웨어 다운로드	0.0139	0.0466	1.014	0.299	0.765	0.9256	1.111	0.0894 (0.000119)
타인 개인정보 활용	0.0179	0.0844	1.018	0.212	0.832	0.86279	1.2012	0.0446 (0.000133)
성별·나이 속이기	0.21	0.092	1.23422	2.29	0.022	1.03	1.4782	5.06* (0.0185)
해킹	0.435	0.266	1.55	1.64	0.102	0.918	2.6026	2.54 (0.0571)
폭력적인 언어 사용	-0.0125	0.0715	0.9876	-0.175	0.861	0.8584	1.1361	0.0307 (0.000071)
흡연	0.185	0.049	1.2038	3.79*	<.001	1.09363	1.3251	14.1*** (0.0207)
음주	0.0801	0.037	1.0834	2.17*	0.03	1.0077	1.165	4.65* (0.00481)
무단결석	0.214	0.0665	1.23867	3.22**	0.001	1.08733	1.4111	10.1** (0.02270)
가출	0.251	0.105	1.28556	2.39*	0.017	1.05	1.57935	5.51* (0.025)
성관계	0.255	0.138	1.29054	1.85	0.065	0.985	1.69161	3.27 (0.0232)

그림 17-37

9 글자 모양을 조절하고 표 하단에 *표 기준을 표기합니다. 표 안의 값은 가능하면 소수점 아래 셋째 자리까지 표기해주세요.

종속변수	B	SE	OR	Z	p	LLCI	ULCI	x^2 (R^2_N)
거짓정보 올리기	0.254	0.195	1.290	1.310	.192	0.880	1.888	1.630 (0.020)
불법소프트웨어 다운로드	0.014	0.047	1.014	0.299	.765	0.926	1.111	0.089 (0.000)

타인 개인정보 활용	0.018	0.084	1.018	0.212	.832	0.863	1.201	0.045 (0.000)
성별·나이 속이기	-0.210	0.092	1.234	2.290*	.022	1.030	0.970	5.060* (0.019)
해킹	0.435	0.266	1.550	1.640	.102	0.918	2.603	2.540 (0.057)
폭력적인 언어 사용	-0.013	0.072	0.988	-0.175	.861	0.858	1.136	0.031 (0.000)
흡연	0.185	0.049	1.204	3.790*	<.001	1.094	1.325	14.100*** (0.021)
음주	0.080	0.037	1.083	2.170*	.030	1.008	1.165	4.650* (0.005)
무단결석	0.214	0.067	1.239	3.220**	.001	1.087	1.411	10.100** (0.023)
가출	0.251	0.105	1.286	2.390*	.017	1.050	1.579	5.510* (0.025)
성관계	0.255	0.138	1.291	1.850	.065	0.985	1.697	3.270 (0.023)

* $p<.05$, ** $p<.01$, *** $p<.001$

그림 17-38

10 칸 크기를 조절하고 세로선을 없앤 다음, 표 제목을 정하여 마무리합니다.

<표> 부모의 비일관적 양육태도가 자녀의 비행에 미치는 영향

종속변수	B	SE	OR	Z	p	LLCI	ULCI	χ^2 (R^2_N)
거짓정보 올리기	0.254	0.195	1.290	1.310	.192	0.880	1.888	1.630 (0.020)
불법소프트웨어 다운로드	0.014	0.047	1.014	0.299	.765	0.926	1.111	0.089 (0.000)
타인 개인정보 활용	0.018	0.084	1.018	0.212	.832	0.863	1.201	0.045 (0.000)
성별·나이 속이기	-0.210	0.092	1.234	2.290*	.022	1.030	0.970	5.060* (0.019)
해킹	0.435	0.266	1.550	1.640	.102	0.918	2.603	2.540 (0.057)
폭력적인 언어 사용	-0.013	0.072	0.988	-0.175	.861	0.858	1.136	0.031 (0.000)
흡연	0.185	0.049	1.204	3.790*	<.001	1.094	1.325	14.100*** (0.021)
음주	0.080	0.037	1.083	2.170*	.030	1.008	1.165	4.650* (0.005)
무단결석	0.214	0.067	1.239	3.220**	.001	1.087	1.411	10.100** (0.023)
가출	0.251	0.105	1.286	2.390*	.017	1.050	1.579	5.510* (0.025)
성관계	0.255	0.138	1.291	1.850	.065	0.985	1.697	3.270 (0.023)

* $p<.05$, ** $p<.01$, *** $p<.001$

그림 17-39

11 표를 해석해보겠습니다. 먼저 모형적합도를 확인합니다. 로지스틱 회귀분석에서 모형적합도는 x^2값의 p값이 유의한지(p<.05)로 판단합니다. 여기서는 성별·나이 속이기, 흡연, 음주, 무단결석, 가출에서 유의한 적합도가 나타났습니다.

다음으로 독립변수가 종속변수에 미치는 영향을 확인합니다. 모형적합도가 유의하게 나타난 행에서는 Z값에 대한 p값 역시 유의한 것으로 나타났습니다. OR값은 모두 1 이상으로 나타나, 부모의 비일관적 양육태도는 사이버 비행 중 성별·나이 속이기, 비행 경험 중 흡연, 음주, 무단결석, 가출 유발 가능성을 높인다고 할 수 있습니다.

부모의 비일관적 양육행동이 자녀의 비행에 미치는 영향을 검증하기 위해 로지스틱 회귀분석을 실시하였다.

회귀모형을 검증한 결과, 성별·나이 속이기(x^2=5.060, $p<.001$), 흡연(x^2=14.100, $p<.001$), 음주(x^2=4.650, $p<.05$), 무단결석(x^2=10.100, $p<.01$), 가출(x^2=5.510, $p<.05$)에서 회귀모형이 적합한 것으로 나타났다.

회귀계수의 유의성 검증 결과, 부모의 비일관적 양육태도가 1단계 증가하면 자녀의 비행 가능성은 성별·나이 속이기는 1.234배(OR=1.234, $p<.05$), 흡연은 1.204배(OR=1.204, $p<.05$), 음주는 1.083배(OR=1.083, $p<.05$), 무단결석은 1.239배(OR=1.239, $p<.01$), 가출은 1.286배(OR=1.286, $p<.05$) 증가하는 것으로 나타났다.

부모의 비일관적 양육태도는 거짓정보 올리기, 불법 소프트웨어 다운로드, 타인 개인정보 활용, 해킹, 폭력적인 언어 사용, 성관계에 유의한 영향을 미치지 않았다($p>.05$).

〈표〉 부모의 비일관적 양육태도가 자녀의 비행에 미치는 영향

종속변수	B	SE	OR	Z	p	LLCI	ULCI	x^2 (R^2_N)
거짓정보 올리기	0.254	0.195	1.290	1.310	.192	0.880	1.888	1.630 (0.020)
불법 소프트웨어 다운로드	0.014	0.047	1.014	0.299	.765	0.926	1.111	0.089 (0.000)
타인 개인정보 활용	0.018	0.084	1.018	0.212	.832	0.863	1.201	0.045 (0.000)
성별·나이 속이기	−0.210	0.092	1.234	2.290*	.022	1.030	0.970	5.060* (0.019)
해킹	0.435	0.266	1.550	1.640	.102	0.918	2.603	2.540 (0.057)

폭력적인 언어 사용	−0.013	0.072	0.988	−0.175	.861	0.858	1.136	0.031 (0.000)
흡연	0.185	0.049	1.204	3.790*	<.001	1.094	1.325	14.100*** (0.021)
음주	0.080	0.037	1.083	2.170*	.030	1.008	1.165	4.650* (0.005)
무단결석	0.214	0.067	1.239	3.220**	.001	1.087	1.411	10.100** (0.023)
가출	0.251	0.105	1.286	2.390*	.017	1.050	1.579	5.510* (0.025)
성관계	0.255	0.138	1.291	1.850	.065	0.985	1.697	3.270 (0.023)

* $p<.05$, ** $p<.01$, *** $p<.001$

지금까지 패널 데이터와 jamovi를 활용하여 분석 보고서를 작성하는 방법에 대해 배워보았습니다. 그럼 이렇게 작성한 분석 보고서나 연구 논문이 어떻게 활용될까요? 이 내용을 PART 03에서 살펴보겠습니다. PART 03 사례를 통해 여러분의 기관에 맞는 분석을 적용해볼 수 있도록 설명하겠습니다.

PART 03

CONTENTS

18 고등학교 R & E 연구 보고서 : 고등학생도 할 수 있다!
19 데이터 분석 보고서 작업 : 우리 기업의 현황과 방향성을 스스로 분석한다!
20 데이터 분석 & 머신러닝 프로젝트 : 사회에 도움이 되는 의미 있는 분석을 한다!
21 패널 데이터를 활용한 사회과학 연구 : 돈을 들이지 않고 다양한 분석을 할 수 있다!

패널 데이터와 jamovi를 활용한 분석 보고서 & 학술논문 활용 사례

▶ PART 03에서는 PART 01과 02에서 배운 내용을 토대로 실제 분석 및 연구 사례를 공유합니다. 각 기관과 기업마다 요구하는 분석이 다르므로 사례별로 그 분석 방법과 설계 방법을 설명합니다. 또한 비용을 들이지 않고 사회에 도움이 되는 분석을 할 수 있는 사례를 언급하고, 히든그레이스 데이터분석팀과 함께 협업하여 분석을 진행할 수 있는 방법을 안내합니다.

SECTION 18

고등학교 R & E 연구 보고서 : 고등학생도 할 수 있다!

지금부터는 패널 데이터와 jamovi를 활용하여 분석 프로젝트를 진행한 사례를 살펴보겠습니다. 제일 먼저 소개할 사례는 '고등학교 소논문'이라고 불리는 '**고등학교 R & E 연구 보고서**' 입니다.

원래 고등학교 소논문이나 R & E 프로젝트는 공부를 잘하는 학생들, 특목고나 자율형 사립고 학생들이 학생생활기록부를 좀 더 풍성하게 만들기 위해 진행하는 활동 중 하나입니다. 최근 고등학교 R & E 활동이 사교육으로 과열되면서 이 활동을 학생생활기록부에 적지 않도록 하는 권고안이 2019년에 발표되었습니다. 하

그림 18-1 | 고등학교 소논문 프로젝트 사례

지만 R & E 연구 보고서의 원래 목적은 청소년들이 교과 과목에서 공부하지 못한 내용을 다루거나 배운 내용을 좀 더 심도 있게 진행하면서, 여러 자료 검색을 통해 자신의 주장을 논리적으로 증명하는 능력을 키우는 활동입니다. **R & E가 '조사와 연구(Research)를 통한 심화 교육(Education)'**으로 불리는 이유이기도 합니다. 저희는 사회적 기업이기 때문에 이러한 교육 혜택을 받기 어려운 학교들을 중심으로 팀을 꾸려서 R & E 활동을 진행하였습니다. 실제로 청소년들과 함께 학교생활에서 느낀 점들을 PART 01에서 배운 데이터 분석적 시각을 통해 분석 가설로 도출하여, 검증하는 작업을 진행하였습니다.

[그림 18-2]는 "친구 따라 강남 간다"라는 속담이 왜 나왔을까를 고민하면서 이 현상을 아이들과 함께 분석해본 결과입니다. 또래 친구들 중에 교칙 위반을 하는 경우가 많은데, "교칙 위반을 한 경험이 있는 학생일수록 노스페이스 점퍼를 입거나 친구들이 좋아하는 연예인을 따라서 좋아하는 등 친구들에게 휩쓸려서 의사결정을 하는 일이 많아지지 않을까?"라는 의문을 품고 분석을 진행하게 되었습니다.

3.4. 교칙위반 경험여부에 따른 또래동조성의 차이

교칙위반 경험여부에 따라 또래동조성에 차이가 있는지 파악하기 위해 독립표본 t검정(Independent sample t-test)을 실시하였다.

그 결과, 교칙위반 경험여부에 따라 또래동조성에 차이가 있는 것으로 나타났다($p<.05$). 교칙위반을 경험한 학생이 경험하지 않은 학생보다 또래동조성이 큰 것으로 나타났다.

〈표 4〉 교칙위반 경험여부에 따른 또래동조성의 차이

항목	구분	N	M±SD	t/F	p
학교 내 교칙위반 경험여부	예	173	3.02±1.06	6.166***	<.001
	아니오	160	2.30±1.06		

*** $p<.001$

그림 18-2 | 고등학교 R & E 보고서 예시 1 : t-test

원래는 '또래동조성이 교칙 위반에 미치는 영향'을 보는 것이 좀 더 정확한 연구입니다. 그러나 로지스틱 회귀분석을 고등학생들에게 이해시키고 적용하기가 어려워, t-test를 통해 간접적으로 검증하는 방법으로 진행하였습니다.

결국 연구 분석을 통해 교칙 위반을 했던 학생들이 친구들에게 휩쓸릴 가능성(또래동조성)이 더 높다는 결과를 발견하였습니다. 이 결과를 근거로 하여, 교칙 위반을 경험한 학생들에게 좋은 친구 멘토를 붙여준다면 좋은 쪽으로 친구들을 따라가게 되어 학교 분위기가 좋아질 것이라고 교장 선생님께 학교 정책으로 제안할 수 있습니다.

6. 외로움이 학교생활적응에 미치는 영향

외로움이 학교생활적응에 미치는 영향을 검증하기 위해 단순회귀분석(Simple regression analysis)을 실시하였다. 회귀모형을 검증한 결과, F=63.188($p<.001$)로 회귀식이 적합한 것으로 나타났으며, 모형의 R^2은 .324로 32.4%의 설명력을 보였다. 또한 변수들의 VIF는 10을 넘지 않아 변수들 간의 다중공선성은 없는 것으로 판단되었다.

회귀계수의 유의성 검증 결과, 외로움은 학교생활적응에 부(-)의 영향을 미치는 것으로 나타났다. 즉 외로움이 높을수록 학교생활적응은 낮아진다고 볼 수 있다.

〈표 7〉 외로움이 학교생활적응에 미치는 영향

독립변수	B	S.E	β	t	p	VIF
(상수)	4.688	0.153		30.555***	<.001	1.000
외로움	-0.497	0.063	-.569	-7.949***	<.001	

F=63.188(p=<.001), R^2=.324, adjusted R^2=.319, Durbin-Watson=2.100

*** $p<.001$

그림 18-3 | 고등학교 R & E 보고서 예시 2 : 회귀분석

[그림 18-3]은 기숙사 생활을 하는 신입생들이 가족과 떨어져 지내다 보니 외로움을 느끼게 되는데, 이 외로움 때문에 학교생활이 힘든 것 같아 분석하게 된 사례입니다. 원인 변수를 '외로움'으로 두고 결과 변수를 '학교생활 적응'으로 두었습니다. 그리고 '외로움'과 '학교생활 적응'에 관해 기존 석박사 연구자들이 연구했던 설문지 중에서 주요 문항들을 재구성하여 빠르게 응답할 수 있는 짧은 측정 도구를 만들어보았습니다. 결론적으로 '회귀분석'이라는 분석 방법을 통해 '외로움이 학교생활 적응에 미치는 영향'을 연구하게 되었고, 통계적으로 유의한 결과를 도출할 수 있었습니다.

분석 결과를 보면 외로움이 증가할수록 학교생활에 적응하지 못하는 상황이 발생하는 것으로 확인됩니다. 따라서 이 결과를 근거로 하여, 신입생들이 외로움을 느끼지 않도록 동아리 활성화, 부모님과의 영상통화 room 개설 등의 제안을 학교 담당 선생님께 건의할 수 있습니다.

그림 18-4 | 청소년 데이터 분석 프로젝트 작성 가이드

마지막으로 분석 설계를 통해 논리적인 연구 보고서와 소논문을 작성할 수 있도록 [그림 18-4]와 같은 가이드라인을 제공하고 첨삭해주는 작업을 진행하였습니다. 그리고 그 결과물을 마지막 시간에 발표하게 했습니다. 또한 소논문 최종본을 [그림 18-1]과 같이 대학원 석박사 논문처럼 하드카피(Hard Copy) 형태로 제본하여 프로젝트에 참여한 학생들이 소장할 수 있게 하였고, 향후 대학 입학 면접을 볼 때 교수님들께 보여줄 수 있도록 가이드하였습니다.

이 분석 프로젝트를 통해 요즘 청소년들의 생각을 체계적으로 들을 수 있었습니다. 매우 재미있게 진행한 사례 중 하나입니다. 현장에 계시는 고등학교 선생님들도 충분히 활용하실 수 있을 것이라 생각합니다.

SECTION 19
데이터 분석 보고서 작업 :
우리 기업의 현황과 방향성을 스스로 분석한다!

이번에는 기업과 기관이 분석 설계를 어떻게 적용하여 분석 보고서를 작성하는지 살펴보겠습니다.

01 _ A병원 : 환자 안전 만족도 분석

병원에서는 환자가 안전하다고 인식하는 것이 매우 중요합니다. 환자가 안전하다고 인식할수록 그 병원을 찾는 환자들이 많아지기 때문입니다. 이를 위해서는 병원 내부에 있는 구성원들 역시 안전 교육을 받고, 안전을 중시하는 문화를 만드는 것이 중요하다고 생각합니다.

〈표 8〉 일반적 특성에 따른 환자안전문화에 대한 인식

n=1,828

항목	n	M (SD)	t/F	p	Scheffe
성별					
남	476	3.47 (0.52)	3.797***	<.001	
여	1,352	3.37 (0.44)			
직위					
관리자	185	3.58 (0.47)	5.662**	<.001	
실무자	1,643	3.38 (0.46)			
연령					
20대[a]	701	3.41 (0.46)			
30대[b]	558	3.34 (0.46)	6.964***	<.001	b,c<d
40대[c]	366	3.39 (0.43)			
50대 이상[d]	203	3.50 (0.50)			

직종						
의사[a]	287	3.33	(0.50)			
간호사[b]	985	3.39	(0.44)			
보건직[c]	160	3.47	(0.48)	3.691**	.003	a,b,f<d
행정직[d]	65	3.56	(0.48)			
약무직[e]	28	3.42	(0.36)			
기타[f]	303	3.41	(0.48)			
근무 부서						
병동[a]	538	3.40	(0.42)			
외래[b]	233	3.37	(0.44)			
중환자실[c]	326	3.39	(0.38)			
응급실[d]	67	3.00	(0.49)	9.462***	<.001	d<a,b,c,e,f,g,h
수술실[e]	169	3.35	(0.61)			
영상검사부서[f]	64	3.41	(0.56)			
진단검사부서[g]	69	3.46	(0.40)			
기타[h]	362	3.48	(0.47)			

** $p<.01$ *** $p<.001$

그림 19-1 | 병원 분석 보고서 예시 1 : t-test, ANOVA

그래서 A병원은 병원 내 구성원들의 특성이나 직종, 직위에 따라 환자에 대한 안전 문화 인식에 얼마나 차이가 있는지 t-test와 ANOVA를 사용하여 분석을 진행하였습니다. 그 결과, 남자가 안전 문화 인식이 좀 더 높은 것으로 나타났습니다. 또한 실제 사무를 보는 행정직이 안전 문화 인식이 높은 것으로 나타났습니다. 그래서 우리는 여성 직원들과 실제로 환자를 가장 많이 대면하는 의사·간호사들의 안전 문화 인식을 높이기 위해 어떻게 해야 하는지 다른 분석을 통해 고민해볼 수 있습니다.

▶ 안전에 대한 전반적인 인식(β=.288), 부서 내에서의 팀워크(β=.151), 직속상관 및 관리자의 태도(β=.116), 의사소통의 개방성(β=.094), 조직학습(β=.072), 직원배치(β=.053) 순으로 부서 환자 안전도 평가에 유의한 정(+)의 영향을 미침, 37.1%의 설명력을 보였다.

〈표 22〉 부서 내 환자안전문화에 대한 인식이 부서 환자 안전도 평가에 미치는 영향

n=1,828

하부영역	B	S.E	β	t	p
안전에 대한 전반적인 인식	0.349	0.032	.288	10.925***	<.001
조직학습	0.089	0.035	.072	2.526*	.012
부서 내에서의 팀워크	0.172	0.031	.151	5.621***	<.001
직원배치	0.068	0.026	.053	2.652**	.008
의사소통의 개방성	0.097	0.026	.094	3.716***	<.001
직속상관 및 관리자의 태도	0.125	0.029	.116	4.306***	<.001

* $p<.05$ ** $p<.01$ *** $p<.001$

그림 19-2 | 병원 분석 보고서 예시 2 : 회귀분석

회귀분석을 진행한 결과, 부서 내 환자 안전 문화에 대한 인식은 환자 안전도 평가에 영향을 미치는 것으로 나타났습니다. 또한 부서 내 팀워크를 유지하고 직속상관과 원활하게 의사소통할 수 있도록 장려한다면, 환자 안전도 평가가 높아지는 것으로 확인되었습니다. 결국, 의사와 간호사의 안전 문화 인식을 높이기 위해서는 직속상관을 중심으로 부서 내 팀워크를 탄탄히 만들고 의사소통이 잘되는 문화를 정착시켜 안전 문화에 대해 자연스럽게 이야기할 수 있는 구조를 만들어야 한다는 결론을 내릴 수 있습니다.

02 _ B대학 : 학교 교육 만족도 & 취업 실효성 분석

대학에서 진행한 분석 보고서의 경우, 자신들이 구성한 학교 커리큘럼이 학생들의 실무 능력을 키우는 데 얼마나 도움이 되는지, 기업을 만족시킬 수 있는 인재를 배출할 수 있는지에 초점이 맞춰져 있습니다.

인성능력 만족도와 중요도의 차이

항목	만족도		중요도		t(p)
	평균	표준편차	평균	표준편차	
1) 경력가치	51.88	31.72	76.88	25.56	-4.531(<.001)
2) 근면	54.38	33.44	76.25	24.64	-3.955(<.001)
3) 자율	53.75	29.72	80.63	24.34	-4.456(<.001)
4) 사회성	58.75	29.17	78.75	26.28	-3.766(<.001)
5) 감정조절	54.38	29.90	74.38	26.24	-3.878(<.001)
6) 타인조화	55.00	31.62	76.88	23.61	-4.242(<.001)
7) 타인배려	57.50	27.27	74.38	24.34	-3.670(<.001)
8) 적응력	55.63	28.02	75.63	24.99	-4.365(<.001)
9) 심리적탄력	51.88	31.21	74.38	27.44	-3.935(<.001)

인성능력 만족도와 중요도의 차이를 살펴보기 위해 대응표본 t검정을 실시하였으며, 유의수준 0.05 기준에서 통계적 유의성을 검증하였다.
경력가치, 근면, 자율, 사회성, 감정조절, 타인조화, 타인배려, 적응력, 심리적탄력 9개 인성능력 모두 중요도가 통계적으로 유의하게 만족도보다 높게 나타났다.
이는 9개 인성능력 모두 산업현장에서 실제적으로 요구되는 능력으로 교육과정 강화가 요구된다고 볼 수 있다.

그림 19-3 | 학교 분석 보고서 예시 1 : 대응표본 t-test

예를 들어, B대학에서 배출한 인재에 대해 기업이 얼마나 만족하는지와 성과를 내는지 알아보기 위해서 산학 협력을 진행하고 있는 기업들을 대상으로 B대학 출신 인재에 대한 현재 만족도와 미래 중요도를 대응표본 t-test를 사용하여 분석을 진행하기도 하였습니다. 분석 결과 인성 교육의 중요성이 현재 만족도보다 더 높게 나타났습니다. 이 결과를 근거로 하여, 인성 교육을 좀 더 강화해야 한다고 대학에 제안할 수 있습니다.

〈표〉 졸업생의 학교 커리큘럼에 대한 IPA 분석

구분	항목	중요도	만족도	Portfolio
1	기초교양교육	50.00	46.88	점진개선
2	전공기초교육	66.25	62.50	유지강화
3	전공심화교육	66.88	64.38	유지강화
4	실험/실습교육	65.63	56.25	유지강화
5	직업현장체험교육	68.75	56.25	유지강화
6	외국어교육	50.63	37.50	점진개선
7	국제화교육	50.00	29.38	점진개선
8	정보활용교육	55.00	40.00	점진개선
9	인성교육	51.25	41.88	점진개선
10	진로상담 및 지도교육	58.13	48.13	점진개선
11	학교 커리큘럼	66.25	54.38	유지강화

그림 19-4 | 분석 예시 2 : IPA 분석

또한 우리가 이 책에서 다루지는 않았지만 IPA(Importance-Performance Analysis) 분석을 통해 현재 학교교육 커리큘럼 중에서 부족한 영역이 무엇인지 진단하는 작업도 연속형 자료를 활용하여 진행할 수 있습니다.

03 _ C기업 : 조직 문화 진단 분석

기업을 대상으로 한 연구 보고서 역시 앞에서 설명한 병원이나 대학의 경우와 크게 다르지 않습니다. 조직 문화 진단이라고 하면 매우 거창해 보이지만, 실제로는 조직 문화를 측정할 수 있는 요인을 결과 변수로 두고, 직위나 입사 경로 등 근로자의 특성에 따른 차이를 보는 작업으로 조직을 진단할 수 있습니다. HR Analytics라고 불리는 영역에서 매우 복잡한 분석이 사용되기도 하지만, 현업 담당자는 이 책에서 배운 분석 방법만으로도 내부 조직을 진단할 수 있습니다. 해당 사례를 보면 다음과 같습니다.

표. 직위에 따른 사람 관리 요인 차이에 대한 변량분석 결과

요인	집단	N	M	SD	F	p	사후검정(scheffe)			
							1군	2군	3군	4군
구성원	대리이하	2089	5.01	1.21	115.714	<.001	실장이상	팀장	과장이상	대리이하
	과장이상	1998	5.41	1.03						
	팀장	252	5.97	.65						
	실장이상	78	6.44	.51						
	전체	4417	5.27	1.14						
리더십	대리이하	2085	4.94	1.16	43.047	<.001	실장이상, 팀장	과장이상, 대리이하		
	과장이상	1992	5.19	1.01						
	팀장	252	5.54	.72						
	실장이상	78	5.67	.77						
	전체	4407	5.10	1.08						

· 사람 관리 요인이 직위에 따라 통계적으로 유의한 차이를 보임(p<.05)

그림 19-5 | 분석 예시 : 분산분석, 사후검정

[그림 19-5]는 직위에 따라 회사의 비전과 핵심 가치가 잘 공유되었는지를 알아보는 분석입니다. 우리가 배운 분산분석을 사용하고 있고, 사후검정(post-hoc analysis)이라는 추가 분석을 통해 4개 직위 그룹 중 어떤 그룹이 비전과 핵심 가치 공유가 잘되어 있는지 확인할 수 있습니다. 분석 결과를 보면 과장과 대리 이하가 회사의 가치와 비전에 대해 상대적으로 덜 공유되었음을 알 수 있습니다. 그렇다면 이 문제에 대해 '시간이 흐르면 해결되는 문제'인지, '직위가 사람을 만드는 문제'인지를 파악하여, 승진 체계를 재조정하는 방법을 제안할 수 있습니다.

04 _ D지방자치단체 : 프로그램 효과성 분석

지방자치단체 산하에 있는 기관들은 많은 프로그램을 진행합니다. 이런 프로그램들은 정부 예산으로 진행되기 때문에, 담당 공무원들은 이 프로그램이 꼭 필요한지 효과성을 검증하는 보고서를 제출하는 것이 일반적입니다.

문항	사전(M±SD)	사후(M±SD)	평균 대응차	t	유의확률
1. 농담이나 재미있는 이야기를 해서 아이들을 즐겁게 해준다.	2.57±0.82	2.67±0.84	-.103	-4.700***	.000
2. 다른 아이에게 빌린 물건을 아껴서 사용한다.	3.28±0.79	3.34±0.75	-.057	-2.573*	.010
3. 내가 좋아하는 게임이나 놀이를 친구에게 함께 하자고 말한다.	3.00±0.84	3.04±0.82	-.042	-1.766	.078
4. 처음 만난 아이에게 내가 먼저 말을 건다.	2.66±0.88	2.74±0.87	-.080	-3.480***	.001
5. 게임이나 놀이를 할 때 내 순서를 기다린다.	3.39±0.73	3.41±0.71	-.019	-.923	.356
6. 조별 활동에서 다른 아이들과 함께 작업(예 : 공부, 숙제, 과제) 등 할 때, 내가 맡은 역할을 다한다.	3.19±0.80	3.24±0.79	-.054	-2.468*	.014
7. 마음에 드는 아이가 있으면 내가 먼저 "친구하자"고 말한다.	2.67±0.95	2.74±0.94	-.068	-2.681**	.007
8. 나를 도와준 아이에게 고맙다고 말한다.	3.56±0.66	3.50±0.67	.058	2.952**	.003
9. 내가 실수를 한 경우에는 실수를 했다고 인정한다.	3.20±0.75	3.22±0.74	-.024	-1.101	.271
10. 아이들이 재미있는 놀이를 하고 있으면 그 놀이에 끼워달라고 말한다.	2.94±0.84	2.94±0.84	-.087	-3.733***	.000
11. 친구와 함께 게임을 하거나 놀 때, 게임이나 놀이 규칙에 대한 친구의 의견을 받아들인다.	3.20±0.73	3.20±0.73	-.022	-1.049	.294
12. 여러 명이 모여 있을 때, 내가 먼저 말을 꺼내서 이야기를 시작한다.	2.61±0.84	2.61±0.84	-.175	-7.075***	.000
13. 내가 다른 아이의 마음을 속상하게 한 경우에 미안하다고 말한다.	3.23±0.76	3.23±0.76	-.001	-.055	.956
14. 모르는 아이를 만나면 내가 먼저 나에 대해 소개를 한다.	2.46±0.90	2.46±0.90	-.200	-7.596***	.000
15. 친구에게 숙제를 함께 하자고 말한다.	2.64±0.93	2.64±0.93	-.156	-5.988***	.000
16. 다른 아이에게 내 물건을 빌려준다.	3.24±0.72	3.24±0.72	-.009	-.404	.686
17. 내가 게임에서 졌더라도 이긴 친구에게 게임을 잘 한다고 말해준다.	3.00±0.84	3.00±0.84	-.033	-1.430	.153
18. 친구에게 고민이나 걱정을 이야기하고 함께 의논한다.	2.84±0.95	2.84±0.95	-.169	-6.511***	.000
19. 게임이나 운동, 놀이의 규칙을 지킨다.	3.39±0.70	3.39±0.70	-.040	-1.944	.052

(* P(.05, ** P(.01, *** P(.001)

그림 19-6 | 기관 프로그램 효과성 분석 보고서 예시 : 사전 사후 검증(t-test)

[그림 19-6]은 한 지방자치단체 산하 기관에서 진행한 프로그램 분석 예시입니다. 초등학생과 중학생의 '또래 관계를 개선'하기 위해 '마음건강학교'라는 프로그램을 개설하게 되었고, 이 프로그램이 어떤 영역에서 효과성이 있는지를 알아보기 위해 각 문항별로 사전 또래 관계 점수와 사후 또래 관계 점수의 차이를 확인해보았습니다.

실제 연구 논문에서는 각 문항별로 점수를 평가하지 않고 '또래 관계'라는 전체 점수를 총점이나 평균으로 나타내어 살펴봅니다. 하지만 이것은 기관 분석이기 때문에 학술적으로 얽매이지 않고 각 문항별로 그 차이가 통계적으로 유의미한지 살펴보았습니다. 이때 유의미한 결과가 나타나지 않은 영역(5. 게임이나 놀이를 할 때 순서를 기다린다, 9. 내가 실수를 한 경우에는 실수를 했다고 인정한다 등)을 파악하여 추후 그 문항의 내용이 개선될 수 있도록 프로그램을 기획할 수 있습니다. 이는 연구 논문과 달리, 유의하지 않은 영역을 좀 더 중점적으로 보는 한 예가 될 수 있습니다.

SECTION 20
데이터 분석 & 머신러닝 프로젝트 : 사회에 도움이 되는 의미 있는 분석을 한다!

저희는 9년 전 사회적 기업과 소셜 벤처 영역에서 조금 무모한 도전을 하였습니다. 제조업, 장애인 일자리 고용 등으로 한정되어 있던 영역에서 (어쩌면) 최초로 데이터 분석과 머신러닝 기술을 소셜 섹터(Social Sector)에 적용한 것입니다. 데이터 분석과 머신러닝 기술은 사실 돈이 되는 기술입니다. 그러니 돈이 되지 않은 비영리 재단이나 사회적인 영역에서는 이 기술을 적용하고 싶어도 예산이 부족하여 진행하지 못하는 경우가 대부분이었습니다.

히든그레이스 데이터분석팀이 처음 만들어질 때 저희가 꿈꾼 것은 "**가장 돈 되는 기술로, 돈이 되지 않은 영역에서 의미 있는 분석을 하자**"였습니다. 그 영역에 있는 독자가 있다면, 이 책을 보고 힘을 얻으시면 좋겠습니다. 예산상 어려움이 있다면, 그 예산이 어느 정도이든 저희가 도와드릴 마음이 있습니다. 저희는 그런 의미 있는 분석을 하기 위해 설립된 회사이기 때문입니다. 그럼 관련 사례들을 한번 살펴볼까요?

01 _ T비영리기관 : 다문화지원센터 요구도 분석

다문화가족지원센터 프로그램 필요도

프로그램	전혀 필요 없음	필요 없음	보통	필요함	매우 필요함	평균	표준편차
한국어교육	9(3.5)	3(1.2)	56(21.7)	87(33.7)	103(39.9)	4.05	0.99
방문교육	8(3.1)	8(3.1)	85(32.9)	85(32.9)	72(27.9)	3.79	0.99
다문화자녀교육	6(2.3)	4(1.6)	73(28.3)	95(36.8)	80(31.0)	3.93	0.93
배우자 및 부모교육	6(2.3)	5(1.9)	67(26.0)	95(36.8)	85(32.9)	3.96	0.94
다문화가족 인식개선사업	6(2.3)	9(3.5)	74(28.7)	87(33.7)	82(31.8)	3.89	0.97

성평등 사업	7(2.7)	11(4.3)	87(33.7)	82(31.8)	71(27.5)	3.77	0.99
가족여가프로그램	5(1.9)	11(4.3)	80(31.0)	90(34.9)	72(27.9)	3.83	0.95
한국사회적응 지원사업	4(1.6)	11(4.3)	75(29.1)	96(37.2)	72(27.9)	3.86	0.93
다문화생활발표회, 체육대회 등	5(1.9)	12(4.7)	97(37.6)	91(35.3)	53(20.5)	3.68	0.92
멘토링 지원사업	5(1.9)	9(3.5)	89(34.5)	90(34.9)	65(25.2)	3.78	0.93
일자리 연계 및 취업 지원사업	4(1.6)	10(3.9)	68(26.4)	104(40.3)	72(27.9)	3.89	0.91
상담사업	5(1.9)	13(5.0)	84(32.6)	84(32.6)	72(27.9)	3.79	0.97
다문화가족 부모 언어 교육	7(2.7)	7(2.7)	66(25.6)	88(34.1)	90(34.9)	3.96	0.98
통번역 지원사업	8(3.1)	11(4.3)	88(34.1)	71(27.5)	80(31.0)	3.79	1.03
자조모임, 동아리활동 지원 사업	7(2.7)	17(6.6)	87(33.7)	87(33.7)	60(23.3)	3.68	0.99
다문화가족 자녀 언어 발달 촉진 지원	6(2.3)	8(3.1)	76(29.5)	83(32.2)	85(32.9)	3.90	0.98
외부 지원사업	8(3.1)	11(4.3)	94(36.4)	81(31.4)	64(24.8)	3.71	0.99
가족교육 프로그램	3(1.2)	9(3.5)	85(32.9)	90(34.9)	71(27.5)	3.84	0.91
가족 문화 체험 프로그램	4(1.6)	11(4.3)	85(32.9)	80(31.0)	78(30.2)	3.84	0.96
가족 상담 프로그램	4(1.6)	14(5.4)	86(33.3)	77(29.8)	77(29.8)	3.81	0.98
가족 돌봄 프로그램	10(3.9)	10(3.9)	84(32.6)	88(34.1)	66(25.6)	3.74	1.01

그림 20-1 | 비영리기관 요구도 분석 보고서 예시 : 프로그램 요구도 빈도분석

[그림 20-1]처럼 원인 변수와 결과 변수 없이 프로그램의 필요도를 '1 = 전혀 필요 없음 ~ 5 = 매우 필요함'으로 설계하여 분석을 진행하면 그럴싸한 분석 보고서를 만들 수 있습니다. 특히 엑셀로 작업하던 관행에서 벗어나 jamovi를 활용하면, 우리가 앞에서 배운 것처럼 표를 빠르게 완성할 수 있고, 센터에 필요한 것이 무엇인지 바로 확인할 수 있습니다.

[그림 20-1]의 분석 결과를 보면, 한국어 교육의 평균이 가장 높고, 배우자 및 부모 교육의 평균이 그다음으로 높습니다. 연구 논문이라면 보편성을 검증하는 p값이 없기 때문에 유의미한 결과를 도출하지 못한다고 이야기할 것입니다. 그러나 기관 분석 보고서에서는 우리 센터에 가장 필요한 프로그램이 '한국어 교육'과 '배우자 및 부모교육'이니 이 교육을 더 강화하자고 제안할 수 있습니다.

02 _ F의료기관 : 취약계층 건강돌봄 시범사업 성과 분석

노인들은 거동이 불편하기 때문에 의료기관에 직접 방문하기가 상대적으로 어렵습니다. 독거노인이나 건강보험 혜택을 받지 못하는 노인들이라면 더더욱 의료 혜택의 사각지대에 놓여있는 경우가 많습니다. 그래서 동네 의사들이 '우리 동네의 취약계층 노인을 살펴볼 수 있는 주치의를 선정하고, 기관과 정부에서 비용을 지원하는 프로그램이 얼마나 성과가 있었는지를 측정'해 보는 것은 매우 중요한 일 중 하나입니다.

라. 영양평가

1) 2차 노인포괄평가 결과
- 검사 결과 참가자의 85%가 영양 상태 양호, 15%가 영양 불량으로 확인되었다. 참가자 영양 평가 평균은 25.7점이었다.

2) 1, 2차 노인포괄평가 결과 비교
- 2차 노인포괄평가에서 영양 불량 위험 및 영양 불량 상태로 확인된 대상자가 1차 노인포괄평가에 비하여 4% 감소하였다. 영양 평가 점수의 평균 또한 25.5점에서 25.7점으로 증가하였으며, 통계적으로 유의하게 참가자의 영양 상태가 개선되었다. (P-value<0.5)

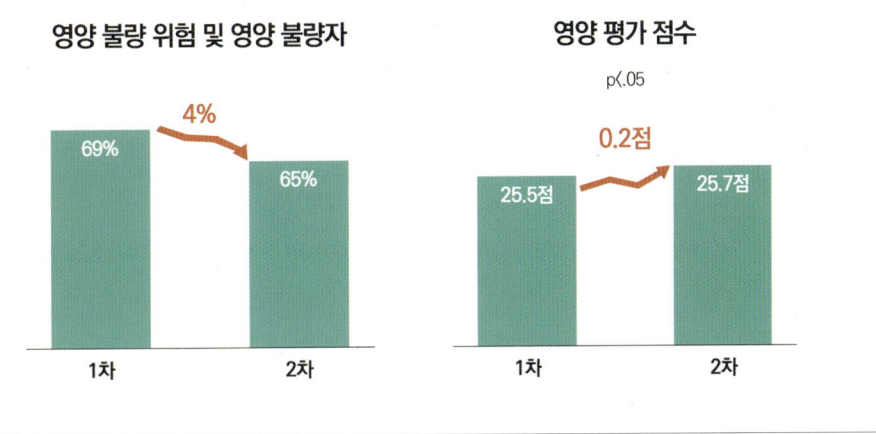

그림 20-2 | 의료기관 분석 보고서 예시 : 프로그램을 통한 노인 영양 불량 개선 차이 검증

이 분석 역시 우리가 앞서 배운 분석 방법을 활용합니다. 프로그램 시행 전에 대상 노인들의 영양 상태를 평가하고 프로그램을 시행한 후에 영양 상태를 다시 평가(대응표본 t-test)하여 그 차이가 유의미한지를 확인한다면 프로그램의 효과성을 간단하게 검증할 수 있습니다. 의료기관이나 정부와 연계에서 사업을 진행한다면, 여러분도 [그림 20-2]과 같이 작성해볼 수 있습니다.

03 _ G비영리재단 : 이주 노동자 성희롱 실태 분석

대부분 비영리재단의 관심과 활동은 취약계층에 초점이 맞춰져 있습니다. 그중 이주 노동자에 대한 성희롱 문제는 기존 국내 여성에 대한 성희롱 문제와 더불어 크게 대두되고 있습니다. 특히 합법적으로 비자를 받지 못한 여성 이주 노동자들은 사업주들에게 협박을 당하는 등 말 못할 피해를 당하고 있는 것이 현실입니다.

표. 사업장 규모에 따른 성희롱 경험의 차이에 대한 변량분석 결과

변수	집단	N	평균	표준편차	F	p
사회문화형	a) 10명 미만	64	1.00	1.20	1.064	.346
	b) 10~30명 미만	162	1.22	1.33		
	c) 30명 이상	70	1.33	1.43		
유혹형	a) 10명 미만	64	.94	1.28	1.607	.202
	b) 10~30명 미만	162	1.30	1.52		
	c) 30명 이상	70	1.34	1.62		
뇌물형	a) 10명 미만	64	.23	.61	2.209	.112
	b) 10~30명 미만	162	.24	.66		
	c) 30명 이상	70	.44	.93		
협박형	a) 10명 미만	64	.11	.31	6.728	.001
	b) 10~30명 미만	162	.21	.66		
	c) 30명 이상	70	.56	1.19		
성행위시도형	a) 10명 미만	64	.61	1.05	1.099	.335
	b) 10~30명 미만	162	.87	1.18		
	c) 30명 이상	70	.80	1.34		

사업장 규모에 따라 성희롱 경험의 차이가 있는지를 알아보기 위하여 변량분석을 실시하였다.
분석결과 협박형은 집단 간 차이가 통계적으로 유의한 것으로 나타났다(p<.05). 구체적인 집단 간 차이를 알아보기 위하여 사후검증(Tukey)을 실시한 결과, 30명 이상(평균 .56)이 10명 미만(평균 .11) 및 10~30명 미만(평균 .21) 보다 더 높은 것으로 나타났다. 따라서 30명 이상 규모의 사업장 종사자가 10명 미만 및 10~30명 미만 규모의 사업장 종사자보다 협박형 성희롱 경험이 더 많다고 볼 수 있다.
사회문화형, 유혹형, 뇌물형, 성행위 시도형의 집단 간 차이는 통계적으로 유의하지 않은 것으로 나타났다(p>.05).

그림 20-3 | 비영리재단 분석 보고서 예시 : 이주 노동자 성희롱 유형 차이 분석

[그림 20-3]은 방금 언급한 문제를 통계적으로 보여주는 자료 중 하나입니다. 사업 규모에 따라 성희롱 경험 유형에 차이를 보이고 있었는데, 특히 협박형이 30명 이상 사업장에서 더 많이 나타나고 있었습니다. 만약 센터 담당자가 이 분석을 진행한다면, 30명 이상 사업장을 중심으로 비자가 없는 이주 여성 노동자들에게 성희롱 교육을 무료로 진행하고, 성희롱을 당하거나 목격했다면 이를 신고할 수 있도록 제반 사항을 마련할 수 있습니다. 또한 이 통계를 근거로 정부에 관련 예산을 신청하는 작업을 할 수 있습니다.

04 _ 히든그레이스 데이터분석팀 : 장애 유형에 맞는 직무 예측 분석

마지막 분석 예시로 소개하고 싶은 것은 **히든그레이스 데이터분석팀** 사례입니다. 저희가 꿈꿔온 것은 '데이터 분석 기술을 활용하여, 취약계층의 재능을 발견하고, 그 재능과 적합한 직무가 뭔지 고민하여 전문가로 양성하자'입니다. 이것이 저희 회사의 소명이자 비전입니다.

그림 20-4 | 장애인고용패널 데이터 활용

그래서 '장애인고용패널' 데이터를 활용하여, 원인 변수를 '장애유형'과 '장애인의 특성'으로 분류하고, 결과 변수를 '직무유형'으로 분류하여 분석을 진행해보았습니다.

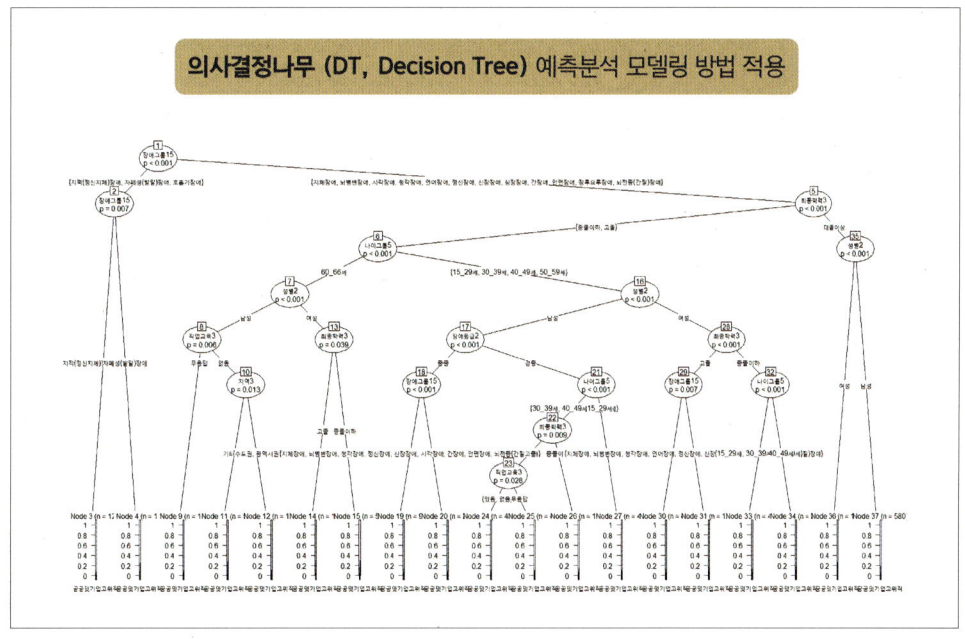

그림 20-5 | 의미 있는 데이터 분석 예시 1 : 의사결정나무(DT) 적용

앞에서 배운 분석 방법을 적용한다면, 원인 변수가 '범주형 특성을 지닌 자료'이고, 결과 변수도 '범주형 자료'이기 때문에 카이검증(교차분석)을 사용하여 분석할 수 있습니다. 하지만 저희는 데이터 분석 전문 회사이기 때문에, 의사결정나무(Decision Tree)라는 조금 더 고도화된 분석을 적용하였습니다. 이를 통해 장애 유형과 장애인의 특성에 맞는 직무를 과거 데이터를 통해 조금이나마 유추해볼 수 있었습니다.

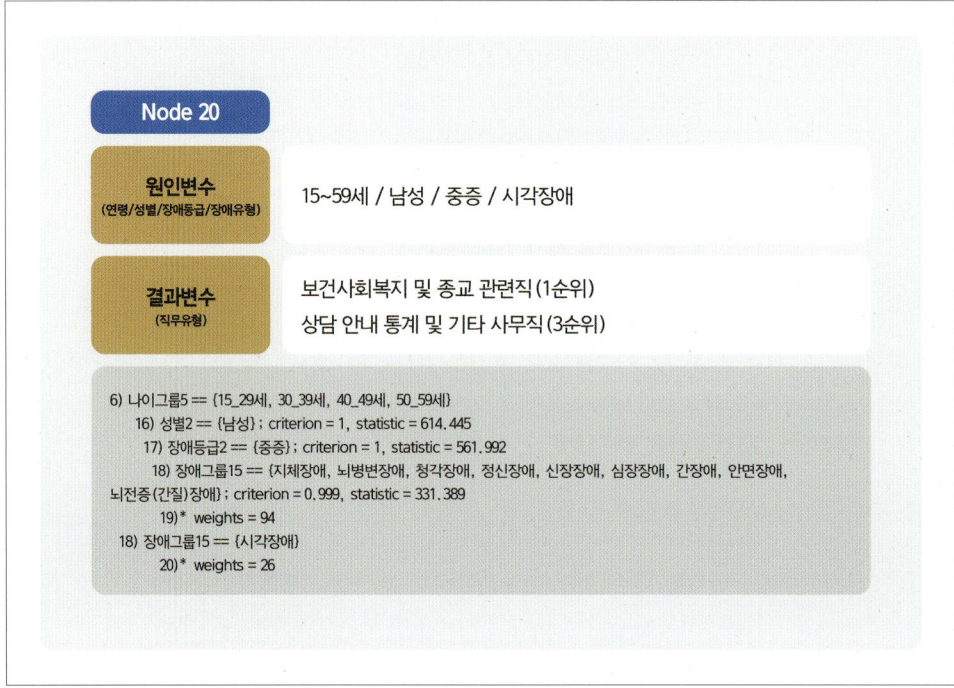

그림 20-6 | 의미 있는 데이터 분석 예시 2 : DT 분석 결과

예를 들어 [그림 20-6]과 같이, 남성 중증 시각장애인으로 60세 미만 성인이라면 사회복지 분야나 종교 관련직에서 일하거나, 통계와 관련된 상담 안내를 하는 것이 좋다는 결과가 나왔다면, 다음과 같이 추론할 수 있습니다.

> "대학 입시를 준비하고 있는 중증 시각장애인 청년에게 사회복지학과나 신학과를 권유하거나, 사회에 나와 일을 해야 하는 30대 중증 시각장애인 구직자에게 안마사가 아닌 통계를 많이 사용하는 상담직을 권유해본다면 좋지 않을까?"

그리고 이 결과를 통해 연구를 계속 진행해보면, 시각장애인에게 '**듣는 직종**'이 적합하다는 것을 확인할 수 있습니다. 통계와 관련된 상담이 특화되어 있는 이유는, **볼 수 없는 대신 소리를**

기억하는 능력이 발달하기 때문에 숫자 등의 정확한 수치를 비장애인보다 더 잘 기억할 수 있는 장점이 있다고 분석할 수 있습니다. 이런 연구를 통해 계속 새로운 직무를 개발하고, 그들이 사회의 구성원으로서 살아갈 수 있도록 도움을 줄 수 있습니다.

Q&A
김성은 (히든그레이스 대표)
메일 ksej3a@hjgrace.com
전화 010-9496-8121

그림 20-7 | 협업을 위한 연락처

하지만 저희 같은 작은 회사 한 곳의 힘만으로는 부족합니다. 장애인과 취약계층의 장점을 발현할 수 있는 직무가 도출되면, 함께 교육할 수 있는 선생님들이 필요하고, 장애인과 취약계층을 고용해줄 기업과 기관이 필요합니다. [그림 20-7]에 나와 있는 전화와 메일로 연락주시면, 언제든지 이 문제에 대해 논의하고 함께 상생할 수 있는 방법을 찾도록 노력하겠습니다. 그리고 이런 의미 있는 분석들이 있다면, 저희가 할 수 있는 범위 내에서 시간이 조금 지체되더라도 진행하도록 노력하겠습니다.

SECTION 21
패널 데이터를 활용한 사회과학 연구 : 돈을 들이지 않고 다양한 분석을 할 수 있다!

마지막으로 소개하는 사례는 패널 데이터를 활용한 사회과학 연구입니다. 패널 데이터를 활용해 학술논문을 작성하여 KCI에 등재할 수 있고, 학위논문으로도 활용할 수 있습니다.

01 _ 장애인고용패널

아래 세 가지 연구는 '**장애인고용패널**'을 사용한 사례입니다.

① 임금근로 장애인의 임금변화 유형화 및 결정요인에 관한 연구

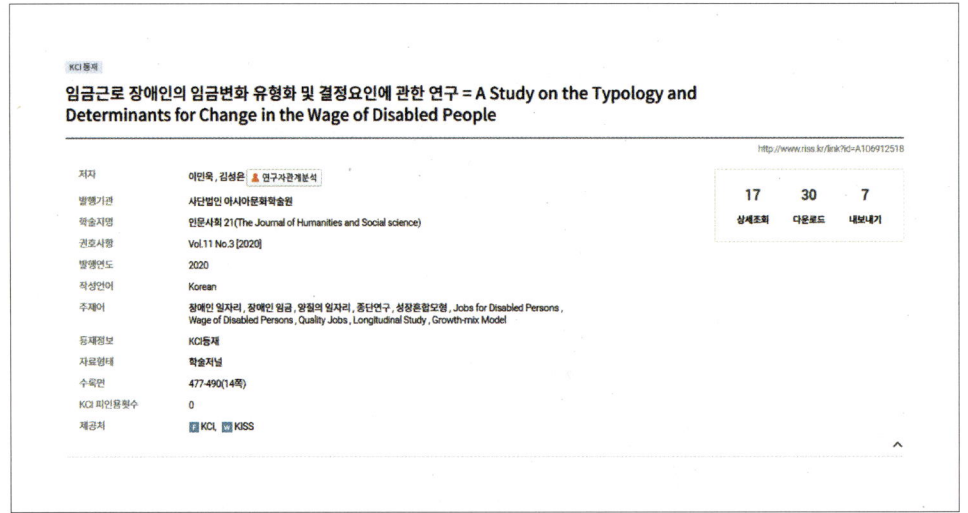

그림 21-1 | 장애인고용패널 사용 사례 1

이 논문은 KCI에 등재된 논문입니다. 장애인고용패널을 활용하여 분석을 진행하였고, '변수 간의 상관성을 확인하는 분석 방법' 중에서 '회귀분석' 개념이 포함되어 있는 '성장혼합모형'을 사용하였습니다.

② 장애인의 직업능력 유형화 및 취업 간의 관계

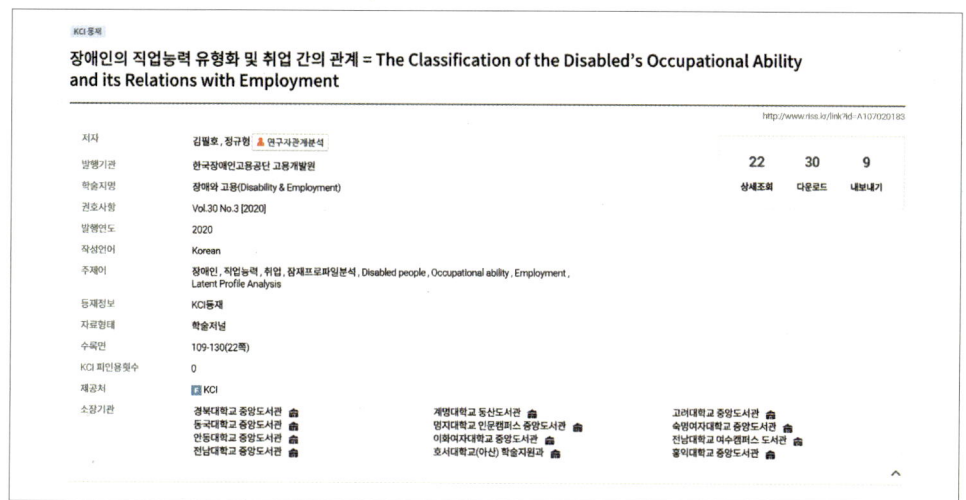

그림 21-2 | 장애인고용패널 사용 사례 2

이 논문은 '한번에 통과하는 논문' 시리즈의 공동 저자인 정규형 교수님이 작성한 논문입니다. 역시 장애인고용패널 데이터를 사용하였고, '회귀분석' 개념이 포함되어 있는 '잠재프로파일 분석'을 사용하였습니다.

③ 장애인고용에 관한 기업의 인식과 장애인고용률의 관계에 대한 공공서비스 및 기업규모의 조절된 조절효과

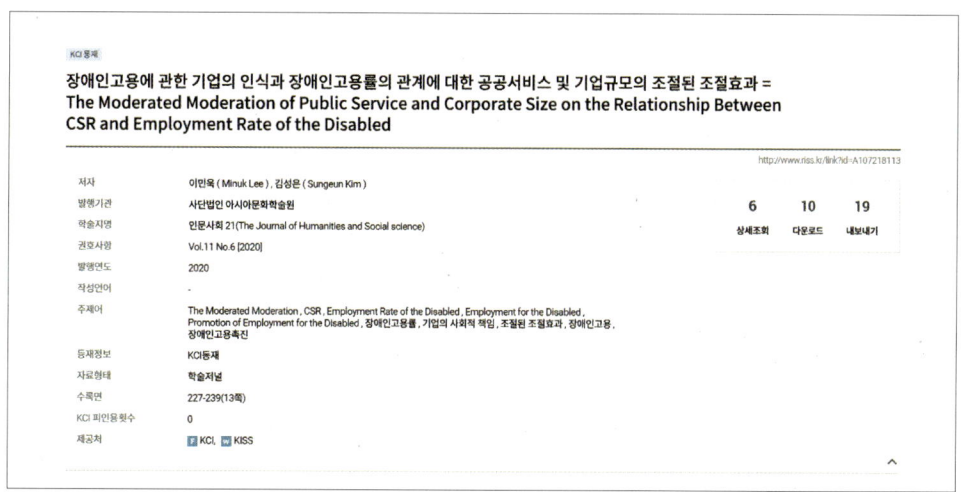

그림 21-3 | 장애인고용패널 사용 사례 3

SECTION 21 패널 데이터를 활용한 사회과학 연구 : 돈을 들이지 않고 다양한 분석을 할 수 있다! 353

이 논문은 SPSS 프로세스 매크로를 사용하여, 조절된 조절 효과를 분석한 연구입니다. SPSS 프로세스 매크로 모형은 직접 설문지로 응답 받아 진행하면 문항이 길어져 결과가 잘 나오지 않고, 응답자 수가 모자랄 가능성이 높습니다. 그래서 이 모형은 패널 데이터를 많이 활용하는 편입니다. 이 논문에서는 SPSS를 활용하여 분석을 진행하였지만, 최근 jamovi에도 구조방정식을 비롯해 사회과학에서 자주 사용하는 모형이 계속 추가되고 있습니다. 이 책이 나올 때쯤 jamovi가 업데이트될 예정인데, 필요하다면 저희 유튜브나 출판사 자료실 등을 통해 jamovi를 활용한 분석 진행 방법을 업데이트하겠습니다.

02 _ 고령화연구패널

노인의 취업유지 영향요인에 관한 연구

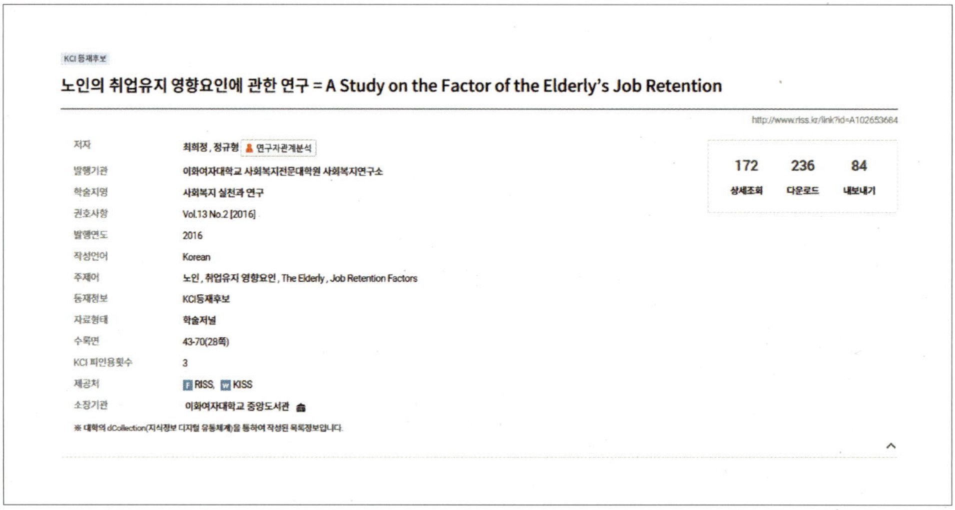

그림 21-4 | 고령화연구패널 사용 사례

이 연구에서는 한국고용정보원에서 제공하는 고령화연구패널 2006~2014년 조사 데이터를 활용하여 분석을 진행하였습니다. 가설 검증을 위해 우리가 배운 로지스틱 회귀분석 개념이 들어간 '이항 로지스틱 회귀분석'을 실시하였습니다. 패널 데이터에는 변수가 많기 때문에 다양한 원인 변수를 이론적 배경에 근거하여 삽입해서 분석을 진행할 수 있다는 장점이 있습니다.

03 _ 노인실태조사 데이터

노인자살생각의 영향요인 분석 연구 : 경기도지역을 중심으로

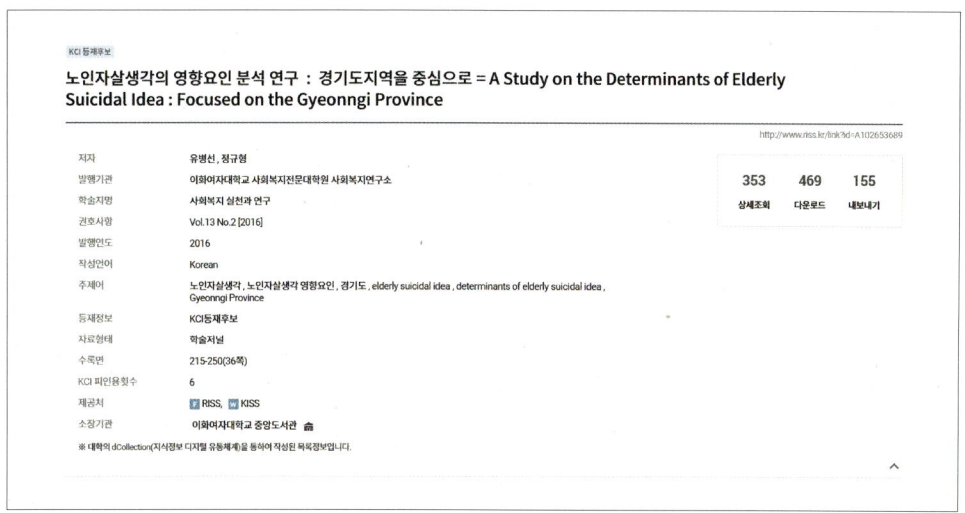

그림 21-5 | 노인실태조사 데이터 사용 사례

지금까지 제시한 연구들을 보면, 여러 시기에 걸쳐 반복 조사하는 종단 데이터를 활용하는 경우가 많았습니다. 하지만 공개된 데이터 중에는 한 시점을 조사하는 데이터도 있습니다. [그림 21-5]에 제시한 연구에서는 2014년 노인실태조사 데이터를 활용하여 노인 자살에 대해 다루었습니다. 분석 방법으로는 '로지스틱 회귀분석'을 사용했습니다. 분석 결과 취업을 하거나 노인 학대 경험이 있는 노인일수록 자살 생각을 할 가능성이 다른 요인들보다 큰 것으로 확인되었습니다. 이 결과를 토대로 노인 자살을 막을 수 있는 정책을 보건복지부에 제시할 수도 있고, 노인 자살과 관련된 기관에서는 취업을 하거나 학대 경험이 있는 노인에게 우선적으로 연락하여 집중 관리하는 방안을 모색해볼 수 있습니다.

지금까지 적은 비용과 시간을 들여서 의미 있거나 현업에 도움이 되는 분석 보고서를 만드는 방법에 대해 살펴보았습니다. 더 많은 현업 담당자들과 연구자들이 손쉽게 데이터 분석을 할 수 있도록 고심하고 노력하겠습니다.

참고문헌

[1] 한국청소년정책연구원. https://www.nypi.re.kr

[2] jamovi 프로젝트팀. https://www.jamovi.org

[3] 이민욱, 김성은(2020). 임금근로 장애인의 임금변화 유형화 및 결정요인에 관한 연구. 인문사회21, 11(3), 477-490.

[4] 김필호, 정규형(2020). 장애인의 직업능력 유형화 및 취업 간의 관계. 장애와 고용, 30(3), 109-130.

[5] 이민욱, 김성은(2020). 장애인고용에 관한 기업의 인식과 장애인고용률의 관계에 대한 공공서비스 및 기업규모의 조절된 조절효과. 인문사회21, 11(6), 227-239.

[6] 최희정, 정규형(2016). 노인의 취업 유지 영향 요인에 관한 연구. 사회복지 실천과 연구, 13(2), 43-70.

[7] 유병선, 정규형(2016). 노인자살생각의 영향요인 분석 연구 : 경기도지역을 중심으로. 사회복지 실천과 연구, 13(2), 215-250.